# 국제관광의 이해

김병문 · 김현지 공저

백산출판사

# 머 리 말

오늘날 세계는 국제교통의 발달로 하나의 지구촌을 형성하고 있다. 국제관광에 있어 원거리와 국경은 더 이상 이동의 장애가 되지 않고 있으며, 교통의 발달은 이웃(Neighborhood)이란 의미가 더 강조되는 시대를 열었다.

오늘날 세계 각국은 타산업보다 외화가득률이 높은 관광산업에 대한 중요성을 인지해 국가 주요 전략산업으로 육성하고 있다. 2013년 국제관광객의 유동은 10억 명을 넘어섰으며, 관광수입은 1조 1,970억 달러가 발생하는 등 국제관광산업은 세계적으로 가장 중요한 산업으로 자리매김하게 되었다. 이런 점에서, 우리나라도 관광을 중요정책과제의 하나로 선정한 것은 참으로 다행이라 할 수 있다.

세계화(Globalism)의 변화 속에서 우리 관광인들에게는 무엇보다 국제사회에 대한 적극적인 관심과 국제관광에 대한 수준 높은 이해가 필요하다 할 수 있다. 본서는 관련기사와 사례이야기 구성을 통해 국제관광을 공부하는 학생들이 다양한 국제관광의 흐름과 현상을 이해하는 데 도움이 되고자 노력을 기울였다. 아무쪼록 이 책이 국제관광을 이해하고, 국제관광인으로서 성장해 나가는 데 도움이 되길 바란다.

본서의 내용은 크게 두 부분으로 구성되어 있다.

제1편은 국제관광에 대한 전반적인 이해부분이다. 국제관광의 개념을 이해하고, 국제관광의 영향, 국제관광의 발전요인 및 장애요인을 살펴보고, 전 세계와 우리나라의 국제관광 발달과정, 설립목적과 사업내용 등을 중심으로 살펴본 국제관광 관련기구의 유형, 가장 대표적인 국제관광산업인 컨벤션산업, 카지노산업, 항공교통산업 등에 대한 전반적인 이해, 국제관광과 인류발전의 이해를 위한 언어와 종교, 또한, 최근 국제관광과 관련한 새로운 패러다임 등을 통해 국제관광의 전반적인 이해를 도모하고자 하였다.

제2편은 세계 각국의 국제관광 동향과 관광정책 등을 다루고 있다. 아시아지역 7개국, 유럽지역 15개국, 아메리카지역 6개국, 아프리카지역 3개국, 오세아니아 2개국의

지리적 특성, 역사적 성장배경 등에 대한 전반적인 이해와 국제관광현황, 국제관광정책 및 조직을 살펴봄으로써, 각국의 국제관광 현상의 이해를 돕고자 하였다.

내용에 사용된 통계자료는 UNWTO에서 발간된 *Compendium of Statistics*(2014)와 각국의 관광관련 기관 등의 자료를 활용하였으나, 자료가 국가별로 충분하지 않아 부족한 점이 있다. 보다 새로운 자료가 입수되면 새로 수정할 것을 약속한다. 나름대로 최선을 다하였지만 부족한 부분에 대해 기탄없이 지적해 주시면, 개정판에 수정·보완하여 보다 좋은 국제관광 서적이 되도록 최선을 다할 것이다.

어려운 여건 속에서도 본서를 출간하여 주신 백산출판사 진욱상 회장님과 임직원 여러분들에게 깊은 감사의 말씀을 전합니다.

2015년 1월

저자 씀

# 차 례

## 제1편 국제관광 일반

# 제 1 편

# 국제관광 일반

CHAPTER 1

# 국제관광의 기초이론

## 제1절 관광의 어원

### 1. 국제관광의 정의

관광의 발생은 사람의 거주지(Origin)와 목적지(Destination) 간의 공간적 이동으로, 관광의 시작은 아득한 옛날부터의 인류생존활동으로부터 나타난 하나의 현상이라 볼 수 있다. 관광의 어원에 대한 문헌적 고찰은 오늘날의 관광현상을 이해하는 데 기초가 될 것이다.

기록에 의하면, 서양에서는 1811년 영국의 "The Sporting Magazine"이라는 잡지에서 Tourism이란 용어가 처음 소개되었으며, 동양에서는 주역(周易)의 한 구절인 「관국지광 이용빈우왕(觀國之光 利用賓于王)」에서 유래된 것으로 알려져 있다. 그 뜻은 "외국의 국빈으로 가서 자기 국가의 빛을 보여 주고, 방문국가의 빛을 관찰한다"는 것으로 해석되는데, 관광(觀光)에서 '觀'은 내가 다른 나라의 사물을 보는 것과, 나의 자랑거리를 다른 사람에게 보여 주는 것의 두 가지 의미로 해석할 수 있다. 여기서 관광은 이동(Movement)이란 뜻도 함축하고 있음을 알 수 있는데, 그 이유는 다른 나라의 빛(光)을 보고(觀), 우리나라의 빛(光)을 보여(觀) 주기 위해서는 공간적인 장소의 이동이 필수적이기 때문이다. 우리는 여기서 공간적인 이동이 관광의 본질임을 알 수 있다.

오늘날 두 지점을 연결시켜 주는 이동매체가 발달함에 따라 속도가 빨라져 공간이동에 소요되는 시간이 점차 단축되고 있으며, 공간적인 이동의 범위가 자연 및 인위적 경계인 국경을 넘어, 타국에 출입하는 국제관광현상이 활발히 나타나고 있다.

관광이 성립하기 위해서는 여러 가지 독립변수가 모두 성립될 때 가능하며, 관광에 내포된 여러 가지 요소 중 어느 것을 중요시하느냐에 따라 관광의 정의도 달라질 수 있다. 예를 들어, 관광의 인간행동적인 면에서 착안한다고 하면 행동적 접근에서 규정지어질 수 있을 것이고, 소비행위나 사업소득적 측면을 중요시하면 경제적 접근에서 규정지어질 수 있으며, 또 하나의 사회현상으로 본다면 사회학적인 접근으로 시도될 수 있기 때문이다. 이처럼 관광의 정의는 관련기관 혹은 학자에 따라 생활권(生活圈), 귀향(歸鄕), 경제성(經濟性) 등의 중요요소에 따라 약간의 차이가 나타나기도 한다.

그중 국제관광과 관련이 있는 어원을 포함한 정의를 간추려 보면, H. Schulern (Austria, 1911)은 「관광이란 일정한 지역이나 또는 타국에 들어가서 체재하고 돌아가는 외래객의 유입, 체재, 유출에서 나타나는 모든 경제적 현상」으로 정의하였다. 이는 외국인 관광객에 의해 발생하는 경제적 성격을 중요시한 것이다. A. Mariotti(Italy, 1927)는 「관광이란 외국인 관광객의 이동」으로 간단하게 정의하고 있는데, 이는 관광의 이동성을 강조하고 있다. 일본의 쓰다 노보루(津田 昇, 1969)는 「觀光이란 사람이 일상 생활권을 떠나서 다시 돌아올 예정으로, 타지나 또는 타국에 가서 풍속 · 제도 · 문물 등을 시찰하면서 견문을 넓히고 자연 · 풍경 등을 감상 · 유람할 목적으로 여행을 떠나는 것」으로 정의하고 있다. 그는 일상생활권과 귀향, 장소적 이동, 풍경, 감상이라는 요소에 비중을 높게 두고 있다. 시오다세이지(鹽田正志, 1974)는 관광을 협의의 관광과 광의의 관광으로 나누었는데, 협의의 관광이란 사람이 일상생활권을 떠나 다시 돌아올 예정으로 이동하고, 영리를 목적으로 삼지 않고 풍물을 가까이하고 즐기는 것이며, 광의의 관광이란 앞에서 말한 행위에 의하여 나타나는 사회현상의 총체라고 정의하였다.

상기의 내용을 종합해 볼 때, 국제관광이란 관광의 유치 및 배출요인에 의해 국경을 넘어 타국에 유입, 내 · 외국인 간에 발생하는 다양한 상호작용 현상의 총칭이라 할 수 있다.

## 2. 국제관광객의 분류

WTO(World Tourism Organization)는 관광객에 대한 국제적인 기준마련을 위한 논의 중, 1984년 12월 스페인의 마드리드에서 개최된 「관광통계에 관한 유럽지역 실무단회의」의 결과보고서를 발간하였는데, 여기에서 규정하는 국제관광객에 관련된 용어로는 국제여행자(International Travelers) 및 국제방문자(International Visitors)와 그 이외의 국제여행자(Other International Travelers)가 있다. UNWTO에서 규정한 국제관광자의 분류는 다음과 같다.

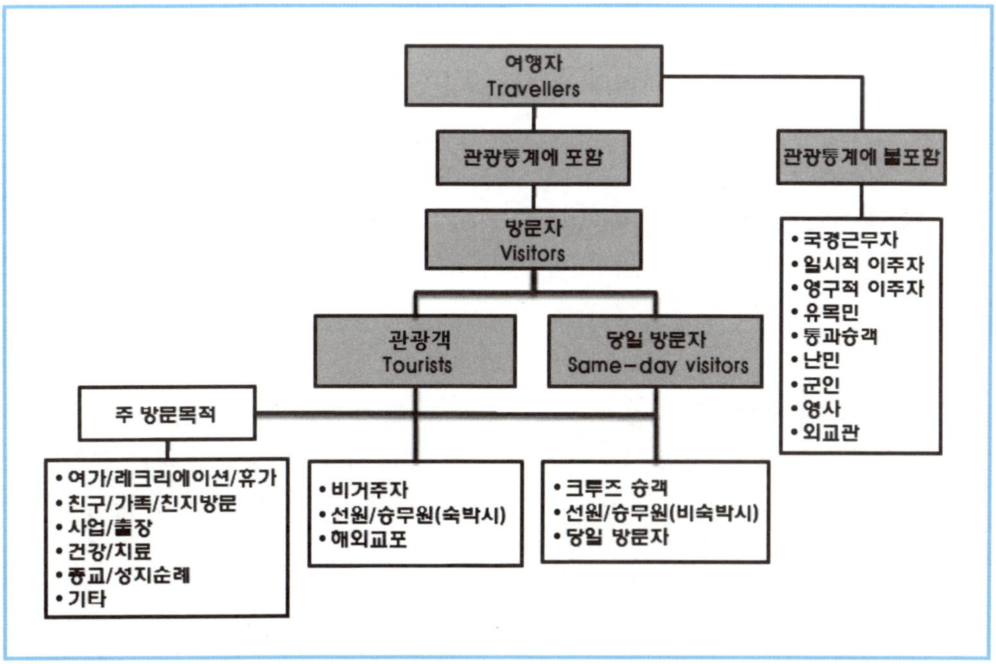


[그림 1-1] UNWTO의 국제관광객의 분류

- 관광객(Tourists)

국경을 초월하여 타국에서 유입된 방문자로, 방문국에서 24시간 이상을 체재하며, 휴양(Recreation), 휴가(Holiday), 스포츠(Sports), 업무(Business), 친척 · 친지방문, 파견(Mission), 회의참가, 연수, 종교 등의 목적으로 입국한 자를 말한다.

• 방문자(Visitors)

자기의 통상 거주지가 아닌 국가를 방문하되, 그 주된 목적이 방문국 내에서의 활동을 하지 않는 사람을 말한다(이러한 경우 통상 거주지를 그 자신의 국적국이 아닌 전(前) 국적국을 방문하는 사람[在外國民]도 포함한다).

• 당일관광객(Excursionist)

자기의 통상거주지가 아닌 국가를 방문한 방문객으로, 방문국에서 24시간 미만 체재하는 사람을 말하며, 승무원도 여기에 포함된다.

• 통상거주지(Usual Place of Residence)

국제관광 통계에서 통상거주지의 개념은, 방문객이 출입국 이전에 최소한 1년 동안 거주한 국가로 정의된다.

• 통과관광객(通過觀光客, Overland Tourist)

육로나 선박을 이용하여 입국한 외국인 승객으로 Ⓐ지역에서 Ⓑ지역으로 이동하는 사이에 임시 상륙하여 관광하는 사람을 말한다.

• 국경통근자(國境通勤者)

국경 가까운 곳에 거주하면서 다른 나라로 국경을 넘나들면서 통근하는 사람으로, 정기적이고 빈번하게 국경을 넘어 거주지로 되돌아간다는 점에서 단기이주자(短期移住者)와는 구별된다.

• 통과객(通過客, Trans Passengers)

항공의 지정지역에 잠시 머무는 항공 통과여객이나 상륙이 허가되지 않는 선박승객과 같이 국경에 도착하기는 했으나, 여권검사를 통해 공식적으로 입국하지 아니한 사람을 말하며, 일본에서는 체재허가기간 15일 이내 출국하는 자를 말한다.

• 무국적자(無國籍者, Stateless Persons)

신분을 증명하는 서류로는 항공권 등의 Transport Ticket만 소지하고 있는 자로서

방문하고자 하는 나라에서 국적불명(國籍不明)으로 인정하는 사람을 말한다.

- 장기이주자(長期移住者)

1년 이상 체재하기 위해 입국하는 자와 그 가족 및 동반자를 말한다.

- 단기이주자(短期移住者)

1년 미만 체재하되 체류국에서 보수를 받는 취업목적 입국자와 그 가족 및 동반자를 말한다.

- 외교관 및 영사(外交官 및 領事, Diplomatic and Consular Officer)

대사관이나 영사관에 상주하는 외교관 및 영사 또는 그 가족과 동반자를 말한다.

- 군인(軍人, Members of Armed Forces)

주둔하는 외국군대의 구성원 및 그 가족과 동반자를 말한다.

- 망명자(亡命者, Refugees)

인종, 종교, 국적, 특정단체의 회원가입 또는 정치적 견해에서 기인한 박해에 대한 근거 있는 두려움 때문에 국적국에서 벗어나 있으며, 이로 인하여 그 국적국의 보호를 받을 수도 없고, 두려움 때문에 받고자 하지도 않는 자를 말한다. 복수국적 소지자의 경우 국적국(國籍國)이란 용어는 그가 국적을 두고 있는 개개의 나라를 의미하며, 근거 있는 두려움에 기인하는 타당한 이유 없이 국적국들 중의 어느 한 나라의 보호를 받지 않을 때에는, 국적국의 보호를 받고 있다고 간주되지 않는다.

- 유랑자(流浪者, Nomadic People)

정기적으로 입국 또는 출국하여 상당기간 체류하는 자, 또는 국경에 인접하여 생활하는 관계로 짧은 기간 동안 매우 빈번하게 국경을 넘나드는 사람을 말한다.

국제관광은 관광규모나 관광목적별로 구분할 필요가 있는데, 우선 관광규모에 따라서는 개인관광과 단체관광으로 구분하고, 단체관광이라 하더라도 관광객의 국적에 따라 단체관광과 개인관광으로 구별된다. 그 이유는 국적에 따라 개인관광과 단체관광을 구별하는 단체의 수(數)에 대한 기준이 달라지기 때문이다. 한편, 관광목적별로 살펴보면, 여행의 목적이 순수한 경우는 순수관광(Pure Object Tourism)이라 부르고, 다른 목적을 함께 수행하면서 관광을 하는 경우는 겸목적관광(Combined Object Tourism)이라 부른다. 겸목적관광에는 업무여행(Business Tour), 학술여행(Study Tour), 스포츠여행(Sport Tour), 종교・예술여행(Religious and Art Tour), 흥행여행(Show Tour) 및 회의참가여행(Convention Tour) 등으로 구분할 수 있다. 한편으로는, 타국의 문물, 문화, 제도, 풍속, 습관, 산업시찰 등을 통하여 견문을 넓히는 교양목적(Cultural Object)의 국제관광과, 타국의 풍경, 자연, 건조물, 생활, 행사, 명소, 고적감상, 유람을 추구하는 위락목적(Recreational Object)의 국제관광으로 구분하기도 한다.

## 3. 국제관광과 국경

국제관광이란 일국의 관광객이 국경을 넘어서 타국에 유입되어 체재, 유출하는 동안에 나타나는 여러 가지 현상의 총체를 말한다. 그러므로 국제관광(International Tour)은 관광객이 자국의 국경을 넘어 타국으로 유입되는 행동이 나타나기 때문에, 양국간에 정치・경제・사회・문화적인 영향을 끼치게 된다.

그러나 관광객이 국경을 초월하여 타국에 이입(移入)하더라도, 국제관광객으로 취급될 수 있는 경우와 국제관광객으로 취급될 수 없는 경우가 있다. 국가의 영토가 분리되어 있어서 자기 국가의 국경을 초월한다고 하더라도, 영토가 본토와 떨어져 있는 복절국가의 경우 다른 지역의 영토에 유입되는 경우이므로 이는 국제관광이라 할 수 없다.

일반적으로 국가의 국경을 따라 지도를 그릴 때, 연필을 떼지 않고 전국토를 한꺼번에 다 그릴 수 있는 국가를 단절국가(單節國家)라 하고, 여러 번 연필을 종이에서 떼고 그려야 하는 섬이 많은 국가를 복절국가(複節國家)라고 한다. 예를 들면, 스위스, 볼리비아, 오스트리아, 알제리 등은 단절국가에 속하고, 국가를 그릴 때 여러 번 그려야 하는 우리나라를 비롯하여 영국, 미국, 일본, 인도네시아 등은 복절국가에 속하게 되므로, 국경을 초월하여 타지에 이입할 경우, 독일이나 스위스와 같이 국경이 하나뿐인 단절(單節)국가에서는 국제관광과 국내관광을 구별하는 데는 별로 문제가 없으나, 일본, 필리핀, 미국과 같이 국가의 영토가 분단된 복절(複節)국가에서는 국제관광객이 아닌 국내관광객으로 취급되어야 한다. 미국 본토에 거주하는 관광객이 하와이나 알래스카로 국경을 초월하여 여행을 한다고 하더라도 자기 영토로 이동하기 때문에 이를 국제관광이라 말할 수는 없다.

국경은 여러 가지 기준에 의해 규정지을 수 있는데, 일반적으로 자연적 지형을 기준으로 설정되는 국경과 인위적인 기준으로 설정되는 국경으로 구분된다.

- 자연적 국경(自然的 國境)의 사례
  - 산 – 히말라야 산
  - 강 – 아무르 강
  - 산맥 – 피레네 산맥
  - 사막 – 모래 사막

경계는 자연적 또는 인위적 국경을 정하더라도 두 국가간의 문제 소지는 많다. 중국과 인도 간의 국경은 히말라야 산으로 되어 있으나, 산의 정상을 국경으로 하지 않고, 산 정상을 넘어 특정지역을 국경으로 하는 경우도 마찬가지 현상이 나타나고 있다. 이와 유사한 현상은 오늘날 프랑스와 스페인의 국경인 피레네 산맥과, 중국과 인도 사이에 있는 히말라야 산맥을 비롯해 남미 안데스 주변국가들 등 상당히 많다. 강을 국경으로 하는 경우에도 많은 분쟁이 발생하고 있다. 두 나라 사이에 작은 강을 국경으로 하는 경우는 별문제가 없으나, 중국과 러시아 간에 있는 아무르(Amur) 강이나, 브라질과 콜롬비아 간에 있는 아마존(Amazons) 중류에 발생한 여의도와 같은 큰 하중도(河中島)가 발생하였을 경우, 양국간의 소유권 분쟁이 발생하게 된다. 한편 사막을 국경으로 하는 사우디아라비아와 예멘의 경우를 보면, 두 국가간에는 특별한 국경이 없는 대신 모래 사막(Erg Desert)이기 때문에, 바람에 의하여 국경의 표시를 할 수 없고, 표시한다고 하여도 바람에 의한 지형의 형태가 수시로 변하여 완전히 다른 모양의 지형으로 바뀌는 경우도 있다. 이럴 경우는 인위적인 국경을 설정할 필요가 있다.

- 인위적 국경(人爲的 國境)의 사례
  - 경도와 위도
  - 표시물(標示物)

인위적 국경일 경우 사막지방에서는 국경 표시가 곤란해, 경도와 위도를 국경으로 한다. 이집트와 리비아, 이집트와 수단, 모리타니와 말리, 캐나다와 알래스카(W. 141°), 미국과 멕시코(N. 32°) 등이 있다.

또 한편으로 비석(碑石)이나 쇠붙이 또는 돌멩이로 국경을 표시하는 경우는 남몰래 비석의 장소를 이동시킬 수 있는 위험성이 있으며, 특히 큰 강을 국경으로 하는 경우에 강의 내부에 새로 형성된 사구(砂丘)는 어느 나라의 영토로 취급할 것인지에 대해 양 지역간에 분쟁이 일어나는 경우가 많다.

## 제 2 절 국제관광과 국내관광의 분류기준

오늘날 국제관광은 경제적 흐름뿐만 아니라 사회 및 문화적 영향 정도가 매우 큰 현상 중의 하나이기 때문에, 국제관광으로 나타나는 국가간 현상을 이해하고 설명하기 위한 연구가 절실한 분야이다. 이러한 연구는 미래의 국제관광현상을 예측하고 위기를 극복하기 위한 방안을 마련하여, 좀 더 안정적이고 지속적인 성장을 위한 발전방안을 제시하기 위해, 많은 국가와 국제적 관광관련조직 및 연구자들의 노력이 반드시 필요한 분야이다. 영향의 유형과 정도는 관광객의 국적과 관광의 발생장소에 따라 국내관광과 국제관광으로 구분하여 살펴보아야 한다. 국제관광과 국내관광을 구분해야 하는 이유는 우선, 국경을 넘어 관광객의 이동이 이루어짐에 따라, 외래관광객의 관광활동은 방문대상국가의 법적 통치권의 지배를 받게 되어, 외래관광객의 법적 지위가 달라지기 때문이다. 둘째로 경제적 측면에서 살펴보면, 관광객 송출국과 수용국의 화폐유입과 유출이라는 양국간의 경제적 재화의 흐름이 발생하게 된다. 셋째로 국제관광객의 이동으로 이문화간에 접촉의 기회가 발생하게 됨에 따라, 사회문화적인 측면에서의 문화접촉, 문화이동, 문화변화라는 상호작용이 발생하게 되기 때문이다.

이러한 배경하에, 관광의 종류를 국제관광과 국내관광으로 구분하기 위해서는 일정한 기준이 적용되어야만 한다. 이방웅(李芳雄)[1]은 국제관광과 국내관광을 구분하는 기준으로 네 가지를 제시하고 있다. 이는 국적표준주의, 소비화폐표준주의, 거주지표준주의 및 생활양식표준주의로 그 각각의 특성을 살펴보면 다음과 같다.

### 1) 국적표준주의

국적표준주의는 오늘날 각 국가마다 가장 보편적으로 사용하는 기준으로, 입국하는 관광객의 국적에 따라서 분류하는 방법이다. 자기 국가의 국적을 가진 자가 관광을 할 경우에는 국내관광, 외국의 국적을 가진 자의 여행은 국제관광으로 구분하는 방법이다. 오늘날 모든 국가들은 관광객의 국적에 따라 출입객의 수를 조사하여 외화획득을 계산하고 있다. 그러나 예를 들어 미국 시민권을 가지고 있는 한국인이 그와 결혼한 재한 일본여인을 만나려고 귀국하였다가, 그의 여동생과 결혼한 재한 화교청년이 그들 부부와 그들의 결혼식에 주례를 맡았던 프랑스 신부를 초청하여 한국의 롯데호텔에서 귀국환영 오찬을 베풀었고, 그 여동생이 한화로 음식대금을 지급할 때 국내외 관광객의 구분과 국제관광수지의 구분이, 국적에 따라 구분이 되는 경우가 국적표준이다.

그러나 국적별로 분류한다고 하더라도 국가경제적 측면에서 동일한 국내화폐로 지급되고 있어, 큰 차이가 없는 합리적인 분류인 듯하지만 불합리한 분류방법이라 주장하는 측도 있다. 그러나 법률적 근거에 입각하여 구분한다면, 관광행위 주체자인 관광객의 국적 여하에 따라 구분할 수밖에 없다.

### 2) 소비화폐표준주의

F. W. Ogilvie의 관광의 정의에 의하면 "관광은 1년을 넘지 않는 일정기간 중, 집을 떠나 여행지에서 돈을 소비하고, 또 그 돈이 여행지에서 취득하지 아니할 것"이라고 하였다. 그는 관광객이 일국의 영역 내에서 소비하는 화폐가 그 국가의 영역 내에서 획득한 화폐일 경우에는 국적 여하를 막론하고 국내관광객이고, 내국인 관광객 화폐의 획득장소와 그의 소비장소 간에 국경이 있을 때, 즉 국경을 넘어 유입된 외화소비

1) 李芳雄(1977), 국제관광론, 경영문화원, pp.41~46.

에 의하여 행하여지는 관광만을 국제관광으로 간주하였다. 이것은 F. W. Ogilvie가 관광의 소비성향을 중시하고, 이를 기준으로 국내관광과 국제관광으로 구분하고 있음을 알 수 있다. 앞의 예에서, 소비화폐표준주의를 기준으로 할 경우, 외관상 프랑스인 신부가 외국인 관광객이나, 우리나라에서 근로활동의 대가로 취득한 화폐를 소비한다면, 그는 내국인 관광객으로 간주된다.

일반적으로 세계 각국에서는 외래관광객의 소비결과로 나타나는 외화획득의 실적을 근거로, 일국의 국제관광사업의 실적평가 내지 경제적 평가를 실시하기 때문에, 외래관광객의 소비로부터 획득하게 되는 국제관광수익을 계산하기 위한 방법으로 소비화폐표준주의를 적용하기도 한다.

### 3) 거주지표준주의

거주지표준주의는 관광객의 거주지에 기준을 두는 것으로, 평상시 일국의 영역 내에서 거주하는 자가 국적에 관계 없이 그 국가 내에서 관광을 하면 국내관광이라 할 수 있고, 국경을 넘어 관광을 행하는 경우는 국제관광으로 구분한다. 거주지표준주의에 의하면, 국내 1년 이상 체재한 외국인이 국내여행을 할 경우는 이를 국내관광으로 분류하게 되는데, 1년 이상 체재한 주한 미군과 그의 가족들, 업무상 국내에 1년 이상 거주한 외국인이 국내를 여행할 경우는 국내관광객으로 분류되는 것이다.

앞의 예에 의하면, 그의 여동생을 비롯하여 프랑스인 신부, 일본인 부인, 중국인 모두 내국인 관광객으로 국내여행에 참여하였으며, 오직 미국 시민권을 가지고 방문한 사람만이 국제관광객이라 할 수 있다.

### 4) 생활양식표준주의

생활양식표준주의는 생활양식의 동질성을 기준으로 국내관광과 국제관광으로 구분하는 것이다. 요컨대 일국의 생활, 즉 한국적 생활을 할 수 있으면 내국인으로서 국내관광객이 될 수 있는 것이며, 외국의 생활양식대로 생활하지 않으면 안 되는 자는 외국인 관광객이라 할 수 있다.

전술한 예문에 의하면, 미국의 시민권을 가지고 귀국한 한국인 남자는 법적으로 미국인이지만 한국의 생활양식을 그대로 가지고 있기 때문에 내국인이며, 결혼한 일본인 여자도 같은 이유로 내국인이다. 또 재한 화교청년과 결혼한 한국인 여자도 외국인의 처가 되긴 하였으나 한국적 생활양식에 젖어 있으므로 역시 한국인이며, 그의 남편 화교청년도 그의 처인 한국인과 동거할 수 없을 만큼 한국적 생활양식에 갑자기 불편해졌을 리가 없으므로 이 역시 내국인이며, 오직 프랑스 신부만이 외국인이 되는 것이다.

요컨대 일국의 생활을 할 수 있으면 내국인으로서 국내관광 또는 국내관광객이 되는 것이며, 외국적으로 생활하지 않으면 안 되는 자는 외국인, 즉 외국간에 서로 생활을 달리하는 일국의 국민이 국경을 넘어 해외로 여행하는 경우에는 국외관광객이 되는 것이다.

이상의 국제관광과 국내관광을 구분하는 기준의 적용은 각국의 국제관광정책과 각 기관의 국제관광 관련 통계자료의 활용방안에 따라 선택되어진다. 우리나라의 법무부, 외교부, 행정자치부 등 내・외국인을 법적으로 규제하고 있는 정부부처에서는 국적표준주의를, 관광행정의 주무기관인 문화체육관광부와 관광사업계에서는 외국인 입국자의 외화획득에 대한 통계작성을 실시하므로 국적표준주의와 소비화폐표준주의를 동시에 사용하고 있다. 그리고 OECD와 UNWTO에서는 국적표준주의, 거주지표준주의, 소비화폐표준주의 등 3대 표준주의를 사용하고 있다.

CHAPTER 2

# 국제관광과 관광영향

## 제1절 국제관광과 관광효과

국제관광은 관광객이 자국을 출발하여 다시 돌아올 예정으로 국경을 넘어 외국영토에 입국하여 문물, 제도, 산업시찰, 풍경, 감상, 유람 등을 할 목적으로 여행을 떠나는 것을 의미한다. 국제관광은 관광의 행위가 국경을 넘어 이루어질 때 나타나는 국제적 효과(International Effect)와 외래관광객을 받아들이는 국가의 국내적 효과(Internal Effect or Domestic Effect)로 구분될 수 있다. 국제관광을 통한 국제적 효과를 살펴보면, 서로 다른 민족과 문화를 가진 국제관광객의 이동에 따라 국민 상호간의 이해를 증진시키고, 국가간에 친선을 도모하며 문화교류를 활성화시킬 수 있는 긍정적인 효과뿐만 아니라, 서로 다른 문화적 차이로 인해 의도하지 않은 범법행위가 발생해 국가간 갈등이 야기되는 부정적인 영향도 나타날 수 있다. 외래관광객의 유입에 따른 국내적 효과를 살펴보면, ① 국민소득의 창출효과, ② 세수입에 대한 효과, ③ 고용과 노임 및 근로의욕 증진에 대한 효과, ④ 외지문화의 유입과 지역문화 선전에 대한 효과, ⑤ 국내자원 이용에 대한 효과, ⑥ 지역격차 시정에 대한 효과, ⑦ 다른 산업 자극에 대한 효과 등이 있다. 본서에서는 국제관광 발생에 따른 국제적 효과와 국내적 효과로 좀더 구체적으로 경제적 측면, 사회문화적 측면, 정치적 측면으로 구분하여 살펴보고자 한다.

## 1. 경제적 측면

국제관광은 국가 상호간 국정·제도·산업 등을 시찰하므로 문화·산업·기술의 인식을 깊게 하고, 이로 인한 국제경제교류(International Economic Exchange)를 증진시켜 주기도 한다.

- 국제수지 개선에 대한 효과

국제수지의 수입항목은 외래객이 일국가 내에서 소비한 비용을 말한다. 외래객이 숙박·식사, 각종 운송기관이나 오락기구 이용, 쇼핑 등, 외래여행객이 국내여행을 하는 동안에 소비한 소비액이 바로 외화수입(Foreign Currency Income)이 되는 것이며, 또 이것은 무형의 수출(Invisible Export)이 된다. 이는 한 국가가 다른 국가에 대하여 진 빚 100달러를, 외래관광객이 100달러를 소비하게 되면 그 빚을 갚는 것과 같은 의미가 되는 것으로, 국제관광수지(International Tourism Balance)를 개선해 주는 효과로 나타나게 된다. 이러한 이유로, 오늘날 세계 각국이 관광수입 증대를 위해 외래객을 유치하고 국제수지를 개선하고자 노력하고 있다.

특히 외래관광객에 의한 관광수입은 외화가득률(Foreign Currency Proceeds Ratio)이 일반산업과 비교하여 훨씬 높아, 외화획득에서 총아적 역할을 담당하고 있다. 외화가득률의 일반상품과 관광상품 간의 산출공식은 다음과 같다.

- 일반상품의 외화가득률

$$\frac{\text{수출가격} - \text{수입원료가격}}{\text{수출가격}} \times 100$$

- 관광상품의 외화가득률

$$\frac{\text{국제관광수입} - (\text{선전광고비} + \text{관광상품 구입가격})}{\text{국제관광수입}} \times 100$$

예를 들어, 중공업 부분이나 고무제품 공업과 같이 원자재 대부분을 수입에 의존하고 있는 산업이 중심인 국가에서는 외화가득률이 평균 50% 이하로 나타나고 있으나, 우리나라는 65.2%이다. 관광부문의 외화가득률은 91.8%로 나타나, 외화수익창출이 일반산업부문보다 월등히 높음을 알 수 있다. 관광산업과 일반수출산업과의 외화가득률의 정도를 비교해 보면, 다음과 같다.

〈표 2-1〉 관광산업과 일반수출산업과의 외화가득률 비교

| 구분 / 액수 | 관광부문 | 일반수출부문 |
|---|---|---|
| 수출액(백만 달러) | 269 | 3,230 |
| 외화가득액(백만 달러) | 247 | 2,103 |
| 외화가득률(%) | 91.8 | 65.2 |
| 수입액(백만 달러) | 23 | 1,116 |
| 수입유발률(%) | 8.2 | 34.8 |

외화가득률이 관광부문에서는 91.8%인 데 비해 일반산업분야에서는 65.2%로 관광부문이 1.4배나 높게 나타난다. 아울러 수입유발률은 관광부분이 8.2%인 데 비해 일반산업부분에는 34.8%의 높은 비율로 나타나, 일반수출부분이 관광부분에 비해 약 4배의 높은 수입(輸入)을 창출하고 있음을 알 수 있다. 이것은 외국인 관광객을 유치할 경우 외래관광객이 직접 배나 비행기를 이용하여 입국하고, 방문국가 내의 숙박시설과 식음료를 이용하고 귀국하게 되는 과정이 발생하게 되는데, 이 과정에서 외래관광객 유치를 위해 소비되는 총비용보다 외래관광객의 소비지출로 인한 목적지 내의 수입 정도가 훨씬 더 크다는 것을 의미한다.

일반산업분야의 고무제품의 경우 말레이시아나 인도네시아 등 고무원료 산출국에서 원료를 구입 · 운반 · 제조해 국제시장에 판매할 경우, 판매로 인한 상품수익에 비해 원료구입 비용이 많아, 수익성이 그만큼 줄어들게 되어, 관광분야보다 수입은 적고 지출이 많아지는 것이다.

선진국의 경우, 국가의 GDP 중 관광산업이 차지하는 비율은 20%로 1/5을 차지하고 있으나, 우리나라의 경우 관광산업은 GDP 중 4~6%의 비중만을 차지하고 있다. 그러나 우리나라 관광산업은 발전가능성이 높으므로 지금부터라도 정부와 기업, 국민 개개인이 관광을 새로운 경제발전의 원천으로 인식할 필요성이 있다[2].

2) 한국관광공사, 청사초롱, 2007년 12월 21일자.

- 재정수입의 증대효과

국제관광대상지 내 이용·소비하는 외래관광객의 소비활동에 관련된 많은 부분에, 관광수용국이 제정한 조세제도가 적용되고 있어 관광수용국의 재정수입이 증대되는 효과를 얻을 수 있다. 조세수입의 경우 강제적 성격을 띤 세금의 일종으로, 내외국인의 국적에 관계없이 상품을 구매함과 동시에 소비가 적용되는 부문이다. 재정수익창출이 가능한 부문으로는 우선 공항을 이용할 경우 지급해야 하는 공항이용료, 호텔에서의 숙박비, 식음료비, 기념품구입비 등이 있다. 또한, 국립공원이나 박물관 등의 공공시설을 이용할 경우, 입장료 혹은 관람료의 경우도 관광수용국측의 재정수입의 원천이라 할 수 있다.

- 고용창출과 지역활성화 효과

관광산업은 다른 산업에 비해 승수효과(乘數效果)가 높다. 관광산업에 의한 수익은 그 일부가 다른 사람 또는 업체의 소득이 되는, 파급효과가 연쇄적으로 작용하여서 소비의 승수효과를 낳게 되며, 승수효과는 고용기회를 발생시킨다. 이것은 관광관련업체로의 직접적인 고용기회를 창출할 뿐 아니라, 관련산업 부문에서의 간접적인 고용기회도 발생시킨다. 국제관광객의 소비는 국민경제수익을 창출하며, 이는 국민경제수준을 높여 줌과 동시에 일반기업은 물론 호텔이나 여행사 등 레저산업을 발전시키게 되고, 유휴노동력(遊休勞動力)을 흡수하여 고용증대의 효과를 가져오게 되는 것이다. 관련산업분야의 경우는 간접적인 고용기회 창출효과가 나타나기도 하는데, 관광산업과 관련된 타산업과의 상호관계는 상품과 용역의 매매를 활성화시키게 되며, 외래관광객의 체재에 필요한 다양한 생활필수품 생산에 필요한 원자재는 또 다른 산업부문에서 구입되어야 하기 때문에, 원자재 생산에 필요한 노동력이 요구되고 고용기회가 발생하게 되는 것이다.

### Tip 관광은 고용이다

WTTC(세계여행관광협의회)는 'Tourism means jobs'(관광은 고용이다)라는 말로 관광산업의 중요성을 역설한 바 있다. 실제 미국의 경우 관광산업의 고용효과는 자동차산업의 5~20배로 추정되며, 숙박업 단일분야의 종사자만으로, 미국 자동차산업 종사자의 2배에 달한다. 우리나라의 경우에도 관광산업 종사자수는 12.4%를 차지하는 것으로 분석되고 있다. 이 점은 고용 없는 성장의 시대에 들어서고 있는 우리나라에 있어, 관광산업이 중요하게 부각되고 있는 가장 큰 이유 중 하나일 것이다.

'관광은 환경이다' 흔히 자연환경보호와 관광은 대립되는 가치로 인식되지만, 현명한 접근방법만 전제된다면 관광은 환경보존의 강력한 수단이 된다. 관광은 있는 그대로의 자연을 활용해 경제적 가치를 창출하며, 환경보존의 비용을 회수해 주기 때문이다. 예를 들어, 서해안의 철새보호에는 비용이 들어가지만, 탐조관광을 통해 그 비용을 회수하게 하고 지역주민의 자연보호에 대한 긍정적 인식도 끌어낸 바 있다. 아울러 관광은 농어촌 경제발전 및 지역균형 발전의 수단이다. 도시에서 농어촌으로의 관광객 이동은 소득의 재분배를 일으키고 도로, 숙박, 식음료 등 여러 분야에서 산업연관효과를 유발하여 지방경제발전을 촉진시킨다. 또한 관광은 지역문화의 보존과 발전에도 기여하는데 각 지방의 문화관광축제 발전이 그 예일 것이다.

자료 : 한국관광공사, 청사초롱, 2007년 12월 21일자 내용요약정리

### Tip TSA(Tourism Satellite Account, 관광위성계정)

UN은 국가계정으로는 규정되지 않는 경제적 파급효과를 측정하기 위해, 2000년 3월 TSA를 개발하였다. 세계경제 내 관광산업의 성장과 중요성이 더해감에도 불구하고, 관광관련정보의 부재는 심각한 문제이다. 따라서 타산업과 동일한 개념·정의·측정방법을 사용해 관광의 중요성과 크기에 관한 신뢰 가능한 자료를 확보하고자 개발하였다. TSA를 이용할 경우 공무원·기업가·시민들의 관광공공정책 혹은 기업전략에 대한 유효성과 효율성 평가가 더욱 용이해지게 된다.

방문객의 관광과 비관광 부문에 걸친 상품과 서비스의 구매행동은 국가 내 상품과 서비스의 총공급 부문 내에서 이루어지는데, 구매된 상품과 서비스를 측정하고자 개발된 새로운 통계도구로, TSA는 국제적 개념·분류·정의에 따른 기준을 적용해, 국가간 혹은 다른 산업분야 간 타당성 있는 비교를 위해 개발되었다.

TSA는 다음과 같은 역할을 담당하게 될 것이다.

- 관광의 영향과 관련 고용에 관한 신뢰할 수 있는 자료 제공

- 관광의 체계화된 통계자료를 위한 표준틀
- UN 통계위원회가 보증하는 새로운 국제적 기준
- 관광개발과 관련된 경제정책 마련을 위한 강력한 도구
- 관광이 국민경제수지에 미치는 영향 관련 자료 제공
- 관광인적자원 특성에 관한 정보 제공

TSA의 기본구조는 방문객과 소비자에 의해 발생된 상품 및 서비스의 수요와 공급 균형에 있다. 즉 경제 내 관광관련 재화와 서비스에 대한 수요의 모든 면을 분석하고, 또한 같은 경제범위 내 재화와 서비스에 대한 공급과의 관계를 측정하는 것이다. TSA의 측정범위는, GDP에 대한 관광산업의 공헌 정도, 타 경제부문에 대한 관광산업 순위, 경제부문 내 관광에 의해 발생된 고용수, 관광투자금액, 관광산업으로 인한 조세수익, 관광소비, 관광산업이 국내수지에 미치는 영향, 관광인적자원의 특성 등이 있다. TSA는 정책입안, 경제와 고용에 미치는 관광의 영향 정도에 대한 신뢰 가능한 자료, 국내관광 · 비거주관광 · 협력적 고용의 측정, 다른 경제부문들과의 비교, 국제적 비교 등을 위한 도구로서 의사결정자들에게 제공될 수 있다.

UNWTO는 관광활동과 관련된 자료의 국제적 비교에 대해 중추적 역할을 하는데, 특히 다음과 같은 통계적 업무에 초점을 두고 있다. 첫째, 국내외 조직간 협력증진-조직들의 행정능력수준은 관광통계정보와 특히 관련이 있는데, 이러한 관광통계정보는 국가관광통계시스템(STS)과 나아가 관광위성계정(TSA) 개발에 있어 매우 필수적이며 우선적인 중요요소이기 때문이다. 둘째, 각국의 국가관광담당부서, 국가통계관리부, 국제기구 등으로부터의 공식적 통계자료의 수집을 통해, UNWTO는 관광의 경제영향평가척도를 국제적 관점에서의 국가간 비교작업을 위해 사용하게 된다. 셋째, UNSC(United Nations Statistical Commission)가 승인한 표준척도를 적용하고 있는 국가들을 돕기 위한 세미나 개최, 기술문서 발행, 원조보조프로그램 개발, 넷째, 국가적 STS와 TSA의 개발을 통한 국제사회 표준척도 제안 등이 있다.

UNWTO는 STS가 국가통계시스템에 상응하는 하부시스템인 동시에, TSA와 더불어 관광수지(Tourism Balance of Payments)를 평가하는 시스템이 될 것임을 확신한다. 또한, 이것은 각국 국가통계시스템의 국제수지평가기능과 같은 하부시스템을 통합하는 도구가 될 것이다.

TSA의 가장 중요한 장점은 각각이 자신들의 통계기관을 통해 얻어진 통계자료를 각국 스스로가 평가할 수 있는 기본틀을 제공할 수 있다는 것이다. 이러한 경제정보는 정책결정자와 기업경영의 의사결정자들에게 도움이 될 것이다.

자료 : UNWTO 자료요약정리

## 2. OECD회원국 국제무역수지(國際貿易收支)와 관광수지(觀光收支)

### 1) 국제무역수지와 관광수지

무역이라 함은 국제간에 행하여지는 상업으로, 화물의 수출 · 수입에 의하여 이루어진다. 무역은 상품유통이라는 점에서 국내상업과 불가분의 관계에 있으며, 국민경제에 적지 않은 영향을 미치게 된다. 무역도 자기 나라에서 생산되는 상품을 국경을 초월하여 외국에 판매하고, 그 국가의 물품을 구입하여 자기 나라로 가져오는 것처럼 관광과 무역은 밀접한 관계가 있어, 무역이 바로 관광이라 할 수 있을 정도로 상통하는 점이 많다.

일반적으로, 무역이 행해지는 방향을 위도를 중심으로 동양과 서양으로 수출 · 수입하는 것을 동서무역이라 하고, 저위도에서 고위도 지방으로 또는 그 반대방향으로 이루어지는 것을 남북무역이라 한다. 예를 들어, 북미나 유럽의 공업제품이 적도지역 국가나 아프리카지역의 미개발 국가에 수출되고 그 지역의 원료를 수입하는 것은 남북무역이며, 유럽지역에 곡물류가 부족할 때쯤 되면, 미국과 캐나다에서 밀을 공급하게 되는데 이것은 동서무역이며, 또 남미나 호주 등지에서 생산된 밀이 북유럽지역으로 수송되는 것도 마찬가지로 남북무역이다.

한 국가에 있어서 가장 적합한 생산은 그 나라의 자연적 · 문화적 · 기술적인 생산조건에 의해 결정된다. 세계무역도 교통의 발달과 세계 자본주의 생산력의 발전과 함께, 19세기 후반에서 20세기 초에 걸쳐 급격한 증대를 보였다. 우리나라는 1945년 8월 15일 광복 후 정부수립과 더불어 무역이 이루어졌으며, 1951~57년까지 대외무역을 보면 수입 4억 7,700만 달러, 수출 1억 7,500만 달러로, 3억 2백만 달러의 수입초과를 이루어 그 수지균형이 완전히 상실한 상태에 있었다. 그러나 차츰 수입초과액이 줄어들고 기간산업 및 중소기업의 공업이 발달하면서 정부 당국에서도 수출향상을 위해, 기업경영의 합리화, 기술향상, 수출보상제도, 해외시장개척 등 다방면에 힘을 기울인 결과, 1986년부터 역사상 처음으로 무역흑자를 나타내게 되었으나, 이것도 오래 가지 못하고 또다시 적자로 돌아서게 되었다. 당시 상공부가 집계한 1990년도 수출입 실적에 의하면, 수출은 1989년보다 4.2% 늘어난 649억 8,200만 달러, 수입은 13.4% 증가한

697억 1,300만 달러를 기록하여 무역수지가 47억 3,100만 달러 적자로 나타났다. 이는 무역수지흑자가 1989년 9억 1천만 달러였던 데 비하면, 무역수지가 140억 달러로 1년 사이에 50억 달러 이상의 하락폭을 기록한 것이다.

일반적으로 경상수지에는 무역수지와 무역외수지, 그리고 이전수지가 있다. 무역외수지로서는 보험료, 외국 여행자의 여비, 재외기관의 경비, 투자수익, 정부상거래익, 특허권 사용료가 여기에 해당하고, 이전수지로는 물건이나 서비스 대가에 따른 일방적인 지급과 배상, 증여, 무상의 경제협력 등이 여기에 포함된다. 무역수지는 여행 가운데 중요한 부분을 차지하는 업무여행(Business Tour)이며 상업상의 여행(Commercial Tour)으로 관광과 밀접한 관계가 있다. 다만, 이 무역수지는 무역외수지나 이전수지를 제외한 순수한 무역수지만을 취급하고 있어, 일부 국가의 무역수지와 관광수지가 어떻게 나타나는가를 고찰할 필요가 있다.

〈표 2-2〉의 OECD국가 30개국을 대상으로 종축(Y)을 무역수지, 횡축(X)을 관광수지로 배치하고, 이것을 4 Sector로 구분해 각 국가별 관광과 무역수지관계를 그림으로 나타내면 [그림 2-1]과 같다.

〈표 2-2〉 OECD 회원국의 국제수지(2003)

| NO | 국 명 | 무역수지(100만 달러) | | | 관광수지(100만 달러) | | | 비 고 |
|---|---|---|---|---|---|---|---|---|
| | | 수 출 | 수 입 | 수지액 | 수 입 | 지 출 | 수지액 | |
| 1 | Australia | 63,387 | 63,888 | -501 | 15,478 | 10,107 | 5,371 | |
| 2 | Austria | 66,659 | 70,448 | -3,789 | 16,247 | 12,650 | 3,597 | |
| 3 | Belgium | 189,852 | 178,129 | 11,723 | 8,758 | 13,196 | -4,438 | |
| 4 | Canada | 259,858 | 227,291 | 26,674 | 12,213 | 16,222 | -4,009 | |
| 5 | Czech.Re. | 33,399 | 38,307 | -4,908 | 4,075 | 2,177 | 1,898 | |
| 6 | Denmark | 50,400 | 43,422 | 6,978 | 5,269 | 6,651 | -1,382 | |
| 7 | Finland | 42,794 | 32,108 | 10,686 | 2,654 | 2,904 | -250 | |
| 8 | France | 294,660 | 292,525 | 2,135 | 37,038 | 23,576 | 13,462 | |
| 9 | Germany | 570,394 | 486,397 | 83,997 | 31,641 | 73,652 | -42,011 | |

| NO | 국 명 | 무역수지(100만 달러) | | | 관광수지(100만 달러) | | | 비 고 |
|---|---|---|---|---|---|---|---|---|
| | | 수 출 | 수 입 | 수지액 | 수 입 | 지 출 | 수지액 | |
| 10 | Greece | 9,483 | 29,928 | -20,445 | 10,842 | 2,439 | 8,403 | |
| 11 | Hungary | 30,530 | 33,725 | -3,195 | 3,498 | 2,133 | 1,365 | |
| 12 | Iceland | 2,022 | 2,253 | -231 | 487 | 521 | -34 | |
| 13 | Ireland | 82,997 | 51,295 | 31,702 | 4,228 | 3,835 | 393 | 2002년 통계 |
| 14 | Italia | 241,729 | 232,983 | 8,746 | 32,566 | 23,724 | 8,842 | |
| 15 | Japan | 403,496 | 349,089 | 54,407 | 11,475 | 36,506 | -25,031 | |
| 16 | Korea | 150,439 | 141,098 | 9,341 | 6,903 | 10,903 | -4,000 | |
| 17 | Luxemburg | 7,918 | 10,678 | -2,760 | 2,962 | 2,402 | 560 | |
| 18 | Mexico | 158,547 | 182,702 | -24,155 | 10,153 | 7,252 | 2,901 | 무역수지 2001년 통계 |
| 19 | Netherlands | 216,100 | 194,890 | -173,290 | 9,162 | 14,604 | -5,442 | |
| 20 | New Zealand | 13,723 | 13,347 | 376 | 3,974 | 1,781 | 2,193 | |
| 21 | Norway | 57,960 | 32,181 | 25,779 | 3,082 | 6,746 | -3,664 | |
| 22 | Poland | 36,092 | 50,275 | -14,183 | 4,733 | 3,002 | 1,731 | |
| 23 | Portugal | 23,902 | 37,922 | -14,020 | 7,886 | 3,253 | 4,633 | |
| 24 | Spain | 115,155 | 153,607 | -38,452 | 45,967 | 10,544 | 35,423 | |
| 25 | Sweden | 75,137 | 62,649 | 12,488 | 6,548 | 9,375 | -2,827 | |
| 26 | Switzerland | 78,066 | 77,071 | 995 | 11,344 | 9,448 | 1,896 | |
| 27 | Turkey | 26,572 | 53,499 | -26,927 | 13,203 | 2,113 | 11,090 | 무역수지 2001년 통계 |
| 28 | U.K. | 267,349 | 320,973 | -53,624 | 30,656 | 58,602 | -27,946 | |
| 29 | U.S.A. | 730,803 | 127,180 | 603,623 | 99,816 | 80,621 | 19,195 | |
| 30 | Slovakia | 12,641 | 15,496 | -2,855 | 876 | 662 | 214 | |

자료 : UNWTO(2005) 및 한국무역협회(주요 무역동향지표), 2002.

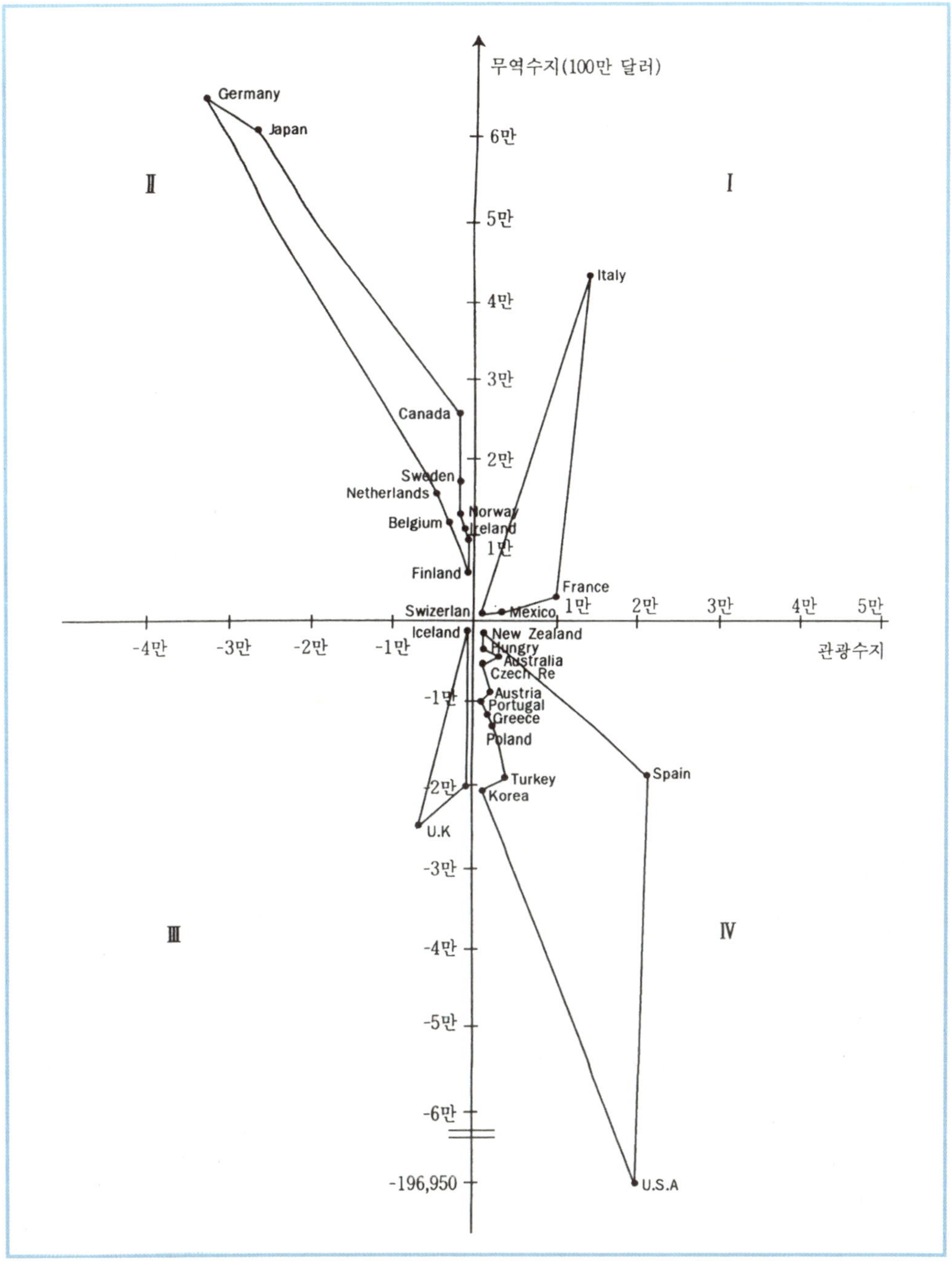


[그림 2-1] OECD국가의 무역 및 관광수지의 Sector별 분포

## 2) Sector별 국제수지

### (1) Sector Ⅰ

무역수지에서는 수출이 수입보다 많고, 관광수지에서는 수입이 지출보다 많은 국가가 이상적인 국가이다. Sector I에 해당하는 국가는 멕시코, 스위스, 이탈리아, 프랑스 등이다. 한국은 다른 국가에 비해 무역수지의 차가 적으며 계속 적자국가에 해당하였으나 1986~1989년에는 흑자가 나타났으며 관광에 있어서도 마찬가지 현상이다.

그러나 이러한 현상이 5년 만인 1990년에 다시 적자로 나타난 현상은 주목된다. 한국은 1970년대 후반과 1980년대 초반에 정치적 불안정으로 국제관광객의 유입이 크게 감소하여, Sector II에서 Sector IV로 하락하기도 하였다. 2003년의 경우, 관광수지 적자 및 입국외국인 1인당 소비액은 1,312달러이며 내국인 출국소비액은 1인당 1,488달러로 관광지출이 많았다.

### (2) Sector Ⅱ

무역수지에서는 수출이 수입보다 많고, 관광수지는 수입이 지출보다 적은 국가가 여기에 속한다. Sector II에 해당하는 대표적인 국가는 일본, 독일, 캐나다, 네덜란드, 벨기에, 스웨덴, 노르웨이, 아일랜드, 핀란드, 덴마크 등 10개 국가이다. 이들 국가의 공통적인 특징은 경제적으로 성장해 온 오랜 전통을 지닌 국가들이라 할 수 있다.

독일이나 일본 등은 전통적인 공업국가의 면모를 지녀왔고, 스웨덴이나 덴마크는 독특한 자국형태에 맞는 산업을 발전시킨 나라들이라 할 수 있다. 이들 국가들은 모두 정치적인 안정과 경제적 성장을 이룬 국가들이며, 일본과 독일은 경제발달에 따른 개인소득의 증가에 따른, 자국민의 해외여행 증가가 관광수지적자의 원인이기도 하다. 독일의 해외여행객의 경우, 2002년 526억 달러, 2003년 646억 달러를 해외관광에 소비하였다.

### (3) Sector Ⅲ

무역수지뿐만 아니라, 관광수지에서 모두 적자를 나타내고 있는 국가가 여기에 해당한다. 해당국가로는 영국, 아이슬란드, 한국 등이 이에 속한다. 한국은 2000년부터 입국자에 비해 출국자가 많아, 관광수지는 2000년부터 관광적자를 보이고 있다. 이들 국가의 특성은, 모두 선진국가에 해당하며, 개인의 경제적 수준이 높아 자국민들의 해외여행이 활발하게 나타남에 따라, 관광수지적자가 나타나고 있다.

### (4) Sector Ⅳ

무역수지에서는 수입이 수출보다 많은 무역적자현상이 나타나며 관광에서는 관광수입이 관광지출보다 많은 관광흑자국가가 여기에 해당한다. 이 Sector에 해당하는 국가를 보면 뉴질랜드, 헝가리, 포르투갈, 그리스, 폴란드, 스웨덴, 터키, 미국 등이다. 이들 국가들은 모두 관광자원이 풍부하며, 관광견인력(Attractive Power)이 높은 국가이다.

스페인은 대서양연안과 지중해연안의 개발로, 유럽지역 해안휴양지로서 면모를 갖추고 있으며, 세계적인 관광매력인 투우(鬪牛)의 인기는 스페인의 독특한 매력물이다. 오스트리아는 북유럽의 아름다운 알프스 경관을 중심으로 하천과 호수, 계곡 등이 있어 많은 여행객들이 연중 끊이지 않는 전형적 관광국가의 하나이다.

이상과 같은 현상을 미루어 볼 때 관광객 출입관계는 그 국가의 무역량과도 관계가 있음을 알 수 있다. 즉 공업기술의 발달이 관광산업을 발달시키고, 외래관광객 유치에 영향을 주어 관광객의 유입이 많아지며, 또 외화의 증대에 따른 국민 개인소득의 증대로 외국여행을 하는 국민계층이 많아지고 관광지출이 늘어나게 된다. 이에 반해, 공업이 발달하지 못한 국가는 자기 나라에 관광자원이 풍부해도 관광지개발의 미숙으로, 관광객유치가 적고 소득도 적어 외국을 여행할 수 있는 경제적 여유를 가지지 못하므로 관광지출도 적게 나타나고 있다.

## 3. 사회문화적 측면

두 국가간에 국제관광교류가 이루어질 때 외래관광객을 수용하는 수용국은 여러 가지 영향을 받게 된다. 이것은 외래방문객과 지역주민 간의 이문화의 접촉으로 인해, 국제관광객과 수용국주민 간의 상호작용이 발생하게 되기 때문이다.

- 국민교양 향상에 대한 효과

해외여행을 할 수 있는 가장 큰 요인 중의 하나는 국민 개인의 가처분소득수준이다. 특히 해외여행은 국내여행과 비교해 더 많은 경비가 소비되며, 다른 문화와 전통을 가진 지역으로 이동이 이루어지기 때문에, 목적지에 대한 언어 · 기후 · 건강 등의 많은 정보를 탐색하는 노력이 나타나게 된다. 이러한 정보탐색의 과정에서 다른 나라의 문물, 제도, 풍속, 관습 등의 지식을 습득하고 이해하게 됨에 따라, 타문화에 대한 지식이 증대되기도 한다. 또한 실제 방문을 통해 그 국가의 사정을 자기국가와 비교 · 고찰하게 됨에 따라 많은 지식을 얻을 수 있어, 국민의 교육적 교양향상에 이바지한다고 볼 수 있다. 반면, 관광수용국 주민의 경우 새로운 문화의 외래관광객을 맞이하고 접촉함으로써, 새로운 문화와의 접촉과 상호이해의 폭이 확대되어, 새로운 지식의 획득과 지적 호기심을 자극할 수 있는 계기를 얻을 수 있다.

- 수용국 가치관의 변화

관광목적지에서 외래관광객의 행동과 태도 등이 수용국 문화에 영향을 끼쳐 수용국의 가치관이 변화하게 되는 경우가 나타나기도 한다. 이를 전시효과(demonstration effect)라 하는데 수용국 주민들이 외래관광객의 행동과 태도로부터 영향을 받아 변화되는 것을 의미한다.

그러나 관광객의 경우 단조로운 일상생활에서 벗어서 새로운 즐거움, 재미, 휴식 등을 추구하고자 하는 욕구가 내재되어 있어, 관광목적지에서의 관광행동이 일탈로 이어질 가능성이 높아 전시효과는 때로 지역주민들에게 부정적인 영향을 끼치기도 한다. 특히 해외를 방문하는 외국인 관광객의 경우 그 위험성은 더 높다고 할 수 있다. 예를 들어, 경제적 수준이 높은 지역으로부터의 외래관광객의 유입은 상대적으로 경제적 수준이 낮은 관광수용지역의 지역주민들에게는 부러움의 대상이 될 수 있다. 이러한 배경하에 외래관광객의 일탈적인 행동은 지역주민과 청소년들에게 부정적인 영향을 미칠 수 있으며, 지역문화의 정체성이 상실되는 원인이 될 수도 있다.

- 문화자원의 훼손

문화유산이 소재하고 있는 국제관광지의 경우, 관광객 유치를 위한 서비스 시설 개발 또는 대량의 관광객 방문이 이루어짐에 따라 문화유산이 훼손되는 경우가 발생한다. 현재 유네스코 지정 세계문화유산인 캄보디아의 앙코르와트가 바로 그러한 경우이다. 세계 7대 불가사의 중 하나인 앙코르와트 사원은[3] 연간 300만 명의 관광객이 방문하고 한국인 관광객은 연간 32만 명이 방문하는 곳이다. 앙코르와트는 과거의 전쟁과 약탈에 의한 파괴뿐만 아니라, 관광객의 대량방문과 무책임한 주변환경 개발로 인해 많은 부분이 훼손되었으며, 훼손된 부분은 유네스코와 프랑스 전문가팀이 주축으로 복원작업을 실시하고 있다. 또한 독일 드레스덴의 엘버계곡의 경우, 2004년 세계유산리스트에 등재되었으나, 4차선 차량다리 건설로 인해 경관환경이 훼손되어 세계유산에서 제외되었다.

국제관광은 또 강력한 통합력의 하나이며 정치·경제·문화·지리 및 사상적 장벽을 완화시키는 잠재적인 수단이기도 하다. 그러나 국제관광을 긍정적으로만 평가할 수는 없다. 그것은 국제관광이 여행자와 지역주민들 간에 우월감, 수용주민의 수용태도의 부족, 오락시설의 독점, 범죄율 증가 등의 상호간 부정적 영향과 문제가 많이 발생하기 때문이다.

## 4. 정치적 측면

- 국제사회의 상호이해와 국제친선의 증진에 대한 효과

국제관광은 관광객의 배출국과 수용국 간의 다리(橋)와 같은 역할을 하게 되어, 두 국가간 국제무역이나 국제경제의 다리가 놓여지는 현상으로 이것은 세계평화에 이르는 가장 유효한 길잡이로 인식되고 있다.

서로 교류가 없던 국가간에 국제관광이 이루어짐으로써 '국제문화' 또는 '국제사회적 효과(International Social Effect)'가 나타난다. 즉 국제관광은 관광객의 왕래로 인하여 국민 상호간의 이해, 국제친선의 증진과 문화교류를 향상시킴으로써 그것을 통하여 세계의 항구적 평화를 촉진시키는 것이기 때문에, 국제연합(UN)은 1967년을 "국제

3) '앙코르(ANGKOR)'는 '왕성'을 의미하며, '외트(WAT)'는 '성벽'을 의미하는데, 이는 한때 동남아시아를 지배했던 크메르제국의 앙코르 왕조가 12세기 초에 건립한 힌두교 사원이다.

관광의 해(International Tourists Year)"로 지정하여 국제관광의 활성화를 꾀하였다. 이를 계기로 세계 각국은 국제관광 기념행사와 평화를 상징하는 세계통일 마크를 사용하고, 또 "관광은 평화의 패스포트(Tourism is passport to peace)"라는 새로운 용어가 발생하기도 하였다.

- 국가간 경제 및 문화교류와 세계평화 수호에 대한 효과

국제관광의 국제경제적 효과 외 다른 중요한 국면으로서는 국제경제적 협력(International Economic Cooperation)을 가능하게 한다는 데 의의가 있다. 일반적으로 국제관광이 형성되는 성향을 보면, 선진국(Advanced Countries)에서 개발도상국(Under Development Countries)으로 이루어지는 경우가 많은데, 이것은 선진국에서 개발도상국으로 관광객이 이동함에 따라 개발도상국의 외화수지가 증대되고, 그 국가 내의 관광수출국(Domestic Tourists Export Country)과 관광수입국(Tourism Import Country) 간에 관광현상이 민간무역 내지 민간외교적 현상으로 이루어지기 때문에 두 나라 사이에 평화가 유지되며 나아가 세계평화에 기여하게 된다는 것이다.

- 민간외교 촉진에 따른 홍보효과

한 나라 국민이 외국을 방문할 경우 그 나라의 문물·제도 등을 관찰하고, 사회·문화·지식을 증대할 수 있는 기회를 가지게 되는 것은 사실이다. 따라서 외국을 방문하면 자연히 그 국가의 국민을 접하게 되어 그들과 사귀게 되므로 민간외교가 형성되는 것이다. 예를 들어, 대학생들의 배낭여행을 통해서도 민간외교가 가능하다. 해외여행 시 자주 이용하게 되는 유스호스텔에서는 각국의 젊은이들을 만날 기회가 매우 높다. 세계 각국으로부터 온 외국인 젊은이들과의 만남을 통해 서로의 문화를 이해하고, 상호간에 새로운 관광목적지에 대한 정보를 교류할 수 있다. 대화와 만남을 통해 한국에 대한 좋은 이미지를 보여줄 수 있다면, 이것도 민간외교라 할 수 있다. 둘째, 해외봉사 활동을 통한 민간외교도 가능하다. 최근 매우 활발히 이루어지고 있는 해외봉사활동은 한국인의 사랑, 기술, 정을 전할 수 있어, 공식적 외교교류가 빈번하지 않은 지역이라 할지라도 한국을 알릴 수 있는 계기가 될 수 있다. 셋째, 각 도시간의 교류이다. 지자체 중심의 자매도시와의 문화교류체결은 공적 업무뿐만 아니라 민간차원에서의

교류를 증진시킬 수 있다. 예를 들어, 부산과 후쿠오카의 경우 2007년 2월 자매도시 체결 이후 더욱 활발한 경제교류, 문화교류와 관광객 유동현상이 나타나고 있다. 이러한 민간차원의 교류증대는 수용국에 방문했던 외래관광객이 자국(自國)에 귀국하여 관광목적지에 대해 주변인들에게 PR해 주는 효과로 이어질 수 있다.

## 제 2 절 국제관광의 발달요인과 장애요인

국제관광객(International Tourists)이란 관광객을 송출하는 배출국가의 관광객이 국경을 통과하여 타국의 영역에 유입되는 여행객이라 할 수 있다. 여행객이 자기 나라의 국경을 넘어서 또다시 다른 지역에 있는 자기 나라의 영토로 진입하는 것은 국제관광객이라 할 수 없다. 미국인이 캐나다를 통과하여 알래스카나 하와이로 여행하는 것은 국제관광객이라고 할 수 없다는 것이다.

두 지역간 관광이 이루어질 수 있는 조건에는 여러 가지가 있다. 외국관광객을 유치하기 위하여서는 관광객을 타국으로 내보내는 배출국(Outbound Country)과 외국인을 자기 나라로 유치하여 수용하는 수용국(Inbound Country)의 국내외 정세와 그에 따른 수용태세와 국내외 국민의 경제적 수준이 무엇보다 중요하며 그에 따른 정보탐색이 이루어진다. 그중에서도 출발지(Origin)와 목적지(Destination), 즉 O.D.간의 교통과 두 지역에 거주하는 인구 및 그들의 경제적 수준은 국제관광현상에 영향을 미치는 요인이라 볼 수 있다.

여행이 성립하기 위해서는 다음과 같은 관계가 성립하여야 한다.

$$Tra = f(E \times Ti \times Tr \times He \times C1 \cdots)$$

Tra = 여행(Travel), E = 돈(Economy), Ti = 시간(Time), Tr = 교통(Transportation)
He = 건강(Health), Cl = 기후(Climate)

즉, 국제관광현상이 일어나기 위해서는 여행, 돈, 시간, 교통, 건강, 기후 등의 다양한 요인들이 작용하게 된다는 것이다.

관광지에 대한 관광객의 방문이 이루어지는 배경에는 첫째, 해당 지역으로의 접근성(Accessibility)의 용이함을 생각할 수 있고, 둘째, 그 지역 내 소재하고 있는 유・무형의 관광자원의 지명도 혹은 매력도, 그리고 관광객에 대한 지역주민의 환대적 서비스(Hospitality Service) 등을 생각할 수 있다. 관광객이 일정한 기간 동안 일정한 곳을 방문한 횟수를 관광빈도(Travel of Frequence)라고 하는데, 관광빈도는 경제적 효과와 상관관계가 있다. 그 이유는 관광지에서의 관광행위는 곧 관광객의 소비액과 관련될 수 있으며, 이는 지역주민의 경제수입과도 연관되기 때문이다.

Sumid House는 관광빈도를 관광성향(Travel Propensity)이라고도 표현하고 있는데, 이에는 순관광성향(純觀光性向, Net Travel Propensity)과 총관광성향(總觀光性向, Gross Travel Propensity)으로 나눌 수 있다. 순관광성향은 특정지역의 전인구에 대한 관광객수, 또는 일정한 기간(보통 1년) 동안 집을 떠나 여행하는 자를 말한다. 관광빈도를 구하는 공식은 다음과 같다[4].

- $\text{순관광성향} = \dfrac{\text{관광유입자수}(U)}{\text{총인구}(P_1)} \times 100$
- $\text{총관광성향} = \dfrac{\text{전국민 총관광객수}(Tu)}{\text{총인구}(P_2)} \times 100$
- $\text{여행빈도} = \dfrac{\text{총관광성향}}{\text{순관광성향}} = \dfrac{Tu/P_2}{U/P_1}$

관광빈도를 높일 수 있는 영향요인에는 많은 것들이 있다. 최근의 불확실한 전 세계의 경제상황과 바이러스의 유행, 자연재해, 정치적 불안, 에너지 가격 상승에 따른 여행비용 상승 등은 관광소비를 위축시키는 부정적인 영향요인으로 작용하고 있다. 개인 가처분소득의 증가, 여행비용의 저렴화, 지역경제상황, 노동시장의 발달과 같은 경제상황은 관광수요를 상승시키기도 하지만, 국가와 지역에 따라 그 현상은 다양하게 나타난다.

---

4) Douglas Pearce(1987), Tourism Today, A Geographical Analysis, Longman Group, UK Limited, pp.28~29.
崔泰光(1966), 觀光마케팅, n.2, 白山出版社, pp.78~79.

# 1. 국제관광의 발달요인

오늘날은 국제경제의 고도성장과 더불어 국가간 교통의 발달로 전 세계는 하나의 지구촌이 되었다 해도 과언이 아니다. 이로 인한 관광객 유동성이 증가하자 각국은 국제관광을 적극 유치하기 위한 노력을 아끼지 않는데, 그 주된 이유는 관광산업을 통한 경제적 이익을 창출하기 위해서이다. 외래관광객의 소비활동은 국가수익 창출과 고용 증대 그리고 외국환 수입의 주원천이 되기 때문이다. 많은 국가들이 외래관광객을 유치하기 위해 세계 도처에 여행사무소를 설치, 각국 혹은 각 지역의 문화, 관광자원 등에 대한 적극적인 마케팅활동을 펼치고 있다. 1970년대 국제관광인구가 1.6억 명이었는데 20년이 경과한 1990년대에는 3.6억 명으로 증가하였으며, 1997년에는 약 6.0억 명이 되었고, 2003년에는 약 6.9억 명이 되었으며, 2007년도에 9억 명 이상으로 증가했으며, 앞으로 더욱 증가할 것으로 예측된다. 국제관광의 활성화에 영향을 미칠 수 있는 것을 국제관광의 발달요인이라고 하는데, 국제관광의 발달요인으로 어떠한 것들이 있는지 살펴보고자 한다.

## 1) 국제교통의 발달

국제관광은 이동이 국경을 초월하여 행해지고 있기 때문에 여행거리가 통상 국내여행과 비교할 때 장거리이므로, 공간이동의 시간과 거리가 중요요인으로 작용하게 된다. 오늘날 국제관광의 발달은 국제교통기관(International Traffic Facilities)의 발달을 그 배경으로 하고 있다. 근래에 항공기의 경이적인 발달과 관광선박(觀光船舶) 즉 크루즈의 발달은 국제관광을 비약적으로 발전시킨 요인으로 지적할 수 있다. 비행기나 선박과 같은 매체수의 증가도 현저하지만 OD(Origin & Destination)간의 여행시간 단축을 가져왔다. 관광산업은 출발지(Origin)와 목적지(Destination), 즉 OD간에 나타난 시간을 정복하는 시간산업(Time Industry)이라고도 한다. 교통의 발달로 이동시간이 단축되면서, 여행발달을 촉진시킬 수 있고, 지형의 장애를 극복해 고산지대까지 관광활동이 가능하게 되어 국제여행에 도움을 가져왔다고 볼 수 있다.

고속철도의 개발 또한 시간적 단축과 지역간 이동성 용이로, 관광매력물로서의 가치를 가지고 있다. 유로철도 그리고 시베리아 철도의 경우 국가간 장거리에 걸쳐 개발되어 있어, 국제관광객들이 선호하는 이동수단이 되고 있다. 떠다니는 리조트라 불리는 크루즈의 경우, 크루즈 시장의 약 70%를 차지하고 있는 북미지역 다국적 대형 크루즈 선박의 최첨단 기술개발로 인해, 최근에는 매우 다양한 연령층으로 이용객이 확대되고 있다. 선박의 크기도 매우 다양하며, 항해지역별, 크루즈의 다양한 테마별로 이용객의 개인적 취향에 맞는 프로그램을 선택할 수 있어 이용객들의 만족도가 매우 높다.

### 2) 가처분소득과 여가의 증대

여행이 성립하는 데 있어서는 많은 변수가 작용하지만, 그중에서도 가장 비중이 높은 것은 경제적 영향이라고 말할 수 있다. Stanley F. Lieber(1983)는 『여행계획과 경영』에서 여행의 성립에 경제적 변수를 가장 먼저 꼽고 있다. 이와 같이 국제관광의 증가요인은 경제향상에 따른 대량생산, 대량소비가 현저해짐에 따라, 국민의 개인가처분소득(個人可處分所得)이 증가하고, 이것은 결국 문화비(Cultural Expenses)를 증대시키며 관광빈도(觀光頻度, Tourism Frequence)를 높여 주고 있다는 것이다.

또 다른 국제여행 증가요인으로는 여가시간의 증가를 생각할 수 있다. 여가란 일정하게 주어진 시간 내에서 노동시간, 수면시간, 그 밖에 자기의 몸을 돌보는 필수적인 시간을 제한 나머지 시간을 말한다. 기계문화가 향상됨에 따라 인적 노력이 절감하게 되고, 산업기계의 혁신으로 공장작업은 자동(Automation)화하여 시간당 생산량은 많아지고, 또 컴퓨터의 보급으로 단시간 많은 업무를 처리할 수 있어 일의 능률이 증가함에 따라 여가시간도 증가하게 되었다. 여가시간이 증가함에 따라 여행빈도는 더욱 높아질 것이다. 2005년 7월 1일부터 시행된 주(週)5일 근무제는 우리나라 여가문화를 정착시킨 중요한 요인으로 작용하고 있다 해도 과언은 아닐 것이다.

### 3) 여행객의 다양화

옛날에는 부자나 고위직에 있는 사람, 즉 특수계층에 있는 사람들만 여행을 하였으나, 시간이 지남에 따라 경제수준이 높아지고 관광여건이 일반 시민에게까지 파급되어 오늘날에는 국민관광(National Tourism)을 비롯하여 대중관광(Mass Tourism)의 시대가 되었다. 대중관광은 각 계층에 있는 모든 사람들이 시간과 경제적 여건만 허락되면 누구든지 여행할 수 있다는 것이다.

최근에는 여행객의 개인적 선호와 관심이 다양화됨에 따라, FIT 즉 개별여행객이 최대 고객으로 자리잡고 있다. IT 기술의 발달과 여행의 대중화로 인해 세계 여행의 트렌드는 '생산자 주도형(여행사 및 NTO의 일방적인 상품 개발 및 판매)' 여행에서, '소비자 주도형(소비자가 본인의 욕구에 맞게 여행을 설계)'여행으로 전환되고 있는 것이다. 2008년 우리나라를 방한하는 외래관광객 중 FIT의 비율은 60%를 넘는데, 일본시장의 67%, 중국시장이 45%, 구미주시장이 90%에 이르고 있으며, 제도적 문제로 인해 개별여행이 어려운 중국인들도 한국에서 절반 정도가 개별여행을 선택하고 있는 것으로 나타났다. 이외에도 골프, 수렵, 오지체험 등의 특수목적의 해외여행(SIT) 등이 과거엔 극소수의 일부 계층에서 선택되어졌으나, 최근에는 점차 일반화되어가 여행행태가 매우 다양화되어 가고 있음을 알 수 있다.

### 4) 정부정책의 규제완화와 국가간 협력

무엇보다 정부가 관광개발과 국제관광 활성화에 적극적인 의지를 가지고 있다면, 이는 규제완화와 지원제도 제정 등의 다양한 정책적 변화를 가져오게 된다. UAE(아랍에미리트) 정부는 중동 최고·최초·최대의 종합레저와 스포츠 허브로 성장하기 위해 2,275억 달러라는 막대한 예산을 투자해, 2010년까지 국제관광객 1,500만 명을 유치하기 위해 각종 인프라·공항·도로·주거단지 등의 개발에 총력을 다하고 있다. UAE의 관광개발에 대한 강력한 정부의 의지는 현재 주요 40대 프로젝트 중 관광관련 건설 프로젝트 비율이 33%를 차지하고 있는 것에서 엿볼 수 있다.

또한 국가간의 협력은 국제관광의 활성화에 도움이 된다. 유럽국가 간의 EU협정은 상호국경을 개방하고 번거로운 국경 통과검사를 생략해 회원국들 간의 인원 및 화물의 자유로운 왕래를 보장하는 협정이다. 과거에는 주로 서유럽국가들이 EU 회원국이었으나, 2008년 1월부터 체코, 헝가리를 포함한 동유럽의 9개국이 추가로 포함됨에 따라, 유럽여행에 큰 편리성 제공뿐만 아니라 유럽대상의 국제관광은 더욱 활성화될 것이다. 특히, 중국국민의 경우 유럽에 갈 때 1장의 EU 비자만 있으면 다른 EU 회원국가에 합법적으로 여행을 할 수 있어 유럽 24개국 여행이 용이해졌다. 유럽 각국은 중국인 관광시장의 대규모 유입에 따른 국제관광 활성화를 기대하고 있다.

일본과 대만의 경우, 1970년 중국 정부가 대만과의 영토문제로 외교수교를 단절하였고, 일본은 1972년 대만과의 외교를 단절하였다. 일본과 대만과의 항공노선은 베이징 수도공항을 거쳐야 한다는 방침 때문에 대만과 일본 간 직항노선 개설이 어려웠으나, 2007년 일본은 대만과 새로운 항공협약을 체결하여 앞으로 양국간 활발한 국제관광객 유동이 나타날 것으로 기대된다. 이처럼 각국의 정부간 협력은 국제관광 활성화를 촉진시키는 요인으로 작용할 수 있다.

### 5) 국제관광객을 위한 서비스 강화

'2007년 국민여행 실태조사' 결과에 따르면, 외국인 관광객이 한국을 여행할 때 관광정보와 안내시설에 대한 국내여행 만족도는 100점 만점에 38.5점에 불과했다. 이와 같은 외국인 관광객의 한국관광정보 획득의 불편을 해소하기 위해 한국관광공사에서는 관광안내소 표준화, 관광안내표지 가이드라인 개발, 관광안내전화 1330 운영사업을 추진하고 있다. 관광안내소의 경우 전국 330개의 관광안내소가 운영 중이며, 2008년 4월에는 안내원 전용 관광정보시스템인 i-net개발이 완료되었다. 1999년부터 한국관광공사에서 실시되어 온 관광안내전화 1330은 24시간 연중무휴로 한국어, 영어, 일본어, 중국어로 서비스되며, 여행 중 시간과 장소에 관계없이 전국단위 관광정보를 얻을 수 있다. 이러한 서비스는 국제관광객의 한국방문을 유인할 수 있는 좋은 서비스가 될 수 있다.

### Tip 미국 비자면제프로그램(VWP) 파급효과

한국에 대한 미국 비자면제프로그램(VWP : Visa Waiver Program)은 관광이나 사업목적 방문시 최대 90일간 무비자가 허용되는 것이다. 1986년 최초 시행된 이후 영국, 프랑스, 스위스, 독일 등의 서유럽 국가들을 포함, 총 27개 국가가 가입되어 있다. 한국에 적용된 시기인 2008년 7월 이후의 신규가입조건으로 다음 6가지를 들고 있다.

- 회계연도 비이민비자 거부율 10% 미만
- 도난·분실여권 통보체계 수립
- 불법체류자 추방 협조
- 공항보안 강화
- 항공보안관 운영 등의 미국사법집행협력
- ICAO 기준에 부합하는 전자여권(생체정보 인식여권) 발행

VWP가 시행되면 한국은 미국에서 3번째로 방문객 숫자가 많은 나라가 될 것으로 예측된다. 게다가 한미 자유무역협정(FTA)이 발효되면 VWP의 시너지 효과는 더욱 커져, 한국 기업의 미국 현지 진출이 늘어나고 더불어 어학연수나 관광객, 친지 방문도 급증할 것으로 보인다. 1986년 VWP가 적용되었던 일본은 1년 후인 1987년에 212만 848명 방문으로 전년대비 27% 증가하였으며, 2년 후인 1988년에는 51%, 3년 후인 1989년에는 83% 증가한 308만 396명이 미국을 방문하였다. VWP로 인해 기대되는 효과로는 우선, 한인 방문율이 높아져 미국 내 교포사회의 경기 활성화가 예상된다. 또한, 해외유학 및 연수를 하는 국제학생수 1위를 차지하고 있는 한국학생들의 유입이 더욱 증가할 것이다. 학생비자 절차가 더욱 신속, 간편해지며, 학생들의 가족과 친지 방문도 늘어날 것으로 기대된다.

2001~2005년 4년간 연평균 관광수지 성장률을 살펴보면, 방한 미국인들의 지출은 0.2% 증가한 반면, 방미 한국인의 지출은 25.4% 증가하였다. 그러나 VWP 실시 이후 방미 한국인이 대폭 증가하면서 2007년 8월 현재 미국에 대한 여행수지 적자폭이 34%에 이르고 있다. VWP 실시에 따라 미국으로의 유입이 손쉬워지게 되면 불법체류자가 늘어날 가능성도 배제할 수 없다. 실제 아르헨티나의 경우 1990년대 외환위기를 당하자 미국 방문 후 불법체류자 증가로 VWP 프로그램에서 제외되기도 하였다.

자료 : 한국관광공사, 청사초롱, 2007년 8월 24일자 자료요약정리

## 2. 국제관광의 장애요인

국제여행은 사회적·문화적·경제적·신체적 상태 및 제반요인에 영향을 받는다. 이러한 요인들은 때로는 국제관광 활성화에 걸림돌로 작용하기도 한다. 정부규제, 비

자발급, 환율, 언어의 장벽 등이 그러한 예가 된다. 국제관광 활성화에 장애가 되는 요인들을 살펴보면 다음과 같다.

### 1) 정부의 규제

각 국가는 관광촉진을 위해 관광객에게 필요한 시설, 교통, 서비스, 통신 등의 편의를 제공한다. 그러나 사회문화적 특성이 다른 외래관광객의 유입은 때로는 관광목적국가 내에 많은 부정적인 영향을 미치기도 해, 각국 정부는 외래관광객 및 관광기업의 유입에 따른 여러 가지 부작용을 최소화하고, 범죄통제, 건강한 보건 및 위생상태 유지 등의 건전한 관광활동을 촉진시키기 위해 정치·경제·사회적 이유로 때로는 여행을 금지시키는 등 규제를 가하기도 한다. 이것은 자국민의 안전과 재산 및 사회적 체재 등을 보호하기 위한 수단이다. 실제 정부가 부과해 왔던 국제관광에 관한 규제는 국가의 재정문제나 불법이민, 국내실업, 밀수입문제들에 대한 해결책으로 인식되어 왔다.

- 관세규정

국제수지 적자라는 경제적인 원인을 해결하기 위해 정부가 행하는 규제로, 자국 여행자들이 타국에서 소비할 수 있는 총 소비액을 각국별로 기록하여 외국환과 자국의 국제수지(國際收支) 입장을 고려하여 보호하는 것이다. 자국으로 귀국하는 입국자들에 의해 입국할 때 가져오는 면세품의 양을 제한하는 것도 국내에서 상품의 구매를 유도해 해외 달러 사용을 줄이는 데 목적이 있다. 2009년 현재 우리나라의 경우 내국인의 구매한도는 3천 달러이며 국내반입물품의 금액한도는 400달러 이하로 규정하고 있다. 면세품의 내국인 구매조건은 원칙적으로 면세점에서 구매한 상품을 해외에 들고 나가서 다시 국내로 반입하지 않는다는 조건에서 내국인도 면세점 이용을 허용한 것이다. 내국인의 구매한도가 $3,000인 데 반해 국내 반입물품 금액한도는 $400 이하인 것은 "면세점 내국인 이용의 허용취지"와 같은 맥락으로 면세점에서 구매한 상품은 국내 반입을 하면 안 된다는 것이다. 구매 후 외국에서 선물로 주고 오거나 사용을 해야 한다는 의미다. $3,000 구매한도는 면세점에서 구매한 상품에 한하여 적용되며, $400의 반입한도는 해외 취득가액기준으로 출국 전 국내시내 면세점에서 구매한 상품

가액도 포함된다. 반입한도 $400은 외국인에게도 동일하게 적용되며 이는 외국인으로 인한 밀반입(밀수)을 방지하기 위한 것이다. 반입한도 $400 이하는 면세부분이며 $400 이상의 금액에는 과세가 적용된다.

- 관광산업 관련 세금 및 송금에 대한 규제

정부의 금융·재정정책의 목표는 종종 외국인 소유의 여행사 혹은 관광산업체에 불리한 영향을 미치기도 한다. 소득의 일부를 송금하는 데 대한 환율조정과 제한은 외국인에 의한 사업활동에 방해가 될 수도 있다. 여행대리점과 현재 여행알선업자들은 관광객을 유치하기 위해 타국에 사무실을 개설할 경우, 그 국가에 자금을 송금하는 것이 어렵기 때문에 사무실 설립을 포기하는 경우가 많다. 이런 현상은 항공사나 호텔도 마찬가지이다. 또한 외국여행(Outbound)에 각종 세금을 부여하는 것은 인위적으로 국내관광을 유도하고자 하는 방안의 성격을 지니며 국산품 애호정책과 유사한 성격을 지니고 있다고 할 수 있다.

## 2) 언어의 장벽

외국여행에 갔을 때 목적지 국가의 사회·경제·풍속 등을 알기 위해서는 현지 국민과의 언어의 상통은 필수적이다. 특히, 국제관광객에게 문제가 발생했을 경우 언어소통의 불편함은 매우 큰 문제로 확대될 가능성도 있다.

국제관광객의 경우 관광지의 안내표지판, 문화자원해설 등 목적지에서 관광활동과 관련한 언어소통의 문제가 발생한다면, 이는 국제관광객의 유입에 장애요인으로 작용하게 되는 것이다. 한국관광공사가 조사한 '2007년 외래관광객 실태조사'에 의하면, 언어문제가 외국인 관광객들이 한국여행에 있어 불편사항 1위로 지적될 만큼 매우 중요한 부문이 되고 있다.

## 3) 건강안전 및 사회적 문제

외국여행에서 가장 위협을 느끼는 것은 생활관습의 차이에서 오는 위생시설이다.

여행에 있어서 숙박시설, 위생시설, 음식물의 불결에 따른 질병의 위험, 신변상의 안전에 대한 걱정은 필수적으로 제거되어야 하는 요소이기 때문에 국제관광에 큰 영향을 미친다.

미국의 경우 총기소지가 합법화되어 있어 범죄율이 높다는 점이 이 지역을 방문하고자 하는 국제관광객의 장애요인으로 작용할 수 있으며, 일본의 경우 엔화의 강세에 따른 물가상승, 중국의 경우 외래관광객의 유입이 급증하고 있음에도 불구하고 관광객을 위한 다양한 편의시설과 국제항공노선의 부족 등이 장애요인이 될 수 있다. 태국의 경우 환경오염, 공해, 교통혼잡, 에이즈 등의 위생 및 건강상의 문제들이 많이 있으며, 싱가포르의 경우 최근 물가상승이 매우 높게 나타나고 있다는 점 등이 장애요인으로 작용하고 있다.

오늘날 각국은 자국의 국제관광 활성화를 위해 국제관광에 영향을 미치는 장애요인들을 제거 혹은 감소시키기 위한 다양한 노력과 연구들이 시행되고 있다. 그러나 더욱 중요한 것은 이러한 장애요인들을 제거하기 위한 노력 이전에, 일반 대중과 정부가 국제관광의 사회적·경제적 활성화에 미치는 영향과 그 요인에 대해 더 깊은 관심을 가져야 할 것이다.

CHAPTER 3

# 우리나라 국제관광의 발달

한국의 국제관광현상은 과거 고대의 생활이나 교역과 같은 이동현상으로 거슬러 올라가 볼 수 있다. 고조선과 삼한시대(BC 2333~BC 58)의 경우 당시 종교, 교역 등의 목적으로 이동했음을 알 수 있으며, 그 후 삼국시대(BC 58~AD 675)에는 귀족과 승려 그리고 소수 상류계층의 국가간 이동이 가능했다. 특히, 당시에는 승려와 신라의 화랑도 중심의 지식인들을 중심으로 하는 문화적 국제교류가 활발했고, 당시 인재등용의 기관이기도 한 화랑도는 신분단련, 위락, 교육 등의 목적으로 중국과 페르시아에 이르는 장거리 여행도 이루어졌음을 문헌을 통해 알 수 있다.

이후 삼국을 통일한 통일신라시대(676~917)에는 통일과 함께 영토가 확장됨에 따라 중국과의 직접적인 교역이 매우 활발히 진행되기도 하였다. 당시 중국의 당(唐)나라를 여행하는 신라인을 위한 숙박시설로는 신라관, 신라원 등이 설치되었으며, 일부 왕족과 귀족들은 사절유택(四節遊宅)이라는 별장을 두고 이용하기도 하였다. 고려와 조선시대(918~1876)에는 양반, 중인, 상민, 천민으로 신분적 계급이 나뉘어졌으며, 조선은 상업에 대한 정부 통제를 강력히 실시해 화폐유통의 부진, 교통수단의 미비 등으로 관광관련 활동이 매우 제한적으로 이루어졌다.

1876년의 강화도조약은 한국역사에 있어 매우 중요한 의미를 지니고 있다. 불평등조약인 강화도조약은 일본인이 조선에서 죄를 지어도 일본의 법으로 심판받는 치외법권, 조선의 해안을 측량하는 측량권, 조선의 화폐로는 일본 내에서 사용할 수 없지만, 일본의 화폐는 조선에서 사용가능하다는 화폐통용권, 조선을 청나라와 동등한 주권국으로 인정한다는 종주국 부인, 조선의 인천, 원산 등의 항구를 강제 개항시키는 것을 그 주요 내용으로 하고 있다. 일본의 강압에 의해 체결된 강화도조약을 근간으로 일본은 조선침략을 꾀하기 시작하다가, 1910년 8월 국권피탈로 대한제국이 멸망한 후부터 1945년까지 35년간 강제강점을 당하게 된다. 이러한 시대적 배경하에, 일본은 한국인의 이동을 극도로 제한함으로써 한국인의 관광활동도 매우 제한적으로 나타났으며, 시설의 이용요금, 이용시설 등의 차별적인 대우를 하기도 하였다. 그 후, 1912년 10월 일본은 일본인의 편의증진을 위한 교통수단, 숙박시설, 여행업 등을 개발한다는 미명 아래, 오늘날 일본교통공사의 전신인 동아교통공사의 조선지사를 설치하게 된다. 일본강점기 시기임에도 불구하고, 일본의 만주대륙 침략을 위한 병참지원 목적으로 한반도에 철도가 부설되기 시작하여, 1899년 9월 18일에 경인선 개통을 시작으로 1905년에는 경부선 개통, 1906년에는 경의선 개통, 1908년에 부산~신의주까지의 철도가 개통되었으며, 1888년의 경우 한국 최초의 호텔이 인천에 건설되는 등 현대적 시설의 초기형태의 관광시설 및 업체가 발생하기 시작하였다. 1876~1945년까지의 시기를 한국국제관광의 근대기라고 부르기도 한다.

그 후 일본의 통치하에서 35년간을 지내다가 1945년에 독립하여 국가의 기초를 닦으려던 중 1950년에 6·25의 격전시기를 거친 후, 1953년 휴전을 하게 된다. 휴전 이후 한국정부는 1953년 교통부의 육운국이 전쟁 이후 남아 있는 호텔을 정부직영으로 운영하게 되며, 1954년에는 교통부 육운국에 관광행정을 전담하는 관광과를 신설하였다. 1957년에는 교통부가 오늘날 UNWTO의 전신인 국제관설관광기구(IUOTO)의 정회원으로 가입을 하였으며, 1958년에는 아시아·태평양관광협회(PATA)의 준회원으로 가입하게 되어, 관광관련 국제기구에서의 활동을 시작하게 된다. 1950년대 관광정책의 우선적인 목표는 전쟁으로 인해 폐허가 된 파괴된 도로와 숙박시설 등의 관광기반시설을 원상 복구하는 것이며, 대부분의 관광시설은 한국에 주둔하고 있는 UN군과 미국군을 위한 휴식 및 관광공간으로서 제공되기도 하였다.

한국 현대관광의 발달은 1960년대 전반기를 기준으로 정부의 많은 노력이 행해지면서 이루어지기 시작하였다. 6·25전쟁으로 인해 관광적인 여건이 갖추어지지 않았던 1950년대보다 관광사업진흥법이 제정·공포되기 시작한 1960년대를 한국 현대관광의 시작으로 보는 것이 타당할 것이다.

## 제1절 1960년대 국제관광

1960년대 초기는 우리나라 현대관광의 기초적 발달을 구축하는 시기이다.

한국정부는 우선 한국관광정책의 제도적 기반을 마련하기 위해 1961년 관광사업진흥법을 제정·공포하였으며, 다음해인 1962년에는 국제관광공사법을 제정, 이를 근간으로 정부투자기관으로 국제관광공사(1982년 한국관광공사로 개칭)를 설립하였으며, 문화재보호법의 제정을 통해 문화재 보호를 위한 제도를 정비하는 노력을 시작하였다. 국제관광공사는 관광사업을 활성화하기 위한 노력으로 관광마케팅과 휴양지 개발, 그리고 관광인력 양성 및 확보를 위한 준비를 주선하였다. 1962년에는 우리나라 최초의 민영 관광호텔로서 메트로 호텔, 아스토리아 호텔, 뉴코리아 호텔, 사보이 호텔, 그랜드 호텔 등이 정부에 등록되었고, 전국적으로 호텔 객실수는 300여 실에 불과하였다. 당시 방한 외래관광객은 15,184명이며, 463만 달러의 관광수익을 창출하였다.

1964년에는 교통부 육운국 산하에 소속되어 관광과 관련된 행정업무를 담당하던 관광과가 관광국으로 승격됨으로써 독립적으로 관광행정을 수행하는 권한을 가지게 되었으며, 관광분야 국제회의인 PATA 총회가 서울에서 개최되기도 하였다. 외래관광객(1963년)은 22,000명으로 전년도에 비해 7천 명이나 증가하였으며, 관광수익은 520만 달러로 소폭 상승하였고, 같은 해 출국자수는 11,800명이며 지출은 238만 달러로 집계되었다.

1965년 3월에는 대통령령 제2038호로 『관광정책심의위원회 규정』을 제정·공포하고, 이를 근거로 국무총리를 위원장으로 하는 '관광정책심의위원회'를 발족하고, 여기서 관광정책에 관한 주요 사항을 심의·의결하게 하였다. 또한, 같은 해 한국과 일본의 국교가 정상화됨에 따라 일본인 관광객의 유입이 증가, 1965년 이후 한국을 방문하는 외래관광객의 30% 정도를 일본인 관광객이 차지하였다. 1960년대 초반부터 중반까지 외래관광객의 40% 이상을 미국인 관광객이 차지하고 있었으나, 한일국교정상화 이후 일본인 관광객이 급증하게 됨에 따라, 당시 한국을 방문하는 외래관광객의 연평균 증가율은 46.5%에 이르기도 하였다.

1967년에는 국립공원법이 제정, 1967년 12월 29일에는 한국 최초의 국립공원(智異山)이 지정되었으며, 1960년대에는 경주와 계룡산 등 4개소, 1970년대에는 설악산과 속리산 등 9개소, 1980년대에는 다도해해상 등 7개소, 2013년에는 부동산 1개소가 지정됨으로써 2013년 말 기준으로 21개의 국립공원이 지정돼 있다. 1960년대의 관광정책의 방향은 관광관련법규 제정을 통한 정책적인 제도의 정비와 외래관광객의 유치에 있었다.

## 제 2 절 1970년대 국제관광

정부 최초의 관광정책은 외래관광객을 유치하는 것이었으나, 1970년대에 이르러 정부의 관심은 국내관광으로 전환되기 시작하였다. 1970년대 이후 외래관광객의 증가가 현저하게 증가함에 따라, 이와 함께 나타나는 관광수익을 통한 외화가득률이 높아지자 정부는 관광산업을 국가의 전략산업으로 육성하게 되었다. 한편, 1인당 GNP는 1971년 289달러에서 1972년 319달러로 전년도에 비하여 20.2%나 증가해, 경제적 성장을 조금씩 이루기 시작했으며, 또한 국민복지 향상을 위한 국내관광개발 및 관광사업 활성화에 대해 관심을 가지기 시작하였다. 1970년대에는 아시아관광협회(ASTA)・동남아시아관광협회(EATA) 등의 국제적 관광기구에 가입하여 국제협력 기반 구축을 꾀하고자 하였다.

1971년에는 경부고속도로가 개통되었으며, 전국을 지역적 특색에 맞는 관광개발을 이루기 위해 전국 10대 관광권을 설정하였다. 1972년에는 관광산업 활성화와 관광사업체 금융지원을 가능하게 하기 위해 관광진흥개발기금법을 제정하였다. 1973년에는 외래유치객이 67만 9천 명으로 획기적으로 증가해 우리나라 관광산업 발전에 밝은 전망을 가져오기는 했으나, 방한 외래관광객의 69.9%가 일본인 관광객으로 구성되어 외래관광객의 국적별 편향성이 매우 강하게 나타났던 시기이기도 하였다. 한편, 1974년에는 당시 퍼스트 레이디였던 육영수 여사가 피살되는 국내사건(문세광사건)과, 그 다음해의 유류파동 등의 정치경제적 문제가 불거짐에 따라, 전년도에 비해 외래관광객이 23.8%나 감소하게 되었고, 관광수입에 있어서도 1억 6천만 달러로 전년도에 비하여 41.1%나 감소하는 등 관광업계의 전망이 매우 어둡게 나타나기도 했었다.

1974년에는 관광휴양지개발법이 제정·시행되어 휴양지 개발을 촉진하게 되었으며, 1975년 정부는 전국의 유명 관광지 개발과 관광시설 확충을 위해 관광산업을 전략산업으로 지정하였으며, 관광단지개발촉진법을 제정하였다. 또한, 관광기본법을 제정, 국내관광을 진흥하기 위한 정부의 역할을 법안에 명시하기도 하였다.

1975년 제정된 관광단지개발촉진법에 근거해 외국인 관광객 유치를 위한 관광지 개발조성을 목적으로 경주의 보문단지와 제주도의 중문단지가 관광단지로 지정·개발되었다. 경주는 한국의 남동부에 위치하고 훌륭한 역사유적이 많은 지역으로, 보문휴양지 개발의 주요한 방향은 첫째, 그 지역을 현대 관광휴양지로 개발하는 것과 둘째, 해외관광객 유치를 통한 관광수익을 창출하는 데에 있었다. 그 계획하에 정부는 국제적인 목적지로서 보문휴양지를 개발하기 위해 자본과 자원을 투자해 왔다. 보문휴양단지사업은 1970년대 초 정부에 의하여 설립되었던 경주유적지 개발계획의 일부분이라 할 수 있다.

또한, 제주도 남쪽 해안에 있는 서귀포시 서쪽에 위치한 해안의 중문휴양단지 개발은 1978년에 시작되었다. 첫 단계에서 호텔과 콘도미니엄, 골프코스, 쇼핑센터, 전망대, 대형 수족관, 식물원이 건설되었다. 현재에도 더 많은 호텔과 관광휴양시설 등이 개발되고 있는 중이다. 보문과 유사한 중문관광휴양단지의 개발목표는 국제수준의 해안관광휴양지를 개발하는 것이었다. 그러나 경주보문단지와 제주중문단지 모두 외래관광객 유치의 본래 목표는 달성하지 못했다.

1977년에는 국제관광공사가 UNWTO에 가입하게 되면서 관광에 대한 정부활동은 더욱 활발해져, 1978년에는 외래관광객 108만명을 유치하여 대망의 100만인 유치목표를 달성하게 되었다. 이는 세계 속의 국제관광 대상지로서 한국이 관광중진국에 진입하는 계기가 되었다. 1978년 당시 1인당 GNP는 1,296달러였으며 이듬해인 1979년에는 1,644달러로 전년도에 비해 26.4%나 증가하였으며, 무역외수지는 수입 48만 달러에 지출 50만 달러로 약 2만 달러의 적자를 기록하였다.

이상과 같이, 1970년대 한국 국제관광정책의 주안점은 관광외화획득과 관광의 국가전략산업화를 도모하는 국제관광정책부문, 관광개발과 관광자원의 보호와의 조화, 국민관광활동을 위한 여건을 조성하고자 하는 국내관광정책부문으로 대별될 수 있다.

## 제 3 절 1980년대 국제관광

1980년대는 한국관광 도약의 단계로 한국관광문화의 틀을 잡는데 크게 기여한 시기로 볼 수 있다. 정부의 계속적인 지원으로 한국관광산업은 눈부시게 발전하게 되었다. 한국관광시장은 다양해졌고, 현대적 숙박시설의 확충으로 국제적 수준의 숙박시설과 서비스를 제공할 수 있는 여건을 갖추게 된 것이다. 특히 내국인의 해외관광에 대한 규제가 1981년 이래 부분적으로 허용되기 시작하였다.

당시 외래관광객의 1인당 소비액은 539달러인 데 대하여, 내국인의 해외 관광객의 1인당 소비액은 1,265달러로 관광수지 적자를 기록했다.

1980년대 한국은 국제적 스포츠 행사와 국제기구의 총회를 유치 개최함으로써 회의관광(Conference Tourism)이 활성화되는 초석을 마련하는 시기이기도 하였다. 1983년에는 한국의 급격한 경제성장과 더불어 미주여행업협회(ASTA ; American Society of Travel Agents)의 총회를 개최하였고, 1985년에는 국제부흥개발은행 · 국제통화기금 세계총회를 개최하였으며, 아시아 · 태평양관광협회(PATA ; Pacific Asia Travel Association)의 총회가 한국에서 개최되었다. 국제적인 스포츠 행사로는 1986년 아시안게임을 개최하여 훈련과 운영의 방법을 연마하였으며, 1988년에는 서울올림픽을 개최하여 국민관광객은 1억 6천여 명, 외래관광객은 180만 명을 유발한 성공적인 행사로 기록되고 있다. 당시 국제관광객 유출입 현황을 보면, 1987년에는 관광객이 187만 명이었으나 1988년에는 234만 명으로 올림픽 개최를 통해 약 47만 명이 증가하였으며,

무역외수지의 경우 1986년 수입은 80억 달러였으나 지출은 86억 달러로 약 6억 달러의 적자를 보인 반면, 1988년에는 올림픽 PR효과로 수입 112억 달러에 지출 100억 달러로 약 12억 달러의 흑자를 내었다. 1989년에도 관광객은 273만 명으로 증가하였고 관광객의 평균체재일은 5.5일에 이르렀다.

한편, 내국인의 해외여행에 대한 규제는 1981년부터 완화되기 시작하여, 1983년에는 '관광목적 50세 이상의 해외여행'이 자유화되었으며, 1989년에는 전 세계에 대한 한국의 대외적 이미지 개선과 내국인의 해외여행에 대한 권리를 보장하는 차원에서 내국인 해외여행 전면자유화가 이루어짐에 따라, 한국인의 해외여행자도 121만 명으로 증가하였다. 같은 해 Inbound 관광객의 1인당 소비액은 1,304달러였는데 반해 한국인 Outbound 관광객의 소비액은 2,138달러로, 관광지출이 관광수익을 능가하는 관광적자가 발생하였다.

1980년대 국제관광 관련 정책적 흐름의 특징을 살펴보면, 우선 외래관광객의 유치 촉진과 내국인의 국외관광과의 균형을 도모하였으며, 국제적 행사를 유치하게 됨에 따른 관광산업의 활성화를 위해 각종 규제를 완화하였다. 여행업의 경우 허가제에서 등록제로 변경되었으며, 관광숙박업의 인허가사항에 관한 권한이 지자체 단위로 위임되었다. 또한, 관광교육기관의 확충을 통해 전문적이고 국제적인 관광전문인력의 양성을 꾀하기도 하였다.

## 제 4 절 1990년대 국제관광

한국의 현대관광 시작을 1960년대 초기부터라고 본다면, 1990년대는 한국관광산업이 30년의 연조를 가진 성숙한 청년기로 볼 수 있다. 성공적인 올림픽 개최 여파로 세계 속의 한국이 긍정적인 이미지를 가질 수 있는 계기가 되었으며, 한국이 국제관광 대상지뿐만 아니라 국제관광객 배출국으로 부상하는 토대가 되기도 하였다. 1990년대 한국은 국제관광과 관련한 수용국 그리고 송출국으로서 국내외 관광객들에게 새롭게 인식이 되는 전환의 시기라 할 수 있다. 1990년대 후반부터 연도의 증가와 더불어 1인당 GNP도 괄목할 정도로 성장을 거듭하면서, 내국인의 관광양상이 달라지기 시작해, 점차 국내관광(Domestic Tourism)에서 국제관광(International Tourism)으로 선호가 변화하기 시작하였다.

한편, 1990년대는 동유럽 여러 나라와의 수교로 인해 그동안 한국의 국제관광정책상의 불모지로 여겨졌던 국가들이 새로운 국제관광 대상국가로 부상하면서 양국간의 국제관광산업 활성화에 대한 기대가 커지기도 하였다.

그러나 때로는 한국인의 해외관광객에 대한 매너와 인식 등의 부족으로 인해 발생하는 여러 가지 문제점으로, 관광활동으로 인한 부정적인 측면이 강조되어, 관광에 대한 비판의 목소리가 커지기도 하였다. 해외여행이 활성화되기 시작한 초기단계에서 해외여행에 관한 일반 국민들의 타문화에 대한 이해와 지식적 교양에 대한 관심부족으로 바람직하지 못한 행태들이 몇몇 해외여행객들에 의해 발생하기도 하였다. 이러한 사건·사고는 현지 대중매체에 언급되었고, 현지 국가 국민들로 하여금 한국의 이미지가 부정적으로 인식되는 원인이 되기도 하였으며, 더 나아가 관광산업 전반에 대해 부정적인 인식을 가지는 원인이 되기도 하였다. 이처럼 관광에 대한 대중의 부정적인 인식과 국제수지에 대한 정부의 관심은, 관광산업에 대한 재정적·행정적 측면에서 정부로 하여금 관광산업 과잉육성을 규제하는 전략수립을 유발하기도 하였다. 예를 들어, 국제수지가 흑자였을 때에는 해외관광이 장려되었고 국제수지가 적자였을 때에는 해외관광을 장려하지 않는 매우 제한적인 전략을 취하게 되자, 관광산업부문에서는 소극적인 정부의 관광산업에 대한 정책적 태도에 대해 강하게 비판하기도 하였다. 즉 1990년대에 들어와 한국의 관광은 외래관광객의 침체, 내국인의 관광에 대한 인식부족, 내국인의 여행에서 나타난 비관광적 행동과 과다지출 및 정부의 관광에 대한 인식소홀 등 많은 어려움에 직면하게 되었다.

1990년에는 외래관광객이 295만 명에 이르고, 관광외화도 35억 달러에 이르렀으며, 1992년 무역외수지에서 관광수입은 160억 달러인 데 비하여 관광지출은 186억 달러로 약 26억 달러의 적자를 보였으며, 1인당 GNP는 6,749달러로 전년도 6,518달러에 비해 10.2%의 증가를 나타내었다. 특히, 1992년의 경우 중국과의 국교가 수립됨에 따라 국내로의 중국인 관광객 방문이 차츰 증가하게 되었다. 그 후, 중국인 해외여행자유화

대상국가 중에 한국이 포함되면서 한국을 찾는 중국인 관광객이 매년 50%의 성장률을 낼 만큼 외래관광객 중 성장폭이 가장 높은 국가로 성장하였다. 1990년대에 들어와 정부는 1980년대의 여세를 몰아, 108개국이 참가한 '대전엑스포'(1993)를 열고, 이어 1994년은 '서울정도(定都) 600년'을 맞아 '한국방문의 해'를 설정해, 외래관광객 유치에 더욱 심혈을 기울여, 1993년 한국을 방문한 외국인은 333만 명(전년비 3.1% 증가)을 기록하였다.

그러나 1997년 동남아시아의 경제위기가 한국경제에도 타격을 주게 되어, 한국은 1997년 12월 IMF로부터 금융지원을 받게 되는 지경에 이르렀다. 1996년 1인당 GNP가 10,543달러에서 1997년에는 9,511달러로, 1998년에는 6,823달러로 하락하는 등, 1992년도 1인당 GNP 6,745달러와 비슷해져 세계 34위에서 40위로 밀려났다.

관광객수에서도 1994년까지는 외래객 입국자수가 내국인 출국자수보다 많았으나, 1995년부터 입국자수(375만 명)보다 출국자수(381만 명)가 많이 나타났다. 1996년의 경우 입국자수는 368만 명, 출국자수는 465만 명으로 증가하였고, 1997년에도 입국자수는 391만 명, 출국자수는 454만 명으로 출국자수가 63만 명 더 많은 현상이 나타났다.

그러자 IMF 외환위기 이후 정부는 내국인의 Outbound 현상을 자제하는 정책을 취하게 되면서, 그 영향으로 1998년 Outbound는 306만 명으로 전년도보다 100만 명 이상 감소하였으며, 외래객 입국자수는 전년도에 비교하여 34만 명이 많은 425만 명으로 나타났다. 또 관광수지에 있어서도 적자현상이 나타나 1995년에는 32억 달러, 1996년에는 150억 달러, 1997년에는 11억 달러의 관광수지 적자가 발생하였다.

외래관광객의 특성을 살펴보면, 국내체재기간은 평균 5.5일이며, 1970년대에는 60% 이상을 차지하던 일본인 비율이 최근에는 전체의 42.9%로 입국객 국적의 다변화라는 의미에서 바람직스러운 현상으로 변화해가고 있음을 알 수 있다.

1998년 2월에는 정부조직의 개편으로 문화체육부가 문화관광부로 부처 명칭이 바뀌면서 '관광(觀光)'이라는 단어가 정부부처 명칭에 처음으로 들어가게 되었고, 그 후 447억 원을 투자해 국내 관광지와 문화관광자원의 개발사업을 추진하기도 하였다. 이듬해인 1999년에는 외래관광객 466만 명을 유치하였으며, 그중에는 특히 미용과 쇼핑

활동 중심의 일본인 여성의 비율이 조금씩 증가하기도 하였다. 우리나라 해외여행목적지도 일본이 가장 많으며(24.8%), 1인당 소비액을 보면 1997년도 외래객 평균소비액은 1,312달러인 데 비해, 내국인 평균소비액은 1,488달러로 내국인의 소비액이 176달러나 더 많아 주목되고 있다.

1990년대 후반기 우리나라 관광사(觀光史)의 특성으로 나타나는 것은, 1998년도에 현대그룹에서 3차 방북의 결과로 소 1,500마리를 북한으로 보내고 금강산관광을 실행하게 되었다는 것이다. 강원도 동해를 출발점으로 하여 금강산관광이 현실로 옮겨짐에 따라 한국인은 물론 세계적인 토픽 뉴스로 세인을 놀라게 하였으며, 이것은 비록 제한적이긴 하나 한반도 분단 50년 만에 민간인의 북한관광의 꿈이 이루어지는 한 해가 되었다. 1999년 3월 말까지 5만 7,000명이 금강산관광을 하였으며, 이로 인하여 북한에 지급한 돈은 1,200억 원에 달한다. 현대는 남북분단 이후 민간단체에서는 처음으로 남・북한이 공동으로 한국인 관광객을 유치하기 위한 계획으로 1999년 2월 28일 북한 금강산 온정리에 1,600평(5,280$m^2$)의 부지에 240억 원을 투자하여 금강산 공연장과 휴게소를 준공하기도 하였다. 1990년대는 남북간의 민간교류가 이루어지는 의미있는 시기이기도 하였다.

## 제 5 절 2000년대 국제관광

2000년대 관광정책의 주요 목표는 국내적으로 각 지역의 관광지 개발과 국제적 이벤트 및 행사 개최를 통해 국제관광객의 510만 명 유치를 목표로 하였다. 특히 2000년대는 한국관광 형태에 획기적인 변화가 나타났는데, 2000년대 초부터 관광입국자수에 비하여 관광출국자의 수가 월등하게 많고 또 관광수지에 있어서도 관광수입보다 관광지출이 훨씬 많아 관광수지의 적자격차는 급증하게 되었다. 이는 2005년 7월 1일부터 실행된 주(週)5일제 근무로 인한 개인의 여가시간의 증가도 그 원인으로 작용한 것으로 판단된다.

2000년대는 국제적인 행사유치를 통해 한국의 경제 회복과 국제관광 유치능력과 최첨단 기술 및 선진국으로서의 면모를 보여줄 수 있었던 시기라고 할 수 있다. 2000년에는 제1차 APEC 관광장관회의가 개최되었으며, 2001년에는 UNWTO의 총회가 일본의 오사카와 서울에서 공동으로 개최되어, 관광한국에 대한 인지도 제고, 국가이미지 제고, 약 700만 달러의 관광수입을 창출하는 등의 효과를 가져왔으며, 2002년에는 아시아 최초로 일본과 공동으로 한·일월드컵이 개최되었다. 한국개발연구원(KDI)에 의하면, 월드컵의 효과는 총 3조 4,707억 원의 지출을 통해 부가가치 5조 3,357억 원, 생산유발효과 11조 4,797억 원, 고용 35만 명에 이르는 것으로 추정되었다.

앞으로 우리나라는 관광선진대국으로 성장하기 위해, 세계관광의 중심지인 유럽국가와 OD간의 시간적 거리의 최소화를 통한 외래관광객 유치와 아시아 북동지역의 중심에 위치하는 한국을 중심으로 한·동서관광(일본·한국·중국)과 남북축을 중심으로 하는 남북관광(일본·한국·북한·중국)을 통한 국제관광정책을 모색해야 할 것이다.

CHAPTER 4

# 국제관광의 성장

## 제1절 국제관광의 성장발달

### 1. 국제관광의 연도별 추세

국제관광은 배출국가의 배출요인(Push Factor)과 유치국가의 유치요인(Pull Factor)의 작용으로 인해 나타난다. 전 세계는 1980년 2.87억 명의 국제관광객이 발생, 1970년도에 비해 10년간에 약 1.2억 명의 관광객이 증가했음을 알 수 있다. 특히 1970년대 후반기인 1978년에는 우리나라 외래관광객이 백만 명(108만 명)을 돌파해, 세계 관광국 가운데 중진국에 위치하게 되었다.

국제관광 성장률이 마이너스에 그쳤던 1982년의 경우 중동지역 분쟁이 재발발하였으며, 2001년은 미국 9·11테러 발생, 2003년은 미국과 이라크전쟁이 발발하는 등 전 세계적인 정치·군사적 문제가 발생하였다. 이는 국제관광의 성장에 각국의 정치적 안정성이 매우 중요한 영향요인으로 작용하고 있음을 알 수 있다. 2001년 세계 각지에서 중동지역의 석유문제와 이라크전쟁, 2004년 11월 동남아시아 지역에 발생한 해일 등의 문제들이 발생하였으나, 2000년대 이후 국제관광은 지속적으로 상승해 2007년에는 9억 명 이상의 국제관광객이 발생하였다.

〈표 4-1〉 국제관광객의 연도별 추세

| 구분<br>연도 | 국제관광객<br>(단위 : 천 명) | 변화율(%) | 구분<br>연도 | 국제관광객<br>(단위 : 천 명) | 변화율(%) |
|---|---|---|---|---|---|
| 1950 | 25,282 | - | 1984 | 318,851 | 9.33 |
| 1960 | 69,320 | 10.61 | 1985 | 327,853 | 2.82 |
| 1961 | 75,323 | 8.66 | 1986 | 338,993 | 3.40 |
| 1962 | 81,381 | 8.04 | 1987 | 362,295 | 6.87 |
| 1963 | 90,071 | 10.63 | 1988 | 395,024 | 9.03 |
| 1964 | 104,601 | 16.13 | 1989 | 426,636 | 8.00 |
| 1965 | 112,863 | 7.90 | 1990 | 458,331 | 7.43 |
| 1966 | 119,980 | 6.31 | 1991 | 463,647 | 1.16 |
| 1967 | 129,782 | 8.17 | 1992 | 503,148 | 8.52 |
| 1968 | 131,201 | 1.09 | 1993 | 517,973 | 2.95 |
| 1969 | 143,511 | 9.38 | 1994 | 544,524 | 5.13 |
| 1970 | 165,787 | 15.52 | 1995 | 564,025 | 3.58 |
| 1971 | 178,853 | 7.88 | 1996 | 593,745 | 5.27 |
| 1972 | 189,129 | 5.75 | 1997 | 618,100 | 3.00 |
| 1973 | 198,906 | 5.17 | 1998 | 637,100 | 3.12 |
| 1974 | 205,667 | 3.40 | 1999 | 657,300 | 3.78 |
| 1975 | 222,290 | 8.08 | 2000 | 687,300 | 6.80 |
| 1976 | 228,873 | 2.96 | 2001 | 634,100 | -0.59 |
| 1977 | 249,264 | 8.91 | 2002 | 702,600 | 2.7 |
| 1978 | 267,076 | 7.15 | 2003 | 691,000 | -1.5 |
| 1979 | 283,089 | 6.00 | 2004 | 683,000 | -1.6 |
| 1980 | 287,493 | 1.56 | 2005 | 803,000 | 17.6 |
| 1981 | 288,625 | 0.39 | 2006 | 847,000 | 5.5 |
| 1982 | 287,553 | -0.037 | 2007 | 903,000 | 6.6 |
| 1983 | 291,645 | 1.42 | | | |

자료 : UN World Tourism Organization(UNWTO)

〈표 4-2〉 국제관광수입의 연도별 추세

| 구분<br>연도 | 국제관광수입<br>(단위 : 100만 달러) | 성장률(%) | 구분<br>연도 | 국제관광수입<br>(단위 : 100만 달러) | 성장률(%) |
|---|---|---|---|---|---|
| 1950 | 2,100 | - | 1984 | 112,707 | 9.99 |
| 1960 | 6,867 | 10.61 | 1985 | 117,643 | 4.38 |
| 1961 | 7,084 | 6.07 | 1986 | 142,415 | 21.06 |
| 1962 | 8,029 | 10.23 | 1987 | 174,609 | 22.61 |
| 1963 | 8,887 | 10.69 | 1988 | 202,556 | 16.01 |
| 1964 | 10,073 | 13.35 | 1989 | 219,477 | 8.35 |
| 1965 | 11,604 | 15.20 | 1990 | 266,207 | 21.29 |
| 1966 | 13,340 | 14.96 | 1991 | 272,684 | 2.43 |
| 1967 | 14,458 | 8.38 | 1992 | 310,785 | 13.97 |
| 1968 | 14,990 | 3.68 | 1993 | 317,790 | 2.25 |
| 1969 | 16,800 | 12.07 | 1994 | 351,179 | 10.51 |
| 1970 | 17,900 | 6.55 | 1995 | 398,898 | 13.59 |
| 1971 | 20,850 | 16.48 | 1996 | 425,047 | 6.56 |
| 1972 | 24,621 | 18.309 | 1997 | 438,100 | 0.1 |
| 1973 | 31,054 | 26.13 | 1998 | 439,100 | 0.3 |
| 1974 | 33,822 | 8.91 | 1999 | 457,200 | 3.6 |
| 1975 | 40,702 | 20.34 | 2000 | 473,400 | 3.5 |
| 1976 | 44,436 | 9.17 | 2001 | 459,500 | -2.6 |
| 1977 | 55,637 | 25.21 | 2002 | 474,200 | 3.2 |
| 1978 | 68,845 | 23.74 | 2003 | 514,400 | 8.5 |
| 1979 | 83,340 | 21.05 | 2004 | 633,000 | 23.1 |
| 1980 | 105,313 | 26.37 | 2005 | 680,000 | 7.4 |
| 1981 | 107,459 | 2.04 | 2006 | 742,000 | 9.1 |
| 1982 | 100,913 | -6.09 | 2007 | 856,000 | 15.4 |
| 1983 | 102,473 | 1.55 | | | |

자료 : UN World Tourism Organization(UNWTO)

관광산업의 가장 큰 목적은 국가 내에 소재하고 있는 자연 및 인문자원을 개발, 높은 접근성(Accessibility)을 통해 많은 외래관광객을 유치하여, 이들의 관광활동을 통한 소비활동 유도와 지역경제 활성화를 꾀하는 것이라 할 수 있다. 이러한 의미에서, 관광수입은 실제 각국 경제를 활성화시킬 수 있는 수단으로 중요성을 지닌다고 할 수 있다.

국제관광수입 현황을 살펴보면, 기초연도인 1950년에는 21억 달러, 10년 후인 1960년도에는 약 69억 달러로 3배 이상 증가하였다. 1990년 국제관광수입은 2,662억 달러로 증가하였으며, 2007년에는 8,560억 달러로 증가하였다.

1960년대에는 관광객은 평균 9.1%, 관광수입은 10.1%로 증가하였으며, 1970년대에는 관광객은 평균 5.7%로 증가한데 반하여 관광수입은 19.4%로, 1960년대와 비교해 증가폭이 2배 가까이 증가한 현상이 나타나고 있다. 1980년대에는 평균(7.1%) 정도의 성장률을 나타냈으며, 관광수입은 1950년대와 1970년대가 평균값(12.4%)보다 더 큰 증가율을 나타내고 있다. 이와 같은 증가현상은 계속되어 2000년도에는 전년도와 같이 3.0% 이상의 높은 증가현상을 나타내고 있으며, 특히 최종연도인 2007년의 경우 2006년 7,420억 달러보다 15.40%(1,140억 달러) 증가한 8,560억 달러의 관광수익이 창출되었다.

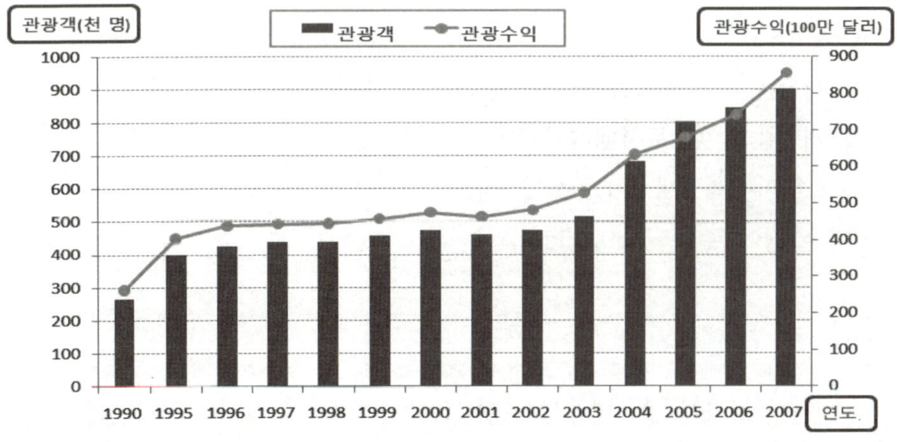


자료 : UNWTO(2008)

[그림 4-1] 국제관광객과 관광수익의 연도별 변화추이

## 2. 국제관광 여행목적지의 변화

### 1) 1950년대 여행목적지

한국은 1950년대 초 전화에 휩싸여 매우 어려운 환경에 처해 있었으나, 세계 다른 지역에서는 여가의 즐거움을 여행에서 찾고 있었다. 1950년대 초 세계관광의 여행목적지, 즉 관광객의 도착지역을 보면 세계관광의 71.0%가 미국, 캐나다, 이탈리아, 프랑스, 스위스 등 5개 국가에서 이루어졌으며, 아일랜드, 오스트리아, 스페인, 독일, 영국 등 5개 국가에서는 세계관광의 17.0%, 노르웨이, 아르헨티나, 멕시코, 네덜란드, 덴마크 등 5개 국가에서 9.0%, 기타가 3.0%로 나타나고 있다.

〈표 4-3〉 세계 주요 여행목적지(1950)

| 순위 | 국명 | 비율(%) | 순위 | 국명 | 비율(%) | 순위 | 국명 | 비율(%) |
|---|---|---|---|---|---|---|---|---|
| 1 | U.S.A. | 71.0 | 6 | Ireland | 17.0 | 11 | Norway | 9.0 |
| 2 | Canada | | 7 | Austria | | 12 | Argentina | |
| 3 | Italy | | 8 | Spain | | 13 | Mexico | |
| 4 | France | | 9 | Germany | | 14 | Netherlands | |
| 5 | Swiss | | 10 | U.K. | | 15 | Denmark | |
| | | | | | | 16 | Others | 3.0 |

자료 : UNWTO

이러한 현상은 지역별로 보면 기타를 제외한 15개 국가 중 유럽지역은 이탈리아를 비롯한 11개 지역이며, 북아메리카지역은 미국, 캐나다, 멕시코의 3개국, 남아메리카지역은 아르헨티나의 1개국이 있으나, 아프리카지역이나 동남아시아지역의 국가는 하나도 없다는 점이 주목되고 있다.

### 2) 1970년대 여행목적지

그 후 20년이 경과한 1970년대를 보면, 1950년대에는 상위 5개국에 집중되는 비율이 71.0%였으나, 1970년대에는 43.0%로 하락하였다.

1950년대 1위인 미국이 5위로 밀려나고 대신 이탈리아가 최상위로 부상한 것이 주목되며, 스위스 대신 스페인이 상위 5개국 그룹에 끼게 되면서, 1950년대에 특정 국가에 집중되는 현상이 다른 국가로 분산되어 나타나고 있다.

〈표 4-4〉 세계 주요 여행목적지(1970)

| 순위 | 국 명 | 비율(%) | 순위 | 국 명 | 비율(%) | 순위 | 국 명 | 비율(%) |
|---|---|---|---|---|---|---|---|---|
| 1<br>2<br>3<br>4<br>5 | Italy<br>Canada<br>France<br>Spain<br>U.S.A. | 43 | 6<br>7<br>8<br>9<br>10 | Austria<br>Germany<br>Swiss<br>Yugoslavia<br>U.K. | 22 | 11<br>12<br>13<br>14<br>15 | Hungary<br>Chechoslovakia<br>Belguim<br>Bulgaria<br>Rumania | 10 |
| | | | | | | 16 | Others | 25 |

자료 : UNWTO

1970년대 여행목적지의 지역적 특성을 살펴보면, 유럽지역은 이탈리아를 비롯하여 불가리아, 루마니아까지 13개 국가이며, 특히 동유럽지역이 여행목적지로 부상한 점이 흥미롭다.

다음으로 북미지역은 미국을 비롯하여 캐나다 등 2개 국가에 한하고 있으며, 다른 지역은 거의 없다. 1970년대는 유럽지역에 더욱 집중적인 것이 주목할 만하다.

### 3) 1990년대 여행목적지

오늘날은 고도의 경제성장에 따라 국민소득이 높아지고 교통기관의 발달과 동시에 고속화되어 거주지로부터 먼 곳에 위치한 여행목적지(Destination) 방문이 가능해져, 전 세계는 지구촌을 형성해 가고 있다. 따라서 오늘날 세계여행객은 "어디서 출발하여 어디로 이동할 것인가"에 대단히 관심이 높다. 즉, 지리적 거리뿐만 아니라 개인적 선호도 관광목적지 선택에 중요한 결정요인으로 작용하고 있는 것이다. 1990년에 들어 세계에서 가장 관광객이 집중되는 국가는 프랑스다.

프랑스는 1950년대 상위 5개 국가 중 4위에 있었으나, 〈표 4-4〉에 의하면 1970년대에 3위를 거쳐 1992년에는 제 1위로 부상하였다. 프랑스는 오늘날 국제문화의 중심지로서 12~13세기에 건설된 루브르(Louvre)박물관, 에펠탑 등 일일이 열거할 수 없을 정도로 명소와 고적이 많아, 관광매력성이 매우 높은 지역이다.

〈표 4-5〉 세계 주요 여행목적지(1992)

| 순위 | 국명 | 비율(%) | 순위 | 국명 | 비율(%) | 순위 | 국명 | 비율(%) |
|---|---|---|---|---|---|---|---|---|
| 1 | France | 40 | 6 | Austria | 18 | 11 | Swiss | 11 |
| 2 | U.S.A. | | 7 | U.K. | | 12 | China | |
| 3 | Spain | | 8 | Mexico | | 13 | Portugal | |
| 4 | Italy | | 9 | Germany | | 14 | Chechoslovakia | |
| 5 | Hungary | | 10 | Canada | | 15 | Greece | |
| | | | | | | 16 | Others | 31 |

자료 : UNWTO

1992년 여행목적지의 지역적 특성은 여전히 프랑스를 비롯하여 스페인, 이탈리아 등 유럽지역이 인기가 높다. 북미지역은 미국을 비롯해, 캐나다와 마야문명의 발상지인 멕시코가 주로 관광대상지가 되고 있다.

1992년도에는 아시아지역 국가 중 중국이 상위 15개국 여행목적지로 들어가 있는 것이 주목을 끈다. 중국은 1978년 2월 북경에서 개최된, 전국 관광회의에서 외국인의 중국 국내관광여행 규제를 완화하고 관광지를 부분적으로나마 개방할 것을 결의해 미국인을 비롯한 일본인 등 외국인 관광객 유치에 힘을 쏟아 1992년에는 1,400만 명의 외래관광객을 유치하였으며, 31억 달러의 외화도 획득하였다.

1992년 세계주요 여행목적지의 상위 5개국에 집중되는 관광객 비율정도를 보면, 관광지의 집중현상에서 분산화현상이 나타나고 있음을 알 수 있다. 이것은 동남아시아 지역을 비롯하여 대륙으로부터 멀리 떨어져 있는 도서지역이나 아프리카와 같은 지역이, 서서히 세계 여행목적지로서 관심의 대상이 되고 있기 때문이다.

〈표 4-6〉 세계 주요 여행목적지(1997)

| 순위 | 국명 | 비율(%) | 순위 | 국명 | 비율(%) | 순위 | 국명 | 비율(%) |
|---|---|---|---|---|---|---|---|---|
| 1 | France | 35.7 | 6 | China | 12.9 | 11 | Hungary | 11.0 |
| 2 | Spain | | 7 | Mexico | | 12 | Germany | |
| 3 | U.S.A. | | 8 | Poland | | 13 | Rumania | |
| 4 | Italy | | 9 | Canada | | 14 | Swiss | |
| 5 | U.K. | | 10 | Austria | | 15 | Hongkong | |
| | | | | | | 16 | Others | 40.4 |

자료 : UNWTO

1990년도 전반기 세계 여행목적지는 프랑스, 미국, 스페인 순이었으나, 후반기인 1997년도에 나타난 현상을 보면 프랑스가 1위인 것은 변함이 없으나 2위를 차지하였던 미국이 3위로 밀려났으며, 3위였던 스페인이 2위로 부상하였다. 그리고 헝가리가 5위였으나 7위에 있던 영국이 5위로 급등하였으며, 헝가리는 11위로 현저하게 하락한 것이 주목된다. 그리고 1950년 이후 처음으로 상위 5위 국가의 관광객 점유율이 40%에서 하락해 35.7%로 나타났다.

그리고 2위 그룹(6~10위)의 국가에 유치되는 비율도 전체 관광객의 12.9%로 나타나 1992년도 18.0%에 비교하여 관광객이 5.0% 감소한 것은, 세계 주요 몇 개 국가에 집중하던 관광객이 시대의 흐름에 따라 관광지 선호형태가 다양해져 관광객이 새로운 여행목적지를 찾아가는 분산효과가 나타났기 때문이다.

### 4) 2000년대 여행목적지

2000년대 초반의 세계여행 주요 목적지는 1900년대 후반과 거의 비슷하다. 1997년 5위였던 영국이 6위로 밀려나고 중국이 5위로 부상한 것이 주목된다. 또 2위 그룹(6~10위)에 러시아가 세계 7위로 급부상하였으며, 중국과 더불어 1990년대 한국과 수교 이후 상호간 지리적 위치에 관련되어 경제적 교류는 물론, 관광객교류도 활발히 이루어지고 있어, 앞으로 미국이나 일본보다 교역량이 더 많아질 것으로 기대된다.

〈표 4-7〉 세계 주요 여행 목적지(2002)

| 순위 | 국명 | 비율(%) | 순위 | 국명 | 비율(%) | 순위 | 국명 | 비율(%) |
|---|---|---|---|---|---|---|---|---|
| 1 | France | | 6 | U.K. | | 11 | Germany | |
| 2 | Spain | | 7 | Russia | | 12 | Hongkong | |
| 3 | U.S.A. | 34.6 | 8 | Mexico | 14.8 | 13 | Hungary | 11.0 |
| 4 | Italy | | 9 | Canada | | 14 | Greece | |
| 5 | China | | 10 | Austria | | 15 | Poland | |
| | | | | | | 16 | Others | 40.4 |

자료 : UNWTO

앞으로 항해 및 항공 기술의 발달에 따라 두 지점간에 공간거리가 더욱 단축되고, 2005년 7월 1일부터 시행된 주5일제 근무가 정착되면 양국간의 교류는 더욱 활성화될 것이다.

한편, 2007년 한국을 여행목적지로 하는 관광객은 640만 명으로 세계 36위이며 세계 중에 점유율은 0.7%이고, 관광수입은 58억 달러로 35위이며 세계 중에 점하는 비율은 0.67%를 차지하고 있다.

## 제 2 절 국제관광의 대륙별 구조

### 1. 관광객 및 관광수입의 대륙별 구조

오늘날은 고도의 경제성장으로 개인의 가처분소득이 증대되고 기계 및 기술의 발달에 따라 출발지에서 목적지까지의 교통수단이 발달되어 먼 곳에 위치하며 지명도(Name Value)가 높은 곳이 여행목적지로 변화하면서, 지구촌(地球村)이란 새 용어가 발생한 것도 최근의 일이다. 오늘날 관광객에서나 관광수입에서 상위 20개국은 전 세계의 71.0%를 차지하고 있어, 이들 국가의 중요성은 더해가고 있다고 해도 과언은 아니다. 세계 각 지역에서 출발한 관광객이 어느 지역으로 집중되며 또 그에 따라 발생된 관광수입 정도는 어느 정도인지 현황자료를 통해 살펴보고자 한다.

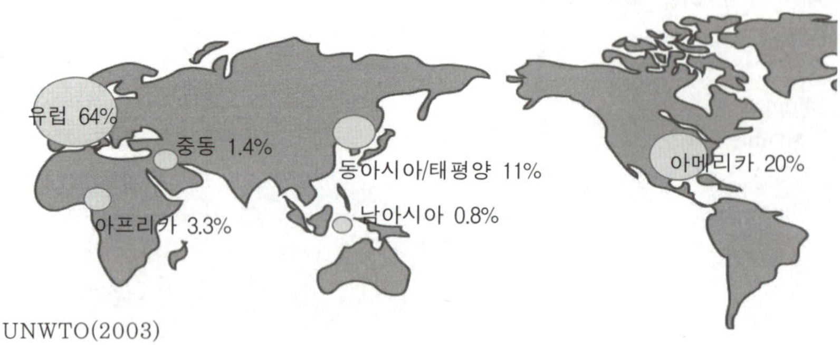


자료 : UNWTO(2003)

[그림 4-2] 국제관광객의 대륙별 관광수입 점유율

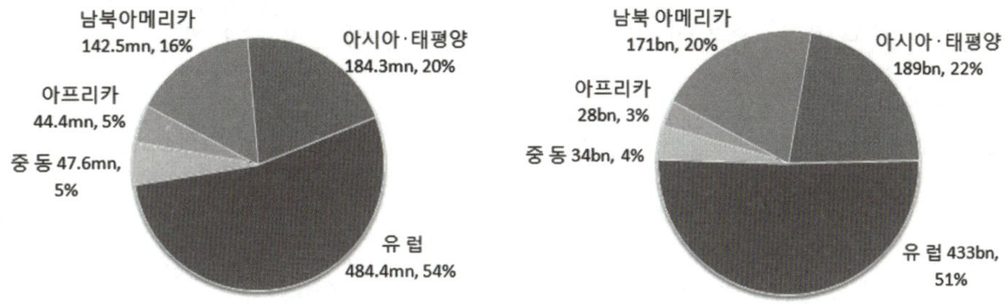


자료 : UNWTO(2008), mn : million(백만 명), bn : billion(10억 달러), US$ 기준

[그림 4-3] 국제관광객과 국제관광수입의 대륙별 현황(2007)

[그림 4-2], [그림 4-3], 〈표 4-8〉을 보면, 유럽지역의 관광객이 세계관광객 중에 차지하는 비율이 과거 59.0%, 그리고 수입은 64.0%였으나, 교통의 발달과 다른 지역의 개발에 따라 분산효과가 나타나서, 2007년에는 각각 53.6%와 50.6%로 감소하였다. 다음으로 아메리카지역은 2003년과 2007년에 관광수입이 전 세계의 20%로, 전 세계 관광수입의 1/5을 차지하고 있다는 것이 주목된다. 다음으로 아시아 · 태평양지역은 관광객이 20.4%, 관광수입은 22.1%를 차지하여 차츰 증가하고 있는 실정이다. 다음은 각 지역별로 상위 20개 국가별 지역분포를 보면, 관광객 및 관광수입의 상위 국가는 북아메리카에 3개 국가가 있고, 유럽에는 각 12개 국가, 11개 국가가 있으며 다음으로 아시아에 5~6개 국가가 있으며, 그 외 지역은 미약하다.

지역별 변화추이를 살펴보면, 중동, 북동아시아, 남아시아, 중남미 지역이 빠른 성장을 하고 있다. 2006년과 2007년 1~4월의 같은 시기 동안의 국제관광객 유동현황을 비교해 보면, 아시아 · 태평양지역의 경우 7% 성장하였으며, 남아시아가 10%인 데 반해 오세아니아는 매우 더딘 1%의 성장을 하였다. 또한, 아프리카와 중동지역을 보면 2006년에 비해 2007년에 조금 감소하였으나, 아프리카가 3%의 성장에 그친 데 반해 중동지역은 12%의 두 자리대 성장을 이루어 두바이 개발에 따른 국제관광객의 유입이 현저하게 증가했음을 짐작할 수 있다. 북미의 경우 2006년에 비해 2007년에 8%의 성장을 했는데, 이는 미국으로의 Inbound가 급증했기 때문으로 판단된다. 특히 카리브

지역의 경우 5%의 성장세인 데 반해, 중미는 13% 증가, 남미는 7% 증가로 비교적 높은 성장률을 보였다. 유럽의 경우 유럽남부와 지중해로의 유입이 조금씩 증가하고 있는 것으로 나타난다.

- 유럽지역 : 프랑스, 스페인, 이탈리아, 영국, 폴란드, 체코, 헝가리, 오스트리아, 독일, 러시아, 스위스, 그리스, 포르투갈
- 아시아지역 : 중국, 홍콩, 태국, 터키
- 북아메리카지역 : 미국, 캐나다, 멕시코
- 남아메리카지역 : 없음
- 아프리카지역 : 없음

〈표 4-8〉 세부 지역별 국제관광객 및 관광수입현황

| | 국제관광객(백만 명) | | | | 국제관광수입(10억 달러) | | |
|---|---|---|---|---|---|---|---|
| | 2000년 | 2006년 | 2007년 | 비율(%) | 2006년 | 2007년 | 비율(%) |
| 유럽 | 393.6 | 462.2 | 484.3 | 53.6 | 377 | 433.5 | 50.6 |
| 북유럽 | 43.7 | 56.4 | 57.6 | 6.4 | 60.3 | 69.7 | 8.2 |
| 서유럽 | 139.7 | 149.5 | 154.9 | 17.1 | 131.6 | 149.1 | 17.4 |
| 중앙/동유럽 | 69.4 | 91.5 | 95.6 | 10.6 | 38.2 | 48.3 | 5.6 |
| 남부/지중해 | 140.8 | 164.8 | 176.2 | 19.5 | 146.9 | 166.4 | 19.4 |
| 아시아・태평양 | 109.2 | 167.0 | 184.3 | 20.4 | 156.6 | 188.9 | 22.1 |
| 북동아시아 | 58.3 | 94.3 | 104.2 | 11.5 | 75.2 | 89.2 | 10.4 |
| 남동아시아 | 35.6 | 53.1 | 59.6 | 6.6 | 43.6 | 54.0 | 6.3 |
| 오세아니아 | 9.2 | 10.5 | 10.7 | 1.2 | 26.6 | 32.3 | 3.8 |
| 남아시아 | 6.1 | 9.1 | 9.8 | 1.1 | 11.2 | 13.4 | 1.6 |
| 아메리카 | 128.2 | 135.8 | 142.4 | 15.8 | 154.1 | 171.2 | 20.0 |
| 북아메리카 | 91.5 | 90.6 | 95.3 | 10.5 | 112.5 | 125.1 | 14.6 |
| 카리브해 | 17.1 | 19.4 | 19.5 | 2.2 | 21.7 | 22.6 | 2.6 |
| 중앙아메리카 | 4.3 | 7.1 | 7.7 | 0.9 | 5.5 | 6.3 | 0.7 |
| 남아메리카 | 15.3 | 18.7 | 19.9 | 2.2 | 14.4 | 17.2 | 2.0 |
| 아프리카 | 27.9 | 41.4 | 44.5 | 4.9 | 24.6 | 28.3 | 3.3 |
| 북아프리카 | 10.2 | 15.1 | 16.3 | 1.8 | 8.7 | 10.3 | 1.2 |
| 사하라 남부 | 17.7 | 26.3 | 28.2 | 3.1 | 15.9 | 18.0 | 2.1 |
| 중동 | 24.4 | 40.9 | 47.6 | 5.3 | 29.9 | 34.2 | 4.0 |
| 전 체 | 683 | 847.3 | 903.2 | 100.0 | 742 | 856.1 | 100.0 |

자료 : UNWTO(2008)

## 2. 국제관광의 주요 유치(Inbound)국가

1990년 후반기 국제관광객은 약 6.1억 명(1996)으로 그들이 어느 국가에서 출발하여 어느 국가를 여행목적지로 하여 유입되는가 하는 것을 연구하는 것은 매우 흥미로운 일이다. 최근 UNWTO자료(2009)에 따르면 2007년도 국제관광객의 국가별 유치 순위를 보면 프랑스가 수위를 점하고 있으며, 이어서 스페인, 미국, 중국, 이탈리아… 등의 순서로 나타나, 전년도보다 12.8% 증가한 9.03억 명으로 집계되고 있다. 오늘날 세계관광객을 가장 많이 유치하는 국가를 20위까지 보면 다음과 같다.

〈표 4-9〉 세계 20위권 외래방문객수(2007)

| 구분<br>순위 | 국가명 | 방문객수(백만 명) | 점유율(%) |
|---|---|---|---|
| 1 | 프랑스 | 81.9 | 9.1 |
| 2 | 스페인 | 59.2 | 6.6 |
| 3 | 미 국 | 56.0 | 6.2 |
| 4 | 중 국 | 54.7 | 6.1 |
| 5 | 이탈리아 | 43.7 | 4.8 |
| 6 | 영 국 | 30.7 | 3.4 |
| 7 | 독 일 | 24.4 | 2.7 |
| 8 | 우크라이나 | 23.1 | 2.6 |
| 9 | 터 키 | 22.2 | 2.5 |
| 10 | 멕시코 | 21.4 | 2.4 |
| 11 | 말레이시아 | 21.0 | 2.3 |
| 12 | 오스트리아 | 20.8 | 2.3 |
| 13 | 러시아 | 20.2 | 2.2 |
| 14 | 캐나다 | 17.9 | 2.0 |
| 15 | 홍 콩 | 17.2 | 1.9 |
| 16 | 그리스 | 16.0 | 1.8 |
| 17 | 폴란드 | 15.0 | 1.7 |
| 18 | 태 국 | 14.5 | 1.6 |
| 19 | 마카오 | 12.9 | 1.4 |
| 20 | 포르투갈 | 12.3 | 1.4 |
| 세계 20위 국가 총계 | | 585.1 | 65.0 |
| 세 계 총 계 | | 903 | 100.0 |

자료 : UNWTO(2008)

세계에서 국제관광객을 가장 많이 유치하는 국가는 프랑스로 연간 약 8,190만 명의 관광객을 유치하고 있다. 프랑스에서 이와 같은 현상이 발생하는 이유는 유럽지역의 중심지에 위치하고 있으며, 프랑스의 국력과 오랜 전통 그리고 문화유산의 견인력에 의한 것으로 볼 수 있다. 다음으로 스페인(5,920만 명), 미국(5,600만 명), 중국(5,470만 명), 이탈리아(4,370만 명)의 순으로 되어 있다. 〈표 4-9〉에서와 같이 20개 국가에 유치되는 관광객은 전 세계에 65.0%를 차지하고 있으며, 세계에서 가장 많은 관광객을 유치하는 프랑스는 전 세계 관광객의 약 9.1%로, 2000년 11.30%, 2005년 9.45%, 2006년의 9.3%로 매년 조금씩 감소하고 있는 것으로 나타나고 있어, 이는 관광객들의 관광목적지에 대한 분포가 조금씩 분배되는 것으로 이해할 수 있을 것이다. 국가별 국제관광객 유치정도를 그래프로 나타내 보면 다음 [그림 4-4]와 같다.

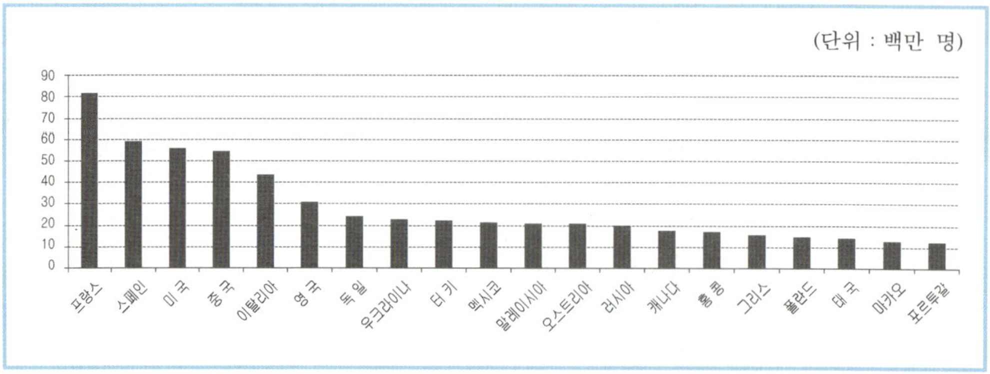


[그림 4-4] 국가별 국제관광객 유치(세계 20위권)

20개 국가 국제관광객을 대상으로 표준편차(Standard Deviation)를 구해, 이를 등급별로 나누면 다음과 같다.

- 국제관광객에 의한 등급

A급 : 프랑스

B급 : 스페인, 미국, 중국

C급 : 이탈리아, 영국

D급 : 독일, 우크라이나, 터키, 멕시코, 말레이시아, 오스트리아, 러시아, 캐나다, 홍콩, 그리스, 폴란드

E급 : 태국, 마카오, 포르투갈

한편, 관광외화수익을 살펴보면 〈표 4-10〉과 같다. 관광산업의 가장 중요한 목적은 외래객을 유치하여 그들로 하여금 관광소비활동을 하게 해 지역경제에 기여하도록 유도하는 것이다.

관광수입이 많은 국가는 미국(967억 달러), 스페인(578억 달러), 프랑스(542억 달러), 이탈리아(427억 달러), 중국(419억 달러) 순이다. 세계관광객이 제일 많이 유치되는 국가는 프랑스였으나, 관광수입이 제일 많은 국가는 미국으로 그 순위가 서로 바뀌어 주목되고 있다. 미국은 세계 총관광수입의 11.3%를 점유하고 있으며, 세계 20위 내 국가총수입의 17.2%로 미국 내의 여행은 프랑스국가 내의 여행보다 관광소비가 더 높은 것으로 나타나고 있다. 또 세계관광객이나 관광수입은 전 세계의 그것에 의한 비율과 모두 비슷한 현상이 나타나고 있다. 미국의 경우, 2000년 824억 달러(전 세계에서 17.3%), 2005년 818억 달러(12.0%), 2006년 742억 달러(11.5%), 2007년 967억 달러(11.3%)로 관광수입액은 조금씩 증가하고 있으나, 관광수입액이 차지하는 비율은 조금씩 감소하고 있음을 알 수 있다.

〈표 4-10〉 세계 20위권 관광수입(2007)

| 순위 \ 구분 | 국가명 | 관광수입(10억 달러) | 점유율(%) |
|---|---|---|---|
| 1 | 미 국 | 96.7 | 11.3 |
| 2 | 스페인 | 57.8 | 6.8 |
| 3 | 프랑스 | 54.2 | 6.3 |
| 4 | 이탈리아 | 42.7 | 5.0 |
| 5 | 중 국 | 41.9 | 4.9 |
| 6 | 영 국 | 37.6 | 4.4 |
| 7 | 독 일 | 36.0 | 4.2 |
| 8 | 호 주 | 22.2 | 2.6 |
| 9 | 오스트리아 | 18.9 | 2.2 |
| 10 | 터 키 | 18.5 | 2.2 |
| 11 | 태 국 | 15.6 | 1.8 |

| 12 | 그리스 | 15.5 | 1.8 |
|---|---|---|---|
| 13 | 캐나다 | 15.5 | 1.8 |
| 14 | 말레이시아 | 14.0 | 1.6 |
| 15 | 홍 콩 | 13.8 | 1.6 |
| 16 | 네덜란드 | 13.4 | 1.6 |
| 17 | 멕시코 | 12.9 | 1.5 |
| 18 | 스웨덴 | 12.0 | 1.4 |
| 19 | 스위스 | 11.8 | 1.4 |
| 20 | 인 도 | 10.7 | 1.3 |
| 세계 20위 국가 총계 | | 561.7 | 63.9 |
| 세 계 총 계 | | 856 | 100.0 |

자료 : UNWTO(2008)

(단위 : 십억 달러)

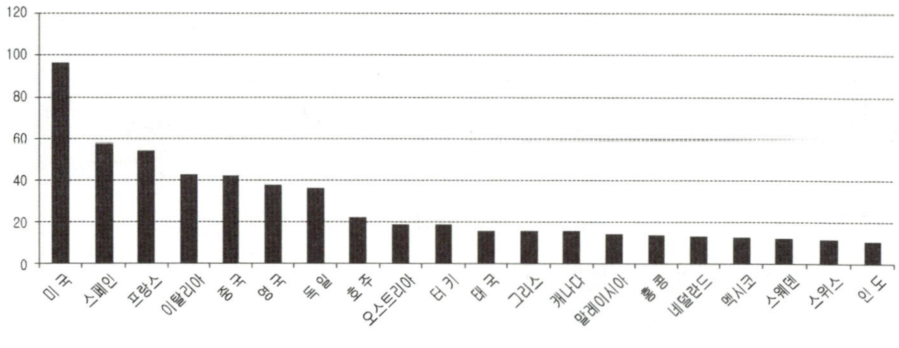


자료 : UNWTO(2008)

[그림 4-5] 세계 20위 관광수입국가

이상과 같은 현상을 감안하여 국제관광객으로 인한 관광수익을 기준으로 표준편차(Standard Deviation)를 구해, 20개 국가를 등급별로 나누면 다음과 같다.

- 국제관광수익에 의한 등급

A급 : 미국

B급 : 스페인, 프랑스

C급 : 이탈리아, 중국, 영국, 독일

D급 : 호주, 오스트리아, 터키, 태국, 그리스, 캐나다, 말레이시아

E급 : 홍콩, 네덜란드, 멕시코, 스웨덴, 스위스, 인도

2008년 국제관광객수와 관광수익에서 상위 10개국 중 7~8개국은 2007년 10대 국제관광대상지에 포함된 국가들이며, 그중 관광수익 측면에서 오스트리아와 러시아가 10대 국가에서 밀려났음을 알 수 있다. 또한, 하위로 갈수록 새로운 관광목적지로 부상한 국가들이 전통적인 관광목적국가를 따라잡고 있음을 볼 수 있으나, 상위권에 해당하는 국가들의 경우는 여전히 그 위치를 확고히 지키고 있다.

국제관광객 유입 10대 국가 중 8개국은 국제관광수익 10대 국가에도 포함된다. 비록, 유치하려는 관광객의 유형이 다르거나(단기체재객보다 장기체재객, 여가여행객보다 비즈니스목적의 관광객), 국가간 비교 지수가 엄밀히 객관적으로 절대비교가 가능한 지표가 아님에도 불구하고(예를 들어, 외래관광객의 경우 국경표준주의에 의해 국경에서 유입되는 관광객을 기준으로 하는 데 반해, 독일에서는 상업적 숙박시설에서의 숙박객을 기준으로 하는 숙박시설표준주의를 채택하고 있다), 대부분의 국제관광객 유입국가와 국제관광수익 국가가 일치하고 있다.

국제관광객 유입 측면에서는 프랑스, 스페인, 미국 순이며, 또한 국제관광수익 측면에서 최고 3위에, 상기의 3개국이 랭킹되고 있다. 그러나 관광수익 측면에서는 미국, 스페인, 프랑스 순으로, 이는 주로 단기체재의 관광활동이 많이 이루어지는 유럽의 경쟁국가들보다, 미국에서는 장기적 체재가 많이 나타나며 또한 국가면적이 넓어 이동에 많은 비용을 사용한다고 판단할 수 있다.

중국의 경우 국제관광객 유입에서 4위, 국제관광수익에서는 5위를 차지하고 있는 반면, 이탈리아는 그 반대인 국제관광객 유입에서 5위, 국제관광수익에서는 4위를 차지하고 있다. 또한, 영국과 독일은 국제관광객 유입과 국제관광수익에서 6, 7위를 차지하고 있다. 2007년 국제관광수익의 10대 국가에 해당하는 관광수익은, 전 세계 국제관광수익 8,560억 달러 중 약 50%를 차지하고 있으며, 국제관광객은 전 세계 국제관광객 중 약 46%를 차지하고 있다.

한편, 통계를 이용해 최근(2007) 각 대륙별 국제관광객 유치국 20위를 지역별로 분류해 보면 〈표 4-11〉과 같다.

〈표 4-11〉 세계관광객 유치국가 20위의 지역별 분포(2007)

(단위 : 백만 명)

| NO. | 유 럽 | 유치객 | 아시아 | 유치객 | 북아메리카 | 유치객 | 합 계 |
|---|---|---|---|---|---|---|---|
| 1 | 프랑스 | 81.9 | 중 국 | 54.7 | 미 국 | 56.0 | - |
| 2 | 스페인 | 59.2 | 터 키 | 22.2 | 멕시코 | 21.4 | - |
| 3 | 이탈리아 | 43.7 | 말레이시아 | 21.0 | 캐나다 | 17.9 | - |
| 4 | 영 국 | 30.7 | 홍 콩 | 17.2 | - | - | - |
| 5 | 독 일 | 24.4 | 태 국 | 14.5 | - | - | - |
| 6 | 우크라이나 | 23.1 | 마카오 | 12.9 | - | - | - |
| 7 | 오스트리아 | 20.8 | - | - | - | - | - |
| 8 | 러시아 | 20.2 | - | - | - | - | - |
| 9 | 그리스 | 16.0 | - | - | - | - | - |
| 10 | 폴란드 | 15.0 | - | - | - | - | - |
| 11 | 포르투갈 | 12.3 | | | | | |
| 소계 | 11개국 | 347.3 | 6개국 | 142.5 | 3개국 | 95.3 | 총 20개국 |
| % | 59.3 | | 24.4 | | 16.3 | | 100.0만 |

자료 : UNWTO(2008), 한국 : 세계 35위, 580만 명

〈표 4-11〉에서 보는 바와 같이 세계 20위 관광객 유치국가들을 지역별로 분류하여 보면, 프랑스를 비롯하여 11개 국가가 유럽지역으로 상위 20개국 중 59.3%를 차지하며, 이들 국가에 유치된 국제관광객은 전 세계 총관광객 9.03억 명의 38.5%에 해당하는 3.47억 명이다. 그 다음으로는 아시아지역인데 중국(세계 4위)을 비롯하여 터키(세계 9위), 말레이시아(세계 11위), 홍콩(세계 15위), 태국(세계 18위), 마카오(세계 19위) 등이 여기에 해당되며, 아시아 6개국을 방문한 국제관광객은 상위 20개국 중 24.4%이며, 전 세계 Inbound 관광객의 15.8%를 차지하는 1.42억 명이다. 아시아지역의 경우 2003년 6,697만 명이 방문(14.4%)한 데 반해, 4년 후인 2007년은 배 이상 증가한 1억 4천만 명이 방문하고 있어, 최근 새로운 국제관광 대상지로 부상하고 있음을 알 수 있다. 다음으로 많은 지역은 북아메리카지역이다. 이 지역에는 미국을 비롯하여 멕시코, 캐나다 등 3개국이 해당하며 이 3개국은 9,530명으로 상위 20개국 중 16.3%로, 전 세계 관광객의 10.63%를 유치하였다. 그 외에 아프리카지역과 남아메리카지역에서는 20위 내에 들어가는 국가가 하나도 없음이 주목되고 있다.

## 3. 국제관광의 주요 배출(Outbound)국가

일반적으로 특정국가의 국제관광객이 자기 국가의 국경을 넘어 출국하는데 필요한 배출요인(Push Factor)은 국토면적, 인구, 개인소득, OD와의 거리, 접경국가의 수, 교통… 등과 관계가 깊다. 따라서 특정국가의 순관광수입은 개인여행소비액, 체재기간, Inbound 관광객과 Outbound 관광객수 등과 밀접한 관계가 있다. 우선 2003년 UNWTO 자료에 근거한 세계 20위권 출국자수를 보면 〈표 4-12〉와 같다.

〈표 4-12〉 세계 20위권 출국자수(2003)

| 구분<br>순위 | 국 가 명 | 출국자수(천 명) | 점유율(%) |
|---|---|---|---|
| 1 | 독 일 | 74,600 | 14.8 |
| 2 | 영 국 | 61,414 | 12.2 |
| 3 | 미 국 | 56,175 | 11.1 |
| 4 | 폴란드 | 38,730 | 7.7 |
| 5 | 체 코 | 36,074 | 7.1 |
| 6 | 말레이시아 | 32,201 | 6.4 |
| 7 | 이탈리아 | 26,817 | 5.3 |
| 8 | 러시아 | 20,468 | 4.1 |
| 9 | 중 국 | 20,222 | 4.0 |
| 10 | 캐나다 | 17,739 | 3.5 |
| 11 | 프랑스 | 17,426 | 3.4 |
| 12 | 네덜란드 | 16,463 | 3.3 |
| 13 | 우크라이나 | 14,795 | 2.9 |
| 14 | 헝가리 | 14,283 | 2.8 |
| 15 | 일 본 | 13,296 | 2.6 |
| 16 | 스웨덴 | 12,579 | 2.5 |
| 17 | 멕시코 | 11,044 | 2.2 |
| 18 | 벨기에 | 7,268 | 1.4 |
| 19 | 한 국 | 7,086 | 1.4 |
| 20 | 루마니아 | 6,497 | 1.3 |
| 합 계 | | 505,177 | 82.1 |
| 세 계 총 계 | | 615,417 | 100.0 |

자료 : UNWTO(2005)

2003년 당시, 외국으로 관광객을 가장 많이 배출하는 국가는 독일, 영국, 미국, 폴란드 순으로 나타났으며, 당시 우리나라는 출국자 순위 20위 중 19위로 연간 약 700만 명의 국제관광객 배출이 나타난 반면, 외래관광객은 480만 명이 유입되어 입국자에 비하여 출국 초과현상을 나타냈다. 당시 20위 국가의 배출객수는 전 세계 관광객 배출객의 82.1%를 차지하고 있으며, 그중에서 특히 한국과 근거리에 위치한 국가와 한국 관광산업에 영향을 미칠 수 있는 국가로는 미국(3위), 러시아(8위), 중국(9위), 일본(15위) 등이 있다.

한편 세계 주요 관광객 배출국가들의 지역적 분포를 보기 위하여 유럽, 아시아, 북아메리카 등의 대륙별 국가를 20위권 내 국가들을 대상으로 정리하면, 〈표 4-13〉과 같이 분류된다.

〈표 4-13〉 세계 주요 관광객 배출국의 지역적 분포(20개국, 2003)

(단위 : 1,000명)

| NO. | 유 럽 | 배출객 | 아시아 | 배출객 | 북아메리카 | 배출객 | 합 계 |
|---|---|---|---|---|---|---|---|
| 1 | 독 일 | 74,600 | 말레이시아 | 32,201 | 미 국 | 56,175 | - |
| 2 | 영 국 | 61,424 | 중 국 | 20,222 | 캐나다 | 17,739 | - |
| 3 | 폴란드 | 38,730 | 일 본 | 13,296 | 멕시코 | 11,044 | - |
| 4 | 체 코 | 36,074 | 한 국 | 7,086 | - | - | - |
| 5 | 이탈리아 | 26,817 | - | - | - | - | - |
| 6 | 러시아 | 20,468 | - | - | - | - | - |
| 7 | 프랑스 | 17,426 | - | - | - | - | - |
| 8 | 네덜란드 | 16,463 | - | - | - | - | - |
| 9 | 우크라이나 | 14,795 | - | - | - | - | - |
| 10 | 헝가리 | 14,283 | - | - | - | - | - |
| 11 | 스웨덴 | 12,579 | - | - | - | - | - |
| 12 | 벨기에 | 7,268 | - | - | - | - | - |
| 13 | 루마니아 | 6,497 | - | - | - | - | - |
| 소계 | 13개국 | 347,424 | 4개국 | 72,805 | 3개국 | 84,958 | 총 20개국 |
| % | 68.8 | | 14.4 | | 16.8 | | 100.0 |

자료 : UNWTO(2005)

유럽지역에 속하는 국가는 세계에서 가장 관광객을 많이 배출하는 독일을 비롯하여 루마니아 등 13개 국가가 있으며, 유럽지역의 관광객 배출객이 상위 20개국의 68.8%를 나타내고 있어 주목된다. 다음으로 북아메리카지역으로 이 지역은 세계의 16.8%, 또 아시아지역이 14.4%를 나타내고 있고 한국도 그에 포함된다. 그 외 아프리카, 남아메리카지역에는 1개 국가도 참여하고 있지 못한 것이 주목된다.

Outbound 국제관광의 성장은 국제관광지출과 매우 밀접한 상관관계에 있다고 할 수 있는데, 2007년 UNWTO 자료에 의하면, 러시아연방, 한국, 스페인은 2007년 Outbound 관광객수가 두 자리 성장률로 증가하여, 이탈리아 8%, 중국 8%, 독일의 2% 성장률을 앞서고 있으며, 미국의 경우 1% 성장한 것으로 나타나고 있다.

〈표 4-14〉 세계 20위권 주요 관광객 소비지출 국가(2007)

(단위 : 10억 달러)

| 구분<br>순위 | 국가명 | 1995년 | 2000년 | 2005년 | 2006년 | 2007년 |
|---|---|---|---|---|---|---|
| 1 | 독 일 | 60.2 | 53.0 | 74.4 | 73.9 | 82.9 |
| 2 | 미 국 | 44.9 | 64.7 | 69.0 | 72.1 | 76.2 |
| 3 | 영 국 | 24.9 | 38.4 | 59.6 | 63.1 | 72.3 |
| 4 | 프랑스 | 16.3 | 17.8 | 30.5 | 31.2 | 36.7 |
| 5 | 중 국 | 3.7 | 13.1 | 21.8 | 24.3 | 29.8 |
| 6 | 이탈리아 | 14.8 | 15.7 | 22.4 | 23.1 | 27.3 |
| 7 | 일 본 | 36.8 | 31.9 | 27.3 | 26.9 | 26.5 |
| 8 | 캐나다 | 10.3 | 12.4 | 18.2 | 20.5 | 24.8 |
| 9 | 러시아연방 | 11.6 | 8.8 | 17.4 | 18.2 | 22.3 |
| 10 | 한 국 | 6.3 | 7.1 | 15.4 | 18.9 | 20.9 |
| 11 | 스페인 | 4.5 | 6.0 | 15.1 | 16.7 | 19.7 |
| 12 | 네덜란드 | 11.7 | 12.2 | 16.2 | 17.0 | 19.1 |
| 13 | 벨기에 | 8.1 | 9.4 | 15.0 | 15.4 | 16.9 |
| 14 | 홍 콩 | 10.5 | 12.5 | 13.3 | 14.0 | 15.1 |
| 15 | 노르웨이 | 4.2 | 4.6 | 10.5 | 12.2 | 14.7 |
| 16 | 오스트리아 | 5.2 | 6.4 | 11.3 | 11.7 | 14.2 |
| 17 | 스웨덴 | 5.4 | 8.0 | 10.8 | 11.5 | 13.9 |
| 18 | 싱가포르 | 4.7 | 4.5 | 10.0 | 11.0 | 11.8 |
| 19 | 스위스 | 6.3 | 5.4 | 8.9 | 9.9 | 10.9 |
| 20 | 오스트레일리아 | 7.6 | 6.3 | 9.3 | 9.6 | 10.6 |

국제관광객 지출에 대한 정확한 데이터를 집계하기란 쉽지 않다. 관광객 배출국가

세계 50위 중 4개국만이 관광소비지출 데이터를 발표하였다. 각국의 관광소비지출은 각 지역별·국가별 통화화폐의 가치별로 평가되어지는데, 관광객 배출국가의 국민들의 소비액 증가율이 가장 높은 국가들을 살펴보면, 사우디아라비아(170%), 브라질(43%), 이집트(37%), 말레이시아(30%), 아르헨티나(27%), 중국(23%), 러시아연방(22%), 인도네시아(22%), 남아프리카(21%), 터키(19%), 체코연방(18%), 아일랜드(17%), 우크라이나(16%)의 증가 폭이 두 자리에 이르고 있다.

중국과 러시아연방을 제외한 세계 10위 관광지출소비국 중 가장 성장률이 높은 국가는 캐나다(14%)와 한국(11%)이며, 그중 유일하게 일본(-0.2%)만이 마이너스 성장을 하였다. 그 외, 독일은 가장 많은 관광소비지출을 하는 국가이지만, 성장률은 유럽 유로를 기준으로 3%로 나타났다.

〈표 4-14〉에 의하면, 2007년 국제관광객의 소비지출에 있어서 가장 큰 변화가 나타난 곳은 중국으로, 2006년에 이탈리아를 앞서고 2007년에는 일본을 앞서게 되었다. 한편 이탈리아는 2007년 일본을 앞질러 6위이며, 일본은 10년 전 세계에서 관광지출소비가 세 번째로 많은 국가였으나, 2007년에는 5위에서 7위로 하락하였다. 1~4위의 국가들은 변화 없이 그대로 유지되고 있으며, 독일(830억 달러), 미국, 영국, 프랑스 순으로 이어지고 있다. 9~10위권을 보면 러시아 연방이 한국을 앞질러 9위에 위치하고 있다.

### Tip 국제관광지출에 대하여

국제관광지출은 국가간의 상대적 비교를 위해 미국의 US$를 기준으로 집계된다. 각 국가는 일정기간 동안의 국제관광지출을 해당국가의 화폐가치로 집계를 한 후, 인플레이션을 고려하지 않은 외환환율변동을 적용하여 US$로 환산하게 된다.

Outbound 관광객에 의해 지출된 소비액에 대한 자료의 수집과 조사 방법론은 매우 신중하게 이루어져야 하기 때문에, 집계금액만을 통한 국가간 단순 비교가 이루어져서는 안된다.

## 4. 국제관광의 C.P.G.I.

한 국가 국민의 Outbound 여행과 관련된 요인은 여러 가지가 작용할 수 있으나, 그중 몇 가지 관련요인들을 간단히 살펴보면 다음과 같다.

첫째, 國民의 경제적 부(Wealth)와 관계가 있다. 국민의 경제적 소득수준은 국민의 해외여행과 직접적인 관계가 있다. 〈표 4-14〉의 Outbound 관광객소비지출이 많은 국가 중 상위권에 해당하는 국가들의 2007년 1인당 GNP를 살펴보면, 독일($40,415), 미국($45,845), 영국($45,575), 프랑스($41,511), 이탈리아($35,872), 일본($34,312), 캐나다($43,485)로 모두 국민소득이 매우 높음을 알 수 있고, 이 국가들의 Outbound 관광객 또한 많이 배출되고 있다. 세계에서 가장 많은 Outbound 관광객을 배출하는 독일의 관광객들이 소비한 돈은 연간 646억 달러였으며, 다음은 미국으로 연간 596억 달러, 영국이 484억 달러 이상의 외화를 소비하였다.

둘째, 국가의 크기(Size)이다. 국가의 크기가 국제관광과 관계가 깊은 것은 일반적으로 면적이 큰 국가는 Outbound보다 국내여행(Domestic Tour)을 우선적으로 더 선호하는 성향이 있어, 국가의 크기와 Outbound 관광객수와는 관계가 있다고 할 수도 있다.

셋째, 국제관광교통의 발달이다. 여행목적지에 대한 접근도(Accessibility)와 관계가 깊다. 버스, 철도, 크루즈, 항공기 등의 다양한 교통수단이 발달됨에 따라 각 지역은 경제, 정치, 문화적으로 밀접한 상호 의존관계를 맺게 되었다. 특히 오늘날 안전한 고속 항공기의 개발은 지구촌(地球村)이란 새로운 용어를 만들어 내기도 하였다.

넷째, 국가의 정책을 들 수 있다. 정책은 국가의 목적과 수단을 결부시키는 중요한 행위이며, 국가의 공익과 이상을 현실의 구체적인 조건하에서 합리적으로 실행하고자 하는 의지라 할 수 있다. 따라서, 자국민의 해외여행이나 외국인의 국내유입은 해당 국가의 정책하에서 이루어지게 된다. 예를 들어, 내국인의 해외여행금지, 비자면제정책, 비자발급절차상의 용이성 등은 국제관광 활성화와 관련된 정부의 대표적인 관광관련 정책이라 할 수 있다.

이외에도 여러 가지 국제관광객 배출에 영향을 미치는 요인들이 존재하지만, 각국의 국내적 여건에 따라 모두 상이하게 작용한다. Outbound 국제관광객수의 국가별 비교가 관광객수를 기준으로 하는 절대적인 비교평가결과라고 한다면, 실제 각국의 국내여건을 함께 고려하여 국가간의 Outbound 관광객 배출에 대한 상대적 평가는 각국의 Outbound 관광객 배출의 능력 정도를 상대적으로 비교할 수 있는 방법이 될 것이다.

각국의 Outbound 관광객을 배출할 수 있는 국내의 힘을 국가의 잠재적 배출력(Potential Generation of Country)이라고 하는데, Hudman, L. E.(1979)는 Douglas G. Pearce의 논문을 이용하여 각 국가의 잠재적 배출지수(Country Potential Generation Index : CPGI)를 계산[5]하였다. CPGI는 특정 국가인구에 대한 Outbound 관광객의 비율과, 전 세계 인구에 대한 특정국가 인구 비율 간의 관계를 통해 산출된다. 국가별 잠재적 배출지수(CPGI : Country Potential Generation Index)를 구하는 식은 다음과 같다.

$$CPGI = \frac{\frac{C.T.}{W.T.}}{\frac{C.P.}{W.P.}}$$

C.T. : Country Tourists　　C.P. : Country Peoples
W.P. : World Peoples　　W.T. : World Tourists

위의 공식에 근거해 2003년 당시 OECD에 가입된 국가들을 대상으로 각국의 CPGI를 구해 보면, 상위 10개국으로는 뉴질랜드(28.83), 아이슬란드(8.6), 영국(6.90), 독일(6.35), 네덜란드(6.34), 룩셈부르크(6.08), 덴마크(5.80), 벨기에(5.29), 체코(4.53), 스웨덴(4.53) 순으로 나타났으며, 주로 유럽에 위치한 국가임을 알 수 있다.

5) 金炳文(1991), 국제관광론, 백산출판사, pp.39~41.

〈표 4-15〉 OECD국가의 C.P.G.I.(2003)

(단위 : 백만 명)

| NO | 국가 | C.T. | C.P. | W.T. | W.P. | C.P.G.I. |
|---|---|---|---|---|---|---|
| 1 | 오스트레일리아 | 3.9 | 18.2 | 622 | 5,929 | 2.03 |
| 2 | 오스트리아 | 1.65 | 8.0 | 622 | 5,929 | 1.96 |
| 3 | 벨기에 | 5.6 | 10.2 | 622 | 5,929 | 5.29 |
| 4 | 캐나다 | 1.9 | 29.8 | 622 | 5,929 | 0.62 |
| 5 | 체코 | 4.8 | 10.3 | 622 | 5,929 | 4.53 |
| 6 | 덴마크 | 3.2 | 5.2 | 622 | 5,929 | 5.80 |
| 7 | 핀란드 | 2.3 | 5.1 | 622 | 5,929 | 4.30 |
| 8 | 프랑스 | 18.1 | 58.2 | 622 | 5,929 | 2.98 |
| 9 | 독일 | 54.5 | 82.0 | 622 | 5,929 | 6.35 |
| 10 | 그리스 | 1.3 | 10.5 | 622 | 5,929 | 1.18 |
| 11 | 헝가리 | 1.20 | 10.2 | 622 | 5,929 | 1.12 |
| 12 | 아이슬란드 | 0.27 | 0.3 | 622 | 5,929 | 8.60 |
| 13 | 아일랜드 | 0.8 | 3.6 | 622 | 5,929 | 2.10 |
| 14 | 이탈리아 | 12.6 | 57.2 | 622 | 5,929 | 2.09 |
| 15 | 일본 | 16.7 | 125.5 | 622 | 5,929 | 1.26 |
| 16 | 한국 | 4.6 | 45.3 | 622 | 5,929 | 0.97 |
| 17 | 룩셈부르크 | 0.3 | 0.47 | 622 | 5,929 | 6.08 |
| 18 | 멕시코 | 9.0 | 93.4 | 622 | 5,929 | 0.92 |
| 19 | 네덜란드 | 10.3 | 15.5 | 622 | 5,929 | 6.34 |
| 20 | 뉴질랜드 | 10.9 | 3.6 | 622 | 5,929 | 28.83 |
| 21 | 노르웨이 | 0.7 | 3.7 | 622 | 5,929 | 1.82 |
| 22 | 폴란드 | 4.47 | 38.7 | 622 | 5,929 | 1.10 |
| 23 | 포르투갈 | 1.3 | 9.9 | 622 | 5,929 | 1.26 |
| 24 | 스페인 | 4.2 | 39.2 | 622 | 5,929 | 1.02 |
| 25 | 스웨덴 | 4.2 | 8.86 | 622 | 5,929 | 4.53 |
| 26 | 스위스 | 1.20 | 7.0 | 622 | 5,929 | 1.64 |
| 27 | 터키 | 4.2 | 62.0 | 622 | 5,929 | 0.65 |
| 28 | 영국 | 42.5 | 58.7 | 622 | 5,929 | 6.90 |
| 29 | 미국 | 52.3 | 265.6 | 622 | 5,929 | 1.88 |
| 30 | 슬로바키아 | 2.5 | 5.4 | 622 | 5,929 | 4.40 |

다음으로는 OECD 가입국 전체를 대상으로 C.T.(Country Tourists)의 평균값(2.18)과 표준편차(2.32)를 기준으로 아래의 〈표 4-16〉과 같이 5개의 등급으로 구분할 수 있다.

〈표 4-16〉 표준편차를 이용한 C.P.G.I. 등급구분

| 등 급 | 구분기준 | 기준수 | 국가수 | % |
|---|---|---|---|---|
| A | (X+2S.D) 이상 | 6.78 이상 | 3 | 10.0 |
| B | (X+S.D)~(X+2S.D) | 4.48~6.78 | 7 | 23.3 |
| C | (X)~(X+S.D) | 2.8~4.48 | 3 | 10.0 |
| D | 1~(X) | 1~2.8 | 13 | 43.3 |
| E | 1 이하 | 1 이하 | 4 | 13.4 |
| 합 계 | | | 30 | 100.0 |

X···평균치(2.8), S.D.···표준편차(2.33)

A급—뉴질랜드(28.83), 아이슬란드(8.6), 영국(6.90)·····3개국

B급—독일(6.35), 네덜란드(6.34), 룩셈부르크(6.08), 덴마크(5.80), 벨기에(5.29), 체코(4.53), 스웨덴(4.53)·····7개국

C급—핀란드(4.30), 슬로바키아(4.40), 프랑스(2.98)·····3개국

D급—아일랜드(2.10), 이탈리아(2.09), 오스트레일리아(2.03), 오스트리아(1.96), 미국(1.88), 노르웨이(1.82), 스위스(1.64), 포르투갈(1.26), 일본(1.26), 그리스(1.18), 헝가리(1.12), 폴란드(1.10), 스페인(1.02)·····13개국

E급(C.P.G.I.가 1.0 이하인 국가)—캐나다(0.62), 한국(0.97), 멕시코(0.92), 터키(0.65)····4개국

이상의 결과를 보면 OECD 가입국의 C.P.G.I.는 A급(6.78 이상)이 3개국(10.0%)이며, B급이 7개국(23.3%), C급이 3개국(10.0), D급이 13개국, E급이 4개국(13.4%)으로 나타났다.

CHAPTER 5

# 국제관광산업

## 제1절 컨벤션산업

### 1. 컨벤션의 개념 및 유형

21세기 현대사회는 다양한 정보와 지식이 넘쳐나고 있으며, 시대적 변화가 매우 빠르게 나타남에 따라 새로운 정보와 지식을 습득하고 공유하고자 하는 인간의 욕구도 증가하고 있다. 특히, 오늘날은 국제통신과 교통의 발달로 인해, 지리적 원거리라는 공간적 장애를 극복할 수 있는 이동수단 또한 다양하게 개발·발달되고 있어, 공통의 정보와 지식을 공유하기 위한 만남의 장소로의 이동이 매우 용이해진 것이 사실이다.

세계 각 국가간에는 국제화·개방화와 함께 정치·경제·문화 등의 분야에서 논의와 국제간에 발생할 수 있는 여러 가지 문제와 현안들을 논의하기 위한 활발한 국제적 교류가 요구되고 있다. 이러한 논의의 장(場)으로서 국제회의나 국제전시회를 중심으로 이루어지는 '컨벤션(Convention)산업'이 급성장 하게 되었다. 컨벤션산업은 유치·개최하는 국가에 경제·사회·문화적으로 긍정적 파급효과를 가져오며, 관광·레저산업, 숙박·식음료 산업, 교통·통신 산업, 인쇄·출판 산업 등 지식과 정보를 생산 · 공유하기 위해 필요한 관련분야들이 매우 광범위하게 연계성장할 수 있으며, 자연자원 의존형이 아닌 인위적 수요창출이 가능해 고부가가치의 지식기반산업(Knowledge-based Industry)이라 불리기도 한다[6].

국제회의산업은 인적 · 물적 교류는 물론 문화적 교류의 장(場)으로 국제적 상호이해의 증진을 비롯하여 관광산업 활성화, 관련산업 등으로 지역경제에 기여하는 바가 크기 때문에, 특히 개발도상국가가 많은 아시아지역에서 최근 국제회의산업이 집중 육성되고 있다.

국제회의산업의 특성은 첫째, 새로운 영역의 'New Business'산업이며, 둘째, 공연 · 이벤트 · 전시 등의 다양한 분야가 관련되어 있는 종합예술산업이며, 셋째, 기획 · 등록 · 숙박 · 관광 · 학술 · 의전 등의 종합서비스산업으로 대부분의 업무과정을 전문가에게 의뢰해야 한다는 것이다[7].

국제회의와 컨벤션에 대한 정의가 국내외를 막론하고 명확한 구분 없이 혼용되어 왔는데, 그 원인은 컨벤션의 의미가 국내회의를 의미하던 것이 국제간 교류의 증진으로 인하여 국제간 회의를 포함하게 되었기 때문이다[8].

컨벤션의 의미는 어원적으로 '함께(con=together)'라는 뜻의 접두어와 '만나다(ven)'라는 어근의 합성어가 상징하는 'Convention = 대표자회의, 함께 만나다'라는 뜻으로서[9] 국제회의와 국내회의를 포함한 회의를 말하며, 국제회의는 외국 국적의 참가자들이 포함된 국내 개최의 국제적(국가간) 회의를 의미하는 것으로 보아야 할 것이다. 국제회의에 대한 사전적 정의를 살펴보면, 우리말 사전에서는 "국제적 이해에 관한 사항을 심의 · 결정하기 위해 여러 국가의 대표자들에 의해서 개최되는 공식적인 회의[10]"라고 정의하고 있으며, 옥스퍼드 사전에서는 "특별한 목적을 달성하기 위한 사회단체나 정당회원들 간의 회의, 사업이나 무역에 있어서의 회의, 그리고 정부 또는

6) 權世基(1997), 국제회의산업, 국제적 현황과 육성산업, 국제문제분석 제34호.
7) 손대현(1992), 국제회의산업 마케팅, 한국관광협회(1989), 관협 9월호, p.9, 안경모 · 김영준, 국제회의 실무기획, 백산출판사, p.18.
8) 權世基, *op. cit.*, p.2.
9) 김용관(1997), 경기도 컨벤션산업 육성방안에 관한 연구, 관광경영학연구 창간호, p.134. 金正其(1992), 巨路Vocabulary Workshop, 巨路出版社, p.130.
10) 신기철 · 신용철(1997), 새우리말사전, 삼성출판사, p.413.

통치자 간의 회의 등을 말한다[11)]"고 규정하고 있다.

국제회의란 개념은 사용하는 기준에 따라 다양하게 정의되고 있다. 이것은 오늘날 시대의 요구에 따라 "사람과 문화, 상품과 정보를 총체적으로 교류하는 기회"로 인식되고 있다. 컨벤션은 회의주제, 진행방법, 참가자들의 수에 따라 여러 가지 형태를 가지나 국제회의는 만나고(Meeting) 정보를 교환(Communication)하고 사귀며 관광을 하고 나아가 국제간에 이해를 조정하고 우호를 증진하기 때문에 국제적인 문제해결과 협력이 쉽게 이루어진다. 또 국제회의란 국가간의 이해를 조정하고 상호 정보 및 자료의 교류를 도모하며, 우호를 증진하기 위하여 마련되는 대화의 장이다(최승이 · 한광종, 1995, p.19). 그래서 국제회의산업은 "사람 · 물질 · 정보의 종합적 교류"를 하는 복합산업으로 정의될 수 있다(김영준, 1996, p.392 ; 한영주, 1994, p.116).

우리나라는 1998년 문화체육부를 문화관광부로 정부의 조직을 개편하면서 관광산업 및 컨벤션산업 등을 21세기 국가기반산업으로 육성하기 위한 정책을 강화하고, 국민정부의 출범과 함께 5대 중점 국정시책으로 선정하는 등 컨벤션 산업의 활성화를 위한 강한 정책적 의지[12)] 중 하나로 「국제회의산업 육성에 관한 법률」을 제정하였다. 이에 의하면, 국제회의는 "상당수의 외국인이 참가하는 회의(세미나 · 토론회 · 전시회 등을 포함한다)로서 대통령령이 정하는 종류와 규모에 해당하는 것"으로 정의되었다.

한국관광공사에서는 컨벤션을 국제회의의 한 종류로 간주하면서, "국제기구 본부에서 주최하거나 국내단체가 주관하는 회의 가운데 참가국수 3개국 이상, 외국인 참가자수 10명 이상, 회의기간이 1일 이상인 회의"로 정의하고 있다. 그 외에 각 국제기구나 협회에서는 각각 국제회의 통계기준을 달리하고 있는데 그 내용을 살펴보면 다음과 같다.

11) Oxford Advanced Leaner's Directory of Current English(1982), Oxford University Press England, p.189.

12) 신승훈 · 고영직(1999), 삼척시의 동굴관광산업화의 기본 컨셉과 방향, 6, p.78.

### 1) 국제회의연합(Union of International Associations : UIA)

- 국제기구가 주최하거나 후원하는 회의
- 국제기구에 소속된 국내지부가 주최하는 국내회의 가운데 다음의 요건을 모두 만족해야 한다.
  ① 전체 참가자수가 300명 이상
  ② 참가자 중 외국인이 40% 이상
  ③ 참가국수 5개국 이상
  ④ 회의기간이 3일 이상

* 단, 순수 내국인회의 및 종교적 · 교육적 · 정치적 · 상업적 · 스포츠 성격의 회의와 위원회, 전문가단체 등과 같이 회의참가자가 엄격히 제한된 정부단위의 회의로서 대규모 범정부 간 국제기구 본부가 소재한 뉴욕, 제네바 등에서 개최되는 회의는 제외한다.

### 2) 세계국제회의전문협회(International Congress and Convention Association : ICCA)

정기적인 회의로서 4개국 참가자가 100명 이상 참가하는 규모를 국제회의라고 하며, 이는 또한 최소 6시간 이상, 최소 25명 이상이 참석하여 정해진 순서에 따라 진행되는 모임을 국제회의로 규정하고 있다.

### 3) 아시아 컨벤션뷰로협회(Association of Convention and Visitor Bureaus : ACVB)

2개 대륙 이상에서 참가하는 국제행사로서, 동일 대륙에서 2개국 이상이 참가하는 지역행사, 참가자 전원이 자국이 아닌 다른 나라로 가서 행사를 개최하는 국외행사로 구분한다. 공인된 단체나 법인이 주최하는 단체회의, 학술심포지엄, 기업회의, 전시 · 박람회, 인센티브관광 등 다양한 형태의 모임 가운데 전체 참가자 중 외국인이 10% 이상이고, 방문객이 1박 이상 상업적 숙박시설을 이용하는 행사를 말한다.

### 4) 우리나라 「국제회의산업 육성에 관한 법률」

- 국제기구나 국제기구에 가입한 기관 또는 법인·단체가 개최하는 세미나, 토론회, 학술회, 심포지엄, 전시회, 박람회, 기타 회의로 다음의 요건을 갖추어야 한다.
  ① 5개국 이상의 외국인이 참가할 것
  ② 회의 참가자가 300명 이상이고, 그중 외국인이 100명 이상일 것
  ③ 3일 이상 진행되는 회의일 것
- 국제기구에 가입하지 아니한 기관 또는 법인·단체가 개최할 경우는 다음의 각 회의요건을 갖추어야 한다.
  ① 회의 참가자 중 외국인이 150명 이상일 것
  ② 2일 이상 진행되는 회의일 것

### 5) 한국관광공사

국제기구의 본부가 주최하거나 국내단체가 주관하는 회의로 다음과 같은 요건을 갖추어야 한다.[13]

① 3개국 이상의 국가 참가
② 외국인 참가자수 10명 이상으로 2일 이상에 걸쳐 개최

이처럼 컨벤션의 개념은 각 국가 및 기구에 따라 약간씩의 다른 기준을 적용하고 있다. 오늘날 국제회의산업은 컨벤션산업(Convention Industry)과 동의어로 사용되고 있으며, MICE산업(Meeting, Incentive Travel, Convention, and Exhibition)[14]과 같은 개념이나 용어로 사용되고 있다. 컨벤션은 그 형태에 따라 매우 다양하게 나눌 수 있는데, 각각의 형태별 특성을 살펴보면 다음과 같다.

13) 한국관광공사(1989), 국제회의 운영편람, p.14.
14) 權世基, *op. cit.*

- Convention

회의분야에서 가장 일반적으로 쓰이는 용어로서, 정보전달을 목적으로 하는 정기집회의 경우에 많이 사용되며, 전시회를 수반하는 경우가 많다. 예전에는 각 기구나 단체에서 개최하는 연차총회(Annual Meeting)의 의미로 쓰였으나, 요즘에는 정기적으로 개최되는 모임으로 주로 1년을 주기로 개최되기도 한다. 또한 총회, 휴회기간 중 소규모 회의, 위원회회의 등을 포괄하는 용어로 사용된다.

- Conference

컨벤션과 거의 같은 의미를 가진 용어로서, 통상적으로 컨벤션에 비해 회의진행상 토론회가 많이 열리고 회의 참가자의 토론 참여기회도 많이 주어진다. 또 컨벤션은 다수의 주제를 다루는 업계의 정기회의에 자주 사용되는 반면, 콘퍼런스는 주로 과학·기술·학문분야의 새로운 지식습득 및 특정 문제점에 연구를 위한 회의에 사용된다.

- Congress

컨벤션과 같은 의미를 가진 용어로서, 주로 유럽지역에서 많이 사용되며 국제규모의 회의를 의미한다. 컨벤션이나 콩그레스는 본회의와 사교행사 그리고 관광행사 등 다양한 프로그램으로 편성되며, 참가인원은 수천 명에 이르기도 한다.

- Forum

제시된 한 가지의 주제에 대해 상반된 견해를 가진 동일 분야의 전문가들이 사회자의 주도하에, 자신들의 의견을 발표하고, 청중 앞에서 공개적 토론회를 거쳐, 청중이 자유롭게 질의에 참여하는 형태이다. 포럼에서는 사회자가 각 패널리스트의 의견과 청중의 질문 등을 요약·종합해 나가야 하는 능력이 필요하다.

- Symposium

제시된 안건에 대해 전문가들이 청중을 대상으로 특정 주제에 대해 발표하고 청중이 질의가능하며, 연사가 질문에 대해 답변을 해야 한다. 일종의 공개토론회로서, 포럼에 비해 다소의 형식을 갖추고 있으나 청중의 질의기회가 비교적 적게 주어진다.

- Seminar

전문적인 주제에 대해 전문가가 강연을 하는 형식으로, 기술・지식 습득을 위해 흥미를 가진 개인 혹은 단체가 기꺼이 비용을 지급하면서까지도 참석하는 형태를 가진다. 진행과정에서는 발표자가 청중에게 의견을 전달하는 것으로 관계가 일방적으로 나타나며 의견교환은 매우 자유롭게 이루어진다.

- Workshop

소그룹 형태의 비교적 짧은 기간의 교육 프로그램으로, 적게는 5~6명 정도의 인원이 특정문제나 과제에 관한 새로운 지식, 기술, 아이디어 등을 서로 교환하게 된다. 특정 기술습득, 정보 분석, 문제해결, 프로젝트 해결 등 단기간 해결해야 하는 경우에 하게 된다. 참석자 상호간의 자유토론과 적극적인 참여가 이루어진다.

- Clinic

클리닉은 소그룹을 위해 특별한 기술을 훈련・교육하는 비교적 단기적인 모임이다. 예를 들면 항공예약 담당자를 대상으로 CRS(컴퓨터 예약시스템)운용방법에 대해 교육을 실시하는 경우이다.

- Trade Show 또는 Trade Fair

'Exhibits'와 일련의 전시 부스로 구성된 용어로 상품구입과 주문을 위해 참가자에게 영향을 주고자 하는 상품전시회이며, Tongren and Thompson은 Trade Show를 Industrial Shows, Trade Shows, Professional or Scientific Exhibitions 등 세 가지 유형으로 구별하고 있다.

- Exhibition

전시회는 Vendor(판매자)에 의해 제공된 상품과 서비스의 전시모임을 말한다. 무역・산업・교육 분야 또는 상품 및 서비스 판매업자들의 대규모 전시회는 회의를 수반하는 경우도 있으며, 이와는 반대로 전시회가 컨벤션이나 콘퍼런스의 한 부분으로 열리는 경우도 많다. 엑스포지션(Exposition)은 주로 유럽에서 전시회를 말할 때 사용되는 용어이다.

## 2. 컨벤션산업의 효과

MICE산업은 개최국가에 경제적·사회적·문화적 측면의 긍정적인 파급효과(Positive Effect)를 유발한다. MICE는 M(Meeting·기업회의), I(Incentive·포상관광), C(Convention·컨벤션), E(Exhibitions·국제행사)의 첫 글자를 따온 말이다. 그러나 한국은 컨벤션산업에 대한 중요성을 비교적 늦게 인식하여 1996년에 「국제회의산업 육성에 관한 법률」을 제정(1996)하였으며, 2009년 한국 정부는 MICE산업의 중요성 인식과 함께, 향후 5년간 24조 5천억 원을 투자하는 신성장동력산업 중 하나로 선정하였다.

국제회의 및 국제적 행사 개최는 개최국가에 있어 외화획득 효과, 국제친선 효과, 국가 PR 효과, 국내외 관광객 유치 효과, 지역문화 발전효과 등 다양한 효과를 기대할 수 있다.

사회적 효과 측면을 살펴보면, 컨벤션에 참가하는 사람들은 일반적으로 특정 국가나 지역사회에서 사회적 지위가 높은 경우가 많아 이들의 만족 정도는 귀국 후 주변인들에게 한국에 대한 이미지 형성에 영향을 미치게 된다. 따라서 참가자의 만족도가 높을수록 한국의 긍정적인 PR효과를 얻을 수 있지만, 만족도가 낮을 경우 한국의 부정적인 이미지가 형성될 위험성이 높아지게 된다.

그리고 컨벤션은 국가간에 공동목표를 의제로 정보의 상호교환과 더불어 문제를 해결할 수 있는 여론을 합리적으로 유도할 수 있는 수단이 되기도 하며, 참가자 중심의 국제적 친선을 통한 대외홍보, 더 나아가 국제친선의 효과 등을 도출할 수 있다. 또한 유치 국가는 회의의 주체로서 외국에서 참석한 참석자들에 대하여 국제 영향력을 보여 줄 수 있는 기회를 가지게 되어 국제사회에서의 국가위상을 높일 수 있는 기회를 얻게 된다.

또한 국제회의는 시설물의 정비, 교통의 편리, 생활환경의 개선 등 사회간접자본에 대한 투자를 증대시키기 때문에 인프라시설이 월등하게 개선되며 건전한 도시문화에 긍정적인 영향을 미쳐 지역주민의 단결과 문제해결 등 건전한 의식수준 향상을 야기할 수 있는 이점이 있다.

경제적 효과 측면을 살펴보면, 참가객의 방문기간 동안 사용하는 소비액은 지역경제 유발효과로 이어져 개최지역 주민들의 소득 증대와 고용 창출, 그리고 관광산업체 소득에 대한 세수증대 효과를 가져온다. 또한, 국제회의는 다량의 관광객을 동시에 유치하는 효과를 가지며 다양한 지역출신의 참가자들이 공동의 목표로 일괄적으로 행동하기 때문에 취향이 다양한 일반관광객의 그것보다 경제적 효과가 높게 나타난다.

1981년 미국은 샌프란시스코 Moscone Convention Center의 개관으로, 3,700만 명의 고용증대효과(권세기, 1997. 12)와, 참가자들의 2,700만 달러 상당의 소비액을 통해 2억 3천만 달러의 경제적 승수효과를 창출해 냈다. 우리나라의 경우, 한국관광공사에 의하면 2007년 국내에서 개최된 국제회의가 한국경제에 유발시킨 총파급효과는 4,010억 원으로 숙박, 식음료, 여객운송, 문화공연 등 다양한 개별 관광산업에 복합적 수익을 가져온 것으로 나타났다.

최근 한국관광공사는 3년 전부터 노력을 해 온 2013년 '제20차 세계이비인후과학회 학술대회'를 비롯해, 2009년 상반기(1~6월)에도 7개의 MICE 행사의 한국개최를 유치해 1만 5,150명의 외국인 유치효과를 거두었으며, 2009년 6월 19~21일 경기도 고양시 킨텍스에서 개최되었던 '허벌라이프 아태지역 Extravaganza(호화쇼)'를 통해 외국인만 2만여 명이 방문, 4,976만 달러(약 622억 원)의 경제적 효과를 얻은 것으로 평가되었다. 이는 국산 중형차 3,100대의 수출효과와 같으며 올림픽과 월드컵을 제외한 단일기업 행사로는 역대 최대 규모의 효과를 얻은 것으로 평가되었다[15].

컨벤션회의에 참가한 회의참가자들은 일반관광객들보다 체재일수가 길며 소비액도 훨씬 높다. 한국을 방문하는 일반관광객의 체재일수는 평균 5.2일인데 반해, 국제회의 참가객의 평균체재일수는 6.5일로 나타났으며, 1인당 지출액을 살펴보면 일반관광객은 1인당 평균 1,491달러를 소비하는 데 반해, 컨벤션에 참가한 외래객은 1인당 평균 3,592달러로 2.4배를 더 소비하는 것으로 나타났다.

MICE 산업이 가지고 있는 잠재력과 그 중요성을 인지한 각국들은 MICE를 유치하기 위해 적극적인 노력을 기울이고 있다. 홍콩의 경우 '홍콩 리워드 프로그램'을 통해 20인 이상 2박 이상 머무는 단체에 다양한 혜택을 주고 있으며, 싱가포르는 2006~2010년

15) 동아일보, 회의 온 외국인, 관광객보다 두 배 쓴다. 2009.6.15.

'BE in Singapore'란 이름으로 각종 MICE 행사를 유치하기 위한 마케팅 캠페인을 벌이고 있다.

국제회의 개최를 통한 효과는 간단히 다음과 같은 모델로 표현할 수 있을 것이다.

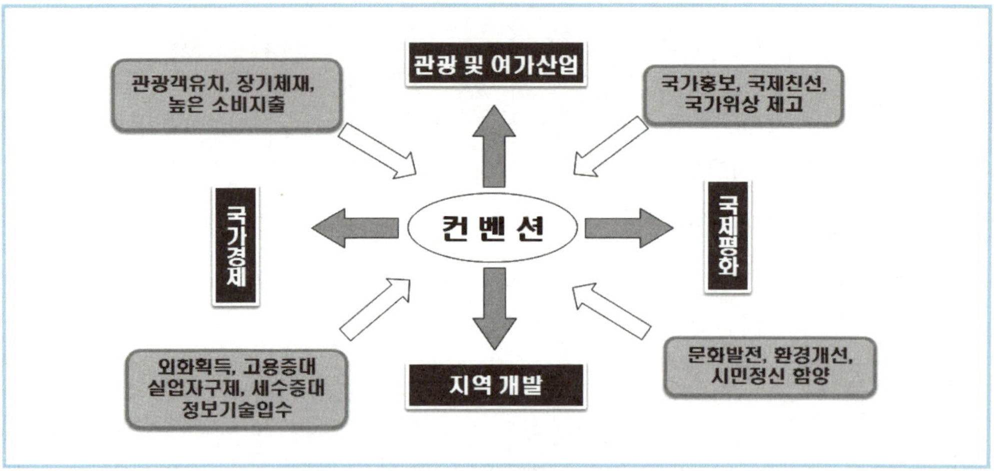


[그림 5-1] 컨벤션산입의 효과

## 3. 컨벤션유치의 지역구조

컨벤션 개최의 효과는 전술한 바와 같이 정치적 효과, 경제적 효과, 사회·문화적 효과 및 관광적인 효과로 나눌 수 있다. 정치적 효과는 민간외교적인 효과, 국제영향력 증대효과, 평화통일 및 외교정책 구현의 효과가 있고, 경제적 효과에는 고액의 외화획득, 고용의 증대, 세수입의 증대, 최신정보와 기술의 입수 및 국제수지 개선의 효과가 있다.

또 사회·문화적 효과로서는 지역문화의 발전, 도시환경의 개선, 시민의식의 향상, 국제친선의 도모 및 지방의 국제화 등을 들 수 있고, 관광적 효과로서는 대량의 관광객을 유치할 수 있으며, 비수기(Off-season) 타개책이 되며, 양질의 관광객을 유치할 수 있고, 지역 이미지의 PR효과도 있다.

회의개최지는 일반적으로 각국의 유치경쟁, 관례적인 순서 등에 의해 결정되나 정치적 · 지리적 이유 등이 개최국 선정에 변수로 작용하게 되는 경우도 있다.

### 1) 연도별 · 지역별 컨벤션

컨벤션의 유치효과는 매우 크기 때문에 각국은 전문국제회의센터 건립과 국제회의 유치를 적극적으로 추진하고 있다. 국제협회연합(UIA ; Union of International Association)에서 발간한 '2007년 국제회의 개최현황' 자료에 의하면, 2007년 전 세계에서 개최된 국제회의는 총 10,318건으로 2006년(10,443건)에 비해 12% 감소한 것으로 나타났다. 대륙별 국제회의 개최현황을 살펴보면 다음과 같다.

〈표 5-1〉 세계 대륙별 국제회의 개최건수(2007)

(단위 : 건, %)

| 구분<br>대륙 | 2003년 | | 2004년 | | 2005년 | | 2006년 | | 2007년 | |
|---|---|---|---|---|---|---|---|---|---|---|
| | 건수 | 구성비 | 건수 | 구성비 | 건수 | 구성비 | 건수 | 구성비 | 건수 | 구성비 |
| 유럽 | 7,071 | 57.1 | 6,750 | 55.7 | 6,375 | 55.5 | 6,035 | 57.8 | 5,550 | 53.8 |
| 아시아주 | 1,500 | 12.1 | 1,716 | 14.2 | 1,800 | 15.7 | 1,634 | 15.6 | 2,052 | 19.9 |
| 미주 | 2,828 | 22.9 | 2,685 | 22.1 | 2,453 | 21.4 | 2,013 | 19.3 | 1,978 | 19.2 |
| 아프리카주 | 597 | 4.8 | 591 | 4.9 | 542 | 4.7 | 469 | 4.5 | 404 | 3.9 |
| 대양주 | 380 | 3.1 | 381 | 3.1 | 314 | 2.7 | 292 | 2.8 | 334 | 3.2 |
| 계 | 12,376 | 100.00 | 12,123 | 100.00 | 11,484 | 100.00 | 10,443 | 100.00 | 10,318 | 100.00 |
| 전년대비증가율 | 4.32 | | -2.04 | | -5.27 | | -9.06 | | -1.20 | |

자료 : 한국관광공사(2008)

2003년도 세계 개최건수는 12,376건으로 전년도에 비하여 4.32% 증가하였으나, 그 다음해인 2004년도 12,123건으로 전년도에 비하여 2.04% 감소, 2005년도 11,484건으로 5.27% 감소, 2006년도의 경우 10,443건으로 9.06%나 감소하는 등, 매년 국제회의의 개최건수가 계속적으로 감소되고 있으며 그 폭도 점차 커지고 있다. 한편 2007년의 경우 개최건수는 10,318건으로 전년대비 1.20% 감소하였지만 다행히도 그 감소의 폭이 줄어들었음을 알 수 있다. 이처럼 세계국제회의 건수가 감소하는 것은 정치 및 경제적 변수에 기인한 것으로 해석된다.

대륙별 현황을 보면 2007년의 경우 유럽지역에서 53.8%로 전체의 절반 이상이 유럽에서 개최되고 있으며, 다음이 아시아지역(19.9%), 미주지역(19.2%), 아프리카지역(3.9%) 및 대양주(3.2%)의 순으로, 주목할 사항은 2006년까지 유럽 다음으로 미주에서 개최된 국제회의 수가 많았으나, 2007년에는 아시아지역이 미주지역을 0.7% 앞서고 있어, 대륙별 국제회의 시장이 조금씩 변화하고 있음을 알 수 있다.

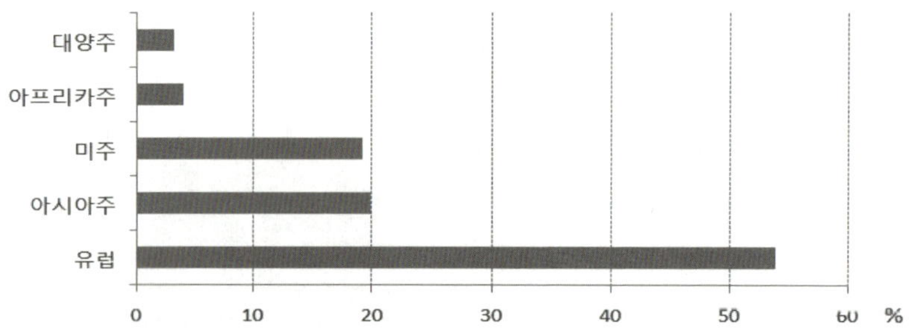


[그림 5-2] 대륙별 국제회의 개최비율(2007)

각 대륙별 추이를 2003년과 2007년을 비교해 보면, 2003년의 경우, 유럽지역은 57.1%→53.8%로, 미주지역은 22.9%→19.2%로, 아시아지역은 12.1%→19.9%로 증가한 것으로 나타나 국제회의가 전 세계적으로 다양한 지역으로 분산 유치되고 있음을 알 수 있다.

이는 설명한 바와 같이 국제회의가 가지고 있는 고부가가치의 산업적 가치에 대한 각국의 중요성 인식과 그에 따른 적극적인 유치활동이 특히 아시아지역을 중심으로 경쟁적으로 나타났으며, 그에 따른 결과가 서서히 나타나고 있는 것으로 판단된다. 특히 아시아지역에서의 국제회의 시장규모는 연간 약 10억 달러로 추정되고 있으며, 연간 1~2만 건의 회의산업 관련행사가 개최되고 있다. 아시아지역에서는 매년 평균 6~8%에 이르는 경제성장을 바탕으로 활발해지는 아시아지역 내 무역거래, 아·태경제협력기구(APEC)나 ASEAN 자유무역지대 등 경제관련 국제회의산업이 활성화되고 있다.

### 2) 국가별 · 도시별 컨벤션

국제회의를 유치하고 이를 운영하기 위해서는 무엇보다 하드웨어인 국제적 수준의 국제회의센터 건립이 필요하다. 국제회의센터는 다양한 규모의 회의 및 전시실, 부대시설 등이 갖추어져야 하기 때문에, 거액의 건설비용이 요구된다. 그러나 센터건립 후의 국제행사 유치는 장기적인 측면에서 경제적 수익창출과 긍정적인 사회문화적 파급효과를 유발할 수 있기에 많은 국가들은 적극적인 시설건립과 국제행사 유치에 노력을 기울이고 있다[16]. 심지어 '지어 놓기만 하면 황금알을 낳는 거위'라는 표현을 쓸 정도로 국제회의만 개최된다면 자연스럽게 개최지역이 홍보되고, 숙박 · 외식업 · 관광 등의 파생효과를 가져올 것이라는 높은 기대감을 가지고 있는 것이 사실이다. 최근(2003~2007년) 각국의 국제행사 유치현황을 살펴보면 〈표 5-2〉와 같다.

국가별 국제회의 개최건수(2007)를 살펴보면, 미국(10.80%), 프랑스(5.80%), 독일(5.07%), 싱가포르(4.52%), 일본(4.34%) 순으로 나타났고, 이들 상위 5개국의 국제회의 개최건수는 3,149건으로 전체 30.53%의 비중을 차지하고 있다.

2007년도 20위 내에 속한 국가를 지역별로 보면 유럽지역에 있는 국가가 프랑스를 비롯하여 영국, 독일 등 13개 국가로 전체 42.05%를 점하고 있으며, 북미지역에 미국, 캐나다 등 2개 국가로 13.47%, 그리고 대양주에 오스트레일리아 1개국이며, 아시아지역에 속하는 국가로는 싱가포르, 일본, 한국, 중국 · 홍콩 · 마카오로 전체의 13.93%로 나타나고 있다. 또한 상위 10개국의 경우는 전체 국제회의의 약 절반 정도(49.17%)를 차지하며 이 중 미국과 싱가포르, 일본을 제외하고는 모두 유럽국가들로 아직도 국제회의의 본산인 유럽대륙에 편중되어 있음을 알 수 있다.

16) 최승담(1995), 세계화시대의 관광산업발전과 전략, 일신사, p.129.

〈표 5-2〉 주요 국가 국제회의 개최현황(2003~2007)

(단위 : 건)

| 연 도 | 2003년 | | 2004년 | | 2005년 | | 2006년 | | 2007년 | |
|---|---|---|---|---|---|---|---|---|---|---|
| 국 가 | 국제회의 | 순위 | 국제회의 | 순위 | 국제회의 | 순위 | 국제회의 | 순위 | 국제회의 | 순위 |
| 미국 | 1,582 | 1 | 1,581 | 1 | 1,422 | 1 | 1,108 | 1 | 1,114 | 1 |
| 프랑스 | 829 | 2 | 743 | 2 | 752 | 2 | 699 | 2 | 598 | 2 |
| 독일 | 633 | 3 | 633 | 3 | 527 | 3 | 519 | 3 | 523 | 3 |
| 싱가포르 | 142 | 23 | 170 | 21 | 216 | 15 | 300 | 11 | 466 | 4 |
| 일본 | 280 | 12 | 267 | 12 | 224 | 14 | 213 | 17 | 448 | 5 |
| 네덜란드 | 344 | 9 | 308 | 11 | 388 | 8 | 415 | 5 | 423 | 6 |
| 이탈리아 | 605 | 4 | 492 | 5 | 482 | 5 | 384 | 8 | 414 | 7 |
| 스페인 | 454 | 6 | 453 | 6 | 440 | 6 | 408 | 7 | 393 | 8 |
| 오스트리아 | 313 | 11 | 315 | 9 | 345 | 7 | 414 | 6 | 366 | 9 |
| 영국 | 555 | 5 | 500 | 4 | 517 | 4 | 426 | 4 | 327 | 10 |
| 벨기에 | 371 | 8 | 369 | 8 | 310 | 10 | 284 | 12 | 307 | 11 |
| 스위스 | 387 | 7 | 391 | 7 | 318 | 9 | 320 | 10 | 284 | 12 |
| 캐나다 | 315 | 10 | 303 | 12 | 286 | 12 | 265 | 14 | 275 | 13 |
| 호주 | 288 | 12 | 283 | 13 | 233 | 13 | 245 | 15 | 272 | 14 |
| 한국 | 140 | 25 | 177 | 18 | 206 | 16 | 243 | 16 | 268 | 15 |
| 중국·홍콩·마카오 | 167 | 17 | 314 | 10 | 297 | 11 | 267 | 13 | 255 | 16 |
| 핀란드 | 202 | 14 | 174 | 20 | 140 | 24 | 339 | 9 | 200 | 17 |
| 포르투갈 | 159 | 18 | 180 | 17 | 148 | 21 | 138 | 21 | 188 | 18 |
| 스웨덴 | 272 | 13 | 191 | 15 | 194 | 17 | 194 | 18 | 183 | 19 |
| 노르웨이 | 152 | 20 | 134 | 27 | 133 | 27 | 96 | 27 | 132 | 20 |

* 1997년의 중국의 통계는 홍콩을 제외한 자료임.
자료 : 한국관광공사

2003년도와 비교하여 2007년도에 괄목할 만한 성장을 보인 나라는 싱가포르와 일본이다. 싱가포르의 경우, 2003년 23위(142건)→2004년 21위(170건)→2005년 15위(216건)→2006년 11위(300건)→2007년 4위(466건)로, 2007년 현재 세계 4위의 국제회의를 개최한 국가로 크게 성장하였다. 일본의 경우, 2003년 12위(280건)→2004년

12위(267건)→2005년 14위(224건)→2006년 17위(213건)→2007년 5위(448건)로, 2007년 현재 세계 5위의 국제회의를 개최한 국가이다. 싱가포르와 일본은 각 4위와 5위로 최근 고속성장해 가고 있다.

우리나라는 2003년 25위(140건)→2004년 18위(177건)→2005년 16위(206건)→2006년 16위(243건)→2007년 15위(268건)로, 최근 지속적으로 20위권 내에 머물고 있음을 알 수 있다. 우리나라의 경우는 1998년부터 2007년까지 국제회의 개최건수가 362%나 증가하여 세계에서 가장 높은 성장률을 보이고 있으며, 10년간 높은 성장률을 보인 국가 10위권에 5년 연속으로 속해 세계적인 국제회의 개최국가로서의 위치를 다지고 있다.[17)]

도시가 견인하는 컨벤션의 유치력은 그 도시의 지명도(Name Value)와도 관계가 깊어, 도시간의 유치경쟁도 치열하게 벌어지고 있다. 또한, 국제회의는 주목적이 회의(Conference)이고 부차적 목적이 관광이기 때문에 겸목적관광(Combined Tourism)의 성격을 가지고 있어 개최도시의 날씨가 영향을 미치기도 한다. 세계도시별 컨벤션 개최현황을 살펴보면 〈표 5-3〉과 같다.

2007년 도시별 개최건수에 있어서는 싱가포르가 466건(점유 4.52%)으로 수위를 차지하였고, 2위로는 파리가 315건(3.05%)을 개최하였다. 상위 10위권에는 유럽지역의 6개 도시 이외에도 아시아지역의 싱가포르, 도쿄, 서울의 3개 도시, 미주의 뉴욕이 포함되었다. 이들 도시에서의 국제회의 개최건수는 총 2,134건(20.68%)으로 전체의 약 1/5을 차지하고 있는 것으로 나타났으며, 전년도 1,983건(18.99%)에 비해 소폭 증가하였다.

주목할 점으로는, 파리의 경우 2006년까지 개최건수 1위를 점하였으나, 2007년에는 싱가포르가 1위를 점하였다. 2007년도에 크게 성장한 도시를 국제회의 개최건수를 중심으로 살펴보면, 싱가포르 2003년 8위(142건)→2004년 5위(170건)→2005년 4위(216건)→2006년 3위(300건)→2007년 1위(466건)로 성장하였으며, 도쿄의 경우는 2003년 26위(63건)→2004년 27위(66건)→2005년 20위(75건)→2006년 22위(67건)→2007년 8위(126건)로 2007년에 급성장하였다. 또한, 서울의 경우는 2003년 20위(85

17) 한국관광공사(2008), 2007 국제회의 개최현황.

건)→2004년 14위(114건) → 2005년 13위(109건) → 2006년 10위(128건) → 2007년 9위(121건)로 2007년에는 10위권 내로 진입하게 되었다. 제주의 경우는 2007년 50건의 국제회의를 개최해 32위를 점하였으며, 부산의 경우 2007년 42건의 국제회의를 개최하여 45위를 점하였다.

〈표 5-3〉 주요 도시 국제회의 개최현황(2003~2007)

| 연 도 | 2003년 | | 2004년 | | 2005년 | | 2006년 | | 2007년 | | |
|---|---|---|---|---|---|---|---|---|---|---|---|
| 국 가 | 국제회의 | 순위 | 국제회의 | 순위 | 국제회의 | 순위 | 국제회의 | 순위 | 국제회의 | 구성비 | 순위 |
| 싱가포르 | 142 | 8 | 170 | 5 | 216 | 4 | 300 | 3 | 466 | 4.52 | 1 |
| 파리 | 336 | 1 | 299 | 1 | 375 | 1 | 389 | 1 | 315 | 3.05 | 2 |
| 빈 | 204 | 4 | 235 | 3 | 258 | 2 | 330 | 2 | 298 | 2.89 | 3 |
| 브뤼셀 | 247 | 2 | 251 | 2 | 229 | 3 | 207 | 4 | 229 | 2.22 | 4 |
| 제네바 | 220 | 3 | 216 | 4 | 175 | 6 | 186 | 5 | 170 | 1.65 | 5 |
| 바르셀로나 | 143 | 7 | 158 | 7 | 176 | 5 | 148 | 7 | 161 | 1.56 | 6 |
| 뉴욕 | 131 | 10 | 115 | 13 | 144 | 8 | 96 | 15 | 128 | 1.24 | 7 |
| 도쿄 | 63 | 26 | 66 | 27 | 75 | 20 | 67 | 22 | 126 | 1.22 | 8 |
| 서울 | 85 | 20 | 114 | 14 | 109 | 13 | 128 | 10 | 121 | 1.17 | 9 |
| 암스테르담 | 101 | 17 | 116 | 12 | 117 | 10 | 132 | 9 | 120 | 1.16 | 10 |
| 베를린 | 142 | 8 | 140 | 9 | 118 | 9 | 107 | 12 | 115 | 1.11 | 11 |
| 리스본 | 74 | 25 | 89 | 20 | 74 | 21 | 67 | 22 | 104 | 1.01 | 12 |
| 런던 | 183 | 5 | 167 | 6 | 173 | 7 | 137 | 8 | 103 | 1.00 | 13 |
| 스톡홀름 | 110 | 15 | 90 | 19 | 94 | 18 | 91 | 17 | 93 | 0.90 | 14 |
| 몬트리올 | 103 | 16 | 91 | 18 | 95 | 17 | 94 | 16 | 90 | 0.87 | 15 |
| 시드니 | 86 | 19 | 84 | 22 | 68 | 24 | 61 | 27 | 90 | 0.87 | 16 |
| 베이징 | 52 | 28 | 111 | 15 | 101 | 16 | 103 | 14 | 88 | 0.85 | 17 |
| 마스트리히트 | 49 | 29 | 26 | 31 | 86 | 19 | 79 | 19 | 87 | 0.84 | 18 |
| 프라하 | 115 | 13 | 104 | 17 | 113 | 12 | 109 | 11 | 83 | 0.80 | 19 |
| 헬싱키 | 101 | 17 | 84 | 22 | 63 | 26 | 150 | 6 | 79 | 0.77 | 20 |

| 연 도 | 2003년 | | 2004년 | | 2005년 | | 2006년 | | 2007년 | | |
|---|---|---|---|---|---|---|---|---|---|---|---|
| 국 가 | 국제회의 | 순위 | 국제회의 | 순위 | 국제회의 | 순위 | 국제회의 | 순위 | 국제회의 | 구성비 | 순위 |
| 로마 | 156 | 6 | 108 | 16 | 105 | 14 | 77 | 20 | 76 | 0.74 | 21 |
| 이스탄불 | 83 | 21 | 84 | 22 | 97 | 16 | 74 | 21 | 73 | 0.71 | 22 |
| 코펜하겐 | 129 | 11 | 150 | 8 | 105 | 14 | 86 | 18 | 72 | 0.70 | 23 |
| 부다페스트 | 111 | 14 | 139 | 10 | 113 | 12 | 105 | 13 | 70 | 0.68 | 24 |
| 오슬로 | 76 | 24 | 57 | 28 | 49 | 28 | 37 | 32 | 70 | 0.68 | 25 |
| 워싱턴DC | 119 | 12 | 127 | 11 | 114 | 11 | 63 | 25 | 68 | 0.66 | 26 |
| 아테네 | 81 | 22 | 75 | 25 | 69 | 23 | 65 | 24 | 67 | 0.65 | 27 |
| 교토 | 23 | 31 | 31 | 30 | 26 | 29 | 27 | 33 | 62 | 0.60 | 28 |
| 방콕 | 77 | 23 | 86 | 21 | 71 | 22 | 51 | 29 | 62 | 0.60 | 29 |
| 샌디에고 | 61 | 27 | 54 | 29 | 59 | 27 | 62 | 26 | 60 | 0.58 | 30 |
| 쿠알라룸푸르 | 49 | 29 | 72 | 26 | 68 | 24 | 52 | 28 | 60 | 0.58 | 31 |
| 제주 | 11 | 32 | 19 | 32 | 26 | 29 | 41 | 30 | 50 | 0.48 | 32 |
| 부산 | 11 | 32 | 7 | 33 | 26 | 29 | 41 | 30 | 42 | 0.41 | 33 |

자료 : 한국관광공사

다음으로, 우리나라가 위치해 있는 아시아지역에서의 10대 국제회의 개최국가 현황에 대한 비교분석을 실시해 보면, 〈표 5-4〉와 같다. 아시아지역에서는 중국의 베이징, 한국의 서울, 일본의 도쿄를 잇는 역S자형의 BESETO 벨트 문화권의 개통과 1998년 11월 18일 분단 50년 만에 북녘땅 금강산관광이 부분적으로나마 이루어졌고, 또 이것이 국제관광으로 루트(Route)화될 때 아시아지역이 차지하는 컨벤션의 비율이 높아질 것으로 전망된다. 아시아지역의 10대 국제회의 개최 주요 국가의 현황을 보면 다음과 같다.

〈표 5-4〉 아시아지역 주요 국가 국제회의 개최현황(2003~2007)

(단위 : 건)

| 연 도 | 2003년 | | 2004년 | | 2005년 | | 2006년 | | 2007년 | | |
|---|---|---|---|---|---|---|---|---|---|---|---|
| 국 가 | 국제회의 | 순위 | 국제회의 | 순위 | 국제회의 | 순위 | 국제회의 | 순위 | 국제회의 | 순위 | 구성비 |
| 싱가포르 | 142 | 3 | 170 | 4 | 216 | 3 | 300 | 1 | 466 | 1 | 25.2 |
| 일 본 | 280 | 1 | 267 | 2 | 224 | 2 | 213 | 4 | 448 | 2 | 24.2 |
| 한 국 | 140 | 5 | 177 | 3 | 206 | 4 | 243 | 3 | 268 | 3 | 14.5 |
| 중국·홍콩·마카오 | 167 | 2 | 314 | 1 | 297 | 1 | 267 | 2 | 255 | 4 | 13.8 |
| 인 도 | 141 | 4 | 132 | 5 | 139 | 5 | 128 | 5 | 111 | 5 | 6.0 |
| 태 국 | 127 | 6 | 125 | 6 | 108 | 6 | 75 | 6 | 89 | 6 | 4.8 |
| 말레이시아 | 83 | 7 | 97 | 7 | 106 | 7 | 63 | 7 | 79 | 7 | 4.3 |
| 필 리 핀 | 59 | 8 | 31 | 10 | 44 | 9 | 30 | 10 | 56 | 8 | 3.0 |
| 인도네시아 | 51 | 9 | 36 | 9 | 81 | 8 | 34 | 9 | 40 | 9 | 2.1 |
| 대 만 | 47 | 10 | 43 | 8 | 37 | 10 | 43 | 8 | 39 | 10 | 2.1 |
| 합 계 | 1,237 | | 1,392 | | 1,458 | | 1,396 | | 1,851 | | 100.0 |

자료 : 한국관광공사

대륙별 개최순위에서 1997년도에 1,294건의 국제회의를 개최한 아시아지역은 유럽·미주지역에 이어 3위를 차지하였으나, 2007년에는 2,052건으로 전 세계의 19.9%를 차지해 유럽 다음의 2위를 차지하였다. 최근 동향을 살펴보면, 2007년의 경우 싱가포르가 466건으로 1위를 점하고 있으며, 다음으로 일본이 448건, 한국이 268건으로 3위를 차지하고 있다. 중국은 2004~2005년에는 1위를 차지하였으나, 2007년에는 255건을 개최하여 4위를 점하였다.

싱가포르는 국제회의를 1997년에 138건, 2003년에는 142건, 2007년 466건을 개최하였으며, 외국인 참가자수는 40만 명에 이르러 명실상부한 세계적인 국제회의 개최도시로서의 위치를 확고히 하고 있음을 알 수 있다. 벨기에 국가의 수도 브뤼셀(Bruxelles)에 있는 UIA(국제협회연합, Union of International Association)는 싱가포르를 아시아 최우수 국제회의 도시로 선정하였으며, 특히 선텍 싱가포르 국제 전시회의장(SICEC)은 래플스 시티 컨벤션센터와 함께 대규모 행사를 개최할 수 있는 수용력과 전문성을 보유한 아시아 최고의 중심 비즈니스센터로서 인정받기도 했다. SICEC

건물의 총면적은 10만㎡, 전시장 1.2만㎡, 600석의 회의실, 26개 소회의실을 갖추고 있으며, 전 세계 방송과 인공위성자료의 송・수신용 스튜디오를 갖추고 있다. 무엇보다도 싱가포르는 동남아시아에 위치하고 있으면서, 태평양과 인도양을 연결하는 해상교통의 요지에 위치하고 있고 또 영어, 중국어, 말레이시아어 등 다양한 언어 사용이 가능해, 언어의 소통에 어려움이 없는 지정학적 위치에 입지하고 있는 장점을 갖추고 있다.

〈표 5-5〉 아시아지역 주요 도시 국제회의 개최현황(2003~2007)

(단위 : 건)

| 연 도 | 2003년 | | 2004년 | | 2005년 | | 2006년 | | 2007년 | | |
|---|---|---|---|---|---|---|---|---|---|---|---|
| 국 가 | 국제회의 | 순위 | 국제회의 | 순위 | 국제회의 | 순위 | 국제회의 | 순위 | 국제회의 | 구성비 | 순위 |
| 싱가포르 | 142 | 1 | 170 | 1 | 216 | 1 | 300 | 1 | 466 | 22.7 | 1 |
| 도 쿄 | 63 | 4 | 66 | 7 | 75 | 4 | 67 | 4 | 126 | 6.1 | 2 |
| 서 울 | 85 | 2 | 114 | 2 | 109 | 2 | 128 | 2 | 121 | 5.9 | 3 |
| 베 이 징 | 52 | 5 | 111 | 3 | 101 | 3 | 103 | 3 | 88 | 4.3 | 4 |
| 교 토 | 23 | 8 | 31 | 8 | 26 | 8 | 27 | 10 | 62 | 3.0 | 5 |
| 방 콕 | 77 | 3 | 86 | 4 | 71 | 5 | 51 | 6 | 62 | 3.0 | 6 |
| 쿠알라룸푸르 | 49 | 6 | 72 | 6 | 68 | 6 | 52 | 5 | 60 | 2.9 | 7 |
| 요코하마 | 10 | 11 | 24 | 9 | 6 | 11 | 20 | 11 | 54 | 2.6 | 8 |
| 제 주 | 11 | 9 | 19 | 10 | 26 | 8 | 41 | 8 | 50 | 2.4 | 9 |
| 홍 콩 | 44 | 7 | 75 | 5 | 52 | 7 | 49 | 7 | 48 | 2.3 | 10 |
| 부 산 | 11 | 9 | 7 | 11 | 26 | 8 | 41 | 8 | 42 | 2.0 | 11 |
| 합 계 | 567 | | 775 | | 776 | | 879 | | 1,179 | 57.2 | |

자료 : 한국관광공사

또 홍콩은 1997년 7월 1일 주권반환식이 개최된 HKCEC(홍콩 컨벤션센터)가 대표적인 행사실이며, 이곳에는 전시설의 80%가 박람회를, 전시실의 20%가 국제회의를 개최하는 데 이용되고 있다. 홍콩은 중국투자의 관문인 동시에 국제금융센터이며, 1997년 중국반환 이후 국제회의 도시로서 더욱 성장하고 있다.

성장세를 나타낸 도시로는 도쿄가 2003년 4위(63건) → 2004년 7위(66건) → 2005년 4위(75건) → 2006년 4위(67건) → 2007년 2위(126건)로 조금씩 성장세를 보이다가,

2007년에는 아시아 2위의 국제회의 개최도시로서 위치를 차지하게 되었다. 요코하마의 경우는 2003년 11위(10건) → 2004년 9위(24건) → 2005년 11위(6건) → 2006년 11위(20건) → 2007년 8위(54건)로 국제회의 개최건수가 비약적으로 증가하고 있으며 점차 10위권 내로 진입하고 있으며 2007년에는 8위를 차지하였다.

우리나라는 2007년 서울 121건, 제주 50건, 부산 42건의 개최로 총 213건을 개최한 것으로 나타났으며, 서울, 제주, 부산 모두 국제회의 개최건수가 매년 증가하고 있는 것으로 나타나, 세 도시의 매우 적극적인 국제회의 개최를 위한 노력이 이루어지고 있음을 짐작할 수 있다.

국제행사로서 국제회의뿐만 아니라 이와 동반된 전시회의 개최현황을 대륙별로 살펴보면, 다음의 〈표 5-6〉과 같다. 2007년 전 세계에서 개최된 국제회의를 동반한 전시회 개최는 총 1,507건으로, 가장 많이 개최된 대륙으로는 유럽지역에서 612건으로 40.6%가 개최되었으며, 다음으로 미주지역으로 417건인 27.7%가 이곳에서 개최되었다.

그 외 1988년부터 2007년까지 지난 10년 동안 국제회의가 50% 이상 성장한 국가들을 살펴보면, 한국이 362%로 가장 높은 성장을 한 것으로 나타났으며, 싱가포르 256%, 터키 90%, 우간다 89%, 일본 88%, 가나 80% 등의 순으로 나타나, 한국의 국제회의 유치성장이 매우 높으며 지속적으로 이루어지고 있음을 알 수 있다.

〈표 5-6〉 국제회의와 동반된 전시회 개최현황(2005~2007)

| 연도 | 대륙별 | 아프리카 | 미주 | 아시아 | 대양주 | 유럽 | 합계 |
|---|---|---|---|---|---|---|---|
| 2005 | 개최건수 | 48 | 456 | 233 | 44 | 718 | 1,499 |
| | 구성비(%) | 3.2 | 30.4 | 15.5 | 2.9 | 47.9 | 100.0 |
| 2006 | 개최건수 | 40 | 428 | 262 | 56 | 653 | 1,438 |
| | 구성비(%) | 2.8 | 29.8 | 18.2 | 3.8 | 45.4 | 100.0 |
| 2007 | 개최건수 | 38 | 417 | 374 | 66 | 612 | 1,507 |
| | 구성비(%) | 2.5 | 27.7 | 24.8 | 4.4 | 40.6 | 100.0 |

### 3) 한국의 컨벤션

한국의 컨벤션 개최건수의 전환점은 1988년 성공리에 개최된 올림픽으로 이를 계기로 한국의 국제이미지가 매우 긍정적으로 향상되었다고 할 수 있다. 우리나라의 국제회의의 개최현황에 대해 연도별 변화추이를 살펴보면[18] 〈표 5-7〉과 같다.

우리나라 국제행사 개최건수는 1993년에 276건에서 2006년에 824건으로 약 3배 이상 증가하였으며, 특히 큰 성장을 보인 연도로는 1996년의 경우 전년도(335건)에 비해 17.9%가 증가한 395건, 2005년의 경우 전년도(638건)에 비해 11.9%가 증가한 714건, 2006년의 경우 전년도(714건)에 비해 15.5%가 증가한 825건이 개최될 정도로 괄목할 성장을 보였다. 국제회의의 경우 1993년 대비 2007년 성장률이 204%에 이르며, 전시회의 경우 1993년 대비 2006년은 127%의 성장률을 나타내고 있으며, 전체 약 199%의 성장률을 나타내고 있다.

〈표 5-7〉 국제행사 개최현황(1991~2007)

| 연 도 별 | 국제회의 | 전시회 | 기타 | 계 | 증감률(%) |
|---|---|---|---|---|---|
| 1993년 | 150 | 85 | 41 | 276 | - |
| 1994년 | 146 | 111 | 51 | 308 | 11.6 |
| 1995년 | 184 | 96 | 55 | 335 | 8.8 |
| 1996년 | 227 | 106 | 62 | 395 | 17.9 |
| 1997년 | 248 | 104 | 76 | 428 | 8.4 |
| 1998년 | 267 | 93 | 135 | 495 | 15.7 |
| 1999년 | 287 | 112 | 106 | 505 | 2.0 |
| 2000년 | 292 | 117 | 135 | 544 | 7.7 |
| 2001년 | 294 | 128 | 134 | 556 | 2.2 |
| 2002년 | 296 | 130 | 135 | 561 | 0.9 |
| 2003년 | 298 | 154 | 138 | 590 | 5.2 |
| 2004년 | 302 | 150 | 186 | 638 | 8.1 |
| 2005년 | 306 | 213 | 195 | 714 | 11.9 |
| 2006년 | 420 | 193 | 212 | 825 | 15.5 |
| 2007년 | 456 | | 218 | | |

주) : 본 통계는 공사에서 매년 국내의 국제행사 개최단체, 호텔, 여행사, PCO, 전시장, 대학, 신문사 등 국제행사 관련단체를 대상으로 국내에서 개최된 국제행사 중 참가자가 3개국 이상, 외국인 참가자수 10명 이상, 기간 1일 이상인 국제행사를 대상으로 집계한 것으로 1991년도는 110건임

18) 국제행사 참가국 3개국 이상, 외국인 참가자수 10명 이상, 행사기간 2일 이상을 말하며, 국제행사란 순수 국제회의, 전시회, 기타 행사를 포함한다.

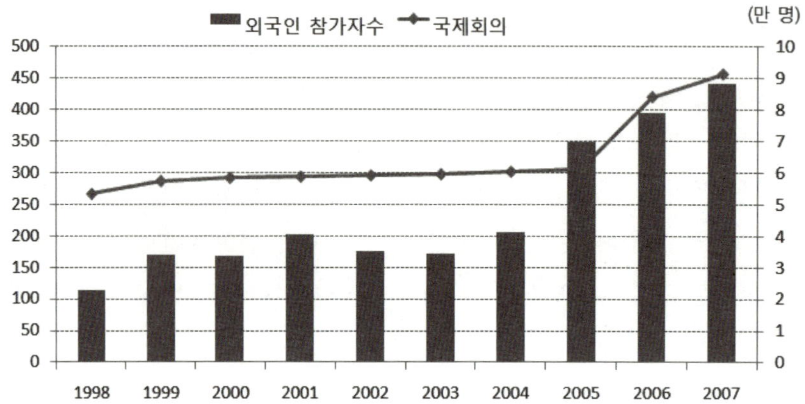


자료 : 한국관광공사

[그림 5-3] 연도별 국제행사 현황(1998～2007)

한국에서 개최된 국제회의에 참가한 외국인 참가자수는 [그림 5-3]과 같은데, 2000년대 초기에는 마이너스(-) 성장률이 나타나기도 했으나, 2005년 69,941명으로 69.62% 성장, 2006년 79,177명으로 13.20% 성장, 2007년 88,294명으로 11.51%의 성장세를 나타내고 있다.

최근(2005~2007년) 3년간의 국제회의 규모별 개최현황을 보면([그림 5-4] 참조), 3년간 모두 1백~3백 명 미만 규모의 국제회의가 가장 많이 개최되었으며, 다음으로 3백~5백 명 미만, 5백~1천 명 미만의 규모 순으로 나타났다. 전반적으로 전년도에 비해 소폭 증가한 것으로 나타나고 있으나, 1백~3백 명 미만의 경우는 2006년과 2007년에 급증하였으며, 1천 명 이상의 대규모 국제회의는 2007년에 급증한 것으로 나타나, 최근 우리나라에서는 중·대규모의 국제회의가 비교적 많이 개최되고 있음을 알 수 있다.

시(市)·도(道)별 국제회의 개최현황을 보면, 2002년의 경우 전체 296건 중 61.5%에 해당하는 182건이 서울에서 개최되었으며, 부산광역시(21건), 제주도(31건), 경상북도(16건), 대전광역시(16건), 경기도(11건) 순으로 나타났다. 참가자수로는 약 24만 명 중 내국인은 87.4%인 약 20만 명, 외국인은 12.6%인 약 3.5만 명으로 집계되었다.

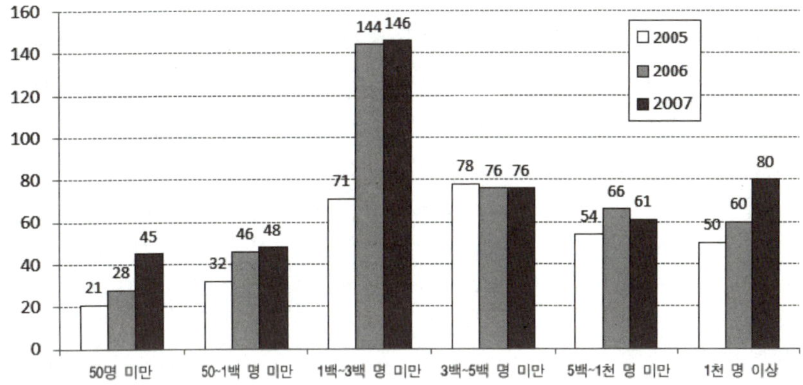


자료 : 한국관광공사

[그림 5-4] 전체 참가자 규모별 국제회의 개최현황(2005~2007)

최근의 국제회의 개최건수를 살펴보면 〈표 5-8〉에서 2006년의 경우 서울특별시가 191건(45.48%), 부산광역시 82건(19.52%), 제주도 79건(18.81%)으로, 3개 지역에서 352건의 국제회의가 개최되고 있으며, 이는 전체의 83.81%에 해당하는 것으로 나타났다. 2007년의 경우는, 서울특별시가 171건(37.50%)으로 가장 많았으며, 다음으로 제주도 105건(23.03%), 부산광역시 78건(17.11%), 대구광역시 20건(4.39%), 대전광역시 18건(3.95%) 순으로 나타나, 한국에서 개최되는 국제회의의 77.64%인 354건이 서울, 제주도, 부산에서 개최되어, 지역적 편중현상이 매우 높음을 알 수 있다.

〈표 5-8〉 시 · 도별 국제회의 개최현황

| 시 · 도별 | 2006년 개최실적 | | | | 2007년 개최실적 | | | |
|---|---|---|---|---|---|---|---|---|
| | 국제회의 | 구성비(%) | 전체 참가자수 | 외국인 참가자수 | 국제회의 | 구성비(%) | 전체 참가자수 | 외국인 참가자수 |
| 서울특별시 | 191 | 45.48 | 143,082 | 41,764 | 171 | 37.50 | 273,760 | 35,598 |
| 제주특별자치도 | 79 | 18.81 | 33,881 | 9,629 | 105 | 23.03 | 48,337 | 14,390 |
| 부산광역시 | 82 | 19.52 | 37,732 | 15,941 | 78 | 17.11 | 78,765 | 21,211 |

| | | | | | | | | |
|---|---|---|---|---|---|---|---|---|
| 대구광역시 | 15 | 3.57 | 17,798 | 2,315 | 20 | 4.39 | 37,299 | 9,505 |
| 대전광역시 | 18 | 4.29 | 2,937 | 1,174 | 18 | 3.95 | 4,181 | 1,088 |
| 경상남도 | 3 | 0.71 | 605 | 297 | 17 | 2.73 | 4,434 | 573 |
| 경기도 | 5 | 1.19 | 7,296 | 4,115 | 14 | 3.07 | 9,273 | 2,486 |
| 광주광역시 | 9 | 2.14 | 19,670 | 2,073 | 11 | 2.41 | 24,832 | 847 |
| 인천광역시 | 4 | 0.95 | 724 | 239 | 6 | 1.32 | 3,816 | 580 |
| 강원도 | 2 | 0.48 | 570 | 269 | 6 | 1.32 | 2,456 | 1,276 |
| 울산광역시 | - | - | - | - | 4 | 0.88 | 639 | 329 |
| 전라북도 | 2 | 0.48 | 958 | 232 | 2 | 0.44 | 1,812 | 302 |
| 충청북도 | 1 | 0.25 | 1,460 | 10 | 2 | 0.44 | 2,950 | 74 |
| 경상북도 | 9 | 2.14 | 1,912 | 1,119 | 1 | 0.22 | 92 | 23 |
| 충청남도 | - | - | - | - | 1 | 0.22 | 12 | 12 |
| 전라남도 | - | - | - | - | - | - | - | - |
| 합 계 | 420 | 100.00 | 268,625 | 79,177 | 456 | 100.00 | 492,658 | 88,294 |

자료 : 한국관광공사

컨벤션 참가객(2007년)의 경우, 서울이 273,760명(55.57%)이며, 다음으로 부산이 78,765명(15.99%), 제주도가 48.337명(9.8%) 순으로 나타나, 전체 방문객 순위는 제주도와 부산광역시의 위치가 바뀐 것으로 나타난다. 세 지역 컨벤션 참가객은 전체의 81.37% 이르고 있다. 외국인 참가자수는 서울이 35,598명(40.32%), 부산이 21,211명(24.02%), 제주도 14,390명(16.30%) 순으로, 세 지역의 외국인 참가자가 전체의 80.64%에 이르고 있다. 이와 같은 현실을 감안할 때 한국 도시의 컨벤션 유치 특성은 서울의 집중화(集中化) 현상이 나타나므로 시(市), 도(道) 분산(分散)을 통한 지역적 안배(按配)가 필요하다.

우리나라에서 개최된 국제회의 장소는 호텔이 216건(47.37%), 컨벤션센터 131건(28.73%), 대학교/연구기관 63건(13.82%), 기타 46건(10.09%) 순으로 나타났다. 장소별 국제회의 개최현황을 살펴보면, 벡스코 38건(8.33%), 코엑스 37건(8.11%), 라마다프라자제주호텔 22건(4.82%), 제주국제컨벤션센터 16건(3.95%), 쉐라톤그랜드워커힐호텔 14건(3.07%) 순으로 나타나, 전국의 컨벤션 전문센터에서 국제회의가 많이 개최되고 있음을 알 수 있다.

한국정부는 한국 컨벤션산업의 성장을 위해 1996년에 제정된 「국제회의산업 육성에 관한 법률」에 근거하여, 국제회의의 적극적인 유치와 그에 따른 지원강화를 위해, 한국관광공사 내 코리아컨벤션 뷰로를 컨벤션 전담기구로 개설하였으며, 국제적 규모의 국제회의 유치와 마케팅활동을 적극적으로 지원하기 위한 다양한 활동을 전개하고 있다. 또한, 2008년 3월 출범한 서울관광마케팅 주식회사를 비롯하여, 2008년 4월 대전컨벤션센터, 2008년 10월 송도컨벤시아 등의 컨벤션 전문시설의 확충을 통해 한국 컨벤션산업의 지속적인 성장이 이루어질 것으로 기대된다.[19)]

### Tip 한국관광공사 코리아컨벤션뷰로

한국관광공사는 1979년부터 국제회의부(현 코리아컨벤션뷰로)를 설치하여 컨벤션 유치활동 및 국내 개최 컨벤션 운영지원, 홍보선전활동, 컨벤션관련 정보제공 및 전문인력 양성 등 컨벤션산업 육성활동을 전개함으로써 국가 컨벤션 전담기구로서의 역할을 담당하고 있다.

가. 기능과 역할

- 유치가능 국제회의 발굴
- 국제회의 유치에 대한 원스톱서비스 제공
- 국내개최가 확정된 국제회의 주관단체에 대한 지원
- 컨벤션 마케팅 활동
- 컨벤션산업 육성기반 조성
- 한국컨벤션협의회 사무국 운영
- 컨벤션 정보 수집 및 제공
- 국제기구와의 협력활동

나. 업계 공동 참가 해외 컨벤션 관련 전시박람회

- 한국관 운영을 통한 컨벤션 개최지, 인센티브 목적지로서의 한국 홍보
- 컨벤션 유치 상담활동
- 컨벤션 경쟁국 전략 및 최신 시장정보 수집
- 각국 NTO, 관광 유관기관 및 컨벤션 전문 업체와의 교류

자료 : 한국관광공사, 2007 국제회의 개최현황 자료 요약정리

19) 2007 국제회의 개최현황, 한국관광공사, p.43.

## Tip 한국컨벤션협의회

2000년 코엑스 컨벤션센터, 2001년 부산 벡스코, 대구 엑스코, 2002년 제주도 컨벤션센터가 개관됨에 따라, 전문시설 공급에 맞는 수요창출을 위해 국제회의 유치활동에 활력을 기하기 위한 민·관 협의체 구성의 필요성이 부각되어, 2001년 8월 한국관광공사 주체로 '한국컨벤션협의회'를 발족시켰다.

가. 설립목적

국내 컨벤션 관련기관, 업계 및 학계 간 민·관 협의체를 구성하여 유기적으로 협력활동을 전개함으로써 컨벤션산업 육성 도모

나. 회원구성

- 관련정부기관
- 지방컨벤션뷰로 및 지방관광공사
- 컨벤션센터
- 항공사
- 관련학계
- 관련단체
- 기타 관련기관

다. 임원 및 회의

- 임원구성 : 고문(1명), 회장(1명), 부회장(3명 이내), 감사(1명)
- 회의소집 : 정기총회, 운영회의 및 분과회의, 워크숍

라. 재원조달

- 운영경비 : 국고 및 관광진흥개발기금 등
- 회　　비 : 없음

마. 주요 기능

- 대 정부 정책건의
  - 관련법 및 제도 개선방안 건의
  - 컨벤션산업 육성을 위한 재정지원방안 건의
- 컨벤션산업 육성을 위한 협력활동 전개
  - 컨벤션산업전 및 심포지엄 개최 등을 통한 업계 육성
  - 전문성 제고를 위한 전문인력 양성교육
  - 대 국민 홍보활동 전개
- 코리아컨벤션뷰로 추진업무에 대한 자문 및 지원
  - 정보수집 및 제공
  - 출판물/홍보물 제작 및 배포
  - 해외홍보

자료 : 한국관광공사, 2007 국제회의 개최현황 자료 요약정리

# 제 2 절 카지노산업

## 1. 카지노산업의 개념 및 발달

카지노(Casino)란 댄스, 사교 등에 이용되는 일종의 오락장 특히 도박장, 도박장이 있는 호텔, 혹은 피서용 작은 집(summer house), 오락시설을 갖춘 연회장이라는 의미의 이탈리아어 카자(Casa)를 뜻하였으나[20], 오늘날은 해변, 온천, 휴양지 등에 있는 일반 실내 도박장을 카지노라고 부르고 있다.

우리나라에서 카지노업은 종래 「사행행위등 규제 및 처벌특례법」에서 사행행위영업(射倖行爲營業)으로 규정하고, 이에 대한 허가 등 행정권한을 지방경찰청장에 부여해왔으나, 현실적으로 카지노업이 관광외화 획득뿐만 아니라 외국인 관광객 유치에도 기여하는 바가 크기 때문에 이를 관광사업으로 육성하기 위하여 1994년 8월 3일 「관광진흥법」을 개정하여 관광사업의 한 종류로 전환규정함으로써 이때부터 문화체육관광부에서 허가권과 지도·감독권을 갖게 되었다(동법 제21조). 다만, 제주도에서는 2006년 7월부터 「제특별자치도 설치 및 국제자유도시 조성을 위한 특별법」이 제정·시행됨에 따라 제주특별자치도에서 외국인 전용 카지노업을 경영하려는 자는 제주도지사의 허가를 받아야 한다(제주특별법 제171조의6).

현행 「관광진흥법」에 의거한 카지노업은 내국인 출입을 허용하지 않는 것을 기본으로 하고 있는데, 예외적으로 「폐광지역개발지원에 관한 특별법」(이하 "폐광지역법"이라 한다)에 의거 폐광지역의 경기활성화와 지역주민의 고용확대 및 외화유출방지 등을 목적으로 내국인이 출입할 수 있는 강원랜드 스몰카지노가 2000년 10월에 개관되었고, 2003년 3월 28일에는 매인 카지노를 강원도 정선군 고환읍 현 위치로 이전 개관하였다.

우리나라의 카지노업은 관광산업의 발전과 크게 연관되어 있다. 특히 카지노는 특급호텔 내에 위치하여 외래관광액에게 게임·오락·유흥 등 야간관광활동을 제공함으로써 체류기간을 연장시키고, 관광객의 소비를 증가시키는 중요한 관광산업 중의

---

20) 조성식 외 4명(1993), 영한대사전, 금성출판사, p.524.

하나로 발전되어 왔다. 또한 카지노업은 외래관광객으로부터 외화를 벌어들여 국제수지를 개선하는데 기여해 왔으며, 국가재정수입의 확대와 소득 · 고용창출 등 긍정적인 경제적 효과를 가져온 주요 수출산업이라고도 할 수 있다.

카지노 발생의 연도는 정확지 않으나 대략 17~18C에 걸쳐 중세 유럽 귀족사회의 사교수단으로 이용되었으나, 도박의 중독성에 따른 부작용 문제로 인해 많은 국가에서 이를 금지시켰다. 그러나 19C에는 클럽스타일의 카지노가 유럽 각 지역과 전 세계적으로 확산되었다. 제2차 세계대전 후에는 정부의 공적자금을 조달하기 위한 수단으로 해변 · 온천관광지를 중심으로 점차 카지노를 인증하기 시작하였다.

미국에서의 카지노 발달은 1931년 네바다주에서 대공황을 극복하기 위한 경제정책의 일환으로 카지노를 육성하기 시작하여 전형적인 카지노산업으로 합법화되면서 미국이 세계 "카지노의 메카"라 불릴 정도로 대규모 상업성을 갖춘 현대화를 이룩하였다.

1978년 뉴저지주 애틀랜틱시티에 카지노가 문을 열어 동부 해안지역에 새로운 카지노시대가 개막되었고, 1981년에는 노스타코타에 저액베팅 블랙잭이 합법화되어 버스관광 정킷(Junket) 활동이 시작되었으며, 1988년에는 "인디안게임규제방안"이 통과됨으로써 130여개의 인디안 보호구역에 카지노가 합법화되었다. 1990년에는 제한된 저액베팅 카지노가 콜로라도주의 폐광지역, 선상카지노가 아이오와주, 일리노이주, 루이지애나주, 미시시피주에 합법화되었다.

미국의 카지노산업은 미국 전역에 걸쳐 빠른 속도로 확산되어 오늘날에는 한두 개의 주(州)를 제외한 미국의 모든 주(州)에서 카지노의 합법화(合法化)를 위한 입법조치가 완료되었거나 진해중인 것으로 알려지고 있는데, 2009년 기준으로 1,246개소(세계 1위)가 운영되고 있다.[21)]

한편, 세계 카지노시설 현황을 살펴보면, 2009년 말 기준으로 전 세계적 카지노시설은 5,648개소가 운영 중에 있는 것으로 집계되고 있다(2009 사행산업백서, pp.92~100).

전 세계적으로 카지노 개소수는 2004년에는 3,023개소, 2006년 3,120개소에서 2007년 7,777개소로 급격히 성장한 이후 2008년에는 4,974개소로 크게 감소하였다. 2007년 중남미 및 카리브 대륙의 무분별한 카지노 영업허가권 남발로 인하여 일시적으로 카

21) 오수철 외 3인 공저(2012), 최신 카지노경영론, 백산출판사, pp.47~48.

지노 개소수가 증가하였고, 2008년에는 카지노 허가에 대한 대대적인 단속으로 인해 카지노 개소수가 급격하게 감소한 것이다. 그러나 2009년에는 전년대비 674개소가 증가한 5,648개소로 나타났다.

2009년 12월 말 기준으로 주요 국가별 카지노시설 규모는 미국이 1,246개소로 1위를 차지했으며, 2위는 캐나다 630개소, 3위는 프랑스 197개소, 4위는 영국 151개소, 5위는 체코 135개소, 6위는 러시아 106개소, 7위는 아르헨티나 84개소로 10대 카지노 대국으로 분류되고 있다.

우리나라 카지노시설은 2009년 말 기준으로 17개소인데, 세계 주요 30개 국가 중 13위를 차지하였다(표 5-9 참조).[22]

〈표 5-9〉 세계 주요 30개국 카지노 업체수

(2009년 12월 말 기준) (단위 : 개소)

| 순위 | 국가별 | 업체수 | 순위 | 국가별 | 업체수 |
|---|---|---|---|---|---|
| 1 | 미국 | 1,246 | 16 | 오스트리아 | 14 |
| 2 | 캐나다 | 630 | 17 | 오스트레일리아 | 13 |
| 3 | 프랑스 | 197 | 18 | 네덜란드 | 13 |
| 4 | 영국 | 151 | 19 | 포르투갈 | 10 |
| 5 | 체코 | 135 | 20 | 벨기에 | 9 |
| 6 | 러시아 | 106 | 21 | 슬로바키아 | 9 |
| 7 | 아르헨티나 | 84 | 22 | 아일랜드 | 8 |
| 8 | 독일 | 71 | 23 | 이탈리아 | 7 |
| 9 | 스페인 | 38 | 24 | 뉴질랜드 | 6 |
| 10 | 남아프리카공화국 | 36 | 25 | 덴마크 | 6 |
| 11 | 폴란드 | 31 | 26 | 헝가리 | 6 |
| 12 | 스위스 | 19 | 27 | 스웨덴 | 4 |
| 13 | 한국 | 17 | 28 | 룩셈부르크 | 1 |
| 14 | 그리스 | 17 | 29 | 필란드 | 1 |
| 15 | 인도 | 15 | 30 | | |

자료 : 2009 사행산업백서, pp.99~100의 통계를 참조하여 작성된 것임.

22) 오수철 외 3인 공저, 전게서, pp.49~51.

## 2. 카지노산업의 영향

### 1) 카지노산업과 관광수입효과

2012년 한국을 방문한 외래 관광객이 1,114만명을 기록하면서 외래 관광객 1,000만명 시대가 개막되었다. 외래 관광객 1,000만명 달성은 우리나라가 세계 관광대국으로 진입하고 있음을 알리는 쾌거인 동시에, 우리나라 관광산업이 이제 양적성정이 아니라 질적성장을 이룩해야 한다는 과제를 안겨주었다.

우리나라의 관광산업체 중 카지노산업은 상당한 역경을 거쳐 발전해 왔다. 특히 카지노의 경제적 효과는 낙후지역을 활성화시키기 위한 수단 중의 하나로 인식되고 있는데, 카지노산업의 긍정적 효과로는 첫째, 타산업에 비해 고용효과가 높다는 것이다. 카지노는 딜러와 고객이 함께 게임을 하는 형태로 이루어지며 카지노 고객을 위한 인적·물적 서비스가 이루어져야 하기 때문에, 특히 인적 서비스에 대한 의존성이 높아 노동집약적인 성격을 가지고 있다고 할 수 있다. 또한, 카지노는 레스토랑이나 상점 등과는 달리 24시간 운영 가능하기 때문에 종사원의 24시간 교대근무가 가능해 고용의 효과가 높다.

둘째, 실내에서 운영되기 때문에 24시간 운영하는 Night-life 관광상품으로서 관광수익 창출이 가능하여, 외화가득효과가 크다. 또한, 악천후시 야외 관광상품의 대체상품으로서의 기능도 할 수 있어, 관광수익의 효과를 창출할 수 있다. 카지노의 경우 관광객의 평균소비액 중 단일지출항목으로서 높은 비중을 차지하고 있으며, 카지노 이용객의 1인당 소비액은 증가세를 보이고 있다. 외국인의 경우 숙박호텔 내에서 시간을 보내기 위해 외국인전용 카지노를 이용하게 됨에 따라 외화획득이 가능하게 된다. 우리나라는 외래관광객을 유치하고 외화수입 확대를 위해 카지노가 도입되었다.

셋째, 조세수입의 증대효과를 가져온다. 우리나라의 경우 관광산업체에 적용되는 조세(국세와 지방세)는 전년도 총매출액 정도에 따라 3개로 구분하여 징수하고 있다. 전년도 총매출액이 10억원 이하일 경우는 총매출액의 1/100을 징수하며, 총매출액이 10~100억원일 경우는 1천만원 + 총매출액 중 10억원 초과금액의 5/100를 징수하며, 총매출액이 100억원을 초과하는 경우는 4억 6천만원 + 총매출액 중 100억원 초과금액의

10/100을 징수한다.

카지노사업자의 관광진흥개발기금 납부현황을 살펴보면, 〈표 5-10〉과 같다. 2003년의 경우 약 990억원이 납부되었으며, 2008년은 약 1,749억원 이상의 금액이 납부된 것으로 나타났다. 2003년부터 매년 관광진흥개발기금 납부액이 지속적으로 증가하고 있으며, 매출액의 10%를 납부해야 하는 세법에 적용해 보면, 매년 한국 카지노 매출액도 증가하고 있음을 알 수 있다.

〈표 5-10〉 연도별 카지노사업자 관광진흥개발기금 납부현황

(단위 : 백만 원)

| 구 분 | 2008년 | 2009년 | 2010년 | 2011년 | 2012년 | 2013년 |
|---|---|---|---|---|---|---|
| 외국인전용카지노(16개소) | 63,259 | 85,508 | 99,884 | 111,493 | 127,451 | 128,639 |
| 내국인출입카지노(1개소) | 106,054 | 115,611 | 125,145 | 118,090 | 120,393 | 127,363 |
| 합 계 | 169,313 | 201,119 | 225,029 | 229,583 | 247,844 | 256,002 |

자료 : 문화체육관광부

## 2) 카지노산업과 사회성

지역사회에 미치는 카지노산업의 영향은 방문국의 지역사회에 미치는 긍정적 영향(Positive effect)도 많지만 그에 못지않게 부정적 영향(Negative effect)도 많이 나타나고 있다. 부정적 영향을 간단히 살펴보면, 첫째, 도박중독에 빠지기 쉽다. 둘째, 재산을 탕진하기 쉽다. 셋째, 패가망신하기 쉽다. 넷째, 사행심을 조장하기 쉽다. 다섯째, 불법 고리대금업자를 발생시키며, 여섯째, 공공기금의 돈세탁 등이다. 그중에서도 특히 외래관광객 유치에 따른 전통적인 미풍양속의 저해(沮害), 즉 사회윤리, 질서문화에 미치는 영향 등은 쉽게 간과(看過)해서는 안 될 것이다.

오늘날 관광, 레저산업 중에서 사행(射倖)성 산업이 차지하는 비중이 58%(2002년 통계)에 달하고[23] 있다. 이는 관광산업의 활성화가 긍정적인 효과를 유발할 뿐만 아니

23) 경향신문(특별취재팀), 일그러진 황금알 카지노산업, 2002.5.2.

라, 부정적인 영향을 초래할 가능성이 매우 높다는 것을 시사한다. 오늘날 우리나라의 주요 사행산업으로는 경마(競馬), 경정(競艇), 경륜(競輪), 카지노(Casino), 복권(福券), 체육진흥투표권 등이 있는데(사행산업통합감독위원회 제2조), 그중에서 카지노의 경우 외국인 관광객들이 외국인전용 카지노를 호텔에서 접할 수 있어, 카지노가 외래관광객과의 상관도가 가장 높다고 할 수 있다.

세계적인 도박반대 단체인 「PAGE」는 연구보고서를 통해 "카지노를 도입한 지역의 범죄발생률, 이혼율, 고등학교 중퇴율, 소년·소녀 가장비율, 아동 학대비율 등이 다른 지역에 비하여 2배 이상 높다"고 밝히고 있다[24]. 내국인 출입이 허용된 (주)강원랜드 카지노의 경우 폐광지역 경제진흥을 믿고 카지노를 유치한 지역주민들까지도 지역경제에 실질적인 도움보다 지역 전체에 도박중독자가 넘치고, 카지노 유치 이후 도박에 따른 변사사건이 50건 이상 발생하였으며 카지노 내에서도 10여 건이 발생하는 등 부정적 영향이 적지 않은 것으로 나타났다[25]. 카지노산업의 긍정적 영향과 부정적 영향은 다음과 같이 정리할 수 있다.

| 긍정적 영향 | 부정적 영향 | |
|---|---|---|
| • 고용창출의 효과가 높다 | • 도박중독 | • 불법 고리대금 발생 |
| • 전천후 관광산업이다 | • 재산탕진 | • 폭력조직과 연류 |
| • 다양한 경제적 효과가 크다 | • 패가망신 | • 돈 세탁 |
| • 외화가득률이 높다 | • 과소비 | • 정신분열 |
| • 1인당 소비액이 높다 | • 사행심 조장 | |

이와 같이 카지노산업은 외래관광객을 대상으로 한 외화수입과 지역주민의 소득을 증대시켜 지역경제를 활성화하는 것뿐만 아니라, 이에 못지않게 부정적인 측면도 많으므로 카지노의 사회적 부작용을 최소화하기 위해, 도박중독 예방 프로그램의 개발과 그에 따른 교육이 필요하다. 관광산업이 피크 라이프사이클(Peak Life Cycle)일 때

24) 이진오, 외국인전용 카지노 신설주장의 허구와 개선방향, 기독교 윤리운동실천정책, 2004. 8, pp.32~33.

25) 연합뉴스, 강원랜드, 회사는 대박, 고객은 쪽박, 2004.4.1.

쇠퇴현상을 고려하여 해당 관광산업의 보다 지속적인 유지와 부정적인 영향에 대한 개선과 긍정적인 영향을 장기간 유지할 수 있는 방안을 강구하여야 함을 주장한 R. W. Butler(1980)[26]의 주장처럼, 금후 한국 카지노산업도 장기적 발전방안을 고민해야만 한다.

## 3. 우리나라 카지노산업의 개관

### 1) 우리나라 카지노업의 발전과정

우리나라 카지노 설립의 법적 근거가 된 최초의 법률은 1961년 11월 1일에 제정된 「복표발행현상기타사행행위단속법」으로, 1962년 9월 동법의 개정된 사항에 외국인을 상대로 하는 오락시설로서 외화획득에 기여할 수 있다고 인정될 때에는 이를(외국인을 위한 카지노설립) 허가할 수 있게 함으로써 카지노 설립의 근거가 마련되었다.

이와 같은 법적 근거에 따라 외래관광객 유치를 위한 관광산업 진흥정책의 일환으로 카지노의 도입이 결정되어 1967년에 인천 올림포스호텔 카지노가 최초로 개설되었고, 그 다음해에 주한 외국인 및 외래관광객 전용의 위락시설(게임시설)로서 서울에 워커힐호텔 카지노가 개장되었다.

그런데 1969년 6월에는 「복표발행현상기타사행행위단속법」을 개정하여 이때까지 카지노에 내국인출입을 허용했던 것을, 이후로는 카지노 내에서 내국인을 상대로 사행행위를 하였을 경우 영업행위의 금지 또는 허가취소의 행정조치를 취할 수 있게 함으로써 카지노에 내국인 출입이 제한되고, 외국인만을 출입시키는 법적 근거가 마련되었다.

1970년대에 들어 카지노산업이 주요 관광지에 확산되어 4개소가 추가로 신설되었으며, 1980년대에는 2개소가 추가 신설되었고, 1990년대에는 5개소가 신설되면서 전국적으로 13개 업체가 운영되었다.

---

26) K. W. Butler는 관광지 발전단계를 Exploration(노입단계), Involvement(연관단계), Development(초기발달단계), Consolidation(발달도약단계), Stagnation(침체단계), Rejuvenation or Decline (상승 혹은 쇠퇴단계)으로 구분하고 있음. p.165 참조.

한편, 1991년 3월에는 「복표발행현상기타사행행위단속법」이 「사행행위등규제 및 처벌특례법」으로 개정됨에 따라 계속적으로 '사행행위영업'의 일환으로 규정되어 오던 카지노를 1994년 8월 3일 「관광진흥법」을 개정할 때 관광사업의 일종으로 규정하고, 문화체육관광부장관이 허가권과 지도·감독권을 갖게 되었다. 다만, 제주도에는 2006년 7월부터 「제주특별자치도 설치 및 국제자유도시 조성을 위한 특별법」이 제정·시행됨에 따라 제주특별자치도에서 외국인전용 카지노업을 경영하려는 자는 제주도지사의 허가를 받도록 하였다.

이와 같이 외국인전용 카지노의 허가권을 갖게 된 문화체육관광부는 2005년 1월 28일자로 한국관광공사 자회사인 (주)그랜드코리아레저에 3개소(서울 2개소, 부산 1개소)의 카지노를 신규 허가하여 2006년 상반기 모두 개장하였다.

한편, 1995년 12월에는 「폐광지역개발지원에 관한 특별법」이 제정되면서 강원도 폐광지역에 내국인 출입카지노를 설치할 수 있는 근거가 마련되었으며, 이에 따라 2000년 10월 28일에 강원도 정선군에 강원랜드 스몰카지노가 개장되었고, 2003년 3월 28일에는 메인카지노를 개장하였다. 이로써 1969년 6월 이후 금지되었던 내국인출입 카지노의 시대가 개막되었다.

### 2) 우리나라 카지노업체 현황

외국인전용 카지노는 1967년 인천 올림포스호텔 카지노 개설을 시작으로 2005년 한국관광공사에 신규 허가 3개소를 포함하여 2013년 12월 말 기준으로 전국에 16개 업체가 운영 중에 있으며, 지역별로는 서울 3개소, 부산 2개소, 인천 1개소, 강원 1개소, 경북 1개소, 제주 8개소이다. 내국인출입 카지노는 강원랜드카지노 1개소가 운영 중에 있다.

〈표 5-11〉 카지노업체 현황(2013)

(단위 : 명, 백만원, $m^2$)

| 지역 | 업체명 | 허가일 | 운영형태(등급) | 종업원수 | 전용영업장면적 |
|---|---|---|---|---|---|
| 서울 | 파라다이스워커힐카지노 | 68.03.05 | 임대(특1등급) | 855 | 3,178.4 |
| | 세븐럭카지노 서울강남점 | 05.01.28 | 임대(컨벤션) | 703<br>(본사포함) | 6,059.8 |
| | 세븐럭카지노 서울강북점 | 05.01.28 | 임대(특1등급) | 448 | 2,811.9 |
| 부산 | 세븐럭카지노 부산롯데점 | 05.01.28 | 임대(특1등급) | 265 | 2,234.3 |
| | 파라다이스카지노부산 | 78.10.29 | 임대(특1등급) | 249 | 2,283.5 |
| 인천 | 골든게이트카지노 | 67.08.10 | 임대(특1등급) | 272 | 1,060.6 |
| 강원 | 알펜시아카지노 | 80.12.09 | 임대(특2등급) | 30 | 547.9 |
| 대구 | 인터불고대구카지노 | 79.04.11 | 임대(특1등급) | 103 | 3,458.3 |
| 제주 | 라마다프라자카지노 | 75.10.15 | 임대(특1등급) | 158 | 2,359.1 |
| | 파라다이스그랜드카지노 | 90.09.01 | 임대(특1등급) | 153 | 2,756.7 |
| | 신라호텔카지노 | 91.07.31 | 임대(특1등급) | 140 | 1,953.6 |
| | 로얄팔래스카지노 | 90.11.06 | 임대(특1등급) | 106 | 1,353.5 |
| | 롯데호텔제주카지노 | 85.04.11 | 임대(특1등급) | 133 | 1,205.4 |
| | 엘베가스카지노 | 90.09.01 | 임대(특1등급) | 109 | 1,026.6 |
| | 하얏트호텔카지노 | 90.09.01 | 임대(특1등급) | 71 | 803.3 |
| | 골든비치카지노 | 95.12.28 | 임대(특1등급) | 131 | 1,528.5 |
| | 16개 업체(외국인 대상) | | 직영: 3<br>임대: 13 | 3,926 | 34,719.05 |
| 강원 | 강원랜드카지노(내국인대상) | 00.10.12 | 직영(특1등급) | 1,697 | 7,322.12 |
| | 17개 업체(내·외국인대상) | | 직영: 4<br>임대: 13 | 5,623 | 43,041.17 |

자료 : 문화체육관광부, 2013년 기준 관광동향에 관한 연차보고서, pp.261~264.

# 제 3 절 항공교통산업

## 1. 항공교통의 발달

항공기는 관광사업 발달에 절대적인 교통수단으로 교통의 총아적인 지위를 점하게 되었다. 임의의 두 공간지점 간에 최단거리인 대권항로(대권코스)를 신속하게 단축시킬 수 있어, 교통적 기능 외에도 군사, 통신, 측량, 농장관리, 해난구조 등에 기여한다. 우리나라에 유입되는 외래관광객의 95.6%가 항공편을 이용하고 있을 정도로 우리나라에 있어 항공교통은 매우 중요한 교통수단이라 할 수 있다. 교통은 일반적으로 육상·해상·항공교통으로 분류되고, 교통수단은 교통로와 교통용구(교통기관), 교통동력 등으로 구성되어 있다. 인간의 교통은 처음에는 자연교통로상에서 시작하고 발달하였으나, 현대는 육상·수상·항공교통이 전부 기계화 및 고속화되었다.

1903년 라이트형제의 비행이 성공한 이후 1909년 영국의 불레리오는 영국해협 횡단비행에 성공하여 비행기의 실용성을 증명하였다. 민간항공은 제1차 세계대전 후 개시되었으나 초기성능은 기선철도나 자동차와 경쟁의 상대도 되지 않았다. 그 후 1938년에 성층권(成層圈)을 통과하는 수송기가 완성되었으며, 항공로는 수송 이외에도 정치적·군사적 방면으로 급속히 발달되었다. 1931년 야간 항공설비가 완비되었고, 1932년 독일에서는 계기착륙법(計器着陸法)이 실시되었으며, 1937년에는 자동조종장치가 발명되었다. 제2차 세계대전 후의 항공기 기술은 제트기, 레이더의 출현으로 현저한 발전을 보게 되었으며, 항공수송은 해상·육상을 능가할 정도로 발달되었다.

한편, 항공기술의 발달은 통신기술의 발달과 더불어 세계경제 및 지역통합에 크게 기여하고 있다. 오늘날의 국제관광은 세계경제의 서비스부문으로 가장 크고 급속히 성장하고 있는 산업부문이며, 외화가득원(外貨稼得源)으로 외화가득률이 가장 높아 각 지역의 경제적 활성화를 위한 수단으로 선택되어지고 있다. 주로 국제관광은 경제적으로 여유가 있는 국가의 국민들이 관광적 매력이 풍부한 지역으로 이동을 하는 것인데, 관광적 매력 중에서도 특히 자연적 매력이 풍부하여 국제적 관광지로 인기가 많은 지역은 대부분 경제적으로 여유롭지 못한 개발도상국인 경우가 많아, 국제관광객의 이동은 자연스럽게 세계의 경제적 흐름을 동반하게 되어, 개발도상국가에 경제적 이익을 가져올 수 있는 기회가 되기도 하는 것이다. 이러한 현상이 세계 각 지역으로 전파되어 순조롭게 이루어질 경우 국제관광은 빈곤국가를 포함한 후진국가들의 개발전략에 크게 기여할 것이다. 또한, 관광은 국가에서 필요로 하는 외화를 획득하는 것 이외에도 노동집약적인 산업이기 때문에, 대부분의 후진국가들이 고민하고 있는 실업을 해소할 수 있는 고용창출 수단이 되기도 한다.[27] 특히 자기 나라 안에 세계적인 자연경관지(AONB : Area of Outstanding Natural Beauty)가 있음에도 불구하고 자본이나 기술이 없어 그것을 개발하지 못하는 국가에서는 국제관광이라는 현상이 큰 도움이 되며, 이를 통해 관광자원을 적절히 관리・개발시킴으로써 외화획득뿐만 아니라 국가간의 유대강화, 고용증대 및 생활수준의 향상에도 도움이 된다. 이러한 경제적 재분배를 통한 지역적 통합의 기능은 결국 관광객의 이동이 용이하게 이루어질 때 가능할 수 있는데, 관광객의 이동에 도움이 되는 수단으로 항공의 발달이 큰 역할을 담당하게 된 것이다.

인간의 기동력의 증가는 거주지역, 취업지역 또는 여가선용방법 등 인간의 생활양식에 뚜렷한 영향을 미치고 있다. 고도의 기동력으로 국경간 왕래가 가능하며, 일상생활화되면 인간의 심리적인 면에도 깊은 영향을 주게 되어 지역적 세계관 대신에 우주적 세계관을 가지게 된다.[28]

오늘날 세계는 믿기 어려울 정도의 복잡다단한 수송망으로 짜여져 있다. 수송기술의 발전은 인간의 기동성이나 대륙간 수송량 이외의 사회조직에도 영향을 주고 있다. 항공교통에 있어 항로개설 또한 매우 중요하다. 오랫동안 중단되었던 한・중관계는 1992년 8월 정식교류를 수립함으로써 직항로를 개설하게 되었다. 1986년 아시안게임 이후, 한국정부는 중국정부에 대하여 서울~북경 간 정기항로를 개설하자는 의사를 계속 표시해 왔으나 중국정부는 북한을 의식한 듯 이에 소극적인 반응을 보여 왔다. 그러다가 1991년 5월 중국정부의 요청으로 서울~북경 간 항로개설을 위한 협의를 본격화하였으며, 1991년 7월부터 서울~톈진, 서울~상해 간 정기 전세기운항을 시작했었

27) *op. cit.*, p.180.

28) Lester R. Brown, World without Borders(1972), 元佑錫 譯(1975), 國境없는 世界, 乙酉文庫, 乙酉文化社, pp.165~176.

다. 한·중 항공협상의 타결로 한·중간의 항로가 단축되고 운항시간이 짧아지면서, 아울러 일본 도쿄와 연결되는 항로개통은 동북아시아 전 지역을 보다 가깝게 연결시켜 이 지역의 결속을 더욱 강화시켰다. 특히 서울~북경 직항로 개설은 서울~톈진, 서울~상하이 간 정기 전세기운항이 비정상적인 국면을 정상화한다는 중요한 의미도 가지게 되었다.

우리나라는 1994년 4월 한·미 통과항로 중 일본 서해안을 따라 내려오던 종전의 항로에서, 1950년 6·25전쟁 이후 처음으로 대한항공 보잉 747 화물기가 북한 비행정보구역(FIR) 통과를 허용받아 경제 및 시간적으로 도움을 받게 되었다. 이는 [그림 5-5]에서 보듯이, 종전 항로보다 600km 짧고 상층의 편서풍 영향도 적으며 운항시간이 34분 단축되어, 연간 2천만 달러(320억원)라는 유류 절감의 경제적 효과도 가져오게 되었다.

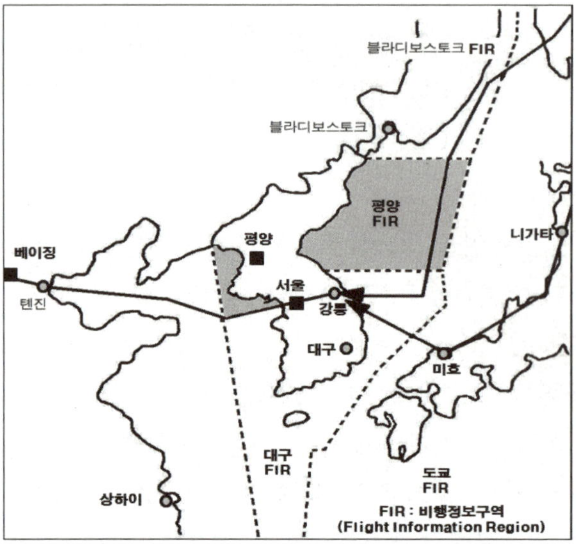


주 : FIR : 비행정보구역(Flight Information Region), FIR는 국제민간항공기구(ICAO)에서 국제항공의 편익을 도모하고 안전운항 확보를 위해 세계 각국에 일정 범위의 공간 안에서 항공교통 업무를 수행하도록 지정해 주는 구역을 의미

[그림 5-5] 북한 비행정보구역 통과항로

**Tip 항공산업에 대한 국가간 협력**

**한-일 정부, 항공시장 자유화에 합의**

2007년 8월 3일 한·일 양국 정부는 항공사가 자유롭게 상대국의 노선 및 항공기 편수를 정할 수 있는 항공시장 자유화(오픈 스카이)에 합의했다. 이는 일본정부가 지난 5월에 정리한 아시아 게이트웨이 구상에서 거론된 항공자유화 정책의 제1탄으로 일본이 한국측에 제안해 왔던 사항이다. 이는 항공사가 수요-공급에 응해 발착수가 이미 포화상태인 나리타와 하네다 두 공항을 제외한 양국간의 노선에 대해 자유롭게 신설·증편할 수 있게 된다는 내용이다.

나리타 이외에 일본 내 공항을 경유하여 북미로 향하는 노선의 한국 항공사 취항을 주1편으로 하는 것도 합의했다. 한국 항공사의 북미 항공편은 한국측이 제안했다. 이에 따라 간사이공항 등이 유치활동을 벌이고 있다.

2006년도의 한·일간 항공운송객수는 약 850만 명이었으며, 2009년 3월에 개항한 시즈오카공항도 한국 노선의 개설을 목표하고 있다.

**미-중 新항공협정 체결**

미국과 중국은 2007년 7월 10일 미국 시애틀 타코마 국제공항에서 양국 교통관련 장관이 참석한 가운데 여객 및 화물수송 증대를 위한 새로운 항공협정을 체결했고, 이로써 2012년까지 여객 수송량을 두 배로 증대시킬 계획이다.

지금까지 미국국적 항공사는 1일 10개의 중국 직항노선을 운영할 수 있었으며, 중국은 1일 3개의 직항노선을 운영하고 있었다. 그러나 2006년 양국간 여객 수송량은 2백만 명에 달해, 미국의 주요 항공사인 Delta Air Lines와 US Airways를 비롯해 타 항공사들도 중국노선 신설 신청서를 교통성에 제출하였다.

미국 교통성은 2009년까지 베이징, 상해 또는 항주를 연결하는 3개의 직항노선 신설을 추진 중이며, 직항노선 증가에 따라 한국, 일본, 캐나다를 경유하는 중국노선에도 큰 영향을 미칠 것으로 보인다. 신항공협정에 의하면 양국간의 화물노선은 무제한으로 신설될 수 있다.

자료 : 한국관광공사, 청사초롱, 기사인용(2007.8.24일자)

## 2. 국제수송체계의 지역구조

항공사업은 항공수송사업을 중심으로 하고 있는데, 항공운송은 사업의 형태, 운송의 객체 및 운송지역을 중심으로 분류하고 있다. 사업형태에 의한 것으로는 정기항공운송과 부정기항공운송으로 구분된다. 정기항공운송은 수요의 다소(多少)에도 불구하고 미리 정해진 운항 스케줄에 따라 운항하여야 하며, 발착시간의 정확과 확실한 수송이 요구된다. 정기항공운송기업은 경영사정에 의하여 사업을 임의로 중지하거나 휴양할 수 없으며 노선을 임의로 변경할 수 없다. 부정기항공은 정기항공운송과는 달리 원칙적으로 노선이나 스케줄에 제한을 받지 않고, 특정구간을 불특정시 필요에 의하여 운항하는 것을 말한다. 운송객체에 의한 것으로는 여객운송, 화물운송, 우편물운송을 말하며, 운송지역에 의한 것으로는 국내항공운송과 국제항공운송으로 구분할 수 있다.

### 1) 전 세계 국제수송현황

E. Jonex와 J. Eylos(1997)가 말한 바와 같이, 두 지역간 사람들의 공간 이동량은 공간의 크기에 비례하고 거리의 제곱에 반비례하는 것을 감안할 때, 오늘날 기계·기술의 발달에 따른 항공교통의 발달은 거리장애를 극복하고 있고, 또 대량수송시대를 전개하고 있으며, 국제간의 왕래를 촉진하여 국제관광을 더 한층 발전시키는 데 크게 기여하고 있다.

항공사의 경영상태를 평가하기 위한 수단으로 항공기의 실제부하율을 나타내는 좌석이용률(Loard Factor)을 고려할 수 있는데, 이것은 여객기가 보유한 전체 좌석 중 실제 판매된 승객좌석이용률을 나타낸 페신저로드팩터(Passenger Load Factor)와, 항공화물 적재허용량에서 실제의 화물수송률을 의미하는 카고로드팩터(Cago Load Factor)로 볼 수 있다. 또한, 항공업의 손익분기점(Breaking of Point)은 60%를 기준으로 하는데, 우리나라는 1987~1997년까지 Cargo Load Factor는 59.7%이고, 국제선의 Passenger Load Factor는 52.4%로 나타나고 있다.

국제민간항공기구(ICAO ; International Civil Aviation Organization)가 발표한 내용에 의하면 2007년 회원국 190개 항공수송실적 중, 국제선이 차지하는 비율은 약 67.8%이며, 여객수송실적은 2006년 약 21억 2,800만 명에서 2007년 22억 6천만 명으로 6.2% 증가하였으며, 화물수송의 경우는 2006년 약 4천만 톤에서 2007년 약 4,200만 톤으로 4.0% 성장한 것으로 나타난다.

〈표 5-12〉 국제선 수송실적 비율(2007)

| 구분 | 여객수(백만) | 화물톤(백만) | 톤킬로(억) |
|---|---|---|---|
| 국내선 + 국제선 | 2,260 | 41.6 | 5,451 |
| 국제선 | 828 | 25.3 | 3,694 |
| 국제선 비율 | 36.6% | 60.8% | 67.8% |

자료 : 한국항공진흥협회

국제항공운송협회(IATA ; International Air Transport Association)의 2008년 1월 기준, 회원사는 236개사인데 항공사의 제휴그룹별 국제선 여객킬로의 점유율을 살펴보면 [그림 5-6]과 같으며, 전체 회원사의 정기항공수송 실적을 살펴보면, 〈표 5-12〉와 같다. 항공사의 제휴그룹별 점유율을 살펴보면, 아시아나항공사가 가입되어 있는 Star Alliance가 27.6%, 대한항공이 가입되어 있는 Sky Team이 20.9%, One World가 20.0%, 기타가 31.5%로 3개 그룹이 IATA 전체 시장의 68.5%를 차지하고 있음을 알 수 있다.

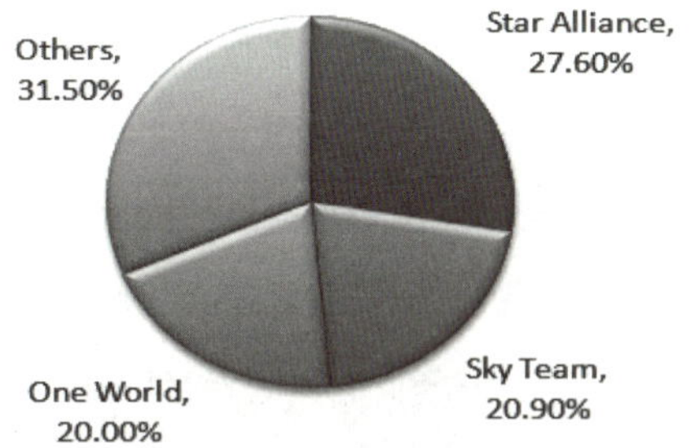


자료 : IATA, 한국항공진흥협회

[그림 5-6] 제휴그룹별 국제선 여객킬로 실적 점유율(2008)

항공기 운항횟수의 경우 2007년도는 전년대비 2.7% 증가하였으며, 이는 과거 5년, 10년 전 증감률을 훨씬 웃돌고 있는 것으로 나타났다. 운항횟수 증가와 함께 여객수의 변화율도 2007년에는 전년대비 5.1% 증가하였으며, 이는 과거보다 훨씬 더 높다. 여객킬로의 경우 전년도보다 6.6% 증가하였으며 화물톤킬로[29]는 3.3% 증가한 것으로 나타나, 과거 5, 10년의 증감률과 비교해 여객킬로 증가율은 상대적으로 높으나 화물킬로는 과거보다 성장률이 둔화된 것으로 나타나고 있다. 정기항공사의 여객과 화물의 수송실적은 지금도 성장해 가고 있으며, 여객의 탑승률과 화물의 이용률도 각각 1.0pt, 3.0pt 증가하고 있음을 알 수 있다.

〈표 5-13〉 항공사 정기항공수송실적 증감률(2007)

| 구분 | 2007년 전년대비 증감률(%) | 연평균 증감률(%) | |
|---|---|---|---|
| | | 5년(2003~2007년) | 10년(1998~2007년) |
| 운항횟수 | 2.7 | 1.8 | 1.1 |
| 여객수 | 5.1 | 4.5 | 2.7 |
| 화물톤수 | 3.1 | 5.2 | 3.8 |
| 여객킬로 | 6.6 | 5.9 | 4.1 |
| 탑승률 | 1.0pt | 0.7pt | 0.5pt |
| 화물톤킬로 | 3.3 | 5.3 | 4.1 |
| 톤킬로 | 5.4 | 5.6 | 4.1 |
| 이용률 | 0.3pt | 0.0pt | 0.0pt |

자료 : IATA 회원사 수송실적, 한국항공진흥협회

세계 수송실적 점유율을 지역별로 살펴보면, 전체 톤킬로의 경우 북아메리카지역이 31.7%로 가장 높았고, 다음으로 아시아・태평양지역이 29.7%, 유럽이 26.8% 순으로 나타났다. 지역별로 살펴보면, 북아메리카의 경우 항공기의 운항횟수가 41.5%, 여객수 35.2%, 여객킬로 33.8%로 세 부문에서 가장 높게 나타났으며, 아시아・태평양지역의 경우 화물톤킬로에서 36.9%로 가장 높게 나타났다. 유럽의 경우는 여객수 27.7%, 여객킬로 27.6%, 운항횟수 27.2%, 화물톤킬로 25.3%로 대부분 두 번째로 높은 비율을 차지하고 있다. 전체적으로 북아메리카지역이 가장 높은 비율을 차지하고 있으며, 다음으로 유럽과 아시아・태평양지역 순으로 나타나고 있다.

29) ton kilometer : 기호는 t・km. 수송화물의 중량(t) × 수송거리(km)
구간(區間)과 기간(期間)의 화물수송량은 화물 중량과 수송거리와의 곱의 합계인 톤킬로미터에 의해 표시됨. 화물 수송량의 수치단위는 단순히 톤수로 표시되는 경우도 있지만, 수송거리라는 중요한 요소가 빠져 있기 때문에, 이를 고려하여 단순비교하기 위해 사용되는 방법.

〈표 5-14〉 세계 지역별 항공수송실적 점유율(2007)

(단위 : %)

| 구분 | 운항횟수 | 여객수 | 여객킬로 | 화물톤킬로 | 전체 톤킬로 |
|---|---|---|---|---|---|
| 유럽 | 27.2 | 27.7 | 27.6 | 25.3 | 26.8 |
| 아프리카 | 2.4 | 2.0 | 2.4 | 1.4 | 2.1 |
| 중동 | 2.5 | 3.7 | 5.3 | 6.8 | 5.9 |
| 아시아·태평양 | 19.5 | 26.2 | 26.8 | 36.9 | 29.7 |
| 북아메리카 | 41.5 | 35.2 | 33.8 | 26.5 | 31.7 |
| 라틴아메리카 | 6.9 | 5.3 | 4.1 | 3.0 | 3.8 |
| 계 | 100.0 | 100.0 | 100.0 | 100.0 | 100.0 |

자료 : IATA 회원사 수송실적, 한국항공진흥협회

## 2) 항공사별 국제수송현황

2007년 전 세계 항공사별 톤킬로 수송실적 현황을 연도별로 살펴보면, 가장 높은 수송실적을 나타내고 있는 항공사는 American Airline항공사로 2007년에 23,308백만 톤킬로이며 다음으로 United Airline항공사가 22,843백만 톤킬로, Lufthansa항공사가 20,913백만 톤킬로 순으로 나타났다. 한편, 우리나라 대한항공의 경우 14,715백만 톤킬로로 11위이며, 아시아나항공의 경우 5,135백만 톤킬로로 32위를 차지하였다. 지난 3년간(2005~2007년) 1위~3위까지는 American Airline, United Airline, Lufthansa가 매년 세계 최고의 수송 항공사로 나타나고 있으며, 반면 우리나라 항공사인 대한항공은 10위권 전후에 위치하고 있으며, 아시아나항공은 30위권 전후에 위치하고 있다.

〈표 5-15〉 세계 지역별 항공수송실적 점유율(2007)

| 순위 | 2005년 | | 2006년 | | 2007년 | |
|---|---|---|---|---|---|---|
| | 항공사 | 백만톤 | 항공사 | 백만톤 | 항공사 | 백만톤 |
| 1 | American Airline | 23,407 | American Airline | 23,901 | American Airline | 23,308 |
| 2 | United Airline | 19,879 | United Airline | 20,151 | United Airline | 22,843 |
| 3 | Lufthansa | 19,267 | Lufthansa | 19,897 | Lufthansa | 20,913 |
| 4 | Delta Air Lines | 16,957 | Air France | 17,127 | Air France | 17,870 |
| 5 | Air France | 16,170 | Singapore Airlines | 16,428 | Singapore Airlines | 16,681 |
| * | Korean Air(10위) | 13,900 | Korean Air(12위) | 13,556 | Korean Air(11위) | 14,715 |
| * | Asiana Airlines(32위) | 4,091 | Asiana Airlines(31위) | 4,795 | Asiana Airlines(32위) | 5,135 |

자료 : IATA 회원사 국내선 + 국제선 순위, 한국항공진흥협회

IATA 회원소속 항공사 중 American Airline은 2002년 이후 여객수에서 1위를 줄곧 차지하였으며, 이는 2007년에도 마찬가지였다. 화물수송의 경우는 Federal Express가 1위를 차지하였다. 여객의 경우 상위 5위권 내 4개 항공사가 미국국적의 항공사이며 1개 항공사가 중국국적의 항공사로 나타났다. 대한항공의 경우 22,612천 명을 수송하여 전체 22위이며, 아시아나 항공사의 경우 12,498천 명으로 34위로 나타났다. 화물수송의 경우, 상위 5개사 중 3개사가 미국국적의 항공사이며, 4위가 대한항공, 5위가 중국항공으로 나타났다. 아시아나 항공사의 경우 32위에 랭크되었다.

2007년 여객과 화물수송실적에 따른 상위 5개 항공사의 수송 실적현황을 살펴보면 〈표 5-16〉과 같다.

〈표 5-16〉 항공사별 여객 및 화물 수송현황(2007)

| 순위 | 여 객 | | 순위 | 화 물 | |
|---|---|---|---|---|---|
| | 항공사 | 천명 | | 항공사 | 천톤 |
| 1 | American Airline | 98,165 | 1 | Federal Express | 7,296 |
| 2 | Delta Air Lines | 73,086 | 2 | United Parcel Service | 5,004 |
| 3 | United Airline | 68,363 | 3 | United Airline | 1,809 |
| 4 | China Southern Airlines | 56,522 | 4 | Korean Air | 1,757 |
| 5 | Northwest Airlines | 54,696 | 5 | China Airlines | 1,378 |
| * | Korean Air(22위) | 22,612 | * | Asiana Airlines(32위) | 681 |
| * | Asiana Airlines(34위) | 12,498 | | | |

자료 : IATA 회원사 순위, 한국항공진흥협회

## 3. 우리나라 항공업의 발달

우리나라 민간항공의 발달은 1941년 12월, 안창남(安昌男) 씨가 모국방문 비행을 한 것이 최초로 되어 있으며, 그 후 1946년 조선항공사(Korean Aviation Company)가 창설되어 서울~이리, 서울~광주 간을 운항한 것이 민간항공사업의 시초가 되었다. 그 후 1948년 10월 신용항(愼鏞頊) 씨(일본국 일등 조종면허)에 의하여 대한민국 항공사(Korean National Airlines)가 설립되어 서울~강릉, 서울~광주~제주, 서울~옹진 등 정기운항을 개시하게 되었다. 그러나 자본의 부족과 폭풍에 의한 돌발적인 사고 및 비행기 납치사건 등의 악조건으로 인하여 운영면에 막대한 지장을 초래하였다. 그리하여 한진상사가 인수하여 대한항공(Korean Air Line)으로 오늘에 이르고 있다.

Asiana항공은 1988년 2월 24일 항공운수사업 면허를 취득, KAL항공의 독점화시대에 도전하여 경쟁에 돌입하였다. 아시아나는 민간항공 20년 만인 1988년 12월 23일에 복수 민항시대를 개시하였으며, 국제노선은 1990년 1월 10일 서울~도쿄를 첫 운항하고 이어서 나고야, 홍콩, 대만, 방콕, 싱가포르 등 정기노선을 취항하였다. 2005년에는 매출액 3조 원을 돌파하였으며, 2006년에는 매출액 기준 세계 35대 항공사에 진입하는 등 급성장을 이루고 있다. 아시아나항공사의 발전 노하우는 크게 두 가지로 정리할 수 있다. 첫째는 안전제일주의 정신이다. 아시아나항공사는 미국 보잉사의 자회사인 조종사 전문교육기관 FSB(Flight Safety Boeing)에 조종사 훈련 및 평가과정을 위탁하는 등, 인적 안전요소를 우선적으로 반영하고 있다. 둘째는 대고객 서비스를 위한 다양한 노력을 다하고 있다는 것이다. 플라잉 매직쇼, 스트레칭 서비스, 홀가분한 여행 서비스 등의 다양한 서비스를 개발하고 있어, 고객의 만족도 향상을 위해 노력하고 있다.

한편 2005년 이후, 국내선 중심의 저가항공사가 등장하여 항공사의 무한경쟁이 시작되었다 해도 과언이 아니다. 저가항공사로는 2005년 취항한 한성항공, 2006년 취항한 제주항공, 2008년에 취항한 진에어, 영남에어, 에어부산, 2009년 1월에 취항한 이스타항공 등이 있다. 그 외에도 인천시의 인천타이거항공, 울산시의 코스타항공이 취항을 준비 중에 있는 것으로 알려졌다. 그러나 대부분의 저가항공사의 탑승률이 진에어 45.4%, 영남에어 42% 정도로 평균 50%에 미치지 못하는 탑승률로 운영되고 있어, 제주항공은 398억 원, 한성항공은 272억 원의 적자가 발생하는 등 경영악화가 계속되었다. 이로 인해, 한국공항공사에 지급해야 하는 공항 시설사용료를 한성항공의 경우 6억 6,215만 원 체납되었으며, 영남에어는 4개 공항에 1,027만 원이 체납되기도 했었다. 운영적자에도 불구하고 저가항공사가 계속 운영을 감행하는 이유는, 단거리의 국제노선을 확보하기 위한 준비과정이기 때문이다. 단거리 국제노선의 경우 국내노선과 비슷한 시간이 소요됨에도 불구하고 이용객의 탑승료가 훨씬 더 높게 책정되어, 경제적 이익이 늘어날 수 있기 때문이다. 제주항공의 경우 2009년 3월 20일부터 인천~오사카, 인천~기타큐슈 등 2개 노선의 국제선을 운항하여, 국내 저가항공사 중 가장 먼저 국제선 운항에 뛰어들게 되었다. 2009년 8월 현재 운항 중인 국내 저가항공사는 제주항공, 진에어, 에어부산, 이스타항공의 4개 항공사에 불과하다.

### 1) 항공사별 운송

최근 국제선의 항공수송실적은 2001년 9·11테러사건, 2003년 SARS(Severe Acute Respiratory Syndrom, 중증급성호흡기증후군), 2004년 쓰나미, 2008년 AI(Avian Influenza, 조류독감), 2009년 SI(Swine Influenza, 돼지인플루엔자) 등의 국제적 사건·사고의 발생으로 큰 영향을 받았음에도 불구하고 1998년 이후 최근까지 국제선 여객수송실적은 11.3%, 화물수송실적은 8.8%의 높은 성장을 이루었다. 국제선 여객수송실적은 최근 동남아국가 중 중국과의 항공자유화 등의 영향으로 동남아와 중국노선의 성장률 증가에 따른 영향을 받아, 2007년은 전년도와 비교해 증가하였다. 국제선 항공사별 여객수송실적과 화물수송실적에 대한 현황은 다음의 〈표 5-17〉과 〈표 5-18〉로 나타낼 수 있다.

〈표 5-17〉 국제선 항공사별 여객수송실적(2007)

| 구분 | 2005년 | | 2006년 | | 2007년 | | |
|---|---|---|---|---|---|---|---|
| | 여객(명) | 증감률(%) | 여객(명) | 증감률(%) | 여객(명) | 점유율(%) | 증감률(%) |
| 대한항공 | 1,1561,659 | 9.1 | 12,322,924 | 6.6 | 13,458,190 | 36.52 | 9.2 |
| 아시아나항공 | 6,892,717 | 5.8 | 7,825,624 | 13.5 | 8,542,696 | 23.18 | 9.2 |
| 국적항공사 | 18,454,376 | 7.9 | 20,148,548 | 9.2 | 22,000,886 | 59.70 | 9.2 |
| 외국항공사 | 11,229,470 | 14.4 | 12,558,947 | 11.8 | 14,855,019 | 40.30 | 18.3 |
| 합계 | 29,683,846 | 10.2 | 32,707,495 | 10.2 | 36,855,905 | 100.0 | 12.7 |

자료 : 한국항공진흥협회

최근 3년간(2005~2007년)의 국제선 여객수송실적을 살펴보면, 대한항공의 경우는 조금씩 증가추세를 나타내고 있으며, 2007년 국제선 여객 점유율은 전년보다 1.16% 감소한 36.52%의 점유율을 나타내고 있다. 아시아나항공사의 경우는 2006년 두 자릿수의 여객수송 증가율을 보이고 있는데, 2007년의 경우 여객수송실적은 전년보다 0.75% 감소한 23.18%를 차지하고 있는 것으로 나타났다. 대한항공과 아시아나항공의 국적항공사의 점유율은 59.70%로 외국항공사의 40.30%를 상회하는 것으로 나타나고 있다.

〈표 5-18〉 국제선 항공사별 화물수송실적(2007)

| 구분 | 2005년 | | 2006년 | | 2007년 | | |
|---|---|---|---|---|---|---|---|
| | 화물(톤) | 증감률(%) | 화물(톤) | 증감률(%) | 화물(톤) | 점유율(%) | 증감률(%) |
| 대한항공 | 1,239,572 | 2.4 | 1,327,818 | 7.1 | 1,475,449 | 47.02 | 11.1 |
| 아시아나항공 | 520,897 | 0.2 | 607,037 | 16.5 | 644,991 | 20.56 | 6.3 |
| 국적항공사 | 1,760,469 | 1.7 | 1,934,855 | 9.9 | 2,120,440 | 67.58 | 9.6 |
| 외국항공사 | 856,345 | 2.1 | 918,545 | 7.3 | 1,017,524 | 32.42 | 10.8 |
| 합계 | 2,616,814 | 1.9 | 2,853,400 | 9.0 | 3,137,964 | 100.0 | 10.0 |

자료 : 한국항공진흥협회

최근 3년간(2005~2007년)의 국제선 화물수송실적을 보면, 대한항공의 경우는 증가추세로 2007년 국제선 화물수송실적은 47.02%의 점유율을 나타내고 있다. 아시아나항공사의 경우는 2006년 두 자릿수의 매우 높은 화물수송 증가율을 보이고 있는데, 2007년의 경우 화물수송실적은 전년보다 조금 증가해 전체의 20.56%를 점유하고 있는 것으로 나타났다. 대한항공과 아시아나항공의 국적항공사의 점유율은 67.58%로 외국항공사의 32.42%를 상회하는 것으로 나타나고 있다.

### 2) 지역별 동향

우리나라를 출발점(Origin)으로 OD(Origin & Destination)간의 국제이동량은 일반적으로 두 국가간의 정치 · 경제 · 문화 및 거리와 밀접한 관계가 있다. 그러나 세계경제의 위기, SARS, AI 등의 문제들이 발생하면서 국제선 여객이 영향을 받기는 하였으나, 최근에는 차츰 동남아와 중국노선 등이 회복세를 보이고 있다. 2007

년의 국제선 여객수송실적을 지역별로 살펴보면, [그림 5-7]과 같다. 가장 높은 비율을 차지하는 동남아지역의 경우 2004년 쓰나미 이후 2005년 초 잠시 감소현상을 나타냈으나, 2006년 이후 항공자유화와 함께 회복세를 나타내, 2007년 10,876천 명의 내국인 출국자가 방문하는 지역으로 전체의 29.5%를 차지하고 있다. 다음으로 일본의 경우 9,581천 명으로 26.0%, 중국으로는 9,347천 명으로 25.4%를 점하고 있는 것으로 나타났다. 여객의 경우 동남아, 일본, 중국의 지역점유율이 높다는 것은 인접효과(The Effect of Neighborhood)가 작용하고 있기 때문인 것으로 볼 수 있다.

(단위 : 천 명)

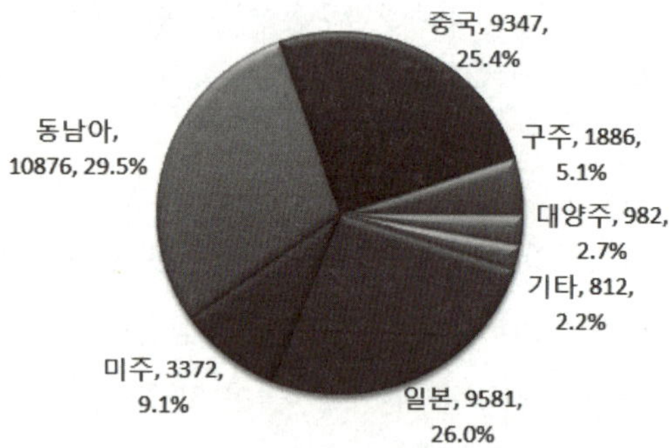


자료 : IATA, 한국항공진흥협회

[그림 5-7] 국제선 지역별 여객수송실적(2007)

한편, 인천국제공항을 중심으로 운항의 국제적 실적을 살펴보면, 〈표 5-19〉와 같다. 2009년 5월 현재 인천국제공항의 경우는 중국이 가장 많은 4,800편(29.3%)이며, 다음으로 동남아 4,077편(25.0%), 일본 3,071편(18.7%)의 순으로 나타났다. 한편, 2008년 5월과 2009년 5월의 지역별 증감정도를 살펴보면, 기타를 제외하고 일본지역이 5.5%, 대양주가 2.0% 증가한 것으로 나타났으며, 그 외 지역은 모두 마이너스로 나타났다.

〈표 5-19〉 인천공항 지역별 운항수송실적

| 구 분(편) | 일 본 | 동남아 | 대양주 | 구 주 | 미 주 | 중 국 | 기타 | 계 |
|---|---|---|---|---|---|---|---|---|
| 2008.05<br>점유율(%) | 2,911<br>16.3 | 4,613<br>25.8 | 408<br>2.3 | 1,621<br>9.1 | 2,443<br>13.7 | 5,621<br>31.5 | 229<br>1.3 | 17,846<br>100.0 |
| 2009.05<br>점유율(%) | 3,071<br>18.8 | 4,077<br>25.0 | 416<br>2.5 | 1,467<br>9.0 | 2,259<br>13.8 | 4,800<br>29.4 | 245<br>1.5 | 16,336<br>100.0 |
| 증감률(%) | 5.5 | -11.6 | 2.0 | -9.5 | -7.5 | -14.6 | 7.0 | -8.5 |

자료 : 인천공항공사(www.airport.or.kr)

## 4. 아시아 국가들의 신공항건설

우리나라는 2001년 3월 인천 영종도에 인천국제공항이 아시아 거점공항으로 개항하였는데, 이는 국제적인 허브(hub)공항으로 개발・성장시키기 위해서이다. 최근에는 우리나라뿐만 아니라 아시아 각국이 국제적 허브공항 건설에 노력을 다하고 있는데, 그 이유는 크게 두 가지로 분석될 수 있다.

첫째, 아시아지역 항공교통이 비대해져 각 공항들이 포화상태에 놓여 있기 때문이다. 아시아지역이 세계경제 성장의 중심지로 부상하면서 이 지역 하늘이 붐비기 시작하고 있다. 1993년 세계 항공수요의 35%를 차지했던 아시아 하늘은 2000년까지 매년 성장을 거듭하여 2012년에는 세계항공 수요의 51%를 차지할 것으로 전망하고 있다. 또한, 세계관광객은 물론 많은 수출입의 상당량이 항공으로 수송될 것이기 때문에 항공교통의 정체는 더욱 심화될 것으로 예상하고 있다. 따라서 일본경제단체연합회는 지난 1995년 5월 항공교통을 이대로 방치할 경우 2010년에는 연간 약 42조 엔의 경제적 손실을 볼 것이라고 경고한 바 있다.

또한 과학기술이 발전함에 따라 미국과 유럽기업들은 마하(음속) 2~3의 2세대 초음속기(HST) 등을 개발, 세계를 말 그대로 하나로 묶어놓고 있다. 예를 들어 여객기 속도가 지구의 자전속도인 시속 1,670km(마하 1.3)에 도달하면 출발지와 목적지의 시차가 없어진다. 서울에서 낮 12시에 떠나면 파리에 낮 12시에 도착 가능해, 파리에서 점심 약속시간이 낮 12시이면 서울을 낮 12시에 떠나게 된다. 현대 마하 5~6의 극초음속 여객기용 엔진을 미・일・영・프 기업들이 공동개발하고 있다. 일본은 1989년부터

10년간 280억 엔을 투입하였으며 1995년 7월부터 미국에서 엔진 분사실험을 실시한 바 있다. 이 엔진을 장착한 여객기는 2015년쯤 취항할 예정으로 있다. 그러나 거점공항의 조건인 장거리 활주로, 관제능력 향상, 신속한 출입국 절차, 시내 중심지와의 원활한 교통연계 등이 확보되지 않으면, 초음속기의 활용도는 무의미하거나 또는 그 효용도가 낮아지게 된다.

둘째, 공항은 물류중심지로의 역할과 기능을 할 수 있기 때문이다. 허브라는 것은 사람, 돈, 상품, 정보, 서비스가 자유롭게 이동할 수 있는 곳을 의미한다. 따라서 허브공항으로서의 역할은 국내외로부터의 대규모 여객과 화물 처리뿐만 아니라, 정보와 상품 등의 경제적 가치가 집적되는 곳으로의 역할을 하게 되는 것이다.

AIC자료에 근거해, 2007년 국제공항별 여객 및 화물 처리실적의 상위 9개 국가를 살펴보면 다음 〈표 5-20〉과 같다.

〈표 5-20〉 세계 주요 공항별 여객 및 화물 처리현황(2007)

| 순위 | 여객 | | 순위 | 화물 | |
|---|---|---|---|---|---|
| | 도시(공항) | 천 명 | | 도시(공항) | 천 톤 |
| 1 | Atlanta(ATL) | 89,379 | 1 | Memphis(MEM) | 3,840 |
| 2 | Chicago(ORD) | 76,178 | 2 | Hong Kong(HKG) | 3,773 |
| 3 | London(LHR) | 68,068 | 3 | Anchorage(ANC) | 2,825 |
| 4 | Tokyo(HND) | 66,823 | 4 | Shanghai(PVG) | 2,559 |
| 5 | Los Angeles(LAX) | 61,896 | 5 | Seoul(ICN) | 2,555 |
| 6 | Paris(CDG) | 59,922 | 6 | Paris(CDG) | 2,297 |
| 7 | Dallas/Fort Worth Airport(DFW) | 59,786 | 7 | Tokyo(HND) | 2,254 |
| 8 | Frankfurt/Main(FRA) | 54,162 | 8 | Frankfurt/Main(FRA) | 2,168 |
| 9 | Beijing(PEK) | 53,584 | 9 | Louisville(SDF) | 2,078 |
| 37 | Seoul(ICN) | 31,422 | | | |

자료 : AIC(2007), 한국항공진흥협회, 공항의 국내선+국제선 처리실적 기준

2007년 가장 많은 여객처리를 한 공항으로는, 미국의 애틀랜타공항으로 8,937만 9천 명을 처리하였으며, 다음으로 시카고공항, 영국의 런던공항, 일본의 하네다공항, 미국의 LA공항 순으로 나타났으며, 상위 9위의 공항 중 미국 내 공항이 4개, 유럽권 공항이 3개, 아시아권 공항이 2개로, 인천국제공항의 경우 3,142만 2천 명을 처리하여

37위를 랭크하였다. 한편, 화물처리의 경우, 1위는 미국의 맴피스공항으로 384만 톤을 처리하였으며, 다음으로 홍콩, 미국의 앵커리지공항, 중국의 상하이공항, 한국의 인천국제공항 순으로 나타나고 있다. 인천국제공항의 경우 여객처리에서는 32위를 나타내고 있으나, 화물처리에서는 255만 톤을 처리해 세계 5위의 화물량을 처리하고 있는 것으로 나타났다.

최근 세계 각국에서는 공항개발을 통한 여객 및 물류중심지로서의 경제적 효과를 창출해 내고자 많은 노력을 하고 있는데, 이는 항공노선의 개발 등을 통해 여객과 화물의 이동량을 증대시키기 위한 것이다. 이러한 의미에서, AIC의 세계 공항 여객수송 실적 50위권 내 공항 중 2006년 대비 2007년 여객수송 성장률이 가장 높은 국가 10개국을 살펴보면 다음의 [그림 5-8]과 같다.

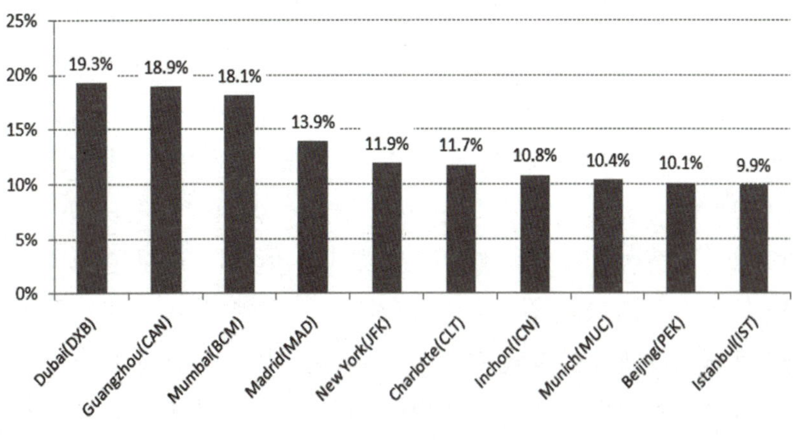


자료 : AIC, 한국항공진흥협회

[그림 5-8] 제휴그룹별 국제선 여객킬로 실적 점유율(2007)

여객부문에서 가장 높은 성장률을 나타낸 공항은 두바이공항으로 2006년 대비 19.3% 성장하였으며, 중국의 광저우공항이 18.9%, 인도의 뭄바이공항이 18.1%, 스페인의 마드리드공항이 13.9% 순으로 나타났다.

### 1) 일 본

경제대국 일본의 경우 1996년부터 2000년까지 3조 6,490억 엔을 투자하여 나리타(成田)공항과 간사이(關西)공항의 처리능력을 확장하고, 수도권에 제3의 공항을 건설하였다. 활주로가 하나인 나리타와 간사이 공항에 두 번째 활주로도 개설했다. 간사이공항의 경우 첫 활주로는 3,500m×60m이며, 두 번째 활주로의 경우는 4,000m×60m로 2007년에 오픈하였다. 나리타공항의 경우는 4,500m×60m와 2,500m×60m의 2개의 활주로를 보유하고 있다. 그러나 기존공항 확대만으로는 국내선은 2008년, 국제선은 2015년에 항공기 처리능력이 한계를 맞게 되어, 수도권 제3공항 건설을 계획하고 있다. 그러나 일본의 운수성은 수도권 제3의 공항을 국내선 공항으로 활용하려는 데 반해, 경제단체들은 국제적인 거점공항으로서의 기능을 주장하는 등 공항의 성격조차 정하지 못했다. 건설주체가 되어야 할 수도권, 지방자치단체는 공항건설을 통해 경제효과를 추구할 필요성을 느끼지 못하고 있어, 미온적인 태도를 보이고 있다.

또한, 수도권지역에 광활한 공항부지를 마련하기 어렵고, 마련한다 해도 소음공해 등으로 주민들과 격렬한 마찰이 예상되는 것도 꺼리는 이유이다. 현재 표면화되는 후보지는 도쿄 내륙부, 도쿄만 내부 또는 외부 등 7개 지역이 거론되고 있다. 수도권 땅값을 감안하여 보면 해안지역을 매립하는 것이 유리하다. 또 다른 이유는 자금확보이다. 간사이공항의 경우 1기 건설에 1조 5천억 엔이 투여되고, 활주로를 1개 증설하는 2기 공사에도 2조 엔이 투자되었다. 일본정부는 지방자치단체가 공사비 대부분을 부담하도록 요구하고 있으나, 용이하지 않아 마찰이 계속 일어나고 있다. 항공처리능력이 한계를 맞는 시점과 공항건설 및 확대 등에 필요한 기간을 계산할 경우 상당한 기간이 소요될 것이다.

### 2) 중국, 말레이시아 및 필리핀

동아시아에 있는 한국, 일본, 중국, 말레이시아 등 아시아 10여 개 국가에서는 1999년도를 전후하여 항공수요가 폭등하여 세계 항공교통의 중심지인 유럽을 목표로 거점

공항을 준비하였다. 현재 각국에는 세계 최대 규모의 공항 토목공사가 한창 진행 중에 있다. 동남아지역에서는 말레이시아 쿠알라룸푸르 신공항과 태국의 방콕 제2공항이 완성되었고, 필리핀의 크라크 미공군기지에 대형 공항이 설 것으로 예정되어 있다. 미얀마도 수도 양곤 인근에 국제공항을 2년 후 완공을 목표로 싱가포르 업체에 발주하고 있는 상태이다. 또 필리핀과 대만은 현재 기존공항 확장계획을 가지고 있다. 대만의 中正공항이 확장공사를 완료하였으며, 필리핀의 아키노공항은 제3여객 공항건설을 완료하였다.

또 1993년 착공에 들어간 쿠알라룸푸르 남쪽에 건설 중인 세팡공항은 2020년까지 선진국에 진입한다는 비전을 제시하고 있다. 그리고 필리핀의 클라크공항은 미군이 떠난 공군기지에 30억 달러를 들여 국제공항 건축을 계획하고 있고, 스페인 업체에 마닐라까지 87km를 잇는 철도부설사업을 발주해 놓고 있다. 또 미국의 세계적 항공속달 화물 배달업체인 페더럴익스프레스사가 이곳을 아시아·태평양지역 화물수송의 중심지로 지정하고 있어 주목되고 있다. 얼마 전에는 일본 종합상사 미쓰이가 컨소시엄 완공 후 25년간 시설이용권을 받는 대가로 25억 달러를 투자할 것을 제의하기도 하였다.

태국 방콕에서 30km 떨어진 농구하우공항은 완공이 목표이다. 현재 지반다지기 작업을 한창 진행 중이며, 이들에 맞서 싱가포르의 차이항공도 세 번째 터미널을 계획하고 있다. 중국은 폭발적으로 증가하는 승객수송을 위해 크고 작은 공항건설을 동시에 진행하고 있어 주목을 끌고 있다. 상해, 홍차오(虹橋)공항이 현재 확장공사를 진행 중이고 도심에서 50km 떨어진 양자강변 푸둥취(浦東區)에 들어설 공항은 중국의 국가적 사업으로 추진하고 있다. 이 공항은 규모면에서 아시아 최대 공항 중 하나가 될 것으로 기대되고 있다. 또 급속도로 성장하고 있는 광둥성(廣東省) 인근 100km 이내에 4개의 국제선 및 국내선 공항이 건설 중에 있다.

### 3) 한 국

우리나라는 1990년 6월 15일 교통부가 경부고속전철과 수도권 신공항지를 완공함으로써 2000년대에는 아시아·태평양지역 항공교통의 중심지로 발돋움하였다. 인천

서해의 영종도와 삼목도를 연결·매립하여 건설한 수도권 신공항은 1,700만 평의 부지에 길이 4,000m, 너비 60m의 활주로 2개와 여객청사 14만 평 규모로 인천과 육교로 연결, 2000년에 완공하여 2001년에 개항하였다. 영종도는 안개 발생시간이 연 333시간으로 인천(492시간)보다 적고 서울과의 거리가 50km거리에 있으며 김포공항보다 위도상으로 8km 남쪽에 위치한 해상에 자리잡아 소음피해가 거의 없는 것이 장점이다. 또 신공항 주변은 인천시가 해상 국립관광단지로 조성할 계획이며 공항과 관련된 첨단산업시설이 들어서 신흥산업단지가 조성된다.

인천국제공항은 크게 3단계로 개발되고 있다.

1단계 개발은 1992년 11월부터 2000년 12월까지로, 총사업비 5조 6천억 원을 투자하였으며, 355만 평의 부지 내에 15만 평의 여객터미널과 2개의 활주로가 개발되었다. 연간 처리능력은 운항처리 24만 회, 여객처리 3천만 명, 화물 270만 톤에 이른다. 2단계 개발은 2002년부터 2008년까지로, 총사업비 4조 5천억 원에 이른다. 총 부지면적은 290만 평으로 여객계류장과 화물계류장은 기존의 시설을 확대·개발하며, 1개의 활주로가 추가 개설되며, 10만 평의 국제업무지역도 확장된다. 연간 처리능력은 운항처리 41만 회, 여객처리 4,400만 명, 화물 450만 톤에 이른다. 마지막 3단계 개발은 2015년을 목표로 인천공항공사 수익금 4조 원이 투자될 예정이며, 1,435만 평의 부지면적에 22만 평의 여객터미널이 확장되며, 4개의 활주로가 개발될 예정이다. 또한, 화물터미널이 확장될 것이며, 제2여객 터미널이 연결되고, 공항배후 물류단지가 조성될 예정이다. 연간 처리능력은 운항처리 48만 회, 여객처리 6,200만 명, 화물 580톤에 이른다. 3단계 개발을 통해 건설기간 동안 약 8만 명의 일자리가 창출되며, 7조 8천억 원의 생산유발효과와 3조 3천억 원의 부가가치가 창출될 것으로 기대된다.

거점(HUB)공항으로 개발하기 위해 건설된 인천국제공항은, 주변의 일본, 중국, 싱가포르 등이 허브공항을 건설할 예정에 있으나, 다른 지역에 비해 우리나라가 지정학적으로 유리한 위치에 있어, 앞으로도 성장가능성이 높을 것으로 판단된다. AIC에 의하면 인천국제공항의 경우 2002년에는 여객 2,105만 7천 명을 처리하였으나, 2003년에는 SARS의 영향으로 급감하여 1,993만 7천 명으로 감소, 그 후 회복세를 보이며 2007년에는 2006년도에 비해 10.8% 증가한 3,142만 2천 명의 실적을 기록하였다.

현재 우리나라의 국제선은 1952년 3월 자유중국과 최초로 항공협정 체결이 이루어진 이후, 2008년 4월 기준 총 87개국과 항공협정이 체결되었고, 이 중 43개국 140개 도시에 정기노선 항공기가 운항되고 있다. 2007년 12월 말 현재 국제선에는 국적항공사가 37개국, 121개 도시, 184개 노선, 주 1,300회를 운항하고 있으며, 우리나라에 취항 중인 외국항공사는 28개국 68개 항공사로 182개 노선에 주 1,102회 운항하고 있다. 아시아나항공의 출범으로 복수항공사 체재가 시작된 1988년 당시의 국적항공사 운항규모가 15개국, 24개 도시, 39개 노선, 주 174회 운항과 비교해 볼 때, 2007년 현재 국적항공사의 운항규모는 약 7.5배가 증가하여 괄목할 만한 성장을 했음을 알 수 있다. 중국과는 2006년 항공회담을 통해 중국 산동성에 대해 시범적 자유화를 실시하는 등 단계적 항공자유화를 추진하고, 양국간 공급력을 여객의 경우 당초 33개 노선, 주 204회에서 43개 노선, 주 401회로 증대키로 합의하여, 이용자 편의와 양국간 인적・물적 교류의 강화에 크게 기하였다. 또한, 한・일노선에 있어 공급력 부족으로 심각한 좌석난을 겪어 왔었으나, 2013년 말에는 구주 25개국을 비롯하여 총 93개국과 항공협정을 체결하였으며, 이중 51개국 154개 도시에 국제선 정기편이 운항되고 있다[30].

〈표 5-21〉 우리나라와의 항공협정 체결국가 현황(2013년 12월 31일 기준)

| 지역 | 복수제 | 단수제 |
|---|---|---|
| 미주<br>(10개) | 미국, 브라질, 멕시코, 아르헨티나, 캐나다, 칠레, 페루, 에콰도르, 파라과이, 파나마 | - |
| 러시아/CIS<br>(8개) | 러시아, 우즈베키스탄, 카자흐스탄, 키르기즈스탄, 우크라이나, 아제르바이젠, 벨라루스, 투르크메니스탄 | - |
| 서남아<br>(6개) | 인도, 네팔, 파키스탄, 스리랑카 | 방글라데시, 몰디브 |
| 동북아<br>(6개) | 중국, 일본, 대만, 홍콩, 마카오, 몽골 | - |
| 동남아<br>(10개) | 말레이시아, 싱가포르, 베트남, 인도네시아, 태국, 필리핀, 브루나이다루살람, 미얀마, 캄보디아, 라오스 | - |
| 아프리카<br>(12개) | 케냐, 모로코, 알제리, 남아프리카공화국, 수단, 튀니지, 에티오피아, 쉐이셸 | 지부티, 라이베리아, 나이지리아, 가봉 |

30) 문화체육관광부, 2013년 기준 관광동향에 관한 연차보고서, pp.307~309.

| 대양주 (5개) | 뉴질랜드, 호주, 피지, 팔라우, 파푸아뉴기니 | - |
|---|---|---|
| 구주 (25개) | 영국, 프랑스, 독일, 네덜란드, 폴란드, 스위스, 벨기에, 북구 3국(스웨덴, 노르웨이, 덴마크), 오스트리아, 스페인, 헝가리, 몰타, 체코공(구 체코슬로바키아), 핀란드, 불가리아, 루마니아, 구 유고(국가해체), 포르투갈, 룩셈부르크, 아이슬란드, 터키, 이탈리아, 그리스 | - |
| 중동 (11개) | 아랍에미리트, 바레인, 이집트, 이란, 오만, 카타르, 이스라엘, 사우디아라비아 | 이라크, 요르단, 쿠웨이트 |
| 계 93개국 | 84개국 | 9개국 |

자료 : 국토해양부, 2013년 12월 31일 기준

## Tip 한국, 공항 정시 발착률 세계 최고

미국 포브스지 보도 : 시카고지사 시장동향보고에 의하면(2009년 1월), 한국과 일본의 공항들이 예정된 시간에 여객기가 도착하거나 출발할 확률이 가장 높았다고, 미국 경제전문지 포브스가 14일 인터넷판에서 보도하였다. 포브스는 공항정보 제공업체 플라이트스태츠의 자료를 토대로, 국제공항협회(ACI) 선정 세계 200대 공항의 지난해 정시 발착 현황을 집계한 결과 한・일 양국의 공항들은 모두 정시 발착률이 82%를 넘어 세계 최고 수준을 자랑했다고 밝혔다.

이에 비해 여객기 도착 지연이 가장 심한 국가는 인도로 나타났고, 공항별로도 뭄바이의 차트라파티 시바지공항이 이 부문 최악이라는 불명예를 안았다.

공항별로는 또 모로코의 모하메드 5세 공항과 이탈리아의 오리오 알 세리오공항, 미국 뉴욕 라과디아공항과 뉴어크 리버티국제공항, 영국의 히드로공항과 버밍엄공항에서 지연 도착이 두드러지며, 또한 영국 맨체스터공항, 이탈리아의 피우미치노공항과 마르코폴로공항, 프랑스 파리의 샤를드골국제공항, 그리스의 아테네국제공항 등 유럽지역 공항에서의 출발 지연이 전반적으로 눈에 띄었지만, 공항별로는 베이징 서우두공항에서 여객기가 제 시간에 이륙하지 못하는 비율이 가장 높았던 것으로 조사되었다.

포브스는 인도공항들이 심각한 항공교통 체증을 해소하기 위해 지난해 잇따라 활주로를 증설했으며, 유럽 공항들의 경우 활주로는 물론 공중 교통량이 많아 지연 출발 비율이 높았다고 설명하였다.

기사출처 : 미국, 포브스지, 인터넷판(2009.1.14)

## Tip 인천국제공항

### 인천공항공사, 블라디보스토크국제공항과 협력협정 체결

인천국제공항공사(사장 · 이채욱)는 2012 APEC(Asia-Pacific Economic Cooperation) 정상회담의 개최지인 러시아 블라디보스토크공항과 상호교류 활성화를 위한 협력협정을 체결했다고 밝혔다. 이번 협력협정으로 양 공항의 상호 관심사안 및 공항 운영 모범사례 공유, 인천공항의 인재양성프로그램 지원, 파견자 교류 등을 하게 된다.

블라디보스토크공항은 2005~2006년에 국내선 터미널을 새롭게 개축하여 2006년 12월 재개장하였는데, 모스크바공항과 함께 러시아에서 가장 현대적인 공항으로 손꼽힌다.

### 인천국제공항, 英 스카이트랙스 선정 '올해의 공항'

인천국제공항이 영국의 항공서비스 전문 리서치 기관인 스카이트랙스(Skytrax)社가 선정하는 2009년도 세계 최우수공항상을 수상했다. 이번 결과는 스카이트랙스가 2008년 하반기와 2009년 상반기에 걸쳐 온라인 설문조사를 통해 전 세계 97개국 864만 명에 달하는 일반 여행객 및 비즈니스 및 여행 전문가 그룹으로부터 190여 개 공항에 대한 체크인, 도착, 환승, 출발 등 공항이용과 관련한 39개 요소별 만족도를 산출한 데 따른 것이다.

스카이트랙스는 1989년 설립된 항공사 및 공항 서비스 전문 리서치 기관으로 매년 항공사 및 공항 서비스 평가를 주관해 왔으며, 항공 서비스 분야 리서치에 있어서 세계 최대의 조사 규모와 평가의 객관성으로 세계적인 권위를 인정받고 있다. 2009년 세계 공항 평가 결과, 인천공항에 이어 2위에 홍콩공항, 3위에 싱가포르 창이공항, 4위에 스위스 취리히공항, 5위에 독일 뮌헨공항이 각각 차지했다.

인천공항공사 이채욱 사장은 "안전하고 편리한 공항을 넘어 세계 공항들이 벤치마킹하는 공항으로서 차별화된 문화 · 예술의 혼이 살아 있는 공항으로 만들어 나가며 한 단계 높은 고차원적인 서비스를 제공할 것"이라고 밝혔다.

이번 수상에 앞서 인천공항은 올해 들어 세계 공항역사상 처음으로 국제공항협의회(ACI) 주관 세계공항 서비스평가 4연패와 함께, 미국 글로벌트래블러誌 선정 3년 연속 세계 최고공항, 프로스트앤설리반 선정 2009 아 · 태 최고공항, 루트디벨럽먼트社 선정 2009 동북아 항공마케팅 최우수 공항상을 수상하는 등 공항평가 전문기관 및 언론이 선정하는 경영, 항공마케팅, 서비스 부문에서 국제적 권위의 상을 휩쓸며 그랜드 슬램을 달성하게 됐다.

자료 : 인천국제공항공사(http://www.airport.kr)

CHAPTER 6

# 국제관광기구

## 제1절 세계관광기구(UNWTO)

세계 각국 정부기관이 회원으로 가입되어 있는 정부 간 관광기구인 UNWTO(UN World Tourism Organization: 세계관광기구)는 IUOTO(International Union of Official Travel Organization: 국제관광연맹)이 1975년에 정부 간 협력기구로 개편되어 설립된 것이다. 현재 세계 155개국 정부가 정회원으로, 386여개 관광 유관기관이 찬조회원으로 가입되어 있으며, 격년제로 개최되는 총회와 7개 지역위원회를 비롯하여 각종 회의 및 세미나를 개최하고 있다.

UNWTO는 공신력을 가진 각종 통계자료 발간을 비롯하여 교육, 조사, 여구, 관광편의 촉진, 관광지 개발, 관광자료 제공 등에 역점을 두고 활동하고 있으며, 관광분야에서 UN 및 전문기구와 협력하는 중심역할을 수행하고 있다.

우리나라는 IUOTO(국제관광연맹)의 회원이었던 교통부(현재는 문화체육관광부)가 1975년 자동적으로 UNWTO 정회원으로 가입되었고, 한국관광공사는 1977년 찬조회원으로 가입하였다. 북한은 1987년 9월 제7차 총회에서 정회원으로 가입하였다. 또 우리나라는 1980~1983년 기간 중에는 집행이사국으로 처음 선임되었고, 1992~1995년 기간 중에는 집행이사국을 역임하였으며, 1995~1999년 기간 중 사업계획조정위원회

(Technical Committee for Program and Coordination)의 위원국이 되었다. 2004년부터 2007년까지 집행위원회 상임이사국으로서 활동하였으며, 2005년에는 처음으로 집행이사회 의장국으로 선임되어 남아시아 지진·해일 피해 당시 긴급 집행이사회를 소집, 주재하여 UNWTO푸켓액션플랜을 채택하여 실천하였고, 6월 집행이사회에서는 차기 사무총장 선출, ST-EP재단 설립 정관안 확정 등의 성과를 거두는 등 국제관광계의 새로운 리더로서 역할을 수행하였다.

2007년 11월 콜롬비아에서 개최된 제17차 총회에서 2008~2011 상임이사국으로 연임이 확정되었으며, 2008년 6월 제주도에서 제83차 집행이사회를 개최함으로써 관광외교역량을 강화하고 우리나라 관광의 국제적 인지도를 드높이는데 기여하였다. 또 2009년 5월에는 제3차 한-UNWTO 협력사업의 일환으로 '아태지역 관광정책에 관한 고위공무원 연수'를 몰디브에서 개최하였으며, 2011년 10.8~14일에는 제19차 UNWTO 총회를 경주에서 개최하였다. 특히, 동 총회기간에는 지난 10년간 개최된 총회 중 가장 많은 관광장관(총 42명)이 참석하여 주요 현안을 논의하였다.

문화체육관광부는 한-UNWTO 협력사업의 일환으로 '아태지역 중견공무원 정책연수' 프로그램을 3년에 1회씩 한국에서 개최하기로 UNWTO와 합의하였다. 한편, 한국관광공사는 2012년부터 찬조회원 부회장사로 활동하고 있으며, 2013년에는 찬조회원을 대상으로 제1차 아태지역 미래관광 지역컨퍼런스(1st UNWTO Regional Conference on Future Tourism for Asia and the Pacific) 및 중견공무원 연수프로그램(7th UNWTO Asia/Pacific Executive Training Program on Tourism Policy and Strategy)을 한국에서 개최하였다(문화체육관광부, 전게 2013년 기준 연차보고서, pp.85~87. 참조).

### Tip WTO가 UNWTO로 변경된 유래

원래 세계관광기구(World Tourism Organization: WTO)는 1975년 설립된 이래 줄곧 WTO라는 명칭을 사용하고 있었으나, 1995년 1월 세계무역기구(World Trade Organization: WTO)가 출범함에 따라 두 기구 간에 혼란이 빈번하게 발생하였다. 이에 유엔총회는 양기구 간에 혼란을 피하고 UN전문기구로서 세계관광기구의 위상을 높이기 위하여 2006년 1월부터 WTO라는 명칭을 UNWTO라는 명칭으로 변경하여 사용하게 되었다.

## 제 2 절 경제협력개발기구(OECD)

OECD(Organization for Economic Cooperation and Development: 경제협력개발기구)는 유럽경제협력기구를 모체로 하여 1961년 선진 20개국을 회원국으로 설립되었다. 회원국의 경제성장 도모, 자유무역 확대, 개발도상국 원조 등을 주요 임무로 하고 있으며, 현재 30개 회원국으로 구성되어 있고, 프랑스 파리에 본부를 두고 있다. 조직 구성은 의사결정기구인 이사회, 보좌기구인 집행위원회 및 특별집행위원회를 두고 있으며, 실질적 활동을 수행하는 26개의 분야별 위원회가 있다. 이 중에서 관광위원회는 관광분야에 대한 각국의 정책연구 및 관광진흥정책연구 등을 주요 기능으로 하고 있으며, 위원회 산하에 통계작업반을 두고 있다.

우리나라는 1994년 6월 관광위원회에 대한 옵서버 참가자격이 부여되어 1995년부터 관광위원회 회의 및 통계실무작업반회의에 참가하여 주요 선진국의 관광정책 및 통계기법 등을 습득하고 있으며, 1996년도부터는 정회원으로 활동중이다. 1998년에는 OECD 관광회의를 서울에서 개최한 바 있고, OECD 권고사업의 하나인 관광위성계정(TSA) 개발을 세계 5번째로 완료하였다. 2005년 9월에는 광주에서 'OECD-Korea 국제관광회의'를 개최하여, '세계관광의 성장: 중소기업의 기회'라는 주제로 급변하는 산업구조 속에서 관광중소기업들의 새로운 역할 및 협력방안을 모색한 바 있다.

2007년 11월에는 프랑스에서 개최된 제80차 OECD 관광회의에 참가하여 'Culture, Tourism and Attractiveness of the Location' 프로젝트의 일환으로 추진한 남이섬 한류관광 사례를 발표하였으며, 2008년 4월에는 제81차 관광회의에 참가하여 한국의 템플스테이 사례를 발표하였다. 또한 2008년 10월에는 OECD 관광위원회 최초로 이탈리아 리바델가르다에서 개최된 장관급 회의에 참석하여, '문화자원을 통한 관광목적지의 독특성 증진' 방안에 대한 발제에서 템플스테이, 한식 등을 소개하였다.

한편, 2009년에는 OECD 회원국간 문화와 관광 접목의 성공사례 공유를 위해 제작된 '관광에 있어서의 문화의 영향력(The Impact of Culture on Tourism)' 간행물에 한국 문화관광 우수사례인 '템플스테이'를 수록하였다. 가장 주목할 만한 성과 중의 하나는 2009년 4월에 발표된 '한식 세계화 추진계획'의 전략 중 '우리 식문화 홍보'를 통해 관광자원으로서의 한식의 중요성을 인식시킨다는 목표를 세우고, 우리 관광의 견인차 역할을 한식에 부여하기 위한 한식 세계화(Globalization of Korean Cuisine) 사업을 OECD 차원에서 진행시킨 것이다. 특히 2012년에는 OECD 관광위원회 부의장국으로 한국이 활동하게 되면서 제90차 OECD 관광위원회(2012.9.24~26)를 유치하여 전라북도 무주에서 개최하였으며, OECD 관광위원회 공식사업의 일환으로 포함된 '창조경제와 관광(creative economy and tourism)' 프로젝트를 지원하여 출판물을 발행하였다(문화체육관광부, 전게 2013년 기준 연차보고서, pp.87~89. 참조).

## 제 3 절 아시아 · 태평양관광협회(PATA)

PATA(Pacific Asia Travel Association: 아시아 · 태평양관광협회)는 아시아 · 태평양 지역의 관광진흥활동, 지역발전 도모 및 구미관광객 유치를 위한 마케팅활동을 목적으로 1951년에 설립되었다. 태국 방콕에 본부를 두고 있으며 북미, 태평양, 유럽, 중국, 중동에 각각 지역본부가 있다.

주요 활동으로는 연차총회 및 관광교역전 개최, 관광자원 보호활동, 회원들을 위한 마케팅 개발 및 교육사업, 각종 정보자료 발간사업 등이 있다. 현재 73개국 1,000여개 관광기관 및 업체가 회원으로 가입되어 있으며, 전 세계에 39개 지부가 결성되어 있다.

우리나라에서는 문화체육관광부, 한국관광공사 등 총 34개 관광관련 기관 및 업체가 PATA 본부회원으로 가입되어 있으며, 매년 연차총회 및 교역전에 참가하여 세계여행업계 동향을 파악하고 한국관광 홍보 및 판촉상담활동을 전개하고 있다. PATA 한국지부에는 총 120개 기관 및 업체가 회원으로 가입되어 있으며, 지부총회 개최, 관광전 참여, 관광정보 제공 등의 활동을 하고 있다.

우리나라는 PATA 관련 국제행사로 1965년, 1979년, 1994년, 2004년 PATA총회 및 이사회, 1987년 PATA 관광교역전, 1998년 PATA 이사회를 개최한 바 있다. 특히 2004년 제주 PATA총회에서는 제주도를 세계적인 관광지로 부각시키고자 적극적으로 국내외 홍보를 추진하였으며, 그 결과 PATA 총회 사상 최대인 48개국 2,145명이 참가한 성공적인 행사로 평가받았다. 또한 2013년 PATA Hub City Forum Seoul을 개최하여 PATA본부 CEO Martin Craigs 및 주요 국내 인사들이 참석하여 한국관광산업의 현안사항을 논의하였다.

한편, 우리나라의 PATA관련 수상내역을 살펴보면, 2005년도에는 우리나라가 관광포스터와 마케팅 부문에서, 2007년도에는 마케팅미디어 비디오 부문에서, 2009년에는 마케팅 캠페인 부문과 가이드북 부문, 2010년에는 영상부문, 2012년에는 마케팅 캠페인 부문, 2013년에는 마케팅 미디어 부문에서 PATA Gold Awards를 수상했다(문화체육관광부, 전게 2013년 기준 연차보고서, pp.90~91. 참조).

## 제 4 절 국제항공운송협회(IATA)

IATA는 International Air Transport Association의 약자로 본부는 캐나다 몬트리올에 소재하고 있다. 1945년 4월에 설립되었다. 내력으로는 1944년 2월 시카고에서 개최되었던 국제운송회의에서 구 IATA(1919년 설립, 유럽의 전 항공회사가 가맹)를 계승, 전 세계의 항공회사를 기반으로 하는 새로운 조직 설립에 합의, 1945년 4월 쿠바의 아바나에서 조직되고, 캐나다의 몬트리올에 본부를 두고 정식으로 발족하였다. 1954년 2월에는 일본항공이 정회원으로 가맹하였으며, 회원은 정회원과 준회원으로 구성된다. 초기에는 유럽과 북미 지역 31개 국가의 57개 회원사로 시작하였으나, 오늘날은 전 세계 각 대륙 126개 국가의 240여 회원사로 구성되어 괄목할 만한 성장을 이루었다. 항공사 간 항공운송에 관한 국제적인 기구로 60여 년 동안 항공산업의 상업적 기준(commercial standard)을 발전시켜 왔다. IATA는 전 세계 240여 개의 여객과 화물 leading airline member로 구성되어 국제선 항공운송의 94%를 차지하고 있으며, 항공산업을 대표하고(Represent), 선도(Lead)하며 봉사(Serve)하는 것을 Mission으로 삼고 있다.

IATA는 가맹국의 공공적인 항공운송을 행하는 정기 항공회사로서 국제운송을 행하고 있는 회사가 정회원, 국내운송의 담당회사가 준회원이며, 회원수는 정회원이 174개사, 준회원이 35개사이다. 조직으로는 최고 의결기관은 연차총회, 회원에게는 모두 1표의 결의권이 부여된다. 연차총회의 하위에 사무총장 등의 임명을 행하는 실질적인 최고기관인 상임위원회가 있고 18명의 상임이사로 구성된다. 상임이사회 아래에는 기술·재정·법률·의무·운송·자문의 상설위원회가 있고, 전문분야의 연구·토의를 하고 있다. 또, 사무총장하에서는 구체적인 사무처리를 하는 운송·기술·홍보·총무·감사의 5부 외 항공회사 간에 운임정산을 행하는 정산소가 있다. 그 외 운송회의가 운송자문위원회에 의해 운영되고, 운임의 토의·결의를 한다. 한편, 사업활동과 내용을 보면, 매년 연차총회를 개최하고 항공운송, 기술, 경영 등의 모든 문제를 토의·결의한다. 운송회의 등 각 분야의 회의를 소집·운영하고 문제의 해결을 도모하는 한편, 관계정부와 국제기관에의 협력, 의회와 항공회사 간의 조정을 도모한다. 또, 회원에게 정보제공을 비롯한 협정운임표의 작성 등 다양한 서비스도 한다. 지부를 제네바에, 사무소를 런던, 뉴욕, 싱가포르 등 세계 7대 도시에 두었다. 간행물로는 *IATA Mileage Manual*, *IATA Passengers Manual* 등 다수가 있다.

## 제 5 절 미주여행업협회(ASTA)

미주지역 여행업자 권익보호와 전문성 제고를 목적으로 1931년에 설립된 ASTA(American Society of Travel Agents : 미주여행업협회)는 미주지역이라는 거대한 시장을 배경으로 세계 140개국 2만여 명에 달하는 회원을 거느린 세계 최대의 여행업협회이다.

회원들의 전문성 제고와 판촉기회를 확대하기 위하여 연례행사로 연차총회 및 트레이드쇼, 크루즈페스트 등을 실시하여 각국 NTO와 관광업계의 판촉활동의 장을 마련하고 업계동향에 대한 세미나 개최 등 유익한 교육 프로그램을 제공한다. 매년 미국 내뿐만 아니라 해외에서 연 1회 순회하면서 개최되던 연차총회 개최방식이 2006년부터 상반기(3~4월) 중 해외에서 개최되는 해외총회(International Destination Expo)와 하반기(9~10월) 중 미국 내에서 개최되는 국내총회(The Trade Show)로 나뉘어 연 2회 개최되는 것으로 변경되었다.

1973년 한국관광공사가 준회원으로 가입되었으며 1979년 ASTA 한국지부가 설립되어 운영되고 있다. 우리나라는 미주시장 개척의 기반을 다지기 위하여 동 기구 내 홍보활동을 지속적으로 추진해 오고 있으며, 매년 연차총회 및 트레이드쇼에 업계와 공동으로 한국대표단을 파견하여 판촉 및 정보수집 활동을 전개하고 있다. 1983년에는 총회 및 교역전을 서울에 유치하여 대형 국제회의 개최능력을 전 세계에 홍보한 바 있다. 또한 2007 ASTA 제주 총회(3.25~29, ICC 제주)를 성공적으로 개최하면서 미주관광시장에 대한 동북아 관광거점 확보 기틀을 마련하였고, 회의 개최지인 제주도의 국제관광 이미지가 제고되었다는 평가를 받고 있다. 2010 ASTA 연차총회 및 교역전(9.12~9.14, Orlando, FL)에는 공사 뉴욕지사가 현지 여행업계와 참가하여 한국 부스 운영 및 한식 등을 홍보하였다. 공사는 ASTA 연차총회 등 ASTA행사에 참가해 현지 여행업계와 방한상품을 개발하고 한국 부스 운영 및 방한관광 홍보 등 다양한 연계사업을 추진한 바 있다(문화체육관광부, 전게 2013년 기준 연차보고서, pp.92~93. 참조).

## 제 6 절 국제민간항공기구(ICAO)

ICAO는 International Civil Aviation Organization의 약자로 1947년 4월에 설립되었으며, 본부는 캐나다의 몬트리올에 있다. ICAO는 UN산하 전문기구로 국제항공운송에 필요한 원칙과 기술을 발전시키고, 국제항공운송의 계획과 발달의 조정을 설립목적으로 하고 있다.

내력으로는 1944년 11월 시카고에서 개최되었던 국제민간항공회의에서 작성되었던 국제민간항공조약을 통해 ICAO의 설립을 규정, 이 회의에서 미국의 주장으로 제 2 차 세계대전의 연합국 · 중립국 중 52개국이 참가하게 되었다. 국제민간항공조약의 정식 발효까지의 기간에 대처하기 위해, 1944년의 회의에서 작성하였던 잠정협정을 기초로, 1945년 8월 PICAO(잠정 국제민간항공기구)를 발족, 1947년 4월 조약의 발효와 함께 영구기관으로서의 ICAO가 정식으로 발족, 1947년 5월 국제연합의 전문기관 중 하나가 되었다.

회원수는 1990년 11월 현재 161개국에 달한다. 조직은 총회, 이사회, 각종 위원회, 기술과 운송기관의 전문부분, 지구항공회의 및 사무국으로 구성된다. 총회는 투표권 1표를 가진 가맹국에 의해 구성되는 최고 의결기관으로 통상 3년에 1번 개최된다. 이사회는 총회에 대해 책임을 지는 기관으로 특정 자격을 가진 가맹국 중 총회에서 선출된 33개국에 의해 구성된다. 총회와 각종 회의의 소집을 행하고, 조약위반의 보고, 국제표준 및 권고당한 방식의 채택, 임의적 조사 등을 행한다. 이사회 아래에는 재무, 항공 보안업무 공동유지, 법률, 항공운송, 항공위원회가 있다. 그중에도 항공위원회는 11개의 전문부회를 가지고 항공기술 전반을 폭넓게 취급하고, 전문부회에서 작성하는 원안을 심의하여 이사회에 제출한다.

최대 사업활동은 국제항공이 안전 · 정확 · 능률적이기 위해 올바른 국제표준 권고방식을 작성하고 채택하는 것이다. 이것은 국제민간항공에 관한 구체적인 주요 사항을 취급하는 것으로서 그 이행은 엄격하며 의무화되어 있다. 그 외 국제항공운송의 무역화와 경제효율화, 국제항공법의 연구, 민간항공에 관한 행정, 경영상의 조언 등 폭넓게 활동하고 있다. 또, 운임협정의 작성을 IATA에 위탁하고 있다.

### Tip 헬기장 지명 약어 RKDD 배정

독도 헬리콥터장이 국제민간항공기구(ICAO)로부터 지명약어(Location indicator)를 배정받았다. 공식 등록된 지명약어는 'RKDD'. 대한민국을 뜻하는 RK와 독도(Dokdo)를 조합했다. 13일 경찰청 관계자는 "지난달 ICAO로부터 독도 헬기장을 정식 등록하고 지명약어를 배정받았다는 회신을 받았다"고 밝혔다. 경찰에 따르면 8월 독도 경비대를 관할하는 경북지방경찰청은 항공안전본부(국토해양부)에 독도 헬기장을 ICAO 지명약어에 등록해 달라고 의뢰했다. 항공안전본부의 요청에 따라 ICAO는 9월 한국에 독도 헬기장을 정식 등록하고, 분기별로 발간하는 지명약어 모음집(ICAO Doc 7910/129)에 반영했다.

경찰청 관계자는 "이번 등록에 따라 앞으로 각국 항공 당국과 항공기들은 RKDD라는 이름으로 독도를 부르게 된다. 독도의 효율적 관리에 기여하는 것은 물론 독도가 한국 영토임을 확인하는 의미도 가질 것"이라고 설명했다.

ICAO의 지명약어는 전 세계 공항 · 착륙장 등에 부여하는 일종의 고유 지명이다. 네 자리의 영문 부호로 표기하며 전 세계의 항공 통신 · 관제, 항공운항 계획, 기상정보 등에 활용된다. 독도 헬기장은 경찰 경비대 막사가 있는 독도의 동도(東島)에 자리 잡고 있다.

경찰청 · 산림청 · 소방청 및 경상북도 등 지자체 소속 헬기가 주로 이용한다. 경북경찰청 관계자는 "외국 국적 항공기가 독도에 착륙한 선례는 없으나 선박 조난 등의 비상시엔 이착륙할 수 있다"며 "지명약어 배정을 계기로 10월 말까지 독도 헬기장의 관제 시스템을 보다 체계적으로 개편할 것"이라고 밝혔다.

항공안전본부에 따르면 ICAO는 각 국가의 영공을 식별하도록 구분한 비행정보구역(FIR : Flight Information Region)에서 독도를 한국 영공에 속하도록 규정해 왔다.

자료 : 중앙일보(2008.10.14)

## 제 7 절 동아시아관광협회(EATA)

EATA는 East Asia Travel Association의 약자로 1966년 3월에 설립되었으며, 본부는 일본 도쿄에 소재하고 있다. 내력을 보면, 1966년 싱가포르를 제외한 7개 국가의 공적 관광기구로 설립되었으며, 그 후 공동선전사업의 확대와 함께 항공회사 등이 입회하였다. 1972년 싱가포르가 정부관광국으로 입회하고, 1984년 싱가포르가 정부관광국으로 탈퇴하였으며, 1986년 필리핀 관광성 탈퇴, 1988년 마카오 여행업 탈퇴, 1989년 필리핀 정부관광성 재입회, 1991년 필리핀 정부가 관광성으로 탈퇴하였다.

설립목적은 지역・지리적 근접성과 각기 독자적인 매력이 있는 관광자원을 가지고 있는 하나의 관광권을 구성하고 있는 동아시아지역 모든 나라(대만, 일본, 홍콩, 한국, 마카오, 태국)에 대해 공동관광선전 등의 실시로 구미・호주로부터 이 지역으로의 관광객 유치를 보다 효과적으로 촉진하는 것이다.

회원으로는 정부회원(동아시아지역의 대외적인 관광선전활동을 실시하고 있는 정부기관 또는 특수법인), 항공 회사원, 준회원(여행업협회, 호텔협회)으로 구성되어 있다. 조직은 연차총회, 이사회, 실무수행의 사무총장과 사무국 외 마케팅위원회, 7지부(소재지 ; 뉴욕, 시카고, 로스앤젤레스, 시드니, 런던, 프랑크푸르트, 파리)로 구성되어 있다. 사업과 그 활동은 현재 여행업계를 대상으로 하는 관광박람회의 참가와 영화회 개최, 유력 일반지와 업계지에 광고, 매스컴 관계자에게 정보를 제공하는 활동, 관광선전영화, 인쇄물 작성・배포 등이 있다.

## 제 8 절 여행업자협회 세계연맹(UFTAA)

UFTAA는 Universal Federation of Travel Agents Association의 약자로 1966년 11월 이탈리아 로마에서 설립되었으며, 본부는 파리에 소재하고 있으며, 사무국은 브뤼셀에 있다. 설립목적은 세계의 관광업자 이익의 보호・증진・통일 ・사회적 지위를 유지하는 것, 관광관계 모든 기관과 협의하여 사회적 활동을 행하는 것이다. 내력으로는 1966년 11월 여행업자국제연맹(FIVA : International Federation of Travel Agencies)과 여행업자협회통일기구(UOTAA : Universal Organization of Travel Agent Association)가 합병되어 설립되었다.

UFTAA의 설립목적은 여행업자를 대표하고, 여행업자의 이익을 위하여 관광과 관련한 정부기관, 민간국제기관과 교섭하는 기관으로서 활동은 물론, 여행업자의 직업적 지위를 확립하고 권위의 향상을 도모하는 데 있다.

회원으로는 국가협회, 여행사, 호텔, 관광안내소, 관광산업 투자자 등으로 구성되었으며, 회원으로는 국가협회 81개 회원을 가지고 있다. 조직은 총회와 이사회, 집행위원회, 사무국이며 그 사업과 활동으로는 여행업 관련도서 자료수집, 국제회의의 보고, 여행업 관련출판, 전문위원회(항공, 해운, 도로, 운송, 호텔, 법제, 교육, 직업훈련, 자동화)의 개최 등을 한다. 간행물로는 *Currier UFTAA/FUAAV*, 총회보고서, 기술리포터 등이 있다.

UFTAA는 관광이 발전하면서 관광산업에 관계된 공적 및 사적 기업체의 이익에 따라, 상호간에 정보 교환과 협조의 필요성이 인식되었고, 이를 위해서는 조직적인 행동을 통해서 공동의 목표를 추구하기 위해 설립된 것이다.

## 제 9 절 국제회의협회(ICCA)

ICCA는 International Congress & Convention Association의 약자로 1963년 여행사를 중심으로 여행사와 관련된 유럽 각지의 국제회의사업의 빠른 성장이 이루어짐에 따라, 이에 관련된 정보 획득과 교환을 위해 설립되었다. ICCA는 오늘날 국제회의산업 부문에 있어 가장 활발한 활동을 진행하고 있는 조직이며, 국제 이벤트, 숙박, 교통, 전문가 등이 회원으로 가입되어 있다. 전 세계 약 80여 개국의 850여 회원이 가입되어 있는, 국제회의 관련 국제기구로서 가장 규모가 큰 조직이다. 각국의 컨벤션뷰로, 정부관광기구, 컨벤션센터, 호텔, 국제회의 기획업체, 국제회의 전문언론사 등의 각 기관이 회원으로 가입되어 있다. ICCA는 네덜란드, 말레이시아, 미국, 우르과이에 사무실을 두고 있다.

설립목적은 회의산업을 위한 세계적 커뮤니티를 형성하고, 회원들의 경쟁력 확보와 유지에 있다. 그 구체적인 설립목적은 다음과 같다.

### ◆ 설립목적

- 국제회의의 적극적인 유치와 선전활동 제공

- 국제회의에 관한 전문적 서비스 제공
- 국제회의 개최에 따른 회원의 균등이익 제공

### ◆ 주요 활동

- 국제회의와 관련한 각종 정보를 수집, 분석, 회원에게 제공
- 국제회의 유치와 운영관련 전문프로그램 실시
- 국제회의산업의 관련책자 발간

ICCA는 국제컨벤션산업 육성을 위해 국제회의 통계자료를 작성하고, 국제회의 기준 설정, 국제회의 관련정보교류, 연차총회를 비롯한 각종 이벤트 및 워크숍 개최 등의 사업을 전개하고 있다. 정기회의는 4개국 순회로 개최된다. 2003년의 연차총회는 부산전시컨벤션센터인 BEXCO에서 개최되었다. 당시 세계 40여 개국의 컨벤션관련 기관 고위 관계자 350여 명, 국내 관련학과 및 국제회의 전문업체 150여 명이 참가하여, '국제회의 산업의 변화와 전통(Progress & Tradition)'이라는 주제로 개최되었다.

CHAPTER 7

# 언어 및 종교와 국제관광

## 제1절 언어와 국제교류

지구상에 언제부터 인간이 거주하였으며, 그들은 처음부터 무엇으로 의사소통을 하였고, 언어구상은 어떻게 하였을까 하는 것은 매우 흥미로운 일이다.

지금까지는 인류문화의 발생지가 일반적으로 이집트의 나일강 유역과 이라크의 유프라테스강과 티그리스강 사이에 전개된 메소포타미아 평야지대와 인도의 인더스강, 갠지스강 유역과 중국의 황하강 유역 등 크게 4개 지역인 다지역기원설(多地域起源說)이 우세하였으나, 최근에는 세계에서 가장 오래된 유인원(類人猿) 오스트랄로피테쿠스가 인류학자들에 의해 남아프리카공화국에서 발견되어 주목을 끌고 있다.[31)]

지금까지 발견된 가장 오래된 인류화석은 1974년 이디오피아에서 발견된 320만년 전의 것으로 추측되는 유인원이었으나, 그 유골은 일부만 발견되어 자세한 연구가 어려웠다. 그러나 이번에 발견된 것은 남아프리카공화국의 요하네스버그 북서쪽의 스터크폰테인 동굴에서 발견된 가장 오래된 358만 년 전 유인원으로, 1.22m의 키에 직립보행능력을 가졌으며, 다리뼈 네 개와 정강이뼈 및 두개골은 1994년과 1997년에 각각

31) 1978년 남아프리카공화국에서 1억 9000만 년 전의 세계 최고(最古) 공룡화석이 발견되었는데, 이것은 현재 캐나다의 토론토대학에 보관 중이다.

발굴되었다. 성별은 분명하지 않으나, 나무에 기어오를 수 있는 큰 앞발가락을 가지고 있어, 오늘날의 침팬지와 매우 유사한 생활을 한 것으로 보인다. 남아프리카공화국의 유인원 화석연구는 인류와 원숭이의 관계와 인류의 이동경로 연구에 큰 역할을 할 것으로 기대되며, 인류가 세계 여러 지역에서 고대로부터 각각 진화하였다는 '다지역기원설(多地域起源說)'과 '단일지역기원설(單一地域起源說)'의 관계를 설명할 수 있는 좋은 계기가 될 것으로 생각된다. 그러므로 이번 발견은 유인원이 인류의 발원지인 아프리카에서 약 350만 년 전부터 살았으며, 직립원인들이 약 1백만 년 전 남아프리카공화국에서 발원하여 [그림 7-1]에서 보는 경로를 통하여 이동하였다는 학설이 더 설득력을 얻을 것이다.[32)]

## 1. 언어의 의미 및 기능

언어연구는 언어를 통해 인간의 분포, 민족이동 및 문화권을 연구하여, 문화지역의 특성을 고찰할 수 있는 언어지리학(Linguistic Geography)의 근간이 된다. 언어는 인간 상호간의 의사소통의 모체로서, 전 세계를 통하여 옛날부터 전하여 오는 긴 역사를 가지고 있다. 그러므로 언어는 말(Speech, Spoken Language), 글(Writing, Written Language), 부호나 몸짓(Body Language) 등을 넓은 의미에서 포함시키고 있다. 언어연구에는 말에 대한 것이 1차적이고, 글에 대한 것이 2차적 연구이다. 말은 인종을 막론하고 사람이기 때문에 가지는 속성인 데 반해, 글(文學)은 어떤 문화권에 속하느냐에 따라 글을 가질 수도 있고 가지지 않을 수도 있는 문화의 부수적인 소산이라고 볼 수 있다. 따라서, 오늘날 세계의 언어는 얼마나 되며 그것이 어떻게 분포되어 있는가는 주요 관심의 대상이 된다.

일반적으로 세계의 언어는 다양다종해, 이들의 발음, 어원, 글의 구성 등에 의해 여러 가지 유형으로 분류할 수 있다. 이를 통해, 민족, 인종 및 이동경로를 고찰할 수 있고, 또한 같은 민족 내에서도 지역사회에 속한 계층의 속성에 따라 표준어(Standard Language)와 방언(Dialect)이 구분되는 등 문화의 지역차가 발생하기도 한다.

32) 중앙일보, 인류사 비밀 한꺼풀 벗나, 1998.12.11, p.9.

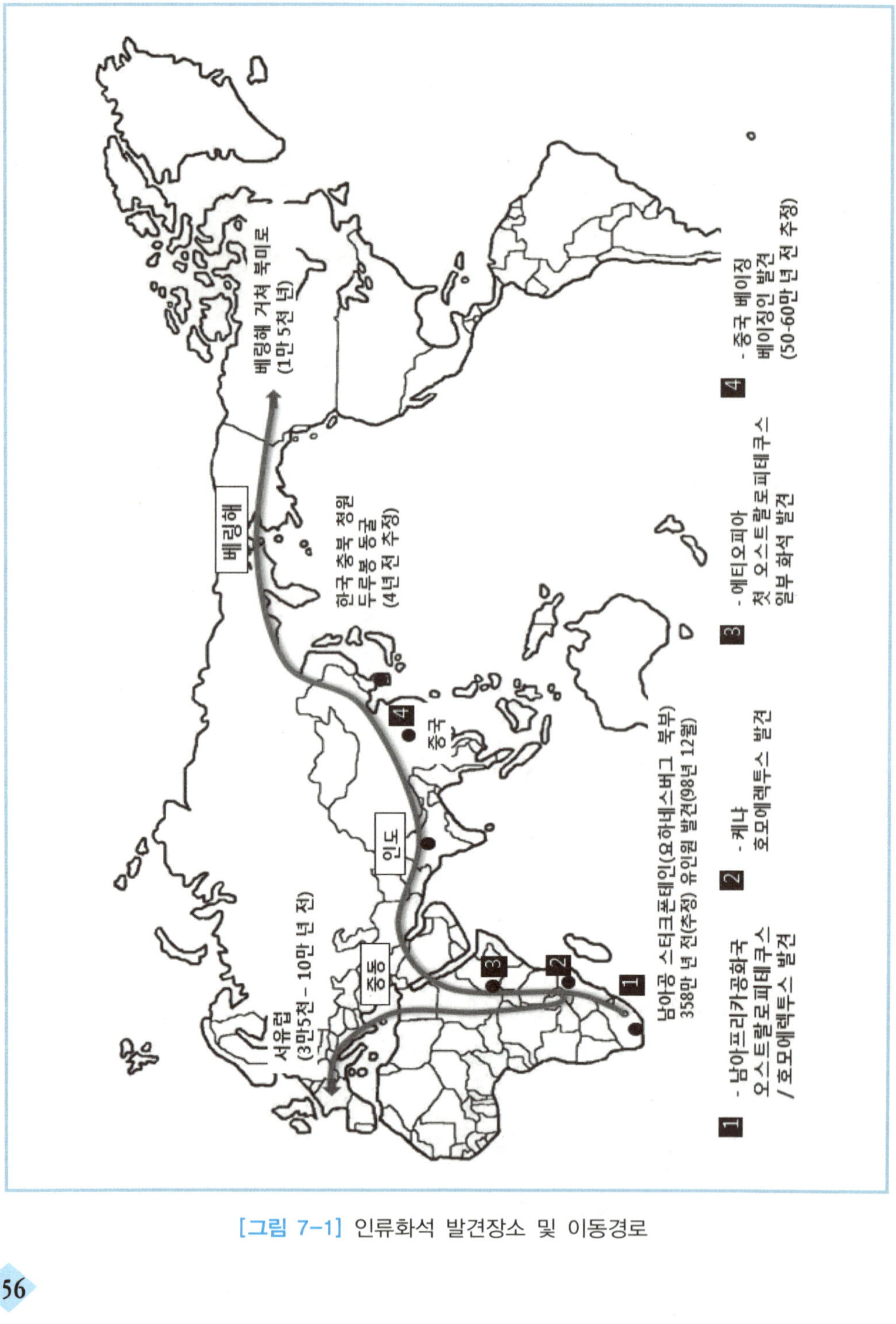


[그림 7-1] 인류화석 발견장소 및 이동경로

언어는 같은 언어계통인 어족(語族, Language Families)으로 구분하는데, 동일 어족이지만 어원의 민족인 근원지(Origin)로부터 멀리 이동함에 따라, 언어의 변화가 나타나 상이한 언어로 탈바꿈하기 때문이다. 오늘날 지상의 언어는 3,000~5,000개에 달하는 것으로 보이며, 언어(말) 중 자기 고유의 글이 있는 언어는 고작 100개 정도이다. 이런 면에서 글이 있는 민족은 자랑할 문화를 가진 민족이라 할 수 있다.

말과 글이 없었던 시대에는 동물과 같이 말이 아닌 다른 방법으로 전달(Non-verbal Communication)할 수 있다. 손짓, 발짓, 몸짓 및 어깻짓 등 상대에게 직접적인 몸의 동작(Gesture)을 통하여 의사를 전달할 수 있고, 물고기나 동물의 그림을 통해 의사를 전달할 수도 있으며, 나무를 꺾어서 방향을 표시하여 안내해 주는 표시언어(Manifestation Language)적 의사전달방법도 있다.

비언어 의사전달의 예를 들어 보면, 엄지손가락을 올려 세움으로써 '첫째', '일등', '우두머리' 등으로 의사가 전달되고, 같은 모양의 엄지손가락 위 → 옆→아래 방향으로 움직이면 '타도', '매장'의 의미가 전달되고, 새끼손가락을 올려 세우면 '약속', '애인', 엄지손가락과 집게손가락으로 동그라미를 그리면 '돈'을 의미하여, 두 손가락으로 V자를 만들면 승리(Victory) 등을 의미하게 된다. 또한, 사람의 얼굴을 위아래로 흔들면 같은 의사표시로 동의(同意 ; Agree)를 표시하게 되고 좌우로 흔들면 다른 의사 '부동(Not Agree)'을 의미하게 된다. 한편 야구시합 때 코치가 상황판단을 하여 타자에게 몸짓으로 사인(Sign)을 보낸다든가, 혹은 양팔과 손을 머리 위에 활모양으로 굽혀 올려 "사랑해" 하는 표시가 있다. 따라서 인간의 몸짓으로서의 의사전달은 문화의 상이(相異)에 따라 약간 다를 수도 있으나 이 모두가 몸짓언어(Body Language)라고 할 수 있다.

## 2. 언어와 국제관광

과거 우리나라에서 외국인과 언어를 통한 것은 당(唐)나라의 빈공과(賓貢科)를 첫째로 꼽고 있다. 빈공과는 외국인에게 시험을 치게 하는 과거로서, 관비(官費) 유학생이 사비(私費)로 들어가는 사람 수효보다는 훨씬 많았다고 하는데, 이에 응시해서 가장 많이 합격한 사람이 신라인이었다.[33] 그 수는 모두 58명이며 18세에 급제한 최치원(崔致遠)도 이 중의 한 사람이었다고 한다. 합격한 58명 중 당나라에 등용된 사람은 10여 명으로 이들은 나 · 당(羅 · 唐) 말에 능통한 통역인으로서 당시의 외교는 물론 통상에 관한 여러 가지 일을 처리하였다.

인근 국가와 접촉을 가진 국가 중 신라는 대개 중국어 통역관이 많았으나, 고구려와 백제는 일본과 교류가 많았으며, 일본어 통역관은 대개 백제계 귀화인(歸化人)이나 고구려 또는 발해계 귀화인들이 많았다고 한다. 일본과의 통역인을 통사(通事)라고 하는데, 서기 605년 수나라 때 오노노 이모코에게 수행했던 안사쿠 후구리(鞍作福利)라는 백제계 귀화인이 바로 그 당시의 통역인이었다. 백제계 사람들이 일본에서 크게 활약한 이유는 백제가 외국인을 많이 받아들이고, 또 일본으로 많이 배출하는 교량적이고 중개적인 역할을 했기 때문이다. 북쪽 연(燕)나라 왕의 태자였던 왕인(王仁)을 고구려 장수왕이 볼모로 잡아왔고, 이 왕인(王仁)이 다시 백제로 넘어갔으며, 그는 고구려인도 백제인도 아닌 낙랑 왕씨의 후예로 낙랑 멸망 때 백제로 들어갔다. 백제에 들어온 그는 박사의 자리를 얻은 후, 일본과 정치적 교섭을 꾸준히 하였고, 그 후 일본에서 학자를 구한다고 하자 백제의 14대 근구수왕(近仇首王 : 375~384)의 명령으로 일본에 건너가 침체되었던 문화를 찬연하게 일으키는 데 큰 역할을 하였으며, 이름도 와니키시(和邇吉師)로 개명까지 하였다.

이와 같은 사실로 미루어 볼 때, 사람들의 유동에 따라 중국인이 한국에, 한국인이 일본으로 이동하며 북동아시아 언어의 유동이 형성된 것으로 유추할 수 있으며, 한 · 중 · 일의 세 나라 말(言語)을 통할 수 있는 국제통역인이 생겨나게 되었음을 알 수 있다. 그러나 귀화인들은 세월이 흘러감에 따라 국제적인 통역인으로서 역할과 자격이 상실되어 버리자, 일본에서도 청소년 20명을 골라 통역을 목적으로 신라말을 가르쳤던 사실도 있다.

그러나 한때 통역하는 이들 사이의 폐단이 일어나자, 이를 없애기 위해 고려 충렬왕 2년(1276년) 금내(禁內)의 학관(學管) 중에서 7품 이하의 벼슬인 참외(參外) 해당자로서, 40세 미만된 사람을 뽑아 한어(漢語)를 배워 익히게 하는 역어(譯語) 전담관청으로

33) 閔餓 : 古代사람의 외국말 통역, 1979, pp.94~97.

통문관(通文館)을 설치하였다. 이는 조선왕조에 이르러 사역원(司譯院)이라 고쳐 불렀고, 또 통역을 맡은 사람을 통사(通事)라 호칭하게 되었다.

오늘날 국제관광의 장애요인의 하나로서 큰 비중을 차지하는 것은 상대 국가와의 언어가 통하지 않는 데 있다. 언어가 통하지 않음으로써 상대방을 오해하거나 또는 상대방으로부터 위협을 받을 때도 있다. 옛날 타국의 국민들과 개인간의 접촉, 정보교환, 의사소통의 필요성이 없었을 때에는 세계 언어의 필요성이 그리 절실하지 않았으나, 오늘날은 교통이 발달하여 전 세계가 지구촌화되고 사람들의 해외여행이 점점 용이해지며, 과학 · 학문 · 산업 모든 분야에 선진국가의 학문과 사람들을 접촉하여야 하는 경우가 늘어남에 따라, 그 어느 때보다도 세계적인 공통어의 필요성을 느끼게 한다. 이러한 현상은 관광분야에서 더욱 두드러져 관광객과 환담할 수 있는 언어의 상통(相通)은 관광객을 유치할 수 있는 유인요인(Full Factor)으로도 역할을 하게 된다.

## 제 2 절 언어의 분류

지구상에 존재하는 언어의 수는 인종의 수만큼 복잡하기 때문에 정확한 수치는 알 수 없으나, 미국의 언어학자는 2,796개로 말하고, 그 외의 학자들은 3,000~5,000개, 최대로는 5,600개까지 들고 있다. 학자에 따라 예측되는 언어의 수가 상당한 차이가 나는 이유는 첫째, 언어는 엄격한 언어학적 기준에 의하여 한정하기가 어려워, 두 언어를 단일언어의 방언으로 보느냐 또는 두 언어로 보느냐의 기준이 모호하기 때문이며, 둘째, 세계의 언어 중에는 아직도 언어학적 연구대상에서 제외된 언어가 많기 때문이다.

오늘날의 지구상의 언어는 서로 유사하거나 공통적인 특징을 지니고 있는 언어들을 하나로 묶어 보는 유형적 분류(Typological Classification)와 계통적 분류(Generalogical Classification)의 두 가지로 구분되고 있다.

## 1. 유형적 분류(類型的 分類)

Friedrich V. Schlegel(1772~1829)과 그의 형인 August V. Schlegel(1767~1845)은 언어의 유형적 분류시 낱말의 내부적 교체변화현상을 보고, 문법적 관계와 접촉(Affix)을 고려하여 다음 세 유형으로 구분하였다.

- **고립어(Isolating Language) 또는 분석어(Analytic Language)**

언어의 낱말들이 전혀 변하지 않으며 한 낱말이 한 개의 의미를 가지고 있는 것으로, 여러 개의 개념이 한 낱말 속에 결합된 것이 아니다.

낱말 자체는 아무런 변화 없이 전후 분석적으로 고립되어 있으며, 다만 어순(Word Order), 언어의 위치(Word Position)에 따라 문법관계가 다르게 나타난다(예 : 중국어).

- **통합어(Synthetic Language) 또는 굴절어(Inflectional Language)**

여러 개의 관념이 한 낱말에 들어 있어 낱말보다 풍부한 내용을 가지게 되지만, 대체적으로 한 낱말에 포함되는 구체적인 뜻의 범위를 적절한 한계 내에 보존하려는 경향이 있다. 낱말의 문법관계는 주로 굴절(Inflection)에 의하여 표시된다(예 : 라틴어, 그리스어, 인도-유럽어(Indo-European Language)).

- **교착어(Agglutinating Language) 또는 첨가어(Affixing Language)**

한 낱말 속에 여러 가지의 언어학적 요소를 집어넣고 있는 언어이며, 이 요소들은 별개로 따로 분리해 낼 수 있다. 즉 어간과 어미의 구별이 명확하고 쉽게 구분된다(예 : 우랄-알타이어).

## 2. 계통적 분류(系統的 分類)

인간사회에 있어서 친척관계가 있는 사람들이 선조를 찾아 거슬러 올라가면 그들이 동일한 조상을 가지고 있는 것처럼, 서로 유사성을 보여주고 있는 언어를 비교하여 보면 같은 어족(Language Families)임을 알 수 있고, 이 언어들을 역사적으로 거슬러 올라가면 이 언어들이 분가되어 나온 조상의 언어(Parent Language)를 알 수 있다.

지구상에 존재하는 언어들의 친족관계를 밝히고 그 언어들의 파생관계를 인간의 가계 계보(家系系譜)에 비유하여 언어의 계보를 밝히는 것을 계통적 분류라 한다.

학자에 따르면 지구상의 모든 언어는 단 한 개의 최고 조어에서 분기(分岐)되어 나왔다고 하는 일원설과 몇 개의 어족(Language Families) 조어가 있었다고 생각하는 다원설이 있으나, 일반적으로 20여 개 어족의 조어가 이미 존재하고 있었다고 생각하는 것이 일반적인 견해이다. 20여 개의 어족 중에 가장 뚜렷하고 넓게 분포된 어족은 8개로 분류된다.

- 인도-유럽어족(Indo-European Family)
- 햄-셈어족(Hamito-Semitic Family)
- 반투, 부시만, 호텐토트어족(Bantu-Bushman-Hottentot Family)
- 우랄-알타이어족(Ural-Altaie Family)
- 드라비다어족(Dravidian Family)
- 인도네시아, 폴리네시아, 멜라네시아어족(Indonesian, Polinesian, Melanesian Family)
- 중국-티베트어족(Sino-Tibetan Family)
- 기타, 토착어족(Other, Aborigine Family)

## 3. 사용인수(數)에 의한 분류

오늘날 사용하고 있는 언어를 사용하고 있는 사람의 수로 계산하는 것은 큰 오차가 있다. 그 이유는 초기에는 동일 언어로 사용되었으나 시간과 환경의 변화에 따라 민족 이동이 발생하게 되고, 다른 지방의 지역 언어와 조금씩 결합하여 방언으로 변화할 수 있기 때문이다. 전 세계적으로 3천만 이상 사용되어지는 언어를 보면 〈표 7-1〉과 같이 35개 언어가 있다. 그중에 가장 많은 사람에 의하여 쓰여지는 언어를 보면 1위가 중국어(7.8억 명), 2위 영어(4.2억 명), 3위 힌두어(2.9억 명), 4위 스페인어(2.87억 명), 5위 러시아어(2.15억 명) 순이며, 1억 명 이상 사용되어지는 언어도 12개어 이상이 있다.

〈표 7-1〉 언어의 종류와 사용인수

(단위 : 백만 명)

| NO. | 언어 | 사용인 수 | NO. | 언어 | 사용인 수 |
|---|---|---|---|---|---|
| 1 | Mandarin(China) | 775 | 18 | Telugu(India) | 62 |
| 2 | English | 420 | 19 | Marathi(India) | 61 |
| 3 | Hindi | 290 | 20 | Contenese(China) | 60 |
| 4 | Spanish | 287 | 21 | Wu(China) | 57 |
| 5 | Russian | 215 | 22 | Javanese | 52 |
| 6 | Arabic | 173 | 23 | Turkish | 51 |
| 7 | Bengali | 168 | 24 | Vietanmese | 50 |
|  | (Bangladesh, Indo) |  | 25 | Min(China) | 46 |
| 8 | Portguese | 163 | 26 | Thai | 44 |
| 9 | Malay-Indonesian | 128 | 28 | Ukrainian | 42 |
| 10 | Japanese | 123 |  | Polish | 41 |
| 11 | German | 117 | 29 | Swahili(East Africa) | 38 |
| 12 | Franch | 113 | 30 | Kannada(India) | 38 |
| 13 | Urdu(Pakistan) | 82 | 31 | Gujarati(India) | 37 |
| 14 | Punjabi | 71 | 32 | Malayalam(India) | 33 |
|  | (India, Pakistan) |  | 33 | Tagalog(Philippines) | 32 |
| 15 | Korean | 66 | 34 | Persian |  |
| 16 | Italish | 64 |  | (Iran, Afghanistan) |  |
| 17 | Tamil | 63 | 35 | Burmese | 30 |
|  | (India, Sriranka) |  |  |  |  |

동일어군(語群)에 속하는 인도-유럽어군은 오늘날 영어, 희랍어, 힌두어, 러시아어로 분류되고 세계 인구의 절반을 차지하고 있다. 또 같은 어류를 보면 로마어류에 속하는 언어는 불어, 스페인어, 이탈리아어가 있고 또 독일계어는 영어, 독어, 네덜란드어가 있다. 또 한편으로 동일한 언어를 사용하는 한 국가에 있어서도 국민의 계층에 따라서도 사용하는 언어가 상이하다. 예를 들면 아랍어를 사용하는 사우디아라비아는 사원, 학교 및 신문에서는 고전적 아랍어를 사용하고 있다.

한 국가에서 2개 국어 이상을 사용하는 국가를 보면 중국의 Mandarin어, Catoness어, Wu어, Min어가 있고, 23개 지방주(Canton)로 구성된 스위스는 로마인과 게르만 민족의 지배하에 있었던 복잡한 역사를 지닌 튜턴족과 라틴족은 Romanish어(스위스의 방언)가 1.0%로 구성되어 있다. 캐나다의 Quebec주에서는 불어가 사용되는 반면, 그 외 지역에서는 영어를 사용하고, 홍콩에서는 영어와 중국어(관동어, 북경어, 상해어)가 사용되고, 필리핀에서는 타갈로그어가 국어로 쓰이고, 스페인어와 영어가 공용어로 쓰이는 것 이외에도 7종의 언어가 있다. 또, 파키스탄에서는 Urudu어와 영어가, 방글라데시에서는 방갈어와 영어가 쓰이고, 이곳에 이주한 아리안족은 산스크리트어를 사용하고 있으며, 이외에도 많은 국가에서 2개어 이상의 언어를 사용하고 있다.

한편, 한 국가 내에 여러 다른 언어를 쓰는 국가가 있다. 이것은 복합민족이 단일국가를 형성하고 있기 때문이다. 인도의 Hindu족은 인도 아리안계에 속하고 북서방면에서 침입한 유럽계 인종이며, 원주민 드라비다족을 데칸고원지역으로 내쫓고 힌두스텐평원에 널리 분포하며, 인도주민의 중심을 형성하고 있으나 여러 민족으로 구성되어 있다. 전체 주민은 약 800인 종이 있는데, 이것은 Hindu족(Indu-Ariba족), 드라비다족, 인도티베트어족(몽골계) 등 3인종이 가장 많고, 언어는 약 179개어로 되어 있으나(방언까지 합하면 1,500여 종), 1956년에 Bengali어, Urdu어, Punjabi어, Telugu어, Marathi어, Kannada어, 즉 Hindi라고 부르고 Pakistan에서 쓰이는 공식적인 언어는 우르두(Urdu)어라고 부른다.

언어가 사용되어지는 지역별로 보면 영어가 영국을 비롯하여 캐나다, 미국, 오스트레일리아, 뉴질랜드 등 가장 넓은 지역에 분포되어 있고, 다음으로 브라질(포르투갈어)을 제외한 스페인어가 넓게 분포되어 있다. 이와 같은 현상은 선진국에 장기간 지배되어 온 것과 관계가 깊다.

## 제 3 절 언어의 지역적 분포

언어(言語)의 세계적 분포는 앞에서 설명한 바와 같이 민족의 이동과 밀접한 관계를 가지고 있다. 민족의 이동은 사람들이 보다 더 살기 좋고 먹을 것이 많은 곳을 찾아 이동한 경제적인 원인과 다른 민족의 침입에 대한 도피적인 이동에 따라 나타나는 이동을 생각할 수 있다.

## 1. 인도-유럽어족(Indo-European Family)

약 1만여 년 전부터 인도-유럽어족의 모어(母語)인 산스크리트어에서 분파된 언어의 형태가 유럽으로 전파되고 오늘날 유럽 대부분의 언어들이 소위 인도-유럽어족(Indo-European Family)이라 불리는 언어권에 속한다. 인(印)·구(歐)라는 명칭은 인도와 유럽의 첫 글자를 딴 것으로 이 지역에 분포하고 있는 여러 언어들은 친근관계가 있다고 보고 이들을 한 어족으로 묶은 명칭이다. Primitive Indo-European Language(Proto Indo-European Language)를 사용한 선사민족(先史民族)은 약 5000년 전 우크라이나(Ukraine)지방 일대에 살다가 이동하여 유프라테스강 및 인더스강변에 정주했다. 그 후 이들은 유럽 본토와 서아시아지방에 걸쳐 살면서 유목생활을 했다고 한다. 인도-유럽어족의 계보를 보면 다음과 같이 분류된다.

〈표 7-2〉 Indo-European어족의 계보

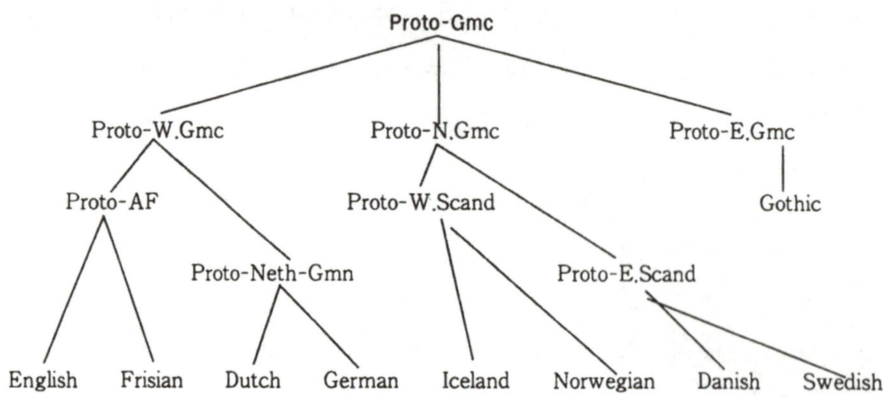

[그림 7-2] 인도-유럽어족의 분포

Indo-European Family가 분포한 오늘날의 지역적 분포는 [그림 7-2]에서 보는 바와 같이 북유럽의 아이슬란드에서 스칸디나비아반도와 유럽 전국, 구 소비에트연방(USSR)을 통하여 시베리아 중앙부에 걸쳐 극동지역까지 분포하고 있으며, 남쪽으로는 아시아의 이란을 거쳐 아프카니스탄, 파키스탄과 인도의 동남부를 제외한 전 지역을 포함하여 오스트레일리아의 동남부 및 뉴질랜드에 분포하고 있다. 또한, 캐나다 중부를 제외한 남북 아메리카지역으로 분포되어 있어서 전 세계 절반 이상에 인도-유럽어족이 분포하고 있다.

Indo-European어족은 〈표 7-2〉에서 보는 바와 같이, 선사서부게르만어파(Proto-West Germanic Branch), 선사동부게르만어파(Proto-East Germanic Branch)로 대별되며, 오늘날 다음과 같은 10개 언어가 모두 Indo-European Language Family에 속한다.

- 인도-이란어(Indo-Iranian Branch) : Indian어, Iranian어
- 슬라브어파(Slavic Branch) : Great Russian어, 불가리아어, 세르브-크로아티아어, 슬로베니아어, 슬로바키아어, 체코어, 폴란드어, 백러시아어, 발트어,

리투아니아어
- 아르메니아어(Armenian) : 발칸반도의 프리지아어
- 알바니아어
- 그리스어
- 로만스어파(Romance Branch) : 이탈리아어
- 게르만어파(Germanic Branch) : 스웨덴어, 덴마아크어, 노르웨이어
- 켈트어(Celtic Branch) : 아일랜드, 스코틀랜드
- 토카라어(Tocharian) : 지금은 없어진 언어
- 히타이트어(Hittite) : 지금은 없어진 언어

## 2. 햄-셈어족(Hamitic-Semitic Family)

햄족과 셈족의 분포지역은 건조한 지역에 걸쳐 있는데, 아라비아반도를 중심으로 한 셈어파는 긴밀한 친근 관계가 있으나, 햄어파는 그러한 통일성이 약하다. 햄어파는 모로코를 비롯하여 알제리, 리비아, 이집트, 수단, 에티오피아, 소말리아에 걸쳐 분포하고 있으며, 셈어파는 사우디아라비아 지역의 건조지방에 걸쳐 분포하고 있다. 오늘날에는 햄-셈어파 대신 아프로-아시안어족(Afro-Asiatic Family)이라고도 한다. 오늘날 햄-셈어파족에 속하는 국가를 보면 다음과 같다.

### ◆ Ham어파(Hamitic Branch)

- 이집트어(Egyptian) : Egypt
- 베르베르어(Berbers) : Africa 북서부(산악지대 및 사막에서 사는 민족)
- 쿠시제어(Cushitic) : Africa의 북동부(에티오피아를 제외한 전지역)
- 차드제어(Chadic) : 차드, 나이지리아 북부

### ◆ Sem어파(Semitic Branch)

- N.E Sem어파 : 사우디아라비아의 북동부
- N.W Sem어파 : 시리아, 팔레스티나(히브리어), 이스라엘(아라비아어와 히브리어가 공용어)

- S. Sem어파 : 사우디아라비아 남부, 에티오피아

[그림 7-3] 햄-셈어족의 지역분포

## 3. 반투-부시만-호텐토트어족 (Bantu-Bushman-Hottentot Family)

반투-부시만-호텐도트어족이 살고 있는 지역은 북아프리카지역의 Ham어족과 Sem어족이 살고 있는 지역과 남아프리카공화국을 제외한 중·남부 아프리카 전체이다. 아프리카 중남부의 주요한 어족은 반투어족이다. 반투어군 가운데 가장 잘 알려진 언어는 스와힐리어이며, 이 언어는 상업언어로서 대부분의 지역에서 쓰이고 있다. 그 밖에 주루어, 난자어, 호자어, 소토어가 있다. 나이저-콩고어족의 나머지 하위어족들은 아프리카 서단부의 남쪽에 집중되어 있다. 부시만어와 호텐토트어의 코이사어족을 형성하며, 아프리카의 남단부로부터 북쪽으로 뻗어나가서 반투어에 둘러싸여 있다.

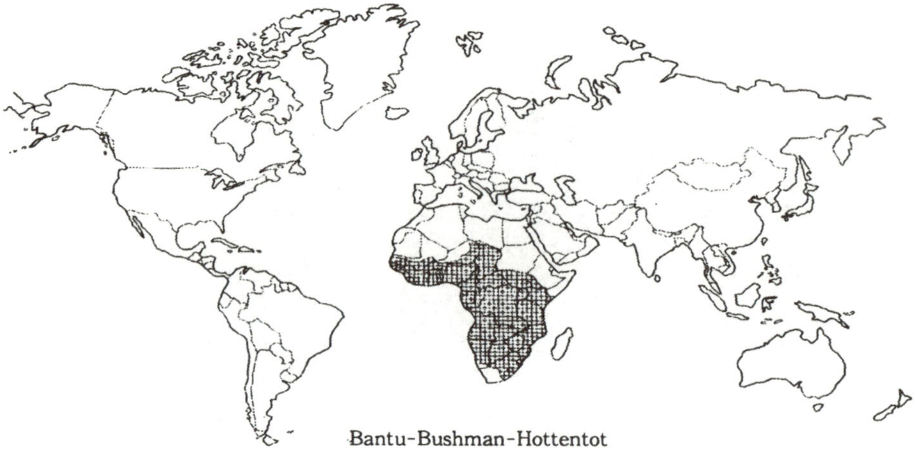


[그림 7-4] 반투-부시만-호텐토트어족의 지역분포

## 4. 우랄-알타이어족(Ural-Altaic Family)

우랄-알타이어족은 동양인과 가장 밀접한 관계가 있는 어족으로, 우랄어족(Uralic Family)과 알타이어족(Altaic Family)으로 분류되고 있으나, 아직 그 친근 관계가 확립되지 않고 있다.

### ◆ 우랄어족(Uralic Family)

■ 핀-우글어파(Finno-Ugric)

- 핀어(Finnish)
- 라프어(Lappish)
- 헝가리어(Hungarian)
- 카렐리야어(Karelian)
- 모르디빈어(Mordvin)
- 에스토니아어(Estonian)
- 체레미스어(Cheremis)
- 보탸크어(Votyak)
- 보굴어(Vogul)
- 오스탸크어(Ostyak)

■ 사모예드어(Samoyed)

- 네네츠어(Nenets)
- 셀쿠프어(Selkup)

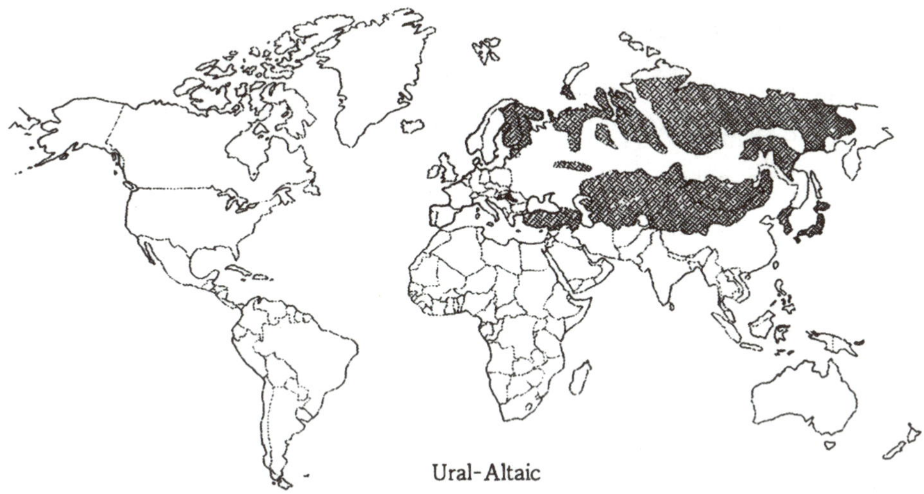


[그림 7-5] 우랄-알타이어족의 지역분포

이 중에 가장 중요한 것이 핀어(Finnish)와 헝가리어(Hungarian)이다. Fin어족의 선조는 기원전 2세기부터 기원 초까지, 남부 우랄지방에서 거주하다가 서쪽으로 이동해 발트해를 건너 오늘날 핀란드에 정착한 것으로 추측되며, 에스토니아어는 발트해의 동쪽 에스토니아(Estonian)국가에서 사용되고 있다. 헝가리어는 마자르어(Magyar)라고도 하는데, 오늘날 헝가리에서 사용되고 있다. 핀어와 마자르어 및 에스토니아어를 언어의 섬 또는 인종의 섬이라고도 부른다.

### ◆ 알타이어족(Altaic Family)

알타이어족이라고 부르는 이유는 오늘날 몽골의 서부 산악지대 알타이산맥 동부에 살았을 것으로 추정한 데서 유래되었다. 그러나 우랄산맥 남부지역에 살고 있는 우랄어족과의 사이에 친근관계가 있다는 확실한 증거는 아직 없다. 알타이어족에는 다음과 같은 언어가 있다.

■ 투르크(Turkic)어군

- 터키어(Turkish)
- 우즈벡어(Uzbek)

- 카자흐어(Kazakh)
- 키르기스어(Kirgiz)
- 투르크멘어(Turkmen)

■ 몽골(Mongol)어군

- 할하어(Khalkha)
- 부리아트어(Buriat)
- 다구르어(Dagur)
- 호르친어(Khorchin)

■ 퉁구스(Tungus)어군

- 만주어(Manchu)
- 에벤키어(Evenki)
- 골디어(Goldi)
- 퉁구스어(Tungus)

■ 한국어(Korean)어군

이상과 같이 분류하여 볼 때, 우랄-알타이어의 오늘날의 지역적 분포 정도는, 우랄어는 우랄산맥을 중심으로 서쪽으로는 발트해의 동쪽으로 핀란드와 에스토니아에서부터 우랄산맥의 북부 해안지역과 중앙시베리아 고원을 거쳐 극동 북부지역의 베르호얀스크 산맥지역에까지 분포하고 있다.

또한, 알타이어족은 오늘날 터키를 비롯하여 러시아의 볼가강, 중앙아시아, 이란 북부 및 카스피해를 거쳐 서쪽의 카프카츠산맥을 중심으로 분포하고, 몽골 북쪽에서 러시아의 남동부 및 한국, 일본 등지로 분포하고 있음을 알 수 있다.

## 5. 드라비다어족(Dravidian Family)

드라비다어족이 분포하고 있는 지역은 인도의 남부지역을 중심으로 스리랑카 및 말레이시아 일부 지역으로 이 어족 중 기원전부터 가장 오랜 전통과 문화를 가진 것은 인도 남부에 분포하고 있는 타밀(Tamil)어이다. 드라비다어계의 언어는 교착어의 성격을 가지고 있어서 우랄어계 또는 알타이어와 동일한 유형에 속하는 것으로 보는 학자도 있다.

■ 드라비다어족

- 타밀어(Tamil)
- 텔레구어(Telegu)

- 말라얄람어(Malayalam)
- 카나레스어(Kannarese)
- 브라후이어(Brahui)
- 곤디어(Gondi)
- 쿠루크어(Kurukh)
- 쿠이어(Kui)

[그림 7-6] 드라비다어족의 지역분포

## 6. 인도네시아, 폴리네시아, 멜라네시아어족 (Indonesian, Polinesian, Melanesian Family)

인도네시아어는 말레이반도의 남부를 비롯하여 수마트라섬, 자바섬, 보르네오섬, 셀레베스섬과 같은 작은 도서와, 파푸아뉴기니섬의 서부와 동부, 즉 오늘날 인도네시아 전역을 포함한 지역이다. 특히 주목되는 것은 아프리카 동남부에 위치한 마다가스카르섬에 인도네시아어족이 분포하고 있다는 것이다. 마다가스카르섬의 지질학적 구조는 아프리카대륙과 유사하나, 지상에 살고 있는 인종을 비롯해, 생태계의 양상이 인도네시아의 그것과 유사하여 해당 분야 학자들의 연구의 대상이 되고 있다.

한편, 오스트레일리아 북동부 태평양지역에는 수많은 섬들이 분포하고 있기 때문에 많은 섬들은 날짜변경선(E. 180°)을 기준으로 하여, 그 동쪽에 분포하고 있는 섬들을 한데 묶어 폴리네시아(Polinesian), 서쪽에 있는 섬을 한데 묶어 멜라네시아(Melanesian)라고 하고, 멜라네시아 북서쪽 즉 북서 태평양상에 있는 섬들을 한데 묶어 미크로네시아(Micronesian)라고 한다.

[그림 7-7] 인도네시아, 폴리네시아, 멜라네시아어족의 지역분포

Jahanes Schmidt(1843~1901)는 이 지역의 어족을 다음과 같이 구분하였다.

### ◆ Malayan어족

- 말라가시어(Malagasy)
- 자바어(Javanese)
- 순다어(Sundanese)
- 말레이어(Malay)
- 타갈로그어(Tagalog)
- 바하사어(Bahasa)
- 인도네시아어(Indonesia)

### ◆ Polynesian어족

- 마오리어(Maori)
- 사모아어(Samoan)
- 피지어(Fijian)
- 하와이어(Hawaiian)

## 7. 중국-티베트(Sino-Tibetan Family)어족과 기타 아시아어족 (Other Asian Family)

중국-티베트어족의 지역적 분포를 보면 중국의 동북부, 즉 만주지방에서 북쪽의 아무르강 유역에서 동남쪽으로 중국의 본토를 거쳐 서쪽으로 쿤륜산맥을 북경계로 한 티베트고원과 남쪽으로 미얀마, 타이, 라오스, 캄보디아에서 말레이반도 중상부 전 지역에 걸쳐서 광대한 지역에 분포하고 있다.

### ◆ 중국-티베트어족

■ 중국어

- Sinic(Chinese : Mandarin : 官語)
- 북방어(北方語) : 양자강 이북
- 샹어(湘語) : 양자강 중류
- 우어(吳語) : 양자강 하류
- 학카어(客家語) : 화남지방
- 민어(閔語) : 대만, 해남도
- 광동어(廣東語) : 광동지방

■ 캄-타이어군(Kam-Tai Language Group)

- 귀주어(貴州語) : 중국 남서부
- 수어(水語)와 캄어 : 호남, 광서
- 타이제이어 : 베트남 북부, 라오스 북부

■ 티베트-버마어군(Tibet-Burman Language Group)

- 티베트어(Tibetan)
- 버마어(Burmese)
- 롤로어(Lolo)
- 카친어(Kachin)
- 카렌어(Karen)

■ 먀오-야오어(Miao-Yao) : 화남지방에서 인도까지 부분적으로 분포

### ◆ 기타 아오어

에스키모어가 주로 분포하고 있는 지역은 오늘날 알래스카의 서해안에서 캐나다 북해안, 그린랜드 서남해안 지역이다.

[그림 7-8] 중국-티베트어족과 기타 아시아어족의 지역분포

## 8. 기타 토착어(Other, A borigine)

오늘날 세계의 언어에는 언어들 사이의 계통관계가 불확실한 언어가 대단히 많고 복잡하다. 세계적으로 토착어의 계보가 불확실한 것을 보면 America어, Indian어, Africa의 원주민어, 동부 시베리아의 길랴크어(Gilyak), 유카기르어(Yukagir) 등이 있으며, 일본의 홋카이도에는 Ainu어가 있다. 또 코카서스(Caucasus) 지방의 언어에 속하는 조지아어(Georgian) 또는 그루지야어(Gruziya)는 그 상호관계와 어계(語系)가 불명확해, 막연하게 옛 아시아어(Paleo-Asiatic) 또는 옛 시베리아어(Paleo-Siberian)라 부르고 있다.

세계에서 토착어가 분포하고 있는 지역을 보면 [그림 7-9]에서 보는 바와 같이 아프리카의 콩고강유역(자이레)을 비롯하여, 북미대륙의 북해안에 아시아계 인종이 거주하는 남부지역, 즉 아프리카에서 캐나다의 동부지역까지 걸쳐 분포하고 있다. 또 남아메리카지역 아마존강의 저지에서 페루, 볼리비아 고지에 이르는 지역과, 오스트레일리아의 사막 및 북부해안 열대지방과 뉴기니아 산지에 분포하고 있다.

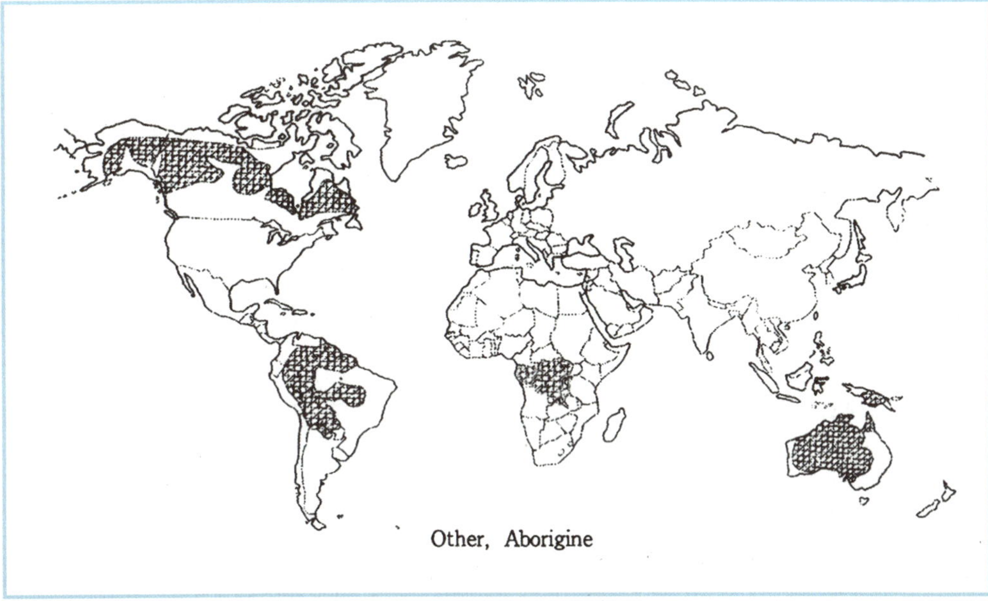


[그림 7-9] 기타 토착어의 지역분포

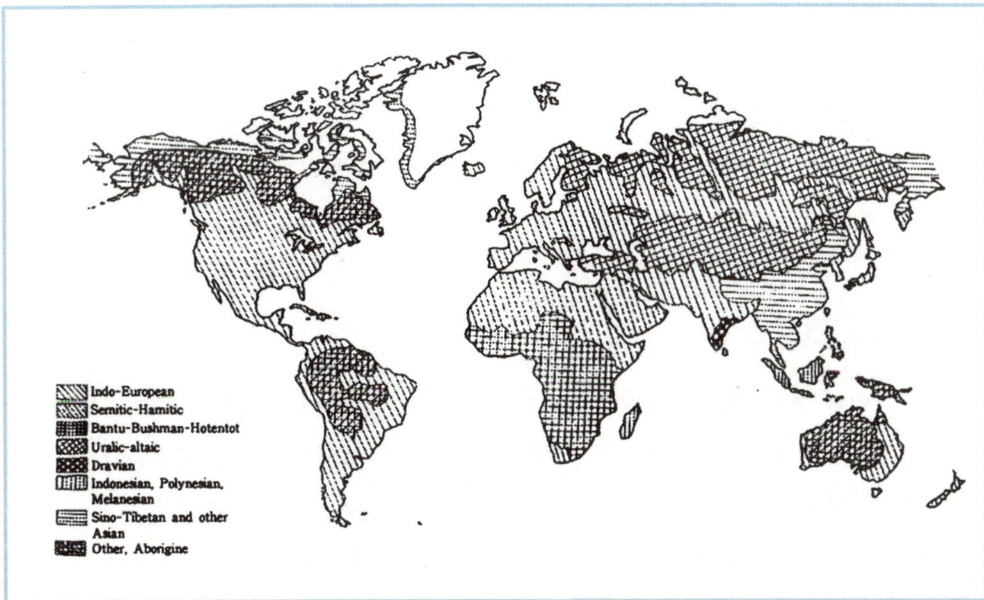


[그림 7-10] 세계언어의 지역분포

# 제 4 절 현대언어와 국제관광

## 1. 현대언어의 지역적 특성

### 1) 아시아지역

아시아지역은 복잡한 문화적 배경을 이루고 있기 때문에 민족, 종교, 언어의 분포가 대단히 복잡할 뿐만 아니라, 정치적 배경과 사회적 문제가 얽혀 더욱 복잡하게 되어 있다. 그중에서도 아시아지역의 북동쪽에서는 몽골인들의 침입으로 드라비다인, 아리아인과 소수의 원주민인 니그로와 혼합하게 되었고, 북서쪽에서는 카프카즈 인종인 아리안족이 데칸의 일부와 인더스강 및 갠지스강 유역을 차지하였기 때문에 드라비다인은 반도의 동남부로 이주하게 되었다. 이 지역에도 상이한 이민족이 단일국가를 형성하고 있는 국가가 많다.

인도는 언어의 종류도 매우 다양해 방언까지 합하면, 1,500여 종의 언어가 있으나, 1956년에 15개어로 정비하여 힌두어와 영어를 공용어로 정하였다.

필리핀에서는 스페인어와 영어 및 타갈로그어(국어)까지 7종의 언어로 구성되어 있으며, 스페인어와 영어가 공용어로 되어 있다.

오스트레일리아는 백인 및 원주민(Nigro)과 혼혈족으로 구성되어 있으며, 뉴질랜드는 백인 및 원주민(마오리족)으로 구성되어 있는데 모두 영어를 사용하고 있다.

### 2) 아프리카지역

오늘날 아프리카지역에 현대어가 분포하고 있는 것을 보면 크게 8개어가 있는데, N. 15° 북쪽의 유럽계 백색인종과 남쪽의 아프리카계 흑색인종으로 대별된다. 세계적으로 인종차별이 심한 남아프리카공화국도 유럽계의 백색인계가 많이 분포하고 있다. 그중에서도 아프리카의 북부지역에 해당하는 모로코에서 알제리를 거쳐 리비아, 이집트지역까지는 베르베르(Berber)어 즉 해미트(Hamite)어족에 속하고, 아랍지역에 이르러서는 세미트(Semite)어족에 속한다.

또 아프리카계 어족으로서 수단(Sudan)어족은 신장 170cm 이상의 장신으로 니그로(Negros) 중 가장 수준이 높아 신대륙에 노예로 매출되었으며, 기니아만의 라이베리아(Liberia)에서 가나(Gana), 토고(Togo), 나이지리아(Nigeria), 차드(Chad), 수단(Sudan)에 걸쳐 분포하고 있다.

그리고, 반투(Bantus)어계 중에 피그미(Pygmy)어족은 세계 최단신(120cm)으로 콩고(Congo)분지에 분포하고 있고, 부시만(Bushman)어족과 호텐토트(Hottentot)어족은 오늘날 칼라하리사막의 서쪽, 즉 나미비아, 보츠와나, 모잠비크 등지에 분포하고 있다. 또 최남단의 남아프리카공화국에서는 네덜란드어계와 영국계 백인들이 거주하고 있다. 오늘날 아프리카의 현대어 분포지역은 과거 유럽국가들의 식민지지역과 일치한다.

〈표 7-3〉 아프리카지역의 현대언어 분포

| 지역 / 언어 | 북부 Africa | 중서부 Africa | 중부 Africa | 동부 Africa | 남부 Africa |
|---|---|---|---|---|---|
| Africa어 | Egypt, Libya<br>Tunisie<br>Algerie<br>Morocco | – | – | – | – |
| France어 | Mauritanie | Chad<br>Senegal<br>Dakar Guniea<br>Côte d'Ivoire | Cameroon<br>Cen, African<br>Gabon<br>Congo<br>Zaire<br>Cameroon | Rwanda<br>Burundi | – |
| English어 | – | Gambia<br>Nigeria<br>Liberia<br>Ghana<br>Serra Leon | – | Kenya<br>Somalia | S. Africa<br>Lesotho<br>Swaziland<br>Botswana<br>Zimba<br>Malawi |
| Portugal어 | – | Cabo Verde | Angloa | | Mozambique |
| Swahili어 | – | – | – | Zaire<br>Tanzania | Mozambique |
| Italia어 | – | – | – | Somalia | – |

그중 가장 많이 사용하고 있는 언어를 보면 토착어를 비롯하여 영어까지 8개어가 주로 분포하는데, 아랍(Arab)어는 주로 지중해를 접하고 있는 북아프리카 국가로 프랑스어는 모리타니(Mauritania), 말리(Mali), 니제르(Niger), 세네갈(Senegal), 다카르(Dakar), 기니(Guinea), 코트디부아르(Côte d'Ivoire) 등의 중서부지역과, 카메룬(Cameroon), 중앙아프리카(Central African), 가봉(Gabon), 콩고(Congo), 자이레(Zaire)의 중앙 아프리카 및 동남부 아프리카의 르완다(Rwanda)와 부룬디(Burundi)까지 15개 국가에서 사용하고 있다.

또 영어는 감비아(Gambia), 시에라리온(Sierraleon), 라이베리아(Liberia), 가나 (Ghana), 나이지리아(Nigeria) 등 중서부 아프리카의 5개국과 중앙아프리카의 카메룬(Cameroon : 불어와 공용), 동부 아프리카의 케냐(Kenya), 소말리아(Somalia : 이탈리아어와 공용), 남아프리카공화국(South Africa Rep.), 레소토(Lesotho), 스와질란드(Swaziland), 보츠와나(Botswana), 짐바브웨(Zimbabwe), 잠비아(Zambia), 말라위(Malawi) 등 동남부 아프리카에 15개 국가가 사용하고 있으며, 포르투갈어도 카보베르데(Caboverde), 앙골라(Angola), 모잠비크(Mozambique) 등 3개 국가가 있다.

### 3) 유럽지역

오늘날 유럽의 여러 국가들은 인도-유럽어족에 속하는 국가들로서 크게는 3개의 어군(語群)을 형성하고 있다. 이것은 북유럽의 튜턴(Touton)족의 게르만(German)계 언어를 주축으로 한 노르웨이, 스웨덴, 독일을 비롯한 북서 유럽지역과, 프랑스를 비롯하여 이탈리아 등의 라틴(Latin)계 언어지역, 구소련을 비롯하여 루마니아, 구유고슬라비아 등 동부 유럽지역의 슬라브(Slave)계 언어군으로 구분된다.

현대 유럽국가는 각 국가마다 자기 국가의 언어를 소유하고 있으며 또 국가에 따라 인접국가와 어계(語系 · Language Blanch)가 상이한 비어적(飛語的)인 언어로서 핀란드에 핀어(公用語 : 90%), 헝가리의 마자르족이 사용하는 헝가리어가 있다. 이 언어들은 우랄-알타이어계에 속하는 언어로서 그들의 생활 속에는 동양적인 전통이 스며 있다.

오늘날 세계어로서 인정받고 있는 영어는 북독일에 거주하는 튜턴족의 한 분파인 앵글로-색슨족이 오늘날 영국(U.K.)과 에이레(Eire)지역으로 이동하여, 그 지역의 원주민 켈트(Celt)계 아일랜드인을 서북쪽으로 추출함으로써 본토지역에 분포하게 되었으며, 최근에 그 세력이 확장되어 신대륙을 점령, 언어의 세력이 크게 확장돼 세계어적 역할을 하고 있다. 또 인도-유럽어족에 속하는 프랑스어는 영어에 버금가는 국제어로 캐나다의 퀘벡주와 아프리카의 15개 국가에서 통용되고 있다.

또 유럽에는 상이한 언어를 가진 복합민족이 단일국가를 형성하고 있는 국가가 많다. 구소련(USSR)은 100여 개의 소수민족으로 15개의 공화국이 연방으로 구성되어 있으며, 러시아어를 공용어(150종의 언어)로 하였으나, 최근에 자유화의 물결에 많은 지역이 분리・독립하였으며 국명을 러시아(CIS)로 개칭하였다. 또 체코슬로바키아는 체코어를 사용하는 체코인(2/3)과 슬로바키아어를 사용하는 슬로바키아로 분리되고, 또 6개의 공화국과 2개의 자치주로 구성된 유고슬라비아는 동일어를 사용하는 어족끼리 분리・독립하기 위한 전쟁에 휩싸여 있다. 그러나 독어(65%)와 프랑스어(18%), 이탈리아어(12%), 기타(1%)로 구성된 스위스는 영세중립국으로 그 명맥을 유지하고 있다.

### 4) 남북 아메리카지역

북아메리카와 남아메리카를 구분할 때 파나마를 경계로 구분하는 자연적 구분과, 미국과 멕시코의 국경을 중심으로 북쪽의 앵글로아메리카와 남쪽의 라틴아메리카로 구분하는 문화적 구분이 있다.

앵글로아메리카는 튜턴족의 한 분파인 앵글로-색슨족인 영국인이 미국을 비롯한 캐나다에 진출하여 오늘날의 국가를 형성하였기 때문에 붙여진 이름이고, 라틴아메리카는 유럽의 라틴계통 즉 스페인과 포르투갈이 이 지역에 진출하여 붙여진 이름이다.

앵글로아메리카의 언어를 보면 전술한 바와 같이, 캐나다의 퀘벡지역과 세인트 로렌스(St. Lawrence)강 유역에서는 프랑스어를 사용하고, 그 외 캐나다와 미국 전역에서는 영어를 사용하고 있다. 한편, 라틴아메리카에서는 스페인어와 포르투갈어가 사용되고 있는데, 포르투갈의 식민지였던 브라질에서는 포르투갈어가 사용되고 있고, 그 외의 전지역인 멕시코에서부터 칠레까지 18개 국가에서 스페인어가 통용되고 있다. 다만, 카리브해 연안에 있는 자메이카는 영국의 식민지였기 때문에 영어가, 아이티는 프랑스 식민지였기 때문에 프랑스어가 공용어로 사용되고 있다.

오늘날 언어의 발생지는 어디이며, 인류 최초의 언어는 무엇인가 하는 것은 깊은 관심사가 아닐 수 없다. 인간은 집단생활을 하면서부터 의사소통수단으로서의 언어를 가지고 있었다. 점차 언어의 고유한 영역을 지키지 못하고 인접한 언어와 복합・분기(Branch)・변형되어 오늘날과 같이 많은 다른 언어로 변하게 되었다. 언어의 최초 발생지는 인류문화의 발생지와 관련지을 수 있고, 그것은 중국의 황하강, 인도의 인더스강과 갠지스강, 메소포타미아의 티그리스강과 유프라테스강 유역의 고대문명의 발생지와 결부시키는 것이 무리가 없을 듯하다.

현대국가의 언어특성은 세 부분으로 요약될 수 있다.

첫째, 현대언어의 분포지역을 보면 유럽지역은 선진국가가 결집된 지역으로 대부분의 국가가 모국어를 가지고 있으며, 지중해 남부지역 즉 북아프리카지역은 아랍어가 유통되고 있다. 또 선진국의 지배하에 있었던 아프리카는 유럽선진국, 즉 지배국 언어가 제2국어 또는 제1국어로 통용되고 있으며, 그중 프랑스어가 절대적인 세력을 가지고 있으며, 영어, 포르투갈어, 이탈리아어가 지역적으로 분포하고 있다. 북아메리카에는 영국계의 앵글로-색슨족이 분포하고 있으며, 앵글로-아메리카에서는 영어가 통용되고, 멕시코의 리오그란데강 하류의 전체 남아메리카에서는 포르투갈어를 쓰는 브라질을 제외하고는 스페인어가 통용되고 있다.

둘째, 1986년 현재 전 세계 3천만 명 이상이 사용하고 있는 언어는 만다린어(中國語)부터 미얀마어까지 35개어가 있으며, 그중에 인구수에 의한 세계 5대 언어를 보면 만다린어(7.7억 명), 영어(4.2억 명), 힌디어(2.8억 명), 스페인어(2.8억 명), 러시아어(2.1억 명)로 분류된다.

셋째, 1992년 현재 사용되고 있는 언어에 따른 국가수는 영어가 35개 국가의 공식적 언어가 되었으며, 16개 국가가 비공식언어로써 제2외국어가 되어 세계 전체 180개 국가 중 51개 국가에서 영어가 통용되고 있으며, 그 외에 프랑스어가 22개 국가, 스페인어가 19개 국가, 아랍어가 10개 국가, 독일어가 6개 국가에서 통용되고 있다.

오늘날 세계의 언어는 언어의 발달에서 그 계보와 언어의 행로가 뚜렷한 어족이 있는가 하면, 카탈로니아어와 같이 전혀 그 어족을 찾을 수 없이 외부 언어로 포위된 언어고도(言語孤島)가 있다. 예를 들어, 프랑스와 스페인의 국경지대에 있는 해발 2,800m의 피레네 산지에 있는 안도라공화국의 언어이다. 이 언어는 프랑스가 언어 통합을 위하여 1278년에 안도라 통합을 주장하였으나, 바스크인들은 산악인 기질로 이를 물리쳐 언어전쟁으로 유명해진 독특한 언어이다. 한편, 핀어, 랩어, 마자르어 및 루마니아어와 같이 민족의 대이동에 따라 먼 지역으로 비행(飛行)하여 외부의 언어로 둘러싸인 언어의 고도(孤島)가 있다. 또한, 선진 유럽국가들이 후진국지역을 장기간 정복함으로써 고유의 언어를 압도하고 선진국의 언어가 공용어로 사용되기도 한다.

## 제 5 절 종교와 국제관광

### 1. 종교의 의의(意義)와 분포

1998년 발발했던 이라크전쟁은 석유자원전쟁(資源戰爭)이라 할 수 있다. 오늘날 세계 동력의 원동력인 석유가 제3기 습곡산맥인 알프스 히말라야 조산대(造山帶)와 환태평양(環太平洋) 조산대지역에 분포하고 있어, 석유의 주요 산출국은 쿠웨이트를 비롯한 바레인, 사우디아라비아, 이라크, 이란 및 카스피해 해안지역과, 환태평양 조산대지역인 인도네시아를 비롯하여 미얀마, 중국, 알래스카, 미국, 베네수엘라 지역에서 생산되고 있다. 중동은 물이 부족한 지역이기 때문에 물의 확보에 대한 갈등은 기원전 8C부터 시작되어 왔었다. 수자원(水資源)에 대한 논쟁(論爭)은 아랍과 이스라엘의 갈등에서도 표출되었다. 상대적으로 작은 요르단강의 분지는 시리아, 이스라엘, 요르단 그리고 레바논에 의하여 공유되고 있으며, 이스라엘의 현재 물 공급량의 1/3 이상이 1967년 전쟁 이후에 점령한 영토로부터 나오고 있기 때문이다. 이 분쟁을 종교전쟁으로 보는데, 이는 이라크, 이란, 사우디아라비아… 등 건조한 지역의 이슬람교 국가들와 기독교 국가들 간의 분쟁이 빈번하게 발생하기 때문이다.

사전(辭典)에 의하면 종교란 초인간적인 숭고함이나 위대한 것을 외경(畏敬)하는 정의(情意)에 의거하며, 이것을 인격화하고 신앙, 기원(祈願) 및 예배함으로써 안심입명(安心立命), 축복, 해탈 및 구제를 얻기 위한 봉사의 생활을 영위할 때의 그 관계를 말한다.[34] 세계종교는 세계종교와 민족종교(民族宗教)로 대별된다. 세계종교는 그리스도교, 이슬람교, 불교(세계의 3대 종교) 등과 같은 높은 윤리관을 기초로 인생 본연의 자세를 지도하는 것이고, 민족종교는 원시종교, 유대교, 힌두교 등과 같이 민족의 수호신에게 강한 숭배의 의지를 나타내는 종교를 말한다. 각 종교는 종교마다 그 종교가 지니고 있는 독특한 예배의식이 있으며 명령의 권위를 지니고 있다. 또한, 각 종교는 교리(教理)의 행사 차이에 따라 구분하게 되는데, 세계 주요 종교에는 기독교를 비롯해 이슬람교, 불교… 등 많은 종교가 있다.

## 2. 세계 주요 종교의 성격

### 1) 그리스도교(Christian)

세계에서 가장 신자수가 많은 그리스도교는 이슬람교 및 불교와 더불어 세계 3대 종교 가운데 하나이다. 그리스도교는 전 세계 인구(61억 3천만, 2001)의 33%인 20억 명 정도가 신자이다. 그리스도교의 기점과 근거는 예수 그리스도로서 예수는 하나님의 아들이며 인류의 구원자로 믿는 것을 신앙의 근본 교리로 삼고 있고, 성지는 예루살렘이다.

그리스도교는 다시 가톨릭, 프로테스탄트, 동방정교 및 성공회 등으로 나누어진다. 유럽의 3대 민족 중 라틴민족은 가톨릭교(구교(舊教)), 게르만민족은 프로테스탄트(신교(新教)), 슬라브 민족은 그리스 정교(正教)를 신봉한다. 오늘날 기독교는 종교관광 중 가장 비중이 높은 종교부문으로, 이스라엘, 팔레스타인, 터키, 이탈리아, 바티칸, 포르투갈의 파티마, 멕시코의 과달루페 등이 유명 종교관광지라 할 수 있다. 특히 이스라엘의 유대인 구역, 예루살렘, 시온산, 베들레헴, 나사렛, 갈리리 호수 등의 예수 생전의 활동지역으로 대표적인 성지라 할 수 있다.

---

34) 이희승(1955), 국어대사전, 민중서림, pp.3477~3478.

① 가톨릭(Roman Catholic)

단순히 가톨릭이라고 할 때는 동방정교까지 포함하는 경우가 있어 최고의 지위가 있는 로마 교황이 있는 정통 가톨릭교회를 구별하기 위해 로마 가톨릭교회라고 부르기도 한다. 가톨릭은 그리스어로, '보편적'이라는 뜻을 가졌으며 2세기부터 교회를 가리키는 말로 쓰이기 시작했다. 신자는 약 10억 4,000만 명으로 보고 있다. 로마 가톨릭교의 분포지역을 보면 이탈리아(로마)를 중심으로 동북쪽으로는 체코와 폴란드, 서쪽으로는 프랑스, 스페인, 포르투갈, 남에이레 지역으로 전파되었으며, 이 지역에서 북대서양을 건너 북미대륙의 멕시코를 비롯하여 중앙아메리카지역과 또 남아메리카지역에서 북동지역의 프랑스 영토 가이아나를 제외한 전지역에 분포하였고, 아시아지역에는 필리핀에 전파되었다.

② 프로테스탄트(Protestant)

1517년 독일인 마르틴 루터가 로마 가톨릭교회에 대하여 개혁을 꾀하고 95개조의 의견서를 제출하여 교황의 교권을 부인·분리하면서 성립된 그리스도교의 한 분파이다. 프로테스탄트라는 말은 프로테스트(Protest : 항의하다)에서 기원했는데, 이 운동이 점차 전 유럽에 퍼져 큰 세력을 형성하여, 마침내 프로테스탄트(Protestant)라고 불리는 신교의 성립을 보았다. 주요 분포지역은 스위스, 오스트리아, 독일, 영국 및 스칸디나비아 여러 국가와 캐나다, 미국 및 호주, 뉴질랜드 등 신대륙국가들이 여기에 해당한다.

③ 동방정교회

사도 시대부터 예루살렘, 알렉산드리아, 루마니아, 그리스, 불기리아, 동유럽, 러시아 방면으로 퍼져 나가며 발전하여 오리엔트의 헬라 문화권 안에서 성장한 그리스도 교회를 총칭하는 것이다.

④ 성공회

영국교회, 영국 성공회, 잉글랜드교회, 앵글리컨처치라고 불리기도 한다. 영국에 가톨릭이 처음 전파된 것은 1세기 중엽으로, 가톨릭은 교회는 물론 정치적으로 영국을 지배하고 교회법정이 국가의 사법권을 대행했다. 성공회의 개혁은 헨리 8세

(1491~1547)와 캐서린 왕비의 결혼 무효소송으로 시작되었고, 1536년 로마의 감독권을 폐지하는 법령이 발표되었다. 엘리자베스 1세(1558~1603) 즉위 후 종교개혁의 정착기를 맞이하여, 가톨릭적이며 개혁적인 성공회의 전통을 형성하게 되었다. 이에 교황 피우스 5세가 엘리자베스 1세를 파문하자 성공회는 로마교회와 완전히 갈라섰다. 성공회는 북미, 아프리카, 아시아, 오세아니아로 확대되었다.

### 2) 이슬람교

이슬람교는 7세기 초 아라비아의 마호메트(무하마드)가 완성시킨 종교를 말한다. 이슬람교는 전지전능한 알라의 가르침이 마호메트에게 계시되었다고 하며, 유대교와 그리스도교 등 유대계의 여러 종교를 통합하여 완성시킨 유일신 종교라고 자칭한다. 이슬람교는 불리는 이름이 틀리는데 유럽에서는 마호메트교, 중국에서는 회회교 또는 청진교, 한국에서는 이슬람교 또는 회교라고 한다. 이슬람교에서는 '알라신 외에 다른 신은 없다'는 것이 이 종교의 신조이며 알라의 가르침을 모은 것이 '코란'이다. 이슬람교는 이슬람교의 사원인 모스크를 중심으로 생활하고, 신조암송(Shahada), 하루 5회 기도(Salat), 구제(Sakat), 라마단 금식(Saum), 성지순례(Hajj)의 5가지 종교적 의무를 이행해야 하는 이슬람법에 따라 생활하고 있다.

회교는 오늘날 43개 국가에서 절대적인 종교이며 전 세계인구의 20%인 12억만 신자를 확보하고 있는 세계 두 번째의 종교이다. 회교의 주요 분포지역을 보면 중앙아시아와 아프리카(N. 20° 이북지역)의 건조지역에 분포한다. 오늘날 모로코, 알제리, 리비아, 이집트를 비롯한 북아프리카 전역과 사우디아라비아반도 및 중앙아시아, 즉 터키에서 이라크, 이란, 아프가니스탄, 파키스탄 지역이며, 아시아지역에서는 인도네시아지역이 이에 속한다. 이슬람교는 수니파와 시아파로 양분되고 있다.

수니파는 여러 분파의 총칭을 가리키는 시아파와 상대되는 이슬람교 종파, 수니파 혹은 정통파라고도 한다. 수니(관행이라는 뜻)를 지키는 사람들의 파를 말하는데, 이들의 형성에 칼리프(계승자 혹은 대리자라는 의미)제도의 확립과 보유, 아랍민족의 우월권 확보 같은 정치적 이유가 작용한다. 수니파교도는 아랍과 이집트를 중심으로 이슬람권의 주요 부분을 형성하고 있다. 시아파란 '분판'이란 뜻으로 수니파 이외의 종파를 총칭한다. 교조 마호메트에게 아들이 없어 후계자를 둘러싸고 대립이 시작되면서 시아파가 생성되었다. 수니파는 마호메트의 후계자를 정통으로 보는 데 대하여 시아파는 마호메트의 사위 알리만을 정통으로 보고 있다.

2008년 이라크 Karbala의 Iman Hussein 사원에, 이슬람교의 시아파가 이맘 후세인의 순교정신을 기리기 위해 매년 개최되는 이슬람 최대축제 Ashura(아슈라 : 이슬람력 1월 10일)로부터 40번째가 되는 날에 열리는 행사에 참여하기 위해 9백만 명의 시아파 교도가 모였다. 시아파와 앙숙관계인 수니파의 사담 후세인이 이라크를 집권했던 기간에는 Karbala에서의 이 의식이 중단되기도 했었으나, 미국이 이라크를 침공하고 나서부터는 다시 재개되었고, 2003년에는 전파를 타고 세계에 방송되기도 했다. 이슬람교의 종교관광지는 이슬람교의 창시자인 무하마드의 탄생지이며, 사우디아라비아의 메카순례와 무하마드의 묘가 있는 메디나, 제다, 미나, 아라팟 지역이다.

### Tip 이슬람 성지순례 너무 비싸… 순례 포기 속출

이슬람 성지순례 '하지(Haj)'에 참여하려 했던 무슬림들이 값비싼 비용 때문에 순례를 포기한 사례가 속출한 것으로 나타났다. 성지순례는 경제 사정이 허락하는 한 일생에 한 번은 사우디에 있는 메카를 방문해 실행해야 하는 무슬림의 5대 의무 중 하나이지만 올해는 유난히 비싼 비용 때문에 순례를 포기한 이들이 많은 것으로 알려졌다.

사우디 여행업계에 따르면 지난 6~10일 진행된 올해 하지 기간의 사우디 호텔 숙박비는 지난해 같은 기간보다 25%가량 인상됐다고 아랍에미리트(UAE) 일간 더 내셔널이 10일 보도했다. 실례로 25일간 체류 일정의 패키지 상품 가격은 6만 1천 사우디리얄(한화 2,300만 원)로 지난해 같은 상품의 4만 7천 사우디리얄보다 무려 30%나 올랐다. 이처럼 숙박비가 크게 오른 것은 올초 사우디 정부가 메카 그랜드 모스크의 확장을 위해 인근 호텔 등 1천실 규모의 숙박업소를 철거하면서 잠자리가 크게 줄었기 때문이다. 이러한 사정으로 하지 전문여행사 중에는 처음으로 여행상품 출시를 포기하는 경우도 잇따랐다.

캐나다에 있는 여행사 대표 마무드 하비브는 "1983년 이후 매년 하지 상품을 통해 많은 순례객들을 사우디로 보냈는데 올해는 비용이 너무 비싸 사우디 대신 중동의 다른 성지들을 둘러보는 상품을 출시할 수밖에 없었다"고 말했다. 미국 미시간의 후다 자와드는 "올해 어머님과 함께 메카에 가서 하지에 참여하려 했지만 가격이 너무 비싸 포기했다"며 "성지순례를 원하는 많은 사람이 돈 문제 때문에 포기해야 하는 현실은 안타까운 일"이라고 말했다.

> 사우디 정부는 그러나 올해 하지 기간에도 숙박비 인상에 아랑곳하지 않고 예년과 비슷한 250여만 명이 메카를 방문한 것으로 추정하고 있다. 사우디 정부 관계자는 "호텔 비용이 비싸지긴 했지만 많은 이들은 여전히 메카를 방문해 종교적 의무를 이행하고 싶어 한다"고 말했다. 사우디 정부가 하지 때 성지순례로 거둬들이는 관광수입은 한 해 18억 달러(한화 2조 5천억 원)로 원유 및 가스 분야에 이어 큰 비중을 차지하고 있다.
>
> 기사 : 연합뉴스, http://blog.joins.com에서 인용

### 3) 불교

석가모니를 교조(敎祖)로 하고 있으며 성지는 인도의 부다가야이다. 불교는 대승불교(大乘佛敎)와 소승불교(小乘佛敎)로 구분되는데, 대승불교는 북동아시아 즉 중국, 한국, 일본 등지로 보급되었으며, 소승불교는 인도와 인도차이나 반도 국가, 즉 미얀마, 타이, 라오스, 캄보디아, 베트남 등지로 보급되었다. 불교의 주요 성지는 부처의 탄생지인 룸비니(Lumbini)로 인도의 국경도시 소나올리 북쪽에 위치한 네팔에 있다. 1997년 룸비니는 유네스코 세계문화유산으로 지정되었다. 또한, 보드가야(Buddha Gaya)는 석가가 득도한 장소로 이곳의 마하보디 사원은 석자에 대한 존경의 의미로 지어진 곳이다.

① **대승불교**(大乘佛敎)

대승불교의 대승은 "많은 사람을 구제하여 태우는 큰 수레"라는 뜻으로 몽골을 비롯하여 중국, 한국, 일본, 즉 동북아시아 등지로 전파되었다. 대승불교는 승려만의 종교였던 불교를 널리 민중에까지 개방하려는 진보적인 사상을 가진 사람들 사이에서 일어났다.

② **소승불교**(小乘佛敎)

인도에서 발생한 대승불교에 대하여 기존의 불교를 소승불교라고 부르며 다른 사람의 복리를 원하는 이타적인 세계관을 바탕으로 활발하고 폭넓은 활동을 전개하였다. 소승불교의 분포지역은 스리랑카를 거쳐 미얀마, 타이, 라오스, 캄보디아 등지로 동남아시아의 남부지역으로 발달하여 왔기 때문에 남방불교라고도 부른다. 불교의 발생지

는 원래 인도였으나 힌두교에 밀려 동북 및 동남아시아지역으로 신앙권이 편재되어 있다. 신자의 수는 세계인구의 5.9%로 보고 있으며 태국, 미얀마, 실론 등 5개 국가가 불교를 국교(國教)로 하고 있으며, 중국을 비롯한 여러 나라에 도교, 유교, 불교가 혼합된 종교를 나타내어 분명한 구분이 어렵다.

③ 라마교

티베트를 중심으로 발전한 불교의 일종으로 북인도, 네팔, 중국 및 몽골지역에서 신봉되고 있다. 약 7세기 초 인도계와 중국계의 불교가 도입되어 본교와 혼합되었고, 13세기에는 원나라 국교가 되어 광범위한 지역에 전파되어, 오늘날의 라마교의 기틀을 삼았다. 최고 지도자는 달라이 라마이며 현재 14대 달라이 라마가 통치하고 있다.

## 4) 힌두교

고대 인도를 중심으로 전해 내려오는 종교로 인도의 종교생활과 사회생활은 밀접한 관계를 지니고 있다. 석가모니가 불교를 창시한 이후 세력이 급격히 쇠퇴하였으나, 질서유지의 신 비슈누의 화신인 크리슈나를 따르는 종파가 발생하면서 다시 세력을 확장해 인도에서 불교세력을 누르게 되었다. 따라서 불교세력은 부다가야에서 비나레스를 거쳐 북동지역으로 밀려나고 힌두교가 세력을 확장하게 되었다. 힌두교는 인도 토착의 민간신앙과 아리아계통의 바라문교와 불교에 영향을 받으면서, 오늘날 인도의 국민적 신앙으로 자리를 잡았다. 인도인은 힌두교로 태어났다고 믿으며, 바라문에 규정된 4성(四姓)인 브라만(Brahman), 크샤트리아(Kshatriya), 바이샤(Vaisya), 수드라(Sudra)의 계급제도가 매우 엄격하다. 힌두교에서는 육식이 금지되고 근본 경전은 '베다'이다. 11억 명의 인도인구 중 9억 명 가량이 힌두교이고, 인도의 '쿰브멜라'는 힌두교 최대의 축제가 열리는 지역으로 힌두교 종교관광의 최대 목적지가 된다.

## Tip 힌두교의 쿰브멜라(Kumbh Mela) 축제

쿰부멜라 축제는 힌두교의 나라 인도에서 12년에 네 번 열리는 성지순례축제로, 이슬람교의 '하지'와 쌍벽을 이루는 세계 최대의 종교순례행사이다. 이 축제는 인도의 Allahabad와 Haridwar, Ujjain, Nasik에서 번갈아 개최된다. 쿰브는 '주전자', 멜라는 '축제'라는 의미로, 신과 악마들이 불멸의 음료인 신주(神酒 · 암리타)를 담은 주전자(쿰브)를 두고 12일 밤과 낮을 두고 다툰 데서 유래했다고 한다. 당초엔 신과 악마의 합의하에 반반씩 나누기로 했지만, 악마들이 주전자를 빼앗아 도망가면서 치열한 싸움이 벌어졌고, 결국 그 과정에서 암리타 4방울이 강에 떨어졌는데, 그 떨어진 지역 4곳(알라하바드와 하리드와르, 나시크, 우자인)을 3년마다 돌면서 열리는 것이 쿰브멜라라고 한다.

쿰브멜라는 힌두교도들은 힌두력(曆)에 의해 정해지는 종교축제로, 축제기간 중에 '상감(Sangam · 물이 합쳐지는 곳)이 가장 신성해진다고 믿어, 갠지스강, 야무나강, 사라스와티의 3개 강이 합쳐지는 강에서 목욕을 하는 것이다. 강물에 목욕하면 모든 죄가 용서되고, 윤회의 고통에서도 벗어나며 모든 소원이 이뤄진다고 말한다. 이곳은 8억 명의 힌두교인들에게는 최대 성지(聖地)로, 여의도(8.4㎢)의 10배 규모인 모래사장과 10여km에 달하는 강가에는 하루 2천만 명이 몰리기도 한다. 2007년에는 약 7천만 명이 참여하였다.

사진출처 : http://blog.naver.com

### 5) 유교(儒教)

공자(孔子)를 시조로 하는 중국 대표사상이며, 공자가 주장한 유학(儒學)을 받드는 종교(教)이다. 논어(論語), 맹자(孟子), 중용(中庸), 대학(大學) 등 4서(書)와 시경(詩經), 서경(書經), 주역(周易)을 3경(經)이라 하고, 이것을 유교의 경전(經典)으로 이용하였다. 우리나라에도 유교와 4서 3경이 유입되어 사대부(士大夫 ; 사(士)와 대부(大夫) 즉 문부(文武) 양반들) 사이에 널리 애독되었으며, 과거시험의 과목이 되기도 했다. 중국 화북지방의 산동성은 유학자들의 대표적 성지이며, 특히 제남(濟南), 태산(泰山), 곡부(曲阜) 지역은 유네스코가 지정한 세계문화유산으로 유교의 성지(聖地)라 할 수 있다.

### 6) 도교(道教)

중국의 대표적인 민족종교로, 황제(黃帝)와 노자(老子)를 교조로 삼은 중국의 토착종교로 노자와 장자를 중심으로 한 도가사상과 구분된다. 도교는 후한시대에 장도릉이 세웠다고 전해지며 지금도 타이완, 홍콩 등지에서 중국인 사회의 신앙이 되고 있다. 도교가 하나의 종교로서 이론체계를 세운 것은 3~4세기경이며, 또 재래종교인 불교의 자극을 받아 불로장생, 자선의 번영, 지위나 재산 등 개인적인 행복을 추구하려고 했다.

### 7) 기타 종교

- 자이나교(jina) : 힌두교와 불교의 영향을 많이 받은 종교로 불교와 유사하며, 신도는 현재 인도 전역에 부유한 상인층이 대부분이며 약 180만 명 정도이다.
- 신노(神道) : 일본의 고유한 민족신앙과 이를 바탕으로 한 일본인의 정신생활을 말한다. 일본은 외래종교인 유교나 불교보다 일본 신사(神社)나 황실(皇室)을 중심으로 이루어져 왔다.
- 조로아스터교(배화교 ; 拜火教) : B.C. 7세기경 고대 페르시아(오늘날의 이란, 1935년 국호 변경)의 조로아스터(차라투스트라)에 의하여 창시된 종교로 불을 신성시하기 때문에 배화교라고도 한다.

- 시크(Sikh)교 : 인도의 북서쪽 오늘날 펀잡(Punjab) 지역에 분포하고 있으며, 신도수는 약 1,720만 명 정도로 번성하였으나, 영국의 2차의 침입(1845, 1848)으로 쇠퇴하였다.

### Tip 250만 명이 메카를 찾는다

메카는 이슬람교의 창시자인 마호메트의 출생지를 의미한다. 이슬람 신도라면 반드시 지켜야 할 5대 의무가 있는데 이는 shahadat(샤하닷)=유일신 알라신만 믿겠다는 맹세, sholat(숄랏)=하루에 다섯 차례 기도를 함, Ikut Puasa(이쿳 푸아사)=금식기간에 참여, Zakat(자캇)=금전적으로 가난한 사람을 돕는다. Naik Haji(나익 하지)=성지순례가 있다. 이슬람 달력으로 매년 12월 초에 시작되는 하지(Hajj)는 2008년에는 우리 달력으로 12월 8일에 시작하여 4일간 실시되었다.

하지는 메카(Mecca)로의 성지순례이며 매년 약 200~250만 명의 신자들이 1400년 전 예언자 마호메트(Mohammed)가 지나간 여정을 따라서 미나 평원(valley of Mina)으로 출발하는 것부터 시작한다. 2008년 외국인 170만 명을 비롯, 약 250만 명이 메카를 찾았다. 순례자들은 이 기간에 '이흐람'이라 불리는 바느질하지 않은 흰 천 두 장을 두르고 사우디아라비아 서부 연안에 있는 성지 메카의 카바신전 등을 순례하게 된다.

이슬람교도들은 평생에 최소한 한 번 성지순례를 해야 하고, 이때는 손톱과 발톱을 절대 깎지 않으며 면도도 하지 않는다. 4일간의 의식 중 첫날은 예언자 무하마드가 했던 것처럼 메카에서 미나평원으로 이동, 기도를 드리며 이날 밤을 텐트 숙소에서 지샌 뒤 다음날 12km를 걸어 무하마드가 마지막 설교를 한 아라파트 동산에 올라 해질 때까지 기도를 한다. 순례기간에는 카바석을 7번 돌며 신에게 속죄를 간구하고, 악마의 기둥에 돌을 던지는 의식 등을 행한 후 미나로 돌아온다. 4일간의 축제 중 마지막 날은 신앙을 확인하기 위해 양을 제물로 바치는 알 아드하 축제(Eid al Adha, 희생제)가 이루어진다. 성지순례를 기념해 양을 잡아 삼등분한 뒤 친지와 이웃에게 나눠 주는 축제로서 이슬람의 가장 큰 명절이자 연휴이다.

사진 및 기사 출처 : http://blog.joins.com(2008.12.15)

CHAPTER 8

# 국제관광과 뉴패러다임

## 제1절 지속가능한 관광개발

세계환경개발위원회(The World Commission on Environment and Development : 1987)는 환경적 지속가능한 개발(Sustainable Development)을 추구하고 있다. 지속가능한 개발이란 "미래 세대들의 필요를 충족시킬 수 있는 능력을 손상시키지 않으면서, 현대 세대의 필요를 충족시키는 발전"이라 정의하고 있다(박태윤, 1998). 관광지는 시간의 변화와 함께 발달 혹은 쇠퇴하는 라이프 사이클(Life Cycle)을 형성하고 있어, 지역의 쇠퇴방지를 위해서는 보편적 개발이 우선되어야 할 것이다. 지속가능한 개발의 개념은 "인간의 문제뿐 아니라 지구상의 모든 생명체를 부양하는 자연계, 즉 대기 · 수계 · 토양 및 생명체 등을 위태롭게 하지 않는 발전"을 의미한다. 인간이 사용하는 물과 토지와 에너지는 시간이 경과한 어느 시점에 가서는 한계에 도달하게 되므로, 이러한 자원이 지속가능성을 유지하려면 그 자원이 한계에 도달하기 전에 한정된 자원을 효율적으로 사용하고, 한정된 자원 고갈을 최소화하기 위한 기술적인 노력을 더해야 할 것이다.

따라서 지속가능한 발전은 자연이 인간에게 주는 한계 내에서 자원이용, 투자방향, 기술방향, 기술적인 발전방향을 설정함과 이울러, 제도를 변화시켜 인류의 욕구와 욕

망을 충족시킬 수 있는 모든 조화를 이루어, 현재와 미래의 잠재력을 모두 높여가는 방향으로 이끌어 나가야 할 것이다(박태윤, 1996).

한 지역의 자연이 아무리 아름답다 하더라도 그것은 지속적으로 이루어질 수 없다. 이런 자연미(自然美)지점이 공간적으로 분포한 지점을 특정자연미(AONB ; The Area of Outstanding Natural Beauty)라 하는데, AONB지역은 시간의 경과에 따라 관광지로서의 기능은 있으나, 많은 관광객으로부터 여행목적지로서의 선택정도는 점차 감소하고 있다. 이와 같은 현상을 초래하는 가장 큰 근본적인 이유는 과거 대표적인 관광목적지는 AONE 지역이었으나, 오늘날은 등산, 스키, 스케이팅 또는 지역이벤트 등 여행형태가 다양해지고 교통발달에 따른 이동이 용이해짐에 따라 원거리 관광목적지로 여행목적지의 대상지가 변하고 있기 때문이다. R. W. Butler는 관광목적지 발전단계를 [그림 8-1]에서 보는 바와 같이, 6개 단계로 나누어 구분하고 있다.

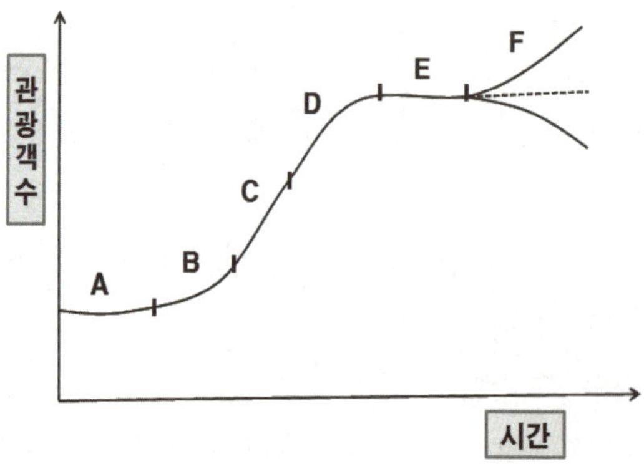


[그림 8-1] R. W. Butler의 관광지발전단계

대부분의 관광목적지는 6개의 발달단계를 거치게 되는데, 지속적인 성장여부는 결국 침체단계인 E단계에서의 노력정도에 따라 달라질 수 있다는 것이다. F단계는 상승(Rejuvenation)하거나, 지속 또는 쇠퇴(Decline)하는 경향이므로, 해당 지역관광과 관련이 깊은 시설이나 이벤트(Event)행사 등 새로운 시설투자로서 관광투자를 하지 않으면, 관광지로서의 기능이 점차 감소하여 관광객이 일시방문하거나 통과하게 되어

관광지로서의 매력이 차츰 소멸하게 된다.

우리나라의 경우도 침체단계인 E에서 F단계로 넘어갈 때, 지속적인 개발방향을 잡지 못해 침체 내지 쇠퇴 혹은 다른 지역으로 전이(轉移)되는 경우가 발생하기도 하였다. 우리나라의 1960년대 여행목적지로 견인력이 높았던 지역은 서울, 경주, 부여를 들 수 있는데, 이 지역들은 과거 지명도 높은 고도(古都)였기 때문이다. 1960년대 서울, 경주, 부여는 전국을 견인권으로 많은 내국인과 외국인을 유치하였다. 당시 숙박시설의 공급량이 수요를 감당하지 못해 여관, 여인숙, 민박까지 동원되는 등, 관광도시로서 기능을 충분히 발휘하는 관광산업의 번창기라 할 수 있었다. 그러나 동해안의 준고속도로가 개통됨으로써 관광객은 강릉을 여행목적지로 이동하기 시작하였으며, 차츰 관광도시의 기능이 강릉지역으로 전이(轉移)되는 현상이 초래되었다. 강릉은 중부 동해안지역의 관광・문화의 중심도시이며, 그중에서도 오죽헌(烏竹軒)과 경포대(鏡浦臺) 및 호수의 해안은 이 지역의 관광중심대상이 되었다. 당시 강릉시내의 여관 및 여인숙은 연일 중고등학교 수학여행 및 일반여행객의 숙박장소가 되었으며, 그 문앞에는 지역토산품을 바구니에 담아 숙박객을 상대로 판매하는 이동상인으로 북새통을 이루었고, 밤에는 투숙한 관광객들이 여행 기분에 흥취해서 밤 늦도록 고성방가하는 일이 연일 계속되어, 이웃 주민들의 수면방해를 가져와 주민들이 경찰에 고발하는 관광개발지로서의 부정적 영향(Negative Effect)도 발생하는 등 지역주민 간의 불협화 현상이 나타나기도 했다. 그 후, 1970년대 초반부터 국립공원 설악산지역이 개발됨에 따라 관광객들의 여행목적지는 속초 및 설악동지역으로 다시 전이(轉移)하게 되었으며, 연일 성시를 이루는 강릉, 오죽헌, 경포대 등은 AONB적 성격을 잠시 띠었다가 옮겨지는 통과지역(Passing Area)으로 변하기도 했다.

UNWTO는 21세기 전 세계 관광이 나아가야 할 방향을 제시하였는데[35], 이것이 바로 지속가능한 관광개발(Sustainable Development of Tourism)이다. UNWTO(2004)는 지속가능한 관광개발에 대해 "지속가능한 개발지침과 운영방침은 모든 유형의 관광목적지와 대중관광 혹은 다양한 틈새시장 세분화와 같은 모든 유형의 관광행태에 적용될 수 있다. 지속가능성의 원리는 관광개발로 인해 환경적, 경제적, 사회문

35) UNWTO(2009), http://www.unwto.org 참조.

화적 영향 측면을 의미하며, 이러한 세 부문의 장기적인 지속성을 보장할 수 있는 적절한 조화를 내포하고 있다고 설명하였다.

지속가능한 관광개발이 추구하는 세부목적은 간단히 7가지로 살펴볼 수 있다. 첫째, 정책적 기구, 척도, 평가방법 등의 적용을 통해 국가·지역·지역사회 관광정책 및 개발계획과 전략수립에 있어서 지속가능성과 질적 기준 통합을 추구하는 것이다. 둘째, 관광의 윤리적 글로벌 코드에 관한 국제적 인식을 증진시키고 정부와 관광산업에 대한 효율적인 원칙적용을 실행하고자 한다. 셋째, 특정 유형의 관광목적지, 자연 및 문화유적지의 지속가능성과 질적 수준을 강화하기 위해 더 나은 방법론·모델·기술의 개발과 적용을 지원한다. 넷째, 국제적 화합·최선의 실행에 대한 인식·기본조건·표준·운영시스템에 대한 가이드 제시와 지속가능한 개발 목표와 소비자보호를 위한 필수조건들을 명확히 할 수 있는 관광활동·서비스·상품·목적지의 질적 수준을 측정한다. 다섯째, 세계적·국가적 차원의 관광정책을 통한 빈곤축소 아젠다의 통합과, 열악한 지역사회가 관광경영에 다양하게 관여하는 것을 지원한다. 이는 개발도상국의 빈곤축소에 도움이 될 수 있는 관광정책적 가이드라인, 경영기술, 평가제안 등의 개발과 보급을 통해 이루어질 수 있을 것이다. 여섯째, 어린이, 여자, 노인, 장애인 등의 사회적 약자가 포함되어 있는 지역사회의 권리와 이익에 특별히 초점을 두고, 관광의 사회적·문화적 지속성을 강화한 것처럼 그들이 활동하는 공적·사적 부문의 준비와 대응을 강화시킨다. 일곱째, 기후 변화와 관광의 관계이해를 증진시킨다. 측정·완화정책·적용실행·공식화를 촉진한다.

이러한 지속가능성을 구체적으로 실현하는 방안으로 크게 세 가지를 들고 있다. 첫째, 환경자원의 적절한 이용이 이루어져야 한다. 환경은 관광개발에 있어 가장 중요한 요소이므로 인간은 필수적인 생태학적 과정과 생태계의 다양성을 보존할 수 있도록 도와야 한다는 것이다. 둘째, 지역사회의 사회문화적 고유성을 존중해야 한다는 것이다. 지역주민이 이룩해 놓은 삶과 문화유산, 전통적 가치를 보존하고, 이(異)문화간의 상호이해를 통한 문화허용에 기여해야 한다는 것이다. 셋째, 성장가능한 장기적 경제성장의 확보와 모든 관광관련 주체에 대한 사회경제적 편익의 제공 등이 공정하게 분배되어야 하며 안정적 고용과 수익창출의 기회보장, 지역사회에 대한 사회적 서비스 제공, 경제적 빈곤의 타파 등이 이루어져야 한다.

지속가능한 관광개발은 강력한 정치적 리더십이 폭넓은 참여와 대중여론을 형성하는 것처럼, 모든 관련 주체들의 참여를 이루어 내야 한다. 또한, 지속가능한 관광을 이루기 위해서는 관광개발로 인해 나타나는 영향에 대한 지속적인 모니터링 과정이 이루어져야 한다. 또한, 지속가능한 관광개발은 높은 관광객 만족도를 유지해야 하며, 관광객들에게 다양한 체험을 제공해야 하며, 관광객들로 하여금 지속가능성 관련 이슈의 중요성 인식을 증대시키며, 지속가능한 관광개발의 적용에 대한 홍보가 이루어져야 한다.

## 제 2 절 환경친화적 개발

환경친화적인 개발은 오늘날 지역개발은 물론 관광개발이 추구하고 있는 목표이다. 바람직스러운 관광개발은 미래지향적이어야 하며 지속가능한 발전을 도모할 수 있어야 한다. 이러한 의미에서 Geoffrey Wall(1998)은 이상적인 관광개발의 3요소로 성장(Growth), 안정성(Stability), 균등(Equity)을 들고 있다. 성장(Growth)은 미래 지속적으로 생활수준을 높이고 생활의 질을 향상시켜야 하며, 미래 문화와 환경이 조화를 이루는 개발이 되어야 한다고 강조하였다. 다음으로 안정성(Stability)은 일시적이 아닌 지속적으로 시간적인 균형을 유지해 나가는 것을 말한다. 마지막으로 균등(Equity)은 개발에 대한 이익이 어느 특정 집단에 치중됨이 없이 개발자(開發者)는 물론 지역주민들을 위한(Involvements) 혜택이 공평하게 나누어지는 기회를 제공하여야 한다는 것이다. 따라서 지속가능한 개발에는 다음과 같은 세 가지 특성을 가지고 있어야 한다.[36]

① 자연자원과 생산(Production)의 지속

② 문화와 문화 내(Within Culture) 균형 지속

③ 삶의 질(質)을 향상시키는 과정으로서의 개발

36) Geoffrey Wall(1998), Tourism and Sustainable Development In Bali, Indonesia, 한국국제관광개발연구원, p.14.

그러나 환경친화적인 지역개발은 개념상으로는 가능하지만 실제로는 몇 가지 문제점을 안고 있다.[37] 첫째, 실제 개발사업에서 환경을 고려한 개발계획을 수립한다는 것은 개발이 우선적으로 채택되고 환경은 부수적으로 따라가게 된다는 것이다. 둘째, 개발에 따른 환경오염의 심화로 주민의 반대에 부딪힐 경우 환경파괴가 가능한 기준을 정해 놓고 그 범위 내 개발에 대한 정당성을 주장하는 경우이다. 이러한 경우 환경을 보호하는 입장과 개발이익에 보다 집착하는 입장간의 기준선 설정문제인 임계치(Threshold) 설정문제가 중요한 문제로 대두하게 된다.

따라서 환경친화적인 지역개발은 자연환경의 훼손을 수반하는 개발은 지양하고 환경용량이 허용하는 범위 내에서 개발을 추구하며, 외부로부터의 유입과 개발이익의 외부누출(漏出, Leakage)을 최소화하며, 지역 내에서 유지・순환이 원활하게 이루어지는 방향으로 개발하는 것이 바람직하다. 자연훼손 혹은 고갈되지 않거나 그 정도가 늦어지는 상태에서 개발을 달성할 수 있다. 또한 개발과정에서 주민참여를 보장하고, 개발로 인해 창출되는 이익을 지역주민들에게 공정분배하거나 혹은 지역발전을 위한 긍정적 사업에 재투자되어야 한다는 것이다.

오늘날 미래산업으로서 관광산업이 유리한 고지를 차지하게 되자 지속가능한 개발에 '관광'이 도입되어 지속가능한 관광개발의 필요성이 요구되고 있다. 이에 대해 오늘날 UNWTO는 "오늘날 세대는 관광과 관광지의 수요를 충족시키면서, 동시에 다음 세대를 위한 관광기회를 보호하고 증진하는 관광"이라 정의하고 있다(Robinson, 1996). 따라서 지속가능한 개발을 하기 위해서는 자연친화적 개발(自然親和的 開發) 혹은 환경친화적 개발(環境親和的 開發)이 이루어져야 할 것이다.

환경친화적 개발을 하기 위해서는 첫째, 자연과 연관된 자연친화적 개발로서 자연이 가진 생명력을 최대한 살리려는 방향으로 개발이 이루어지는 방법이 모색돼야 된다(박태윤, 1996). 둘째, 개발이 주민복지 향상에 도움을 줄 수 있어야 하고, 또 만약 지역에 기반을 둔 기업이 있으면 그것을 도와 번창하게 하여 지역주민의 고용을 창출할 수 있는 방안으로 유도되어야 한다.

---

37) 박태윤(1998), 영종도 주변지역의 생태계 보전과 환경친화적 관광개발방안, 한국국제관광개발연구원, pp.49~54.

오늘날은 자연친화적 개발개념과 유사한 개념으로 생태관광이 등장하였다. 미국의 생태관광협회(Ecotourism Society)는 생태관광의 정의를 "생태계의 본질을 변화시키지 않도록 유의하고 지역사회 주민에게는 자연보존을 통한 이익을 주며, 여행자에게는 그 지역의 자연과 문화를 이해시키고 자연보존상태가 양호한 것으로 촉진하는 관광이다"라고 하였다.

생태관광(Ecotourism)은 다른 어떤 관광보다도 자연에 대한 의존도가 절대적이다. 그러므로 오늘날 많은 종류의 동식물을 잘 보존하고 확보한 나라일수록 생태관광부분에 우위의 경쟁력을 가지고 있다. 생태관광지는 미개발의 원시림, 호수(湖沼), 내수면(內水面), 야생동물, 초원, 황야, 야생습지대, 사막 등 모두 자연생태계 그대로가 관광자원이며 이들은 모두 자연 및 생태관광의 대상이 되는 것이다.

생태관광지를 지정할 수 있는 조건을 살펴보면 다음과 같다.

첫째, 생물자원이 지속적으로 이용할 수 있도록 그 개체수가 감소하지 않아야 하며 또 외부환경으로부터 변화를 받지 않아야 한다. 둘째, 생태계 보존지구 주변에 완충지대를 설정하여 생태계에 미치는 영향을 최소화시킬 수 있어야 한다. 셋째, 자연보존지역에 있는 자연경관, 역사유물자원 및 산림자원 등이 자연과 동시에 보존되어야 한다. 넷째, 관광수요충족을 위하여 다양한 프로그램을 만들어 건전관광으로 발전시켜야 한다.[38]

우리나라의 경우 1970년대에 활발히 진행되었던 관광개발은 생태계 및 자연환경의 보전은 고려하지 않고 자연자원의 이용 및 개발만을 추구하여 왔기 때문에, 많은 관광지가 일정 기간이 경과함과 동시에 관광지로서의 기능을 상실하고 생태계와 자연환경이 오염되고 훼손되어 왔다. 그러므로 앞으로의 관광개발은 생태관광개념과 지속가능한 관광개념을 조화롭게 접목하여 공간적으로 특정 생물자원을 보호·보전 및 균형을 유지하면서 현재의 생물자원을 잘 보존하여 현세대와 다음 세대가 함께 잘 활용할 수 있는 지속가능한 관광개발과 환경친화적 개발이 이루어져야 할 것이다.

38) 박태윤(1998), 영종도 주변지역의 생태계 보존과 환경친화적 관광개발방안, 지속가능한 한국관광개발의 과제, 사단법인 한국국제관광개발연구원, pp.49~63.

## 제 3 절 관광윤리에 대한 국제적 규범

관광윤리에 대한 세계적인 규범(Global Code of Ethics for Tourism)은 관광개발 관련 주체(중앙 및 지방정부, 지역사회, 관광사업체, 전문가, 국내외 방문객 등)에 대한 가이드를 제시하고자 하는 것이 기본원칙이며 목표이다. 이 규범은 1997년 이스탄불에서 개최되었던 UNWTO 총회에서 상정되었으며, 그 후 2년에 걸쳐 특별위원회가 결성되어 규범을 위한 준비작업을 실시하였다. 1999년 미국 뉴욕에서 개최된 '지속가능한 개발을 위한 협의회'가 규범 개념을 승인하고, 더 많은 민간부문, 비정부조직, 노동조직을 포함할 것을 UNWTO에게 요구하였다. 그 후, 70여 개의 UNWTO 회원국 혹은 조직으로부터 서식을 넘겨받아, 1999년 10월 산티아노에서 개최된 UNWTO총회에서 만장일치로 승인을 받게 되었다.

관광윤리에 대한 세계적 규범은 세계관광의 책임감 있는 그리고 지속적인 개발을 위한 조건의 틀을 제시하고 있다. 이것은 21세기 초 우리의 변화하는 사회를 반영하는 새롭고 변화된 사고를 반영하고 있는 것으로, 비록 법적 구속력이 있는 법령은 아니지만, 관광목적지 지역주민을 위한 편익을 최대화하는 반면, 환경적 및 문화적 유산에 대한 관광의 부정적 영향을 최소화하는 데 도움이 될 것으로 기대하고 있다.

## 제 4 절 기후변화와 관광

지구상에 인간과 인간의 경제적 활동, 자연환경의 빠른 변화의 영향과 함께 빠르게 변하고 있는 기후변화에 대한 세계인의 관심이 증대되어 가고 있는 것은 의심할 여지가 없다.

관광에 있어서 기후변화는 서로 무관한 이야기가 아니며, 이미 특정 산악지역, 해안목적지 혹은 그 외 지역에 이미 영향을 미치고 있는 현상이라 할 수 있다. 관광부문도 관광객의 이동으로 인해 이산화탄소 배출에 공헌을 하고 있다.

기후는 관광에 있어서 매우 중요한 자원이다. 특히, 해안, 자연관광, 동계 스포츠

관광시장과 같은 부문에서 더욱 중요하다. 관광목적지와 관광객 배출국가의 기후와 날씨패턴의 변화는 관광객의 여행의사결정과 관광객의 안위에 부정적 영향을 미칠 수 있다. 수요패턴과 관광객 흐름의 변화는 관광산업과 지역사회뿐만 아니라, 농업, 기념품업, 건설업 등 다양한 관련분야에 타격을 줄 수 있다. 관광산업이 주 경제산업 분야인 개발도상국 혹은 작은 섬나라의 경우, 유입관광객의 감소는 고용과 수익적인 측면에 치명적인 영향을 끼칠 수 있다. 따라서 앞으로의 기후변화에 대한 전 세계의 관심이 매우 필요하다 할 수 있다.

# 제 2 편

# 세계관광의 동향

CHAPTER 1

# 세계관광시장 정보

## 제1절 세계관광시장의 지역성

세계관광시장정보(Global Market Information)는 우선 지역별 관광객현황과 관광수입현황으로 구분하여 생각할 수 있다. 각국은 세계관광객이 선호하는 국제관광목적지와 관광객방문에 따른 관광수입이 지역 혹은 국가별로 어떤 특성이 있는지에 대해 관심이 매우 높다. 전 세계 국제관광객 유입 정도를 연도별로 살펴보면 〈표 1-1〉과 같다.

1950년대부터 2007년까지 세계 각 지역별 관광객의 현상을 보면, 유럽지역이 세계관광목적지로서 가장 인기가 높다. 특히 영국을 비롯하여 프랑스, 독일, 이탈리아 등 유럽중심지역은 일찍부터 정치·경제·문화를 비롯해 각종 교통이 발달한 세계관광의 중심지이다. 1950년 세계관광객의 66.0%를 점하였던 유럽지역은, 1990년대 초반까지도 64%까지 점유율을 나타내고 있으나, 2003년에는 전보다 조금 감소한 57.8%, 2007년에는 53.6%로 최근 들어 조금씩 감소하고 있다. 이것은 다른 지역 관광객의 비율이 증가하기 때문인 것으로 판단되나, 사실상 전 세계 관광객의 절반 이상이 유럽을 방문하고 있어 명실상부한 최고의 관광목적지라 할 수 있다.

〈표 1-1〉 국제관광객의 지역별 · 연도별 도착비율

(단위 : %)

| 연도 \ 지역명 | 아프리카 | 아메리카 | 동아시아 · 태평양 | 유럽 | 중동아시아 | 남아시아 |
|---|---|---|---|---|---|---|
| 1950 | 2.0 | 30.0 | - | 66.0 | · | 0.1 |
| 1960 | 1.5 | 24.0 | - | 72.0 | · | 0.3 |
| 1970 | 1.8 | 23.0 | - | 70.0 | · | 0.6 |
| 1980 | 2.5 | 19.0 | 7.0 | 69.0 | 2.0 | 0.8 |
| 1990 | 3.3 | 20.0 | 11.0 | 64.0 | 1.4 | 0.8 |
| 1996 | 3.0 | 19.0 | 15.0 | 59.0 | 3.0 | 1.0 |
| 2000 | 3.2 | 15.2 | 14.0 | 63.4 | 3.9 | 0.7 |
| 2003 | 3.5 | 13.2 | 14.6 | 57.8 | 7.2 | 0.7 |
| 2007 | 4.9 | 15.8 | 19.3 | 53.6 | 5.3 | 1.1 |

자료 : UNWTO(2008)

한편, 아메리카지역은 1950년대에는 세계관광객의 30%를 차지하였으나 연도의 증가와 더불어 현저하게 감소하는 경향을 나타내고 있으며, 2007년의 경우 15.8%를 차지하고 있다. 동아시아 · 태평양지역의 경우 1980년 7.0%에 불과하던 것이 매년 조금씩 증가하더니 2007년의 경우 19.3%로 점유율이 아메리카지역을 앞지르게 되었다.

또한, 중동아시아지역과 남아시아지역 그리고 아프리카지역도 연도의 증가와 더불어 조금씩 증가하고 있음을 알 수 있는데, 아프리카의 경우 북부지역이나 남부지역에 유럽계 백인이 거주하는 선진화된 신생독립국이 위치하고 있으며, 또 중부아프리카의 케냐지역은 동물들이 서식하기에 가장 적합한 사바나기후로 동물들이 집중되어 관광객 유치잠재력이 높은 지역으로 앞으로 지속적인 성장이 이루어질 것으로 예상된다. 중동지역 또한 최근 두바이가 세계 최고의 국제관광목적지 중 하나로 떠오르면서 관광객유입이 증가하고 있다. 두바이의 경우 세계에서 세 번째로 큰 실내스키장과 세계 최고높이의 최고급 호텔 '부르즈알아랍'의 건설, 세계 최대쇼핑몰 등 다양한 관광활동이 가능한 국제관광지이다.

〈표 1-2〉 세계 관광수입의 지역별 비교(1996~2003)

| 지역 \ 연도 | 1996(%) | 2003(%) | 2007(%) |
|---|---|---|---|
| 유 럽 | 51.1 | 54.8 | 50.6 |
| 아시아/태평양 | 19.1 | 17.3 | 22.1 |
| 아메리카 | 26.0 | 22.5 | 20.0 |
| 아프리카 | 1.9 | 2.7 | 3.3 |
| 중 동 | 1.9 | 2.7 | 4.0 |
| 합 계 | 100.0 | 100.0 | 100.0 |

자료 : UNWTO

국제관광수입에 대한 〈표 1-2〉를 살펴보면, 1996년의 경우 유럽이 전 세계 관광수입의 51.1%를 차지하던 것이 7년여가 경과한 2003년에는 54.8%로 증가하였으나, 2007년의 경우 다시 50.6%로 감소하였다. 1996년의 경우 유럽 다음으로 아메리카지역이 26.0%, 아시아/태평양지역이 19.1% 순으로 나타났으나, 점차 아메리카지역의 관광수입은 감소하여 2003년에는 22.5%, 2007년은 20.0%를 차지한 데 반해, 아시아/태평양지역의 경우 조금씩 증가하여 2007년에는 아메리카대륙보다 조금 높은 22.1%를 차지한 것으로 나타났다. 이와 같은 현상은 구대륙문화의 중심지 유럽에서 동아시아의 신생산업 발달과 중국을 비롯한 한국, 일본 등에 있는, 소위 BESETO 벨트지역의 관광비중이 상승되고 있음을 보여준다. 그 외 아프리카, 중동아시아지역도 조금씩 증가하는 현상을 나타내고 있다.

다음 〈표 1-3〉은 최근 6년간(2002~2007년) 국제관광객과 관광수입 현황을 세부지역별로 구분하여 정리한 것이다. 우선 2007년 국제관광객의 현황을 살펴보면, 유럽을 방문한 국제관광객이 약 4억 8천만 명으로 53.6%를 차지하였으며, 다음으로 아시아지역 1억 8,400만 명으로 20.4%, 아메리카지역이 1억 4,200만 명으로 15.8%, 중동지역이 4,700만 명으로 5.3%, 아프리카지역이 4,400만 명으로 4.9%를 차지하는 것으로 나타났다.

세부지역별로 살펴보면, 유럽지역은 특히 북/서유럽지역이 23.5%로 가장 많이 방문하는 것으로 나타났고, 다음으로 남부 및 지중해지역이 19.5%, 중앙 및 동부유럽지역이 10.6%를 점하는 것으로 나타났다. 이러한 세부지역별 점유율 추세는 최근 6년간 거의 비슷하게 나타나고 있다.

〈표 1-3〉 국제관광객의 연도별 · 지역별 구조(2002~2007)

(단위 : 백만 명)

| 지역 | | 2002 | % | 2003 | % | 2004 | % | 2005 | % | 2006 | % | 2007 | % |
|---|---|---|---|---|---|---|---|---|---|---|---|---|---|
| 유럽 | 북/서유럽 | 181.8 | 25.6 | 180.6 | 25.9 | 188.6 | 24.7 | 195.6 | 24.2 | 205.9 | 24.3 | 212.5 | 23.5 |
| | 중앙/동유럽 | 78.1 | 11.1 | 80.3 | 11.5 | 86.3 | 11.3 | 88 | 10.9 | 91.5 | 10.8 | 95.6 | 10.6 |
| | 남부/지중해 | 147.6 | 20.8 | 147.7 | 21.2 | 149.5 | 19.6 | 158 | 19.6 | 164.8 | 19.5 | 176.2 | 19.5 |
| | 소계 | 407.5 | 57.5 | 408.6 | 58.6 | 424.4 | 55.6 | 441.6 | 54.7 | 462.2 | 54.6 | 484.3 | 53.6 |
| 아시아 | 동북아시아 | 68.2 | 9.6 | 61.7 | 8.9 | 79.4 | 10.4 | 87.6 | 10.8 | 94.3 | 11.1 | 104.2 | 11.5 |
| | 동남아시아 | 42.8 | 6.0 | 37 | 5.3 | 48.3 | 6.3 | 50.6 | 6.3 | 53.1 | 6.3 | 59.6 | 6.6 |
| | 남아시아 /오세아니아 | 14.9 | 2.1 | 15.4 | 2.2 | 17.8 | 2.3 | 18.5 | 2.3 | 19.6 | 2.3 | 20.5 | 2.3 |
| | 소계 | 125.9 | 17.7 | 114.1 | 16.4 | 145.5 | 19.0 | 156.7 | 19.4 | 167.0 | 19.7 | 184.3 | 20.4 |
| 아메리카 | 북아메리카 | 83.3 | 11.8 | 77.4 | 11.1 | 85.9 | 11.3 | 90.1 | 11.1 | 90.6 | 10.7 | 95.3 | 10.6 |
| | 캐리비안 /중앙아메리카 | 20.7 | 2.9 | 21.9 | 3.2 | 24.0 | 3.1 | 25.4 | 3.1 | 26.5 | 3.1 | 27.2 | 3.0 |
| | 남아메리카 | 12.7 | 1.8 | 13.7 | 2.0 | 16 | 2.1 | 18.1 | 2.2 | 18.7 | 2.2 | 19.9 | 2.2 |
| | 소계 | 116.7 | 16.5 | 113.0 | 16.3 | 125.9 | 16.5 | 133.6 | 16.4 | 135.8 | 16.0 | 142.4 | 15.8 |
| 아프리카 | 북아프리카 | 10.4 | 1.5 | 11.1 | 1.6 | 12.8 | 1.7 | 14.3 | 1.8 | 15.1 | 1.8 | 16.3 | 1.8 |
| | 사하라 이남 아프리카 | 19.1 | 2.7 | 19.6 | 2.8 | 20.5 | 2.7 | 22.4 | 2.8 | 26.3 | 3.1 | 28.2 | 3.1 |
| | 소계 | 29.5 | 4.2 | 30.7 | 4.4 | 33.3 | 4.4 | 36.7 | 4.6 | 41.4 | 4.9 | 44.5 | 4.9 |
| 중 동 | | 29.2 | 4.1 | 30 | 4.3 | 35.9 | 4.7 | 39.7 | 4.9 | 40.9 | 4.8 | 47.6 | 5.3 |
| 전 세계 | | 709 | | 697 | | 764 | | 808 | | 847 | | 903 | |

자료 : UNWTO(2008)

아시아지역의 경우 전 세계 중 20.4%를 점하고 있는데, 그중에서도 지역별로 좀 더 자세히 살펴보면, 한국, 일본, 중국 등이 위치하고 있는 동북아시아지역이 가장 높은 11.5%를 점하고 있으며, 다음으로 동남아시아지역 6.6%, 마지막으로 남아시아와 오세아니아지역으로 2.3%에 그치고 있다.

아메리카지역의 경우는 전 세계 중 15.8%를 점하고 있다. 그중, 캐나다와 미국이 있는 북아메리카지역이 10.6%로 가장 높고, 다음으로 캐리비안 및 중앙아메리카지역이 3.0%, 마지막으로 남아메리카지역이 2.2%를 점하는 것으로 나타났다.

아프리카지역의 경우는 전 세계 중 4.9%를 차지하고 있으며, 그중 사하라 이남의 아프리카지역이 3.1%이며, 북아프리카지역이 1.8%로 나타나, 아직 점유율이 매우 낮은 것으로 나타났다.

다음 〈표 1-4〉는 국제관광수익 현황을 최근 6년간(2002~2007년)의 자료를 중심으로 살펴본 것이다. 2007년 전 세계 국제관광수익은 8,560억 달러로 집계되었으며, 그중 가장 높은 관광수익을 얻은 지역은 유럽으로 4,335억 달러로 전 세계 50.6%를 차지하였으며, 다음으로는 아시아지역으로 1,889억 달러로 22.1%, 아메리카지역은 1,712억 달러로 20.0%, 중동지역은 342억 달러로 4.0%, 아프리카지역은 283억 달러로 3.3%를 점하는 것으로 나타났다.

〈표 1-4〉 국제관광수입의 연도별 · 지역별 구조(2002~2007)

(단위 : 십억 달러)

| 지역 | | 2002 | % | 2003 | % | 2004 | % | 2005 | % | 2006 | % | 2007 | % |
|---|---|---|---|---|---|---|---|---|---|---|---|---|---|
| 유럽 | 북/서유럽 | 124.6 | 25.8 | 143.5 | 27.9 | 166.3 | 26.3 | 175 | 25.7 | 191.9 | 25.9 | 218.8 | 25.6 |
| | 중앙/동유럽 | 23.5 | 5.0 | 25.5 | 5.0 | 28.9 | 4.6 | 32.3 | 4.7 | 38.2 | 5.1 | 48.3 | 5.6 |
| | 남부/지중해 | 94.4 | 19.9 | 113 | 22.0 | 133 | 21.0 | 140.2 | 20.6 | 146.9 | 19.8 | 166.4 | 19.4 |
| | 소계 | 242.5 | 50.7 | 282 | 54.9 | 328.2 | 51.9 | 347.5 | 51.0 | 377 | 50.8 | 433.5 | 50.6 |
| 아시아 | 동북아시아 | 47.9 | 10.1 | 43.7 | 8.5 | 64 | 10.1 | 71.2 | 10.4 | 75.2 | 10.1 | 89.2 | 10.4 |
| | 동남아시아 | 27.4 | 5.8 | 24.9 | 4.8 | 32.2 | 5.1 | 34.6 | 4.9 | 43.6 | 5.9 | 54 | 6.3 |
| | 남아시아/오세아니아 | 19.4 | 4.1 | 19.9 | 3.9 | 31.6 | 5.0 | 24.6 | 5.1 | 37.8 | 5.1 | 45.7 | 5.4 |
| | 소계 | 94.7 | 20.0 | 88.5 | 17.2 | 127.8 | 20.2 | 130.4 | 20.4 | 156.6 | 21.1 | 188.9 | 22.1 |
| 아메리카 | 북아메리카 | 85.1 | 17.9 | 83.8 | 16.3 | 98.2 | 15.5 | 107 | 15.7 | 112.5 | 15.2 | 125.1 | 14.6 |
| | 캐리비안/중앙아메리카 | 20.0 | 4.2 | 21.5 | 4.2 | 23.1 | 3.7 | 25.3 | 3.7 | 27.2 | 3.7 | 28.9 | 3.4 |
| | 남아메리카 | 9.2 | 1.9 | 10.5 | 2.0 | 10.9 | 1.7 | 13 | 1.9 | 14.4 | 1.9 | 17.2 | 2.0 |
| | 소계 | 114.3 | 24.0 | 115.8 | 22.5 | 132.2 | 20.9 | 145.3 | 21.3 | 154.1 | 20.8 | 171.2 | 20.0 |
| 아프리카 | 북아프리카 | 3.8 | 0.8 | 4 | 0.8 | 6.1 | 1.0 | 6.9 | 1.0 | 8.7 | 1.2 | 10.3 | 1.2 |
| | 사하라 이남 아프리카 | 8 | 1.7 | 10 | 1.9 | 13 | 2.1 | 14.4 | 2.1 | 15.9 | 2.1 | 18 | 2.1 |
| | 소계 | 11.8 | 2.5 | 14.0 | 2.7 | 19.1 | 3.1 | 21.3 | 3.1 | 24.6 | 3.3 | 28.3 | 3.3 |
| 중 동 | | 13.0 | 2.7 | 14.1 | 2.7 | 25.5 | 4.0 | 28.6 | 4.2 | 29.9 | 4.0 | 34.2 | 4.0 |
| 전 세계 | | 474.3 | | 514.4 | | 632.8 | | 681.6 | | 742 | | 856 | |

자료 : UNWTO(2008)

세부지역별로 살펴보면, 유럽지역은 전 세계 관광수익 중 50.6%를 차지하는데, 그중에서도 북유럽 및 서유럽지역이 25.6%로 가장 많으며, 남부 및 지중해지역이 19.4%, 중앙 및 동유럽지역이 5.6%로 나타났다.

아시아지역의 경우 전 세계 관광수익 중 22.1%를 차지하는데, 동북아시아의 경우 10.4%, 동남아시아의 경우 6.3%, 남아시아 및 오세아니아의 경우 5.4%를 점하는 것으로 나타났다.

아메리카지역의 경우 전 세계 관광수익 중 20.0%를 차지하는데, 그중에서도 북아메리카지역이 14.6%, 캐리비안 및 중앙아메리카지역이 3.4%, 남아메리카지역이 2.0% 순으로 나타났다.

아프리카지역의 경우 전 세계 관광수익 중 3.3%를 차지하는데, 사하라 이남 아프리카지역의 경우 2.1%, 북아프리카지역의 경우는 1.2%를 차지하고 있는 것으로 나타났다.

2007년을 기준으로 한 세부지역별 국제관광객과 관광수익 분포를 지도로 나타내면, [그림 1-1]과 같다.

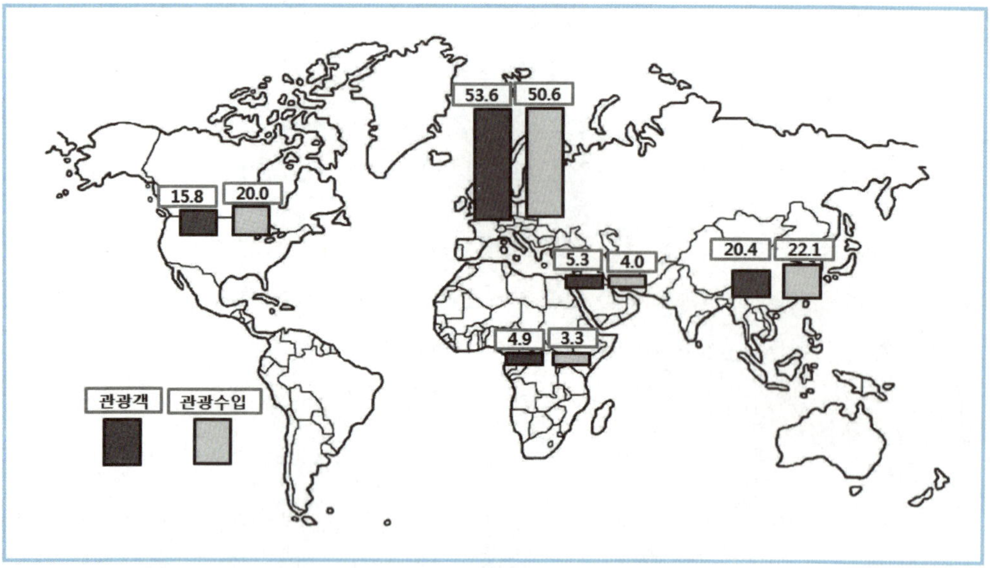


[그림 1-1] 세계관광객 및 관광수입의 지역별 비율

# 제 2 절 지역별 관광시장정보

유럽대륙의 재정통합정책과 인플레이션의 완화는 2003년도 경제성장률과 관계가 깊다. 유럽지역은 세계관광객 중 4억 8,430만 명이 방문하여 약 53.6%를 유치하고 있고, 관광수입은 4,330억 달러로 약 50.6%를 차지하였다. 그중에서도 동부 및 중부유럽은 관광객 및 관광수입면에서 다른 유럽지역과 비교해 성장추세에 있는 지역이다. 구체적인 관광목적지를 살펴보면, 북유럽지역의 경우 영국 방문객이 가장 많으며, 서유럽의 경우 프랑스, 독일, 오스트리아, 중앙 및 동유럽의 경우 우크라이나, 폴란드, 남유럽 및 지중해지역의 경우 스페인, 이탈리아, 터키 순으로 나타났다.

동아시아・태평양지역의 해외여행은 전 아시아지역의 경제부흥과 관계가 깊다. 이 지역에 유입되는 관광객은 2003년 1억 1,410만 명이며 관광수입은 885만 달러였다. 2007년의 경우 1억 8,430만 명의 관광객 방문으로 1,889억 원의 관광수익이 창출되었다. 지난 10년 동안 동아시아・태평양지역은 관광객이 급속도로 성장한 지역으로 아메리카지역을 제치고 유럽지역 다음가는 제2위 지역이다. 동아시아・태평양지역은 국제관광객의 20.4%를 차지하는 지역으로 앞으로도 잠재력이 있는 지역이므로 그 증가율은 상당히 높을 것으로 기대된다. 관광목적지로는 동북아시아지역의 경우 중국, 마카오, 홍콩 방문객이 많으며, 동남아시아지역의 경우 말레이시아, 태국, 싱가포르, 오세아니아지역으로는 뉴질랜드, 괌, 남부아시아지역의 경우 인도, 파키스탄 등이 있다. 싱가포르와 타이는 남아시아지역의 해상 및 항공교통의 중심지이기 때문에, 각 지역으로부터 접근이 편리하여 컨벤션 개최지역으로 인기가 있으며 그에 따른 수입도 상당히 높다.

북아메리카지역은 넓은 지역에 많은 관광자원이 산재(散在)하고 있으나 공간거리에 따른 교통비용이 높아 동일기간에 유럽지역에서 사용하는 여행소비액보다 높게 나타나기도 한다.

아메리카지역은 2007년 관광객 1억 4,240만 명이 방문하여 15.8%를 점하였으며, 관광수익의 경우 1,712억 달러의 수익을 올려 전 세계 관광수익의 20.0%를 차지하였다.

구체적인 관광목적지로는 북아메리카지역에 미국, 캐나다, 멕시코, 카리브지역의 푸에르토리코, 도미니크공화국, 쿠바, 바하마, 중앙아메리카지역의 코스타리카, 과테말라, 엘살바도르, 남아메리카지역의 브라질, 아르헨티나, 칠레 등이 있다.

아프리카지역은 2003년 현재 7억 6,700만 명의 인구가 살고 있어 세계인구의 13.0%를 점하고 있다. 아프리카지역의 시장동향은 1996~2002년간 관광객의 평균성장률은 7.0%로 괄목할 만한 증가추세를 나타내고 있으며, 2,400만 명의 관광객을 유치하였고, 관광수입에 있어서도 15.5%의 증가로 130억 7,300만 달러의 수입을 올렸다. 2007년의 경우 4,450만 명을 유치해 4.9%의 점유율을 나타냈으며, 관광수익은 283억 달러로 3.3%의 점유율을 나타냈다. 아프리카지역이 새로운 여행목적지로 부상하고 있는 것은 북아프리카, 즉 이집트지역의 피라미드나 케냐를 중심으로 한 사바나기후 지역이 동물 천국을 이루고 있어 야생동물관광 등이 매력적이기 때문이다. 그러나 아프리카의 국제관광사업이 부진한 이유는 세계자본시장과의 거리, 교통의 불편, 제한된 시장, 투자수익의 불투명성, 특정 국가의 정치적 원인에 의한 사회의 불안 및 숙박과 위생시설의 불결 등으로 볼 수 있다. 구체적인 관광목적지로는 북아프리카지역의 경우 모로코, 튀니지, 사하라 이남 아프리카지역의 경우 남아프리카공화국, 케냐 등이 있다.

중동지역은 세계관광시장에서 관광사업이 상승경향을 나타내고 있는 지역이다. 이 지역이 관광분야에서 유리한 이유는 북아프리카지역의 지중해성 기후와 세계 주요 관광자원 및 두바이의 급성장 때문이며, 또한 국내는 물론 외국 관광투자가 활발하고, 관광수입이 이 지역 교통 분야에 재투자되어 외래객의 접근성을 높여 주기 때문이다. 이 지역의 풍부한 문화관광자원이 지역주민에게 경제·문화 및 사회적으로 큰 도움을 주고 있다는 주민의 인식과 잘 조화되어 관광사업 성장에 큰 도움을 주고 있다. 주요 관광지역으로는 중부 및 동부아프리카지역의 경우 이집트, 사우디아라비아, 바레인, 요르단 등이 있다.

CHAPTER 2

# ASIA 지역

아시아지역은 거대한 유라시아 대륙과 연계되어 있으며, 전체 면적은 약 4,448$km^2$로 전 세계의 약 33%를 차지하는 큰 대륙이다. 이 지역에는 세계인구의 약 60%가 살고 있으며, 세계의 지붕이라 할 수 있는 히말라야산맥과 고지(高地)가 미얀마의 서북에서 네팔, 중국의 서북부 및 아프가니스탄 등 북서방향을 축(軸)으로 전개되어 있고, 그 외 지역은 고원, 산지, 구릉지 및 사막으로 형성되어 있다. 이 지역은 서북쪽으로 우랄산맥이 유럽과 경계를 하고 동북쪽으로 베링해, 오호츠크해, 태평양 그리고 동남쪽으로 필리핀, 인도네시아를 비롯해, 남쪽의 인도양 및 아라비아해를 포함한 거대한 지역을 포함하기 때문에 열대, 아열대, 온대, 냉온대, 한대기후가 고루 나타나며, 그에 따른 지형도 다양하고, 생산물도 상이하다. 거주민들을 보면 서부건조지역에 거주하는 아랍인을 비롯하여 인도, 중국, 한국, 일본인 등 다양하게 분포하고 있어, 아시아지역을 동북아시아, 태평양・아시아지역과 동남아시아 등으로 구분하여 생각할 수 있다.

# 제1절 동아시아 및 태평양지역

동아시아・태평양지역을 극동국가(Far East Country)라고 부르는데, 이는 특히 중국, 한국, 일본을 말한다. 이 지역의 지형적 특징은 중국의 서북부에 고원을 형성하고 동남부는 저지를 형성하고 있어 황하강과 양쯔강이 동쪽으로 흐르고 있다. 동쪽에는 태평양, 북쪽에는 북극해, 서쪽은 대륙에 접하고 있어서, 계절풍이 탁월하고 4계절의 변화가 뚜렷하다. 중국은 한국과 더불어 안전한 지괴(땅덩어리)를 형성하고 있으나, 일본은 환태평양조산대에 해당되는 지역이어서, 화산활동과 지각변동이 심하고 그와 관계 깊은 온천자원이 풍부하다. 동아시아・태평양지역의 민족구성은 아시아 고유의 몽골계통 황인종이며, 불교와 유교 및 한자(漢字) 문화권에 속하여 거의 비슷한 생활을 해왔기 때문에 정치・경제・문화면에 비슷한 점이 많으며, 특히 중국을 비롯한 3개국은 오랜 역사적 자원과 유산자원을 많이 보유하고 있어 관광잠재력이 크다.

1995년 3월에는 이 지역 3개국 수도 베이징, 서울, 도쿄시장이 모여, 다가오는 21세기에 이 지역 번영을 위하여 경제・사회・문화 및 스포츠를 상호 교류하자는 데 합의, [그림 2-1]과 같이 'BESETO 벨트협력체'를 결성하였다. 이것은 중국의 값싼 노동력과 한국의 많은 경험과 동력, 그리고 일본의 자본과 기술을 합하자는 것이다. 이 BESETO 벨트지역은 세계에서 경제가 가장 빨리 번창하는 지역이며, 세계 전체 인구의 24.7%를 차지하는 14억 7천만 명이 살고 있고, 세계 총생산량(Gross National Products)이 4.26조(兆) 달러인 지역으로 세계 GNP의 19.4%를 차지하므로, 이 지역의 협력체계가 잘 이루어진다면 매우 중요한 세계 경제지역으로 변모하게 될 것이다.

아시아지역의 국제관광현황을 연도별로 살펴보면 〈표 2-1〉과 같다.

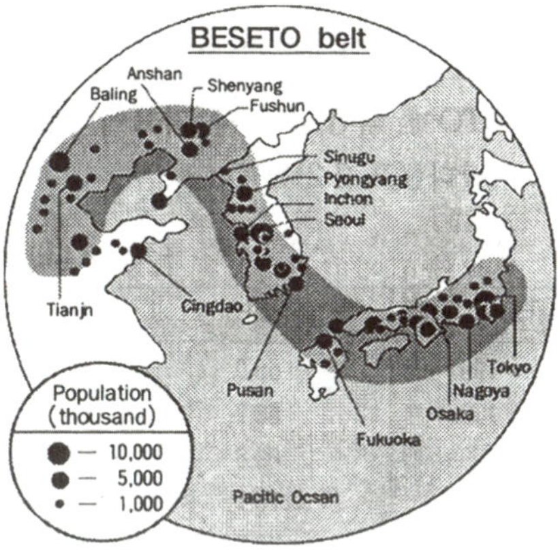


[그림 2-1] BESETO 벨트지역

〈표 2-1〉 동아시아 · 태평양지역 관광객과 관광수입의 연도별 구조

| 구분 / 연도 | 관광객(백만 명) | | | | 관광수입(십억 달러) | | | |
|---|---|---|---|---|---|---|---|---|
| | 관광객 | 전 세계 대비비율 | 변화율 | 인덱스 (1991=100) | 관광 수입 | 전 세계 대비비율 | 변화율 | 인덱스 (1991=100) |
| 1991 | 55.0 | 11.9 | 3.3 | 100 | 40.2 | 14.7 | 3.5 | 100 |
| 1992 | 62.7 | 12.5 | 14.1 | 114 | 47.3 | 15.2 | 17.6 | 117 |
| 1993 | 69.6 | 13.4 | 10.9 | 127 | 52.4 | 16.5 | 10.8 | 130 |
| 1994 | 75.1 | 13.8 | 8.0 | 137 | 62.2 | 17.7 | 18.7 | 155 |
| 1995 | 79.7 | 14.1 | 6.0 | 145 | 73.4 | 18.4 | 18.0 | 183 |
| 1996 | 87.1 | 14.6 | 9.2 | 158 | 80.8 | 19.1 | 10.0 | 201 |
| 1999 | 97.6 | 15.0 | 10.8 | 177 | 75.2 | 16.5 | 6.4 | 187 |
| 2000 | 101.9 | 16.0 | 14.7 | 185 | 82.5 | 17.3 | 9.6 | 205 |
| 2001 | 114.9 | 16.9 | 12.8 | 209 | - | - | - | - |
| 2002 | 125.9 | 17.7 | 9.6 | 229 | 94.7 | 20.0 | - | 236 |
| 2003 | 114.1 | 16.4 | -9.4 | 207 | 88.5 | 17.2 | -6.5 | 220 |
| 2004 | 145.5 | 19.0 | 27.5 | 265 | 127.8 | 20.2 | 44.4 | 318 |
| 2005 | 156.7 | 19.4 | 7.7 | 285 | 130.4 | 20.4 | 2.0 | 324 |
| 2006 | 167 | 19.7 | 6.6 | 304 | 156.6 | 21.1 | 20.1 | 389 |
| 2007 | 184.3 | 20.4 | 10.4 | 335 | 188.9 | 22.1 | 20.6 | 467 |

자료 : UNWTO(2008)

1950년도에 아시아 · 태평양지역에 도착한 관광객과 관광수입이 세계에서 차지하는 비중은 각각 0.8%, 1.4%였으나, 연도의 증가와 더불어 그것이 차지하는 비중은 괄목할 정도로 증가추세를 보이고 있다. 특히 1990~2007년간 관광객은 약 8.6% 증가하였으며, 관광수입에 있어서는 7.5% 증가하였다. 1991년의 경우 이 지역에 도착한 관광객은 5,500만 명으로 세계관광객 중에 11.9%를 차지하였다. 인덱스는 1991년을 기준하여 100이라 가정하고, 매년 관광객수의 변화정도를 이해하기 쉽게 구한 값이다. 예를 들어, 2001년의 인덱스지수가 209로 나타난 것은 1991년과 비교해 방문관광객의 수가 2배 이상 증가했음을 쉽게 알 수 있는 것이다. 2007년의 경우는 1991년대비 3배 이상 국제관광객이 증가했음을 알 수 있다.

한편, 관광수입을 살펴보면 기초연도인 1991년에 이 지역의 관광수입은 402억 달러였으며, 세계 관광수입 중에 차지하는 비중은 14.7%였으나, 2007년에는 1,889억 달러의 관광수입을 올려, 세계 속의 점유율은 22.1%로 나타났다. 인덱스지수의 경우 2000년에는 1991년을 기준으로 2배 이상으로 증가했음을 알 수 있다. 인덱스는 1991년을 기준 100이라 가정하고 매년 관광수입의 변화정도를 살펴보면, 2007년의 경우는 1991년 대비 4배 이상 국제관광수입이 증가했음을 알 수 있다.

## 1. KOREA

### 1) 개 관

한국은 유라시아대륙의 북동쪽에 위치하며 중국, 일본과 더불어 극동국가(Far East Country)라고 부른다. 한반도는 적도로부터 N. 33°~43°에 위치하고 있고, 남북을 주행하는 대(大)산맥이 한반도의 동쪽에 편재되어 있어, 동고서저(東高西低)의 지형을 형성하고 있다.

기후는 같은 위도상에 위치하고 있는 포르투갈, 스페인, 이탈리아와 비슷하나, 이 지역들은 서안해양성 및 지중해성 기후의 영향으로 연중 온난하다. 그러나 한국은 대륙의 동안(東岸)에 위치하고 있어, 대륙의 영향을 많이 받는 계절풍 기후지역에 속하며 한서의 차가 크고 4계절의 구별이 뚜렷하다. 특히 봄은 날씨가 따뜻하고 맑으며, 가을은 청명하고 깨끗하여 옛날부터 천고마비(天高馬肥)의 계절이라 하여 활동하기 좋아 국내외 관광객들의 유동이 많은 시기이기도 하다.

북동아시아 중심지에 위치하고 있는 한반도는 역사 깊은 중국과 접경을 이루고 있어 육상 및 해상교통의 발달과 더불어 학문, 예술, 종교, 관광 등 문화교류가 활발하게 이루어졌다. 한국은 예로부터 전해오는 세계적인 문화자원이 많으나, 한반도의 위치가 대륙과 해양을 연결하는 육교적(陸橋的) 위치에 있기 때문에, 외부세력에 의한 전화(戰禍)의 영향으로 많은 문화자원들이 타국에 약탈 혹은 소실되기도 하였다.

1960년대 이후 세계 각지에 관광붐이 조성되고, 한국도 관광외화 가득률에 대한 중요성을 인식하게 됨으로써, 이에 관련된 관광정책을 수립하였고, 1967년 12월 한국 최초로 지리산(智異山)을 국립공원으로 지정하였다.

한반도가 남북으로 분단된 이후 2009년 현재 한국의 인구는 4,800만 명에 달하며, 그중 81%가 도시에 거주하고 있다. 1인당 국민총생산(GNP)은 2008년 1만 2,030달러로 세계 50위 수준인 것으로 나타났다.

## 2) 국제관광현황

세계적인 평화무드의 조성과 관광외화의 가득률이 높은 것을 감안해, 오늘날 세계 각국은 관광외화 획득에 많은 노력을 기울이고 있다. 우리나라도 1962년에는 1.5만 명에 불과하던 관광객을 10년이 지난 1972년에는 37만 명을 유치하고, 그 후에도 착실하게 증가해 왔다. 그러나 1974년 뜻밖에 문세광사건과 유류파동이 생겨 전년도에 비하여 관광객이 23.8% 감소되었다. 그러나 1976년부터 경기가 회복되어 1978년에는 108만 명을 유치, 대망의 100만 명을 돌파함으로써 세계적 관광증진국가에 진입하게 되었다.

1983년부터는 우리나라 경제성장이 급성장하기 시작함으로써, 각종 국제회의를 유치하여 국력신장을 테스트하기 시작하였다. 즉 국제회의인 ASTA(미국여행자협회, 1983 : American Society Travel Agents)와 IPU(국제의원연맹 : International Parliamentary Union) 총회를 개최하였으며, 이어서 1986년에는 아시안게임을, 1988년에는 서울올림픽, 2005년에는 APEC을 성공적으로 치름으로써 한국인의 능력과 더불어 한국 경제력과 사회적 단결력을 세계 각국에 PR하는 좋은 계기가 되었다.

그 결과, 올림픽이 끝난 다음에는 관광객이 많이 감소할 것으로 예상되었으나 성공리에 끝난 올림픽의 긍정적 영향(Positive Effect)으로 이듬해인 1989년에도 220만 명의 방문객이 방문하였다. 1990년에는 전년도에 비해 35.3% 증가한 약 300만 명의 관광객이 유치되었다.

한편, 1990년 초 우리나라는 북방정책으로 인해 동구 여러 국가와 국교를 맺게 되었으며, 그중에서도 소련과의 관계는 우리나라 경제와 사회에 많은 변화를 가져와 중요한 의미를 가진다. 이로 인하여 미수교 동구 여러 국가가 수교국으로 변하면서 스포츠 교류는 물론, 컨벤션이 활발하게 진전되어 한국관광산업에 크게 기여하였다. 그러나 이에 반해 한국인의 경제고도성장에 따른 허영심과 소비풍조가 사회에 만연하기도 하였다.

인바운드 시장인 외래관광객 현황을 보면 〈표 2-2〉와 같이 1997년에는 390만 명이 유입되었으나, 내국인의 아웃바운드는 454만 명으로 나타났다. 2002년에는 530만 명(세계 31위), 2003년도는 전년도보다 약간 감소한 475만 명, 2004년도에는 581만 명, 2006년에는 615만 명 이상이 한국을 방문해 외래관광객이 조금씩 증가하고 있음을 알 수 있다.

〈표 2-2〉 한국 연도별 국제관광현황

(단위 : 1,000명)

| 구분 \ 연도 | 1997 | 1998 | 1999 | 2000 | 2001 | 2002 | 2003 | 2004 | 2005 | 2006 |
|---|---|---|---|---|---|---|---|---|---|---|
| Inbound | 3,902 | 4,250 | 4,660 | 5,322 | 5,147 | 5,347 | 4,753 | 5,818 | 6,023 | 6,155 |
| Outbound | 4,542 | 3,067 | 4,342 | 5,508 | 6,084 | 7,123 | 7,086 | 8,825 | 10,080 | 11,610 |
| 차 이 | -640 | 1,183 | 318 | -176 | -937 | -1,776 | -2,332 | -3,007 | -4,057 | -5,455 |

자료 : UNWTO(2008)

〈표 2-3〉 한국 외래관광객의 국적별 구조(2008)

(단위 : 1,000명)

| NO. | 국 명 | 도착객 | % | 비 고 | NO. | 국 명 | 도착객 | % | 비 고 |
|---|---|---|---|---|---|---|---|---|---|
| 1 | Japan | 2,235 | 34.7 | Asia/Pacific | 7 | Russian Fed. | 140.4 | 2.2 | Europe |
| 2 | China | 1,068 | 16.6 | Asia/Pacific | 8 | Hong Kong | 140.1 | 2.2 | Asia/Pacific |
| 3 | U.S.A. | 587 | 9.1 | Americas | 9 | Canada | 98 | 1.5 | Americas |
| 4 | Taiwan | 335 | 5.2 | Asia/Pacific | 10 | Singapore | 93 | 1.5 | Asia/Pacific |
| 5 | Philippines | 263 | 4.1 | Asia/Pacific | TOP 10 | | 5,105.5 | 79.4 | |
| 6 | Thailand | 146 | 2.3 | Asia/Pacific | Total | | 4,746 | 100.0 | |

자료 : 문화체육관광부, 한국관광공사(2008), p.28.

2007년 인바운드 외래관광객의 주요 국적별 현황을 살펴보면, 〈표 2-3〉과 같다. 우선 국가별로 살펴보면, 일본인이 연간 223.5만 명으로 가장 많고(34.7%), 다음으로 중국인이 연간 106.8만 명으로 전체의 약 16.6%를 차지하였으며, 다음으로 미국이 58.7만 명(9.1%), 타이완이 33.5만 명(5.2%), 필리핀이 26.3만 명(4.1%)의 순으로 나타나고 있다. 한국을 방문하는 외래관광객 국적 10위권의 비율은 전체 한국방문 외래관광객의 79.4%를 차지하고 있으며, 그중 아시아지역 국가에서 유치되는 관광객이 전체의 66.6%이다. 아시아지역 이외 국가로는 미국과 캐나다, 유럽지역의 러시아가 포함되어 있다.

방한(訪韓)목적으로는 2006년의 경우 여가 및 휴양이 70.9%이며, 사업 및 업무여행이 5.7%, 기타가 23.4%로 나타나고 있다. 평균체제일수의 경우 2000년 4.9일, 2003년 6.2일, 2005년 6.8일로 매년 조금씩 체재기간이 늘어나고 있어, 관광수지에도 영향을 줄 것으로 기대된다.

2007년 주요 시장별 입국현황특성을 국가별로 간단히 살펴보면[1], 일본의 경우 2007년 3월부터 원화강세가 악재로 작용하여, 지속적인 감소세를 보이고 있다. 또한, 중국과 일본의 수교 35주년 관련 다양한 교류행사가 이루어져, 많은 일본인 관광객들이 중국을 목적지로 선택함에 따라 방한 일본인 관광객이 감소하였다.

중국의 경우, 방한 관광객이 연간 19.2%의 높은 성장세로 최초로 연간방한객 100만 명을 넘어섰다. 2007년 3월에는 '방문취업'체류자격이 신설되면서, 한국계 중국인의 방문이 늘어났다. 남녀비율은 57 : 43이며, 관광목적이 40%, 연령대로는 50대가 64.2%로 가장 많다.

미국인 관광객의 경우 58만 7,324명이 입국하였으며, 남성이 58.4%, 여성이 35.3%로 나타났다. 대만관광객의 경우 원화강세로 가격경쟁력이 하락함에 따라 감소세를 나타냈으나, 추석연휴에 방한객이 다시 증가하였다.

한국관광공사가 2008년 한국을 방문한 외국인 관광객 1만 2천 명을 대상으로 설문조사한 결과, 캐나다인 관광객의 경우[2] 여행일정은 평균 11.3일로, 미국인 평균 9.3일

---

1) 문화체육관광부(2008), 2007 관광동향에 관한 연차보고서.

2) 매일경제, 한국방문 加관광객 "역사 · 문화유적 매력적", 2009.6.13.

에 비해 비교적 길었으며, 여행형태는 단체여행보다는 개별여행(93.1%)을 선호해 각종 여행관련 인터넷사이트나 방한 경험이 있는 친지·친구, 관광안내 서적, 여행사 등으로부터 정보를 얻어 여행을 계획한 것으로 나타났다. 한국의 가장 큰 매력으로는 62%가 '역사·문화유적', 이어 38.9%는 '자연·풍경 감상', 25.6%는 '휴양·휴식' 순으로 응답했다. 주요 방문지로는 '고궁방문'이 60%, '인사동 방문'이 51.7%이며, 불편사항으로는 의사소통(59%), 교통혼잡(31.2%), 안내표지판 부실(21.2%) 등이 지적됐다.

한편, 한국인의 아웃바운드현상을 보면 그동안 경제의 고도성장에 따라 아웃바운드 현상이 두드러지게 증가하였으나, 1997년까지는 인바운드를 초과하지 못하였다. 1995년부터 국민들의 관광현상이 국내관광(Domestic Tour)에서 국제관광(International Tour)으로 전향되어 아웃바운드 관광객의 수가 연평균 20% 증가하면서, 2000년대 들어 인바운드 관광객의 수를 능가하는 현상이 나타나고 있다.

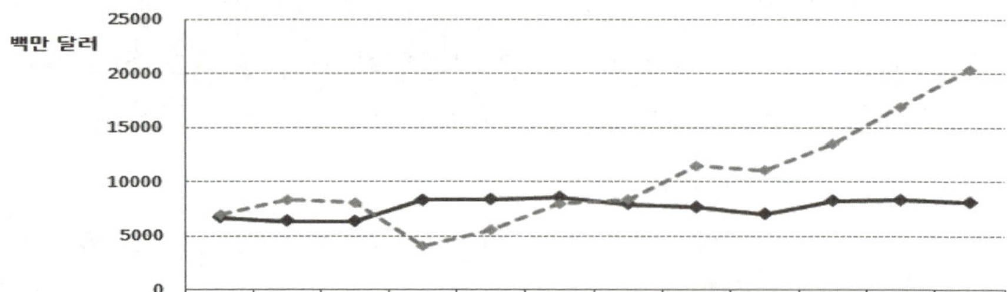


| | 1995 | 1996 | 1997 | 1998 | 1999 | 2000 | 2001 | 2002 | 2003 | 2004 | 2005 | 2006 |
|---|---|---|---|---|---|---|---|---|---|---|---|---|
| 관광수입 | 6670 | 6350 | 6317 | 8263 | 8337 | 8527 | 7919 | 7621 | 7005 | 8226 | 8290 | 8069 |
| 관광지출 | 6947 | 8291 | 8039 | 4027 | 5555 | 7945 | 8349 | 11440 | 11063 | 13507 | 16924 | 20386 |

자료 : UNWTO(2007)

[그림 2-2] 한국의 연도별 국제관광수지

한편, 관광수지관계를 보면([그림 2-2] 참조), 1996년에 관광수입은 감소한 데 비해 관광지출이 늘어나 19억 달러 이상의 여행수지 적자를 나타내고 있다. 이것은 외래객 1인당 평균소비액의 감소와 내국인 해외여행 증가에 기인한 것으로 볼 수 있다. 해외여행자의 1인당 여행경비를 살펴보면 1994년에는 933달러, 1995년에는 1,372달러로 급격히 증가하였으나, 이후 감소추세로 돌아서 1996년에 1,326달러, 1997년 8월에

1,155달러로 나타났다. 또 1997년의 여행수지는 17억 2천 달러의 관광적자를 나타내고 있다. 경기침체와 환율상승으로 '97년도 1인당 GNP는 9,511달러보다 3천 달러 낮아진 6,462억 달러로 하락하였다. 그에 따른 경제성장은 -7.0%, 물가상승률은 8.5%, 연평균환율은 1,400원, 연인구증가율은 0.89로, GNP 6,462달러는 1990년(5,883달러)보다 높고, 1991년(6,757달러)보다 낮은 현상이 나타나며, 몰타(9,121달러), 푸에르토리코(8,588달러), 슬로바키아(7,758달러), 사우디아라비아(7,542달러), 바레인(7,591달러)보다 떨어져 세계 34위에서 40위로 밀려나 있다.

1998년과 1999년의 경우 IMF 외환위기로 아웃바운드 관광객이 조금 줄어들어 일시적으로 관광수지가 흑자로 돌아섰으나, 2000년대에 들어서면서 점차 아웃바운드와 소비금액의 증가로 인해 관광수지 적자폭이 매우 크게 벌어지고 있다. 2006년의 경우, 국제관광수입은 80억 달러인 데 반해 관광지출은 203억 달러 이상으로 나타나 약 123억 달러의 관광적자현상이 나타나고 있다.

### 3) 국제관광정책

한국정부는 2008년 대통령 주재 국가경쟁력강화회의에서 '관광산업 경쟁력 제고방안'을 논의하고, '4대 부문, 8대 과제'를 확정하였다. '관광산업 경쟁력 제고방안'은 관광수지 적자를 극복하기 위한 방안으로, 관광산업의 근본적인 경쟁력을 강화해야 하며, 이를 위해 한국관광의 콘텐츠를 개발·확충하고 인프라를 개선하는 내용으로 구성되어 있다[3].

구체적인 관광산업 경쟁력 제고방안 내용 중의 4대 부문 8개 과제를 좀 더 구체적으로 살펴보면 다음과 같다.

첫째, 한국적 특성의 명품콘텐츠의 개발이다. 콘텐츠는 다시 네 개의 부분으로 나누어진다.

① 역사·문화자원 : 5대 고궁, 종교문화 등 한국교유의 역사문화적 관광자원을 중심으로 관광개발 프로그램을 개발하는 것이다. 유교체험과 템플스테이 관련 프로그램도 개발된다.

② 자연·생태자원 : 국내의 생태관광자원과 자연생태계를 보존·복원하여,

3) 문화체육관광부 보도자료, "관광산업 경쟁력 강화 2단계 돌입", 2008.12.12 참조.

관광자원화를 통해 교육적 효과 및 자연에 대한 중요성 인식을 고취함과 동시에 관광적 활용가치를 높이고자 계획되었다.

③ 문화 · 예술 · IT자원 : 도시의 문화예술, IT, 관광을 접목시켜 공연문화를 활성화시키고 이를 통한 관광객 유치효과를 꾀하는 것이다.

④ 고수익 관광산업의 전략적 육성 : 의료관광과 전시컨벤션 산업활성화와 전략적 육성을 통해 장기적인 수익창출 원동력으로서 발전시키게 된다.

둘째, 친절 · 안전 · 쾌적한 관광한국의 이미지를 창출하는 것이다.

⑤ 입국에서 출국까지 편리하고 안전한 관광서비스 제공 : 대중교통관련 안내시스템을 구축하고, 관광객 고객만족센터 운영 등을 통해 외래관광객의 편의성 증대를 꾀하고자 한다.

⑥ KOREA 관광브랜드 재창출 : 국제적인 메가이벤트 개최를 통해 세계 속의 한국 국가브랜드를 세계에 알리고, 참가자 혹은 재외교포 등의 구전효과를 활용한 국가브랜드 재창출을 목표로 하는 것이다.

셋째, 인바운드 관광시장의 전략적 개발이다.

⑦ 지역별 · 타깃별 관광시장 확대 : 일본인 관광객의 경우, 전후단계 세대, 여성관광객, 청소년 수학여행단을 주타깃으로 하는 맞춤형 마케팅을 실시하고, 중국시장에 대해서는 방한중국인 관광객의 편의를 위한 비자신청절차를 간소화하고, 공항과 노선 확충을 통한 접근성을 제고시키고자 하는 것이다.

넷째, 관광 서비스업계의 경쟁력을 지속적으로 강화시키는 것이다.

⑧ 업계의 자구노력과 연계한 정부지원 강화 : 관광업계의 노력이 절실히 요구되는 부분이며, 유원시설에 대한 임시투자세약을 공제, 정부 부처간 협력을 위한 '관광산업특별협의회'를 설치하는 것 등의 내용을 포함한다.

이러한 관광정책을 통해 정부는 2012년까지 외래관광객 1천만 명, 부가가치 10조 원, 신규고용 39만 명을 창출하여, 현재 세계 31위의 관광경쟁력[4)]을 향후 세계 20위권 진입으로 끌어올릴 것을 목표로 하고 있다.

---

4) WEF(World Economic Forum, 세계경제포럼) 기준 관광경쟁력, 2007년 130개국을 대상으로 국가경쟁력을 비교한 결과 한국은 인프라부문 70위, 가격부문 106위, 친밀성 부문 112위 등으로 종합경쟁력 31위에 랭크되었다.

## Tip 모험성향 강한 영국 여행객들, 이제 서울로 눈길

대형 온라인 여행사 오포도가 조사한 바에 따르면, 점점 많은 영국 여행객들이 이국적인 중장거리 목적지로 휴가를 떠나고 있다. 이에 반해 유로존으로의 단기여행은 감소하는 추세이다. 웹사이트 Opodo.co.uk는 영국인들의 여행추세를 알아보기 위해 올해 1~8월 항공 예약률을 전년동기와 비교한 결과, 흥미 있는 중장거리 목적지가 소비자들에게 긍정적인 영향을 미치면서 그 예약률이 늘어나고 있는 것으로 나타났다.

이와 같은 추세를 반영하여 Opodo UK는 최근 'Up and Coming Destinations for 2009'라는 떠오르는 신규 목적지에 대한 리스트를 발표하였다. 오포도 관계자는 "소비자들이 점점 보다 먼 목적지로 돈과 시간을 투자하려는 추세가 나타나며, 거리는 멀지만 일단 도착하면 물가가 저렴하기 때문에 매력이 부각된다"라고 언급하였다.

특히 페루 리마의 성장이 괄목할 만한데, 리마에 대한 소비자들의 관심이 증가하는 주된 이유로는 역시 모험성향을 만족시켜 준다는 것과 싼 물가를 들 수 있다. 또한 중장거리에도 저가항공노선이 많이 등장한 것도 이러한 추세에 영향을 주고 있다. 즉, 선택의 폭이 넓어진 것이다. 현재 인기를 얻고 있는 중장거리 목적지는 요르단, 이집트, 불가리아, 터키 등이 있으며 페루, 서울, 리우데자네이루도 내년에 기대되는 목적지이다.

### Up and Coming Destinations for 2009

1. 리마, 페루(up 98%)
2. 암만, 요르단(up 79%)
3. 카이로, 이집트(up 76%)
4. 서울, 한국(up 67%)
5. 바르나, 불가리아(up 67%)
6. 리우데자네이루, 브라질(up 60%)
7. 아부다비, UAE(up 44%)
8. 쿠알라룸푸르, 말레이시아(up 43%)
9. 홍콩(up 38%)
10. 올란도, 미국(up 37%)
11. 이스탄불, 터키(up 31%)
12. 베를린, 독일(up 20%)

기사출처 : e-tid.com, 2008. 10. 22. 한국관광공사

## Tip 2010 한국방문의 해, 서울시와 공동추진 협약 체결

유인촌 문화체육관광부장관과 오세훈 서울시장, 박삼구 재단법인 한국방문의해위원회 위원장은 2008년 11월 17일 『한국방문의 해』 사업의 2010년 공동추진을 위한 협약서를 체결하였다. 이번 협약은 외래관광객 유치 확대, 관광목적지로서의 한국관광 이미지 제고라는 공동목적 달성을 위해 2010년 사업의 공동추진을 서울시가 제안하였고, 서울시의 적극적인 참여가 2010~2012 한국방문의 해의 성공적 개최에 크게 기여할 수 있다는 점을 고려하여 이뤄지게 되었다.

협약식에는 2010년 한류페스티벌, 한·중·일 초청 등(燈) 퍼레이드, 해외 공동선포식, Korea Grand Sale, 글로벌 기업 연계 민간제휴 마케팅, 국민 환대서비스(hospitality) 개선 캠페인 등 10대 공동사업이 발표되었다. 또한 서울시는 2010년 한국방문의 해 파트너 도시로서의 지위를 갖게 되며, 각 기관은 보유하고 있는 자원을 최대한 활용하여 적극 협력하기로 하였다.

『한국방문의 해』 사업은 2010년부터 2012년까지 3년간 추진되는 민관합동 국가마케팅으로 현재 6백만 명 수준의 외래관광객을 2012년 천만 명까지 유치하는 것을 목표로 하고 있다. 지난 9월 재단법인 한국방문의해위원회가 설립되었으며, 10월 14일 열린 선포식에서는 김윤옥 여사가 명예위원장으로, 한류스타 배용준 씨가 홍보대사로 위촉되었으며, 한국방문 분위기 조성과 외래관광객 유치 확대를 위한 특별 프로그램을 준비하고 있다.

문화체육관광부는 환율인상으로 한국관광의 가격경쟁력이 개선되는 상황에서, 이러한 협력이 외래관광객 유치 사업에 상승효과를 유발함은 물론, "외래관광객 천만 명 시대"의 조기 실현에도 기여할 것으로 전망하고 있다.

### 사업내용

- 해외홍보사업
  - 한국방문의 해 해외 공동선포식 개최
  - 해외 공동 Global Marketing
  - 한국방문의 해 Welcome plan 공동사업
- 이벤트사업
  - 2010 한국방문의 해 서울 세계 등(燈) 퍼레이드
  - 2010 한류 페스티벌 in Seoul
  - Korea Happy Grand Sale
  - 세계 디자인수도 2010 서울 연계 사업
- MICE
  - MICE 활성화
  - 국민 환대서비스(hospitality) 개선 캠페인
  - 홈스테이 등 국민 참여 활성화 사업

기사출처 : 문화체육관광부, 2008년 11월 17일 보도자료

# 2. JAPAN

## 1) 개 관

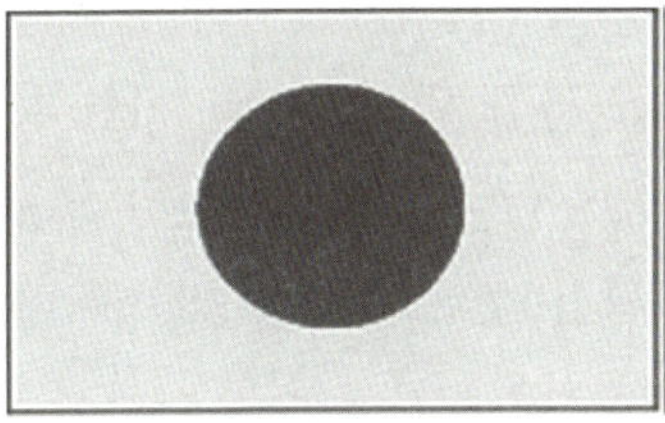

❖1854년 도쿠가와바쿠후시대 일본배임을 표시하기 위하 표식으로 사용된 이래 오늘날까지 사용되고 있음
❖일본으로부터 태양이 떠오른다는 의미

일본은 혼슈(本州 : 22.8만$km^2$)를 비롯하여 시고쿠(四國), 규슈(九州) 및 홋카이도(北海道) 등 4개의 큰 섬과 많은 작은 섬으로 된 섬 국가(전체 37.8만$km^2$)이다. 일본은 일찍부터 대륙문화를 비롯, 유럽문화를 받아들여 아시아국가들 중에서 가장 먼저 개화된 국가라고 볼 수 있다.

일본은 산지가 많고 평야가 적으며 토양이 비옥하며, 기후는 온대 계절풍의 해양성 기후로 바이우(梅雨)인 6~7월 장마형 강우를 제외하면 비교적 좋은 날씨를 이룬다. 일본은 수량이 풍부하고 그에 따른 발전(發電)이 많아 세계적인 수력발전국이며, 자연적으로 형성된 호수가 많아 그것을 잘 이용하여 자연관광자원으로 이용하고 있다. 또 발달된 기술을 농업 및 어업에 투자하여 농업관광단지와 어업관광단지 등 인공적인 관광자원을 많이 조성하고 있다.

일본 혼슈지방을 남북으로 분단하는 지구대(地溝帶)인 포사마그나(Fossa Magna)를 기점으로 서쪽에는 소위 '일본의 알프스'라 불리는 높은 산봉우리가 많은 지역이며, 동쪽에는 일본의 최고봉인 후지산(富士山)을 비롯하여 아소산(阿蘇山), 아사마산(淺間山) 등의 화산과 온천이 많아 매우 독특한 경관을 보여주고 있다.

일본은 관광사업을 주관하는 JNTO(國際觀光振興會)를 설치하여 해외홍보에 적극적으로 활동하고 있다. 관광외화의 부가가치가 가장 높은 국제회의를 일본에 유치하기 위해 JNTO의 직속하에 JCB(일본국제회의유치국 ; Japan Convention Bureau)를 두고 국제회의를 유치하여 외화획득에 크게 몰두하고 있다. 또한, 일본은 외국에서 개최되는 국제회의의 정보를 수집하고 동양 최대의 Convention 유치국을 계획하고 있어,

다른 국가와의 경쟁이 예상된다. 일본은 전체인구 1.2억 명 중 77%가 도시에 거주하며, 1인당 개인소득은 3.4만 달러(2007년)이다.

일본의 국제관광의 흐름을 시대순으로 간단히 살펴보면, 일본은 1950년대 제2차 세계대전 직후 전쟁으로 인한 전후복구사업과 재정적 빈곤을 탈피하기 위한 수단으로 인바운드 관광객 유치가 이루어졌다. 인바운드를 통한 외화획득과 이를 통한 국가경제성장이 1950년대 관광정책의 목표였다고 할 수 있다. 1960년대 또한 주로 인바운드 시장중심의 국제관광정책이 이루어졌는데, 일본은 1962년 주휴2일제(주5일제)가 실시되었으며, 1963년 일본관광기본법이 제정되고, 1964년 일본 도쿄올림픽이 개최되었으며, 같은해 일본인의 해외여행자유화가 실시되어 일본인들의 아웃바운드가 조금씩 증가하기 시작했다. 1970년대에는 인바운드와 아웃바운드의 국제관광정책이 조화를 이루어 가는 시기라 할 수 있다. 기본적으로는 1960년대의 국제관광정책과 동일하나, 경제적 발전을 복지관광의 수단으로 국민관광활동을 적극적으로 지원하기도 하였다. 1980년대는 국제수지의 지속적인 흑자로 인해 통상마찰압력이 가해지기 시작하자, 이를 해소하기 위한 방안으로 일본인의 해외여행 아웃바운드 촉진을 추진하는 관광정책이 추진되었다. 1985년 시장개방개선을 위한 실천계획으로 'Action Prigram for Improved Access'를 실시하였으며, 1987년 운유성은 해외관광객을 5년 이내 천만 명으로 증가할 계획을 수립하였다. 이는 관광수지폭을 증대시키고 대외적 이미지 개선을 위한 정책수단으로서 이용되었다. 이후, 1990년대는 외래관광객의 유치와 해외관광 촉진정책의 조화를 꾀하는 시기로 1990년대는 관광진흥활동계획으로 'Two Way TOURISM 21'을 수립하기도 하였다.

## 2) 국제관광현황

일본의 인바운드와 아웃바운드 관광객의 연도별 변화를 살펴보면 〈표 2-4〉와 같다. 연도별 추이를 살펴보면, 2000년의 경우 아웃바운드가 인바운드의 약 4배 정도 큰 폭으로 차이가 나고 있으나, 점차 그 폭이 조금씩 줄어들고 있다. 하지만, 여전히 아웃바운드의 수가 월등히 많음을 알 수 있다. 이와 같은 현상은 내국인의 개인소득이 높아 국내의 유출요인(Push Factor)이 높게 작용하고 있기 때문이다.

〈표 2-4〉 일본의 연도별 국제관광현황

(단위 : 1,000명)

| 구분 \ 연도 | 1999 | 2000 | 2001 | 2002 | 2003 | 2004 | 2005 | 2006 | 2007 |
|---|---|---|---|---|---|---|---|---|---|
| Inbound | 4,438 | 4,757 | 4772 | 5239 | 5,212 | 6,138 | 6,728 | 7,334 | 8,347 |
| Outbound | 16,358 | 17,819 | 16,216 | 16,523 | 13,296 | 16,831 | 17,404 | 17,535 | 17,295 |
| 차 이 | -11,920 | -13,062 | -11,444 | -11,784 | -8,084 | -10,693 | -106,76 | -10,201 | -8,948 |

자료 : UNWTO(2008)

(단위 : 천 명)

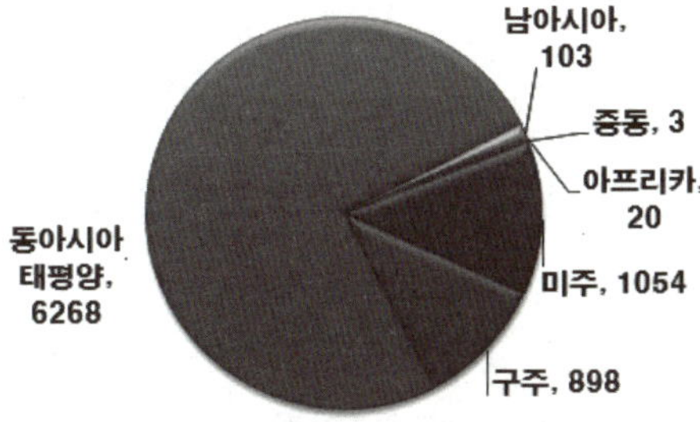


자료 : UNWTO(2007)

[그림 2-3] 일본 인바운드 관광객의 지역별 구조(2007)

외래관광객은 1999년 443만 명에서 2007년에 834.7만 명으로 증가하였다. 2007년 외래관광객의 지역별 구조를 살펴보면([그림 2-3] 참조), 동아시아 · 태평양지역으로부터 626.8만 명이 방문하여 75.1%를 점하고 있으며, 다음으로 미주지역 105.4만 명으로 12.6%, 구주지역 89.8만 명으로 10.8%, 남아시아지역이 10.3만 명으로 1.2%, 아프리카가 2만 명으로 0.2%를 차지하고 있는 것으로 나타났다.

방문목적으로는 여가 및 휴양이 71.3%, 상용목적이 18.9%, 기타가 9.8%로 나타났으며, 평균체제일수는 2000년 8일, 2003년 8.5일, 2007년 6.5일로 나타나, 2000년 이후 점차 체재일수가 증가하다가 최근 조금씩 감소하는 것으로 나타나고 있다.

## Tip 일본관광청, 방일외래객 2009년 목표 835만 명

VISIT JAPAN캠페인(VJC) 개시 후, 방일외래객은 순조롭게 늘었지만 세계적인 경기후퇴의 영향으로 성장이 둔화되어 일본 관광청은 2009년 방일관광객수를 2008년 실적(835만 2천 명)과 동 수준인 835만 명으로 목표를 정하였다. 관·민의 멤버가 출석하는 3월 18일 열릴 VJC 실시본부 집행위원회에서 정식 결정할 예정이며, 수치목표는 경제정세가 단기간 중에 회복되지 않는 것을 전제로 설정하였다.

일본정부 관광국(JNTO) 해외선전사업소 등으로부터 보고에 의한 시장별 숫자의 예측치와 관계기관의 청취 등을 근거로 산출하였고, 그 밖의 시장예측에 관한 각종 데이터도 참고로 하였다. 세계관광기구(UNWTO)는 세계 국제관광의 2009년 성장률을 0~-2% 범위로 예측하였고, 재단법인 일본교통공사는 2009년의 방일외래객이 전년대비 3% 감소할 것으로 예측하였다. 2009년의 방일외래객수 835만 명을 달성할 수 있는 경우에도 관광입국추진기본계획이 주창한 2010년 1,000만 명 목표를 실현하기 위해서는 더 큰 성장이 필요하다고 예측하였다.

기사출처 : 주간관광경제신문, 2009. 3. 7일 보도자료

일본은 일찍부터 경제성장이 높고 또 해양국가이기 때문에 해외여행을 즐겨해, 2007년도 일본인 아웃바운드 관광객은 1,729.5만 명에 이른다. 일본인 아웃관광객의 주요 관광목적지는 [그림 2-4](2003년기준)와 같은데, 아웃바운드 1,330만 명 중 아시아지역국가의 여행자는 751만 명으로 전체의 45.0%를 차지하고, 하와이와 괌(Guam)을 포함한 아메리카지역이 33.8%이며, 유럽지역이 12.2%, 해양국가가 8.4%이고, 아프리카지역이 0.6%이다.5)

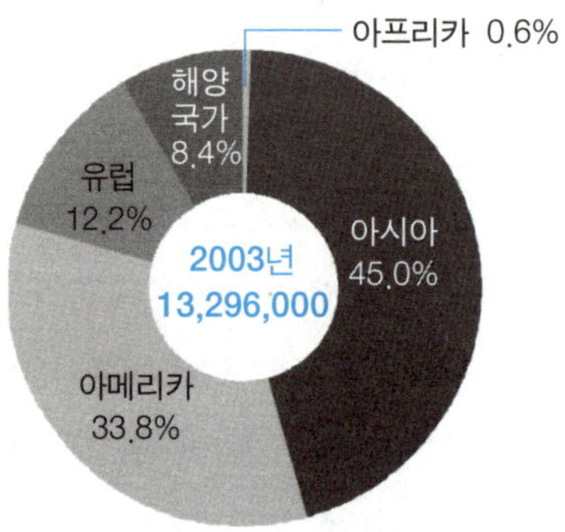

일본의 古城

[그림 2-4] 일본인의 해외여행 목적지

5) Japanese Ministry of Justice.

〈표 2-5〉 아시아 · 태평양국가의 외래객 중 일본인의 비율

| 국 명 | 총관광객 | 일본인 | 비 율 |
|---|---|---|---|
| Korea | 3,694,160 | 1,526,565 | 41.3 |
| Taiwan | 2,307,679 | 917,890 | 39.8 |
| China | 6,685,886 | 1,548,856 | 23.2 |
| Hong Kong | 11,702,825 | 2,382,890 | 20.4 |
| Thailand | 7,603,702 | 934,111 | 12.3 |
| Philippines | 2,050,117 | 350,242 | 17.1 |
| Malaysia | 2,952,856 | 340,905 | 11.5 |
| Singapore | 7,298,592 | 1,171,899 | 16.1 |
| Indonesia(1995) | 4,324,299 | 86,278 | 11.2 |
| Australia | 4,158,589 | 813,112 | 19.6 |
| New Zealand | 1,525,264 | 165,014 | 10.8 |
| Hawaii | 6,828,590 | 2,089,760 | 30.6 |
| Guam | 1,367,432 | 1,028,673 | 75.2 |

자료 : PATA

PATA에 따른 자료에 의하면 일본인이 하와이 및 괌(Guam)을 포함하여 아시아국가를 여행하는 수(數)와 그 국가 중에 차지하는 비율은 〈표 2-5〉와 같다. 하와이(Hawaii)와 괌(Guam)을 제외하고 아시아 · 태평양지역 주요 국가들의 국제관광객을 보면 13개국가 모두, 총 외래관광객의 10.0% 이상이 일본인이고 그중에서 한국에 유입되는 일본인은 153만 명(2003)으로 전체의 약 4.3%를 차지하고, 그 외 타이완, 중국, 홍콩의 4개 국가는 20.0% 이상이며, 특히 한국은 전체 관광객 중 일본인이 41.3%나 차지하고 있어서 일본인이 한국관광산업에 미치는 영향은 대단히 크다. 최근 방한(訪韓) 일본인의 동향은 여성의 비율이 증가함과 동시에 단체관광에서 개별관광이 증가할 것으로 보인다. 일본인이 아시아 · 태평양지역 국가에서 100만 명 이상 유입된 국가로는 싱가포르, 한국, 중국, 홍콩 등이 있으며, 특히 홍콩과 하와이에는 200만 명 이상 유치된 것으로 보인다. 특히 미국과 프랑스는 자원의 견인력, 즉 유치요인(Pull Factor)이 크게 작용하는 듯하고 한국, 홍콩, 싱가포르 등은 인접효과(The Effect of Neighborhood)가

크게 작용하는 듯하다. 그런데 최근의 경기침체로 인하여 해외여행 소비성향과 해외여행 증가율은 위축될 것으로 예측된다.

한편, 일본인의 해외여행을 보면 유입객에 비해 유출객의 증가가 월등한 경향이 나타나서 1995년의 경우 4.5배나 되었으며 매년 이런 현상이 지속되고 있다.

일본인이 아시아·태평양지역 관광산업에 영향을 미치는 요인으로는, 연속적인 공휴일(Consecutive Holidays), 익숙한 관광지역(Maturing Market), 국내여행에 대한 경쟁력(Competition with Domestic Tourism)으로 볼 수 있다[6]. 그 내용을 살펴보면 우선, 연속적인 공휴일(Consecutive Holidays)이 있다는 것이다. 대개 연말과 연초, 5월의 황금주(Golden Week)[7], 그리고 축제계절인 8월 중순 '오봉(Obon)'[8]연휴가 집중되어 있어, 0~9세의 유아들을 포함한 단기체재(Short Stays)형 가족여행이 과거 22.9%에서 37.2%(1996)로 증가하였다. 둘째, 빈번한 해외여행은 관광지역(Maturing Market)에 대한 익숙함이 생긴다는 것이다. 일본 국민의 해외여행 빈도를 보면 [그림 2-5]에서와 같이 해외여행이 처음인 사람이 10.5%로 가장 적고, 2~5회가 41.4%나 되며, 6~9회가 18.3%이고, 10회 이상 해외의 경험자가 28.6%나 되어 그 빈도가 상당히 높다. 즉, 방문경험이 있는 지역에 대한 재방문정도가 비교적 높아, 관광목적지에 대한 다양하고 풍부한 정보를 보유하게 된다.

국제관광의 형성요인은 그 지역국가에서 사용되는 화폐가치와 밀접한 관계가 있다. 배출국가의 화폐가치가 수용국가의 화폐가치보다 높을 때 좀 더, 용이하게 국외여행을 할 수 있기 때문이다. 일본의 엔화는 동남아시아지역 내에서 그 화폐가치가 상당히

---

6) Nobuyuki, Okamoto(1998), Japan's Role in the Asia-pacific Region's International Tourism, Conference Proceedings, Asia Pacific Tourism Organization(APTO), Tourism Sciences Society of Korea(TOSOK), p. 41.

7) 황금주(黃金週=Golden Week) : 일본인은 연휴가 들어 있는 주간을 황금연휴주간이라고 하여 인근국가를 방문한다. 1998년 5월, 7일간의 연휴기간에 한국을 찾은 일본인 관광객은 약 5만 2천 명으로 1인당 약 201만 원(1,490달러)을 소비하여 총 약 1,100억 원(7,800만 달러)을 소비하였다. 이것은 한국 외래객 1/4분기 소비액 1,230달러보다 20%가량 많다. 따라서 이들이 즐겨 찾는 쇼핑품목은 식품(37.6%), 의류(27.3%), 피혁제품(24.9%), 보석류(6.8%), 신발류(5.9%), 인삼(4.4%) 순이며, 이들의 불편사항은 언어소통(72.2%)이 가장 많고 교통혼잡(12.7%), 택시 불친절(8.9%) 등으로 나타나 있다.

8) 오봉(Obon) : 8월 13일부터 15일까지 오분휴무(お盆休)로 많은 상점과 식당뿐 아니라 관공서까지 휴일을 맞아 쉬거나 외국여행을 한다.

높기 때문에, 그만큼 국민들의 해외여행이 쉽게 이루어지고 빈도(Frequency)도 높다.

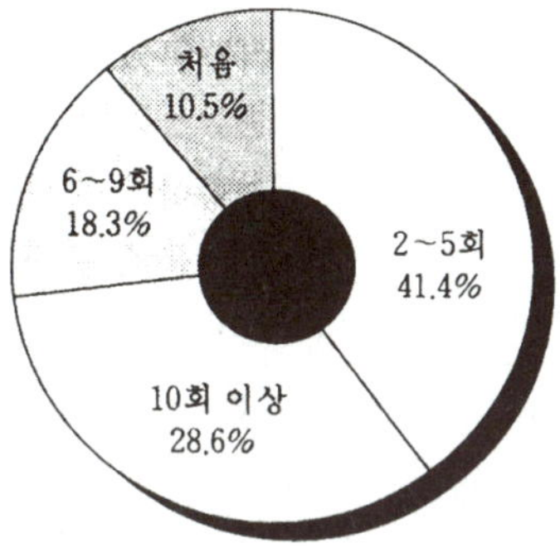


자료 : Japan Travel Bureau

[그림 2-5] 일본 국민의 해외여행빈도

셋째, 일본 엔(Yen's)화의 가치와 항공요금의 자유화에 따라 과거에는 신혼여행의 목적지가 일본 국내였으나, 인근의 해외, 즉 하와이, 오스트레일리아 및 유럽 등으로의 해외신혼여행이 증가하여 국내관광사업(Domestic Tourism)이 어려움이 겪고 있다. 최근에는 엔(Yen's)화의 가치에 따라 일본 관광객들이 질(質)높은 여행과 소그룹에 의한 FIT(Foreign Independent Tour)를 선호하고 있다는 것이다.

그러나 해외여행은 문화가 다른 지역에서 관광활동을 하게 되므로 여러 가지 불편함이 수반되는 것은 당연한 일이다. 일본인 아웃바운드 여행시의 불편함으로는 외국음식(36.7%), 안전(36.5%), 언어소통(36.1%), 여행비용(30.1%), 항공의 두려움(29.5%), 건강유지(28.9%) 순으로 나타났다.[9)]

최근에는 일본인 학생들의 해외교육여행이 많아지고 있는 추세이다. 일본교육여행협회에 의하면 2008년 해외교육여행수는 8,052명으로 집계되었으며, 이는 2007년 9,709명보다 참가인원수가 0.8% 감소한 수치이며, 참여건수는 2007년 3,070건에서 9.4% 감소한 2,782건에 이르고 있다. 해외교육여행의 유형으로는 수학여행이 1,275건

9) Japan Travel Bureau
US $ 399 Billion → US $ 2 Trillion

으로 17만 명이 참가하였으며, 다음으로 어학연수/홈스테이가 1,174건으로 약 3만 6천여 명 참가, 기타 연수가 221건으로 8,321명 참가, 마지막으로 유학이 135건으로 1,115명이 참가한 것으로 나타났다. 수학여행 방문국으로는 호주가 250건으로 최근 4년 연속으로 가장 많이 방문하는 국가로 나타났다. 1인당 평균 해외여행비용은 2007년의 경우 173,253엔이었으나, 2008년은 조금 상승한 187,604엔이며, 평균숙박은 5.6일 정도인 것으로 나타나 해외수학여행 아웃바운드시장이 크게 성장하고 있음을 알 수 있다.

일본의 국제관광수지를 살펴보면, [그림 2-6]과 같다. 국제관광수지는 관광객과 마찬가지로 일본인이 해외여행에서 소비하는 관광지출이 관광수입에 비해 훨씬 높다. 1996년에는 무려 9.0배, 2000년에는 7.1배, 2003년에는 3.2배, 2007년에는 약 3배에 이르고 있어, 관광분야에 있어서 관광수지적자국이라 할 수 있다.

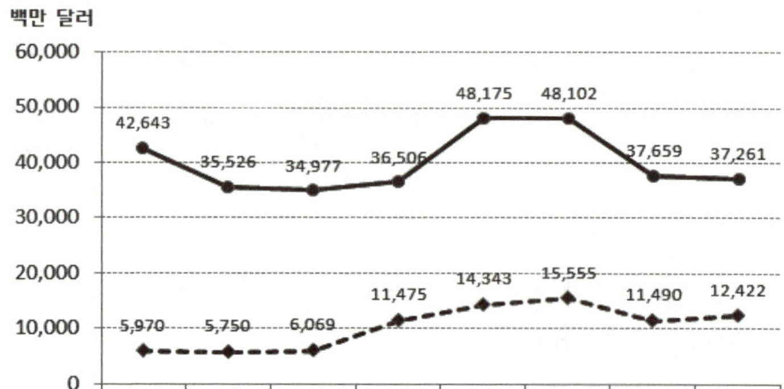


| | 2000 | 2001 | 2002 | 2003 | 2004 | 2005 | 2006 | 2007 |
|---|---|---|---|---|---|---|---|---|
| 관광수입 | 5,970 | 5,750 | 6,069 | 11,475 | 14,343 | 15,555 | 11,490 | 12,422 |
| 관광지출 | 42,643 | 35,526 | 34,977 | 36,506 | 48,175 | 48,102 | 37,659 | 37,261 |

[그림 2-6] 일본의 연도별 국제관광수지

## 3) 국제관광정책

### (1) 정부관광정책기구

일본의 국제관광분야에 있어서 운수성(運輸省)은 중앙행정기관으로서 관광개발, 국제기구와 국제회의에서 국가를 대표한다. 국내관광에 대하여는 환경청, 후생성, 문부성, 건설성, 국토관리청 등도 활동범위 내에서 관광관련기관이라 할 수 있다.

1961년 '도오쓰'시에 설립된 유스호스텔센터(Youth Hostel Center)는 관광・레크리에이션 계획실의 관리를 맡았다. 동 센터의 업무는 일본에 있는 유스호스텔들의 운영을 지도하고 그에 관한 조사 및 연구를 하는 것이다. 1972년에는 관광과 레크리에이션 활동에 대한 수요증대에 대처하기 위해 관광・레크리에이션 계획실(Tourism and Recreation Planning Office)이 설치되었다. 또 관광대책관계 성청연락회의(Inter-Ministerial Liaison Council on Tourism)가 설치되었는데, 이 협의회는 관계행정기관의 업무유대강화 및 관광행정의 효율적・통합적 수행을 촉진시키기 위한 역할을 수행한다.

또한, 업계와 학계의 의견과 전문지식이 관광행정에 충분히 반영되도록 이를 제도화하기 위해 관광정책심의회(Tourism Policy Council)가 관광기본법 제18조의 규정에 의해 1963년 설치되었다.

일본 교토에 있는 금각지

그 외, 관광관련단체로는 특수법인 국제관광진흥회(JNTO), 일본관광협회(JTA), 일본교통공사(JTB), 일본관광통역협회(Japan Guide Association), 관광자원보호재단(Japan National Trust), 일본관광개발재단(Japan Tourism Development Foundation), 일본호텔협회(Japan Hotel Association), 국제관광여관연맹(Japan Ryokan Association), 일본관광호텔연맹(Japan Tourist Hotel Association), 전일본 비즈니스호텔협회, 일본민박협회(Japan Minshuku Association), 일본이코노미관광여관연맹(Japan Economy Accommodation Federation), 일본여행협회(Japan Association of Travel Agents), 전국여행업협회(Japan Association of Domestic Travel Agents) 등이 있다.

### (2) 주요 관광진흥정책

1990년대 중반기에 들어서면서 상품수출을 통한 외화획득이 크게 증가해, 국제관광정책의 기본이념이 종전의 '외화획득'이라는 경제적인 측면에서 '국제친선, 국제협조'의 차원으로 변화하고 있다. 그래서 일본정부는 국제관광진흥이 방일 외국인들로 하여금 자신의 체험을 통하여 직접 일본을 이해하게 함으로써 외국과의 우호증진을 도모하며 국가간 각종 마찰의 해소를 가져오는 효과적인 수단이라고 판단, 외래관광객의 유치와 함께 1964년에 자유화된 내국인의 해외여행 촉진에도 적극적으로 힘을 기울이고 있다.

한편, 방일 외래객에 있어 "특히 물가가 비싸다"는 이미지 불식을 위해 외국인여행자를 유치하는 동시에 외국인들이 쾌적하게 체재할 수 있는 여건을 조성, 일본을 충분히 이해시킬 수 있는 수용태세 개선에 힘쓰고 있다.

#### ① 정책촉진방향

- 내국인의 해외여행 촉진
- 국민관광 촉진을 위한 관계시설 확충
- 시장다변화
- 저렴한 관광시설개발 및 이에 관한 대외선전 강화
- 외국청소년의 일본방문 촉진, 대형 국제회의 유치
- 항공규제 완화

- 공동홍보사업 추진(항공사, 여행업자, 숙박업자, 지방공공단체)
- 외래객 지방분산 유도 및 지방관광지 개발역점
- 국제항공후보지 개발과 기존 국제공항 확장
- 자연보호와 병행한 국민관광개발
- 여행업체의 경영합리화 등이다.

② 운수성의 중점시책

- 신규 관광정책의 추진
- 국제관광 모델지구 설정
- 기존 국제관광진흥정책의 계속적 추진
- 국가여가활동의 확대에 따른 종합적 대책추진 등이다.

③ 해외여행 촉진정책

일본정부가 현재 추진하고 있는 중점시책의 하나는 '국민의 해외여행촉진'이다. 이는 외국과의 무역마찰 해소, 외환인플레이션 해소, 상호 이해증진을 목적으로 추진되고 있는 것으로서 최근 엔화강세로 인한 수출둔화로 다소 주춤한 면이 있었으나, 국민의 해외여행활성화에 대한 정부의 태도는 기본적으로 변함이 없다.

운수성의 '해외여행 배증계획'(海外旅行 倍增計劃 ; Ten Million Program)은 국제화시대에 대응하고 과다한 국제수지 흑자분의 해외소비를 촉진하기 위하여 일본인 해외여행자수를 증가시키기 위한 종합적 시책이다. 구체적 시책내용은 다음과 같다.

- 외국에서의 일본인 여행환경 개선 · 해외여행 촉진캠페인 실시
- 해외여행 촉진을 위한 환경개선
- 항공운송체제 확충
- 선박여행 촉진
- 해외여행촉진 포럼(Forum) 설치

### (3) 시행된 주요 정책

외래객에 대한 편의제공 및 수용대책을 살펴보면 다음과 같다.

① 텔레투어리스트 서비스

JNTO(국제관광진흥회)는 1984년 7월부터 도쿄안내소와 교토안내소에서 테이프녹음 전화안내인 '텔레투어리스트 서비스'를 제공하고 있다. 테이프에 녹음된 안내내용은 도쿄도 및 교토시내와 그 근교의 연중행사에 관한 안내이며, JNTO는 외래객의 이용을 촉진하기 위해 볼 만한 잡지, 전화번호부 등에 광고를 게재하고 있다.

② 트래블 폰 서비스

JNTO는 일본을 방문하는 외국인 관광객들의 언어장벽을 완화, 여행을 용이하게 할 목적으로 종합관광안내소에 '트래블 폰'을 설치하여 서비스를 개시했다. 트래블 폰 서비스는 외래관광객에 대한 여행상담 및 통역서비스를 연중무휴로 제공하고 있다.

③ 홈비지트 제도

외국인 관광객들이 일본인 가정생활을 체험해 봄으로써 국제친선 및 상호이해를 증진시키기 위한 것으로, 일본인의 생활양식을 체험하기를 희망하는 외국인 관광객을 저녁식사 후 약 2시간 동안 일본인 가정에 초대하여 서로 교제함으로써 국제친선을 도모하는 제도이다.

④ 시스템 정비

JNTO는 외래관광객의 언어불편 해소 및 관광편의를 위하여 지방공공단체 및 지방관광협회가 설치한 관광안내소의 전국적인 조직화에 착수, 효율적인 정보제공시스템 구축에 힘쓰고 있다.

⑤ 저렴한 시설이용 촉진

일본 방문 외래객의 양적 증가에 따라 여행객층도 대중화되면서 비교적 저렴한 시설을 이용하려는 경향이 높아짐에 따라 JNTO는 저렴한 숙박, 식사시설(여관, 유스호스텔, 민박) 관리자 및 종업원을 대상으로 '외국인관광객 접객태도에 관한 강습회'를 개최하여, '국제관광과 일본의 수용체제', '외래객 접대방법과 접객태도', '외국인이 본 일본의 접객태도' 등을 교육한다.

⑥ **미니가이드, 여행사례집 발간**

외래객의 증가, 여행자층의 다양화와 더불어 외래객들은 각 관광지의 역사, 예술 등 일본문화에 관한 상세한 정보, 또 교통・숙박・음식에 관한 실용적 정보를 필요로 하고 있다.

⑦ **소비자보호**(Protection of the Tourist as a Consumer)

여행 중의 문제발생에 대한 예방에 목적을 둔 '즐거운 여행'이란 캠페인을 교통부, 지방정부, 일본여행협회(JATA)와 전국여행업협회(JADTA)가 공동으로 시행하고 있다.

일본관광청은 외래관광객 방문을 유치하고, 국제적 매력이 있는 관광자원의 개발을 위해 '국제관광모델지구'와 '국제관광테마지구'를 지정, 집중 지원・육성하고 있다. 일본관광의 이미지 정립을 위해 1985년 일본운수성(運輸省)이 정한 「국제관광모델정비사항」에 근거해 '국제관광모델지구'를 지정하는데, 이것은 한국의 관광특구와 비슷한 제도로 해외에 소개할 만한 가치가 있는 관광자원과 관광매력이 있다고 인정되는 지역을 국제관광모델지구로 지정하는 것이다. 이는 공공교통기관, 숙박시설, 안내시설, 의료체계 등의 기반시설과 지역사회의 적극적인 참여 및 노력이 있는 지역에 한해, 조직적이고 통일된 홍보체계정립을 통하여 중점 지원한다는 특성이 있다. 지구지정은 1986년 1차로 15개 지구가 지정되었으며, 1987년 21개 지구, 1993년 6개 지구가 추가로 지정, 현재 39개 도현(道縣)에 42개 지구가 지정되었다.

한편, '국제관광테마지구'는 「외국인 관광여행객 내방지역의 다양화 촉진에 의한 국제관광진흥에 관한 법률」에 근거해 제정된 것으로([그림 2-7] 참조), 1995~2005년간 외래관광객 700만 명 유치목표를 달성하기 위한 구체적인 실행방안으로 「웰컴플랜21」을 발표하면서 지구지정이 이루어지게 되었다. 이는 역사・문화・자연환경 등이 비슷한 지역끼리 상호 공통된 테마를 선정한 후, 테마별로 외래관광객을 대상으로 홍보하고자 하는 전략이다. 종래 각 지자체 중심의 독립적이고 개별적인 홍보방식에서 벗어나 국가 차원에서 테마를 설정, 이를 홍보하는 방식이다.

또한, 일본은 지난 2005년부터 신일본 양식(新日本様式, japanesque modern)을 국가 브랜드로 선정하고 민・관 협력을 바탕으로 '신일본양식협의회'를 구성, 신일본 양식 100선 발표, J마크 개발 등의 사업을 전개해 오고 있다. 또한 2007년 수상 직속 '콘텐츠 및 일본브랜드 전문조사회'를 신설, 일본 생활 문화의 세계화를 위해 일본 음식문화 확산·보급과 지역 브랜드 강화, 패션 진흥 등에 힘쓰고 있다[10].

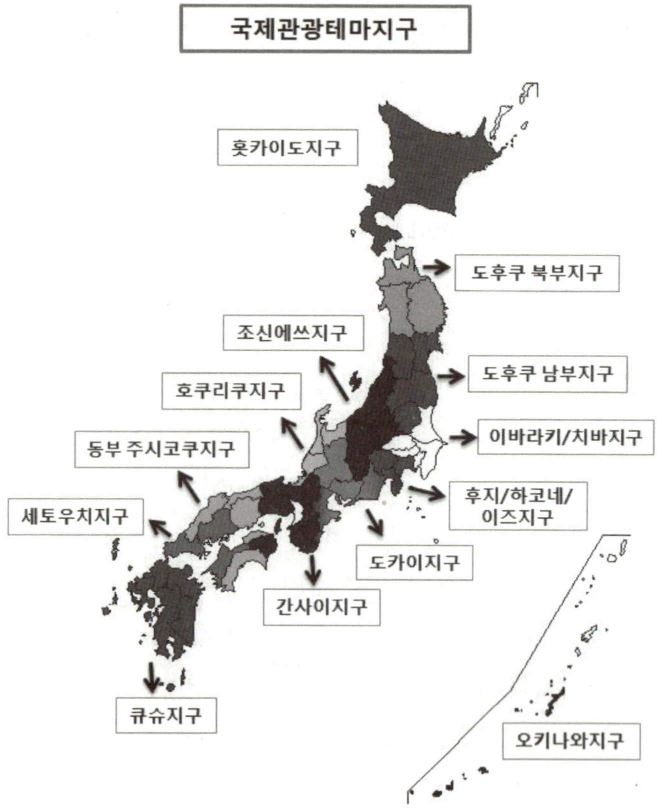


[그림 2-7] 일본 국제관광테마지구

일본관광청은(JNTO : Japan National Tourism Organization) '관광청 액션 플랜'을

10) http://gleader.co.kr에서 인용.

발표하고 2008년도와 2009~2010년도에 실시할 구체안을 7대 과제로 정리하였다[11]. 이는 관광입국추진기본계획의 목표달성을 위한 구체적인 활동항목을 정리한 것으로 주요 시책으로는, ①인바운드 촉진 ②아웃바운드 촉진 ③국내관광여행 진흥 ④국제회의 유치 및 개최 ⑤관광산업의 국제경쟁력 강화 ⑥관광통계 충실 ⑦관광청 비전 실현 등으로 구성되어 있다.

특히 국제관광의 인바운드 전략으로 2010년까지 외래관광객 1,000만 명 유치와 2020년까지 방일외래객 2,000만 명 달성에 대한 중장기전략을 수립 중에 있다. 이를 위해 외래객 수용태세를 정비하는 차원에서, 현재 일본 내 최대 현안으로 중국에 대해 '가족관광비자의 발급요건'을 완화하는 방안과 개인관광비자의 도입도 검토하고 있다. 또한, 태국, 말레이시아, 인도, 러시아에 대해서도 비자 수속 간소화와 대형 크루즈선에 대한 입국심사 원활화를 검토하고 있으며, 인도와 러시아에 일본 관광프로모션 거점을 설치하고, 신흥 7개시장인 베트남, 인도네시아, 필리핀, 이탈리아, 스페인, 멕시코, 아랍 인접국을 대상으로 2009년도부터 시장조사를 실시해 대상시장화와 프로모션 거점을 설치하는 노력을 하고 있다.

일본은 1986년부터 '국제회의 도시계획'을 입안, 1994년 6월에는 '국제회의유치촉진법(일명 Convention법)'을 제정하였으며, 1995년 6월에는 국제회의유치센터(JCCE : Japan Congress Convention Bureau)를 설립하여 정부와 지방자치단체가 협력하여 범국가적인 컨벤션을 유치하고 있는 등 국제회의 중장기전략을 통해 MICE의 적극적인 유치활동을 전개하고 있다.

또한, 국제관광산업의 국제경쟁력 강화를 위한 방안으로 산학관 연계강화를 통한 대학교육체제를 기반으로 매니지먼트층 육성을 위한 표준커리큘럼을 2010년도까지 작성할 예정이며, 효율적인 인턴십 프로그램 운영을 위해 2008~ 2009년도에 모델 사업을 실시, 2010년도까지 인턴십 가이드라인을 작성할 예정에 있다.

11) 한국관광공사, 세계시장동향(2009년 2월 9일자)에서 인용.

# 3. CHINA

## 1) 개 관

❖ 오성홍기
❖ 빨강 – 공산주의
❖ 큰 별 – 공산당
❖ 작은 별
– 노동자, 농민, 지식계층, 애국적 자본가

중국의 국토면적은 약 967만km$^2$로(한국의 약 43배), 러시아를 제외한 유럽대륙과 비슷하고, 2008년 기준 인구는 13억 3,000만 명(2008)으로 세계에서 가장 인구가 많은 국가이며, 도시에 거주하는 인구는 전체 인구의 30%, 1인당 국민개인소득은 2,173달러(2007)이다.

중국의 지형은 크게 서부고지와 동부저지로 양분될 수 있고, 서부고지는 대부분 산지와 사막으로 인구도 희박하며 전국토의 5분의 3에 해당한다. 동부저지는 평야지대로 토지가 비옥하고 전국 인구의 90%가 이 지역에 살고 있다. 기후는 국토가 넓기 때문에 남부지역의 하이난(海南)섬이나 광저우(廣州)지역의 열대기후부터 아열대, 온대, 아한대, 사막기후 등 다양하며, N. 50° 지역은 한랭하여 밭농사를 주로 하고 쑹화강(松花江), 랴오허강(遼河)유역의 둥베이(東北)평야와 황허강 유역의 화북(華北)평야, 양쯔강 유역의 화중(華中)평야, 주장강 유역의 화남(華南)평야에는 쌀농사를 하며 이모작 이상도 가능하다.

교통이 발달하지 못하였던 옛날에는 남선북마(南船北馬)라고 하여 북쪽지역에는 말(馬), 당나귀, 노새와 같은 짐승이 중요한 교통수단이었고, 남부지역에는 크리크(Creek)라 불리는 수로(水路)가 교통에 이용되었는데, 오늘날 양쯔강(揚子江), 주장강, 아무르강, 황하강 등이 내륙수로로도 많이 이용되고 있다. 철도교통은 국영으로 운영되며, 북쪽의 베이징(北京)에서부터 양쯔강의 대교를 거쳐 광저우(廣州)에 이르는 남북종관철도, 즉 징광(京廣)선이 남북교통의 축이 되었고, 동서교통에는 큰 강들이 이용되었다.

또한, 중국은 미래 서부 대개발을 목표로 동서횡단 및 남북종단 고속도로인 중국5종7

횡(中國五從七橫) 고속도로망[12] 계획을 발표(2005. 11)하여, 현대판 실크로드의 고속도로를 개발하고 있다. 주요 고속망은 오른쪽 지도에서 보는 바와 같이 중국 내 남북교통은 물론 중국 서부의 여러 국가들과의 물자교역에 크게 기여하고 있다. 또한, 상하이 동남쪽 32km에 위치하고 있는 둥하이 해상대교는 2010년에 완공 예정으로, 완공되면 EU 국가와 직접 해상수송이 가능해 앞으로 한국의 해운 사업에도 적지 않은 영향을 끼칠 것으로 기대된다.

오늘날은 항공업이 발달하여 국내선과 국제선이 있는데, 특히 국제선은 베이징(北京)을 중심으로 몽골(울란바토르), 북한(평양), 미얀마(랑군), 베트남(하노이), 러시아(모스크바), 이집트(카이로), 영국(런던) 등 세계 주요 국가들과 연결하고 있다.

### 2) 국제관광현황

앞에서 설명한 바와 같이 중국은 국가의 면적 및 인구에 있어서나 관광자원에 있어서 세계 최상급이다. 특히 장구한 역사와 그에 따른 문화·지형 및 지질에 의한 자연경관 등 세계적으로 높은 견인력을 지닌 관광자원이 많다. 국제관광목적지로서의 매력과 경쟁력을 보유하고 있는 중국의 국제관광현황의 흐름을 살펴보면 다음과 같다.

UNWTO 자료에 의하면 중국에 유입되는 외래관광객은 1985년에 710만 명이었으나, 그 후 중국정부의 적극적인 외래관광객 유치활동으로 1995년에는 2천만 명, 1999년에는 7,279만 명의 외래객을 유치하여, 세계 5위의 국제관광객유치국이 되기도 하였

---

12) 5종(從) 7횡(橫)이란?

▸ 5종(從) ① 헤이룽장성 퉁장시~하이난성 싼야시 5,700km
② 베이징~푸저우 2,540km ③ 베이징~주하이 2,310km
④ 얼롄하오터~허커우 3,610km ⑤ 충칭~잔장

▸ 7횡(橫) ① 수이펀허~만저우리 1,280km ② 단둥~라싸 4,590km
③ 칭다오~인촨 1,610km ④ 롄윈강~훠얼궈쓰 1,610km
⑤ 상하이~청두 2,970km ⑥ 상하이~루이리 4,090km
⑦ 헝양~쿤밍 1,980km

다. 그 이후에도 중국을 찾는 외래관광객은 급격히 증가하여 2004년의 경우 1억 명이 넘었으며, 2006년에는 1억 2,400만 명 이상의 외래관광객이 유입되었다. 인바운드 관광객으로는 홍콩으로부터의 방문객이 7,019만 명으로 전체 외래관광객의 56.2%를 차지하고 있으며, 마카오는 2,573만 명으로 20.6%, 타이완은 410만 명으로 3.3%에 해당하는 것으로 나타났다. 홍콩, 마카오, 타이완으로부터의 유입객을 제외한 순수외국인의 유입수는 2006년 4,991만 명이며, 2007년 5,472만 명으로 집계되었다. 인바운드 관광객의 관광행태를 살펴보면, 이들의 체재일수는 2002년에 2.54일, 2003년에는 2.6일, 2006년 2.67로 비교적 체재기간이 매우 짧은 것으로 나타났으며, 방문목적으로는 여가 및 휴양이 가장 많은 것으로 나타났다.

〈표 2-6〉 중국의 연도별 국제관광객현황

(단위 : 1,000명)

| 구분 \ 연도 | 1999 | 2000 | 2001 | 2002 | 2003 | 2004 | 2005 | 2006 |
|---|---|---|---|---|---|---|---|---|
| Inbound A | 72,795 | 8,3444 | 89,013 | 97,908 | 91,662 | 109,038 | 120,292 | 124,942 |
| Inbound B | 27,047 | 31,229 | 33,167 | 36,803 | 32,970 | 41,760 | 46,810 | 49,913 |
| Outbound | 9,232 | 10,473 | 12,133 | 16,602 | 2,0222 | 28,853 | 31,026 | 34,524 |
| 차이 | 63,563 | 72,971 | 76,880 | 81,306 | 71,440 | 80,185 | 89,266 | 90,418 |

자료 : UNWTO(2008), Inbound A : 홍콩, 마카오, 타이완 출신관광객 포함, Inbound B : 비포함

반면, 중국인 관광객이 해외여행을 하는 Outbound를 살펴보면, 2000년의 경우 1천만 명이 조금 넘었으나 매년 그 수가 증가하여 2006년의 경우 3,452만 명의 중국인이 해외여행을 한 것으로 나타났다. 최근 중국인의 해외여행객수의 증가율이 매우 높게 나타나고 있는 것이 사실이지만, 인바운드에 비해 아웃바운드는 1/3에 조금 못 미치는 정도이다.

2007년 중국을 찾은 외국 관광객수(홍콩, 마카오, 타이완 관광객 비포함)는 5,470만 명으로 세계 4위를 기록했지만, 2020년에는 1억 3,000만 명이 넘는 외국 관광객들이 중국을 찾아 세계 1위의 관광국가가 될 것이라고 전망했으며, 중국이 2020년 프랑스와 미국을 제치고 세계 최대의 관광대국이 될 것이라고 예측하였다.

중국인의 해외여행은 지금까지 중국정부의 규제로 인해 많은 영향을 받아왔다고 할 수 있다. 한국은 1998년 ASEM회의를 맞아 제주도를 중국인 무비자 관광지역으로 허

용하였고, 더불어 한국이 중국인의 해외여행자유화지역으로 포함됨에 따라 한・중간의 항공노선이 확충되고, 원화가치의 평가절하로 쇼핑관광객을 비롯한 많은 중국관광객이 한국에 유입되었다. 중국은 2005년 7월 말부터 광동 8개 지역 및 상해, 북경 주민들에게 홍콩 내 개인여행을 개방한 바 있으며 현재 그 대상을 광동 13개 도시로 확대하였다. 13억 중국인구 중 약 5%인 6,000만 명이 잠재적인 해외여행자로 분류되는데, 특히 경제권이 발달한 베이징, 상하이, 텐진, 광둥, 푸젠성 등의 인구이다. 화남과 화동의 연해지역 3억 인구 중 10%인 3,000만 명이 고소득층으로 분류된다고 보면, 향후 중국 관광 유치촉진대상은 일차적으로 이들 지역을 중심으로 전개되어야 하며, 이들 지역관광객 유치의 성공여부가 우리나라 관광활성화를 가름짓는 중요 변수가 될 것이다.[13)]

2001년부터 중국외환관리국은행에서 개인환전업무 제한을 폐지하였으며, 해외 외환신용카드 소비가 허가되는 등 다양한 개인환전규제를 완화하자, 중국인들의 해외여행 구매력이 높아짐과 동시에 환전량도 급속히 증가하는 추세이다. 따라서 우리는 중국인 통역 전문인력 양성, 관광홍보 간행물의 중국어 병기, 관광안내 표지판의 한자 병행표기, 중국인선호 관광상품 개발 등 중국관광객의 관광편의증진을 위한 기본여건 조성에 힘써야 할 것이다.

다음으로 중국의 인바운드 아웃바운드 국제관광 소비지출에 대한 국제관광수지를 살펴보면, [그림 2-10]과 같다. 중국의 관광외화 수지관계를 보면, 1996년의 경우 관광외화수입은 100억 달러였으나 내국인의 아웃바운드에 의한 관광외화 지출은 44억 달러로 연간 약 57억 달러의 순관광수익을 올렸으며, 2003년에는 관광수입이 187억 달러인 데 비하여 자국민의 해외여행에 따른 관광지출도 많이 증가하여 152억 달러에 이르렀으며, 2006년의 경우 관광수입은 371억 달러이며 관광지출은 345억 달러로 26억 달러의 관광수지흑자를 기록하고 있다. 중국의 경우 지금까지 매년 국제관광수지가 흑자를 기록하고 있으나 이는 중국정부의 국민해외여행 아웃바운드 규제에 따른 것이라 판단되며, 관련규제가 완화될 경우 관광지출은 더욱 증가할 것으로 판단된다. [그림 2-8]에 의하면, 관광지출이 매년 증가하고 있어 관광수지흑자의 폭이 매년 조금

---

13) 유지윤(1999), 효과적인 중국관광시장 유치촉진방향에 관한 연구, 관광개발논총, 초록집, pp.74~78.

씩 줄어들고 있음을 알 수 있다.

중국정부는 2010년까지 국제관광객과 국내관광객으로부터의 관광수입은 530억 달러를 창출할 것을 목표로 하고 있으며, 관광고용은 매년 50만 명 고용과 2010년까지 천만 명 고용을 계획하고 있다.

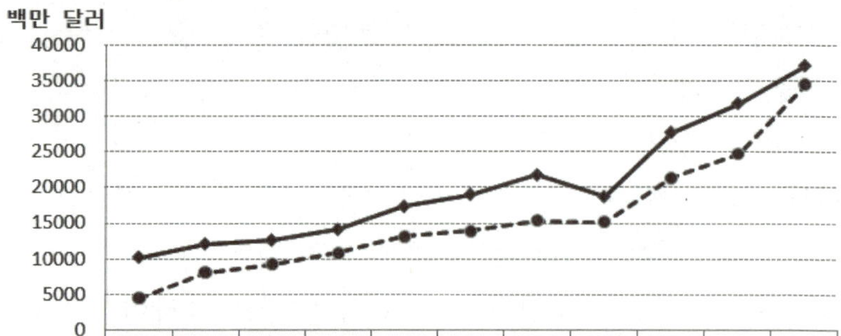


| | 1996 | 1997 | 1998 | 1999 | 2000 | 2001 | 2002 | 2003 | 2004 | 2005 | 2006 |
|---|---|---|---|---|---|---|---|---|---|---|---|
| 관광수입 | 10200 | 12074 | 12602 | 14098 | 17318 | 19006 | 21742 | 18707 | 27755 | 31842 | 37132 |
| 관광지출 | 4474 | 8130 | 9250 | 10864 | 13114 | 13909 | 15398 | 15187 | 21360 | 24715 | 34524 |

[그림 2-8] 중국의 연도별 국제관광수지

## 3) 국제관광정책

### (1) 관광자원의 성격

중국은 국토가 넓고 오랜 역사를 지니고 있기 때문에, 세계 다른 국가에서는 보지 못하는 희귀한 자연경관과 다양한 문화관광자원(56개 다민족) 등을 보유하고 있어, 국제관광객에게 있어 매우 매력적인 지역이다.

그중에서도 가장 오랜 역사를 지닌 지역 중 하나인 화북지역의 황하강 유역은, 중국 최초 국가가 건립된 지역일 뿐 아니라, 세계 4대문명 발상지의 하나이기도 하다. 그중에서도 특히 씨안(西安)은 주(周), 진(秦), 한(漢), 당(唐) 등의 1천여 년간 수도였으며, 뤄양(洛陽)은 한(漢), 진(晋), 수(隋)나라의 옛 수도이다. 란쪼우는 비단길(Silk Road)

요지로 오늘날 항공로의 중심지이기도 하다.

산하이관(山海關)에서 시작하여 서쪽의 감숙성 자루관(嘉谷關)까지 32,000km에 이르는 만리장성(萬里長城 ; 성벽높이 8m, 성의 상부폭 : 5~10m)[14]은 세계적인 관광자원으로 견인력이 매우 높은 인문자원이다. 이외에도 중국은 각 지역에 자연 및 문화적 관광자원이 많은 세계 유수의 관광자원 보유국이다.

만리장성

중국인은 세계 각지에 흩어져 살면서도 동화되지 않고 독자적인 문화를 고수하면서 살아가고 있다. 따라서 차이나타운을 형성하여 전통적인 상업을 위주로 그 나라의 경제권에 침투하는 경향이 많아, 아시아권에서 화교의 영향력은 막강하다고 할 수 있다.

### (2) 한(韓)·중(中)의 교역과 중국의 관광정책

한반도지역은 지리적으로 볼 때, 중국과 인접해 있어 대륙으로부터 많은 문화를 받아들였고 오래도록 양국간 문화교류가 이루어져 왔다. 그러나 한국전쟁 이후 한동안 교류의 두절상태에 있다가 1992년에 비로소 국제교류를 재개함으로써, 한·중 양국간 경제·문화·사회면에서 서로 호혜의 관계에 임하게 되었다. 중국당국은 2000년부터 세계적인 관광대국에 진입한다는 목표 아래 3년간 해외관광객 유치를 위한 세부계획을 확정지은 데 이어, 호텔·교통·휴양지 개발 등 관광인프라 구축에 힘을 기울이고 있다. 중국 국가여유국(旅遊局)은 1997년 '중국방문의 해'에 이어 개혁개방을 실시하였으며, 1998년은 '도시·농촌 투어의 해', 건국 50주년과 마카오 반환이 실현된 1999

14) 만리장성(The Great Wall)은 B.C. 220년경 진시황이 북쪽 흉노족의 침입에 대항하여 처음 쌓기 시작하여 이후 명대에 이르러 완성된 요새로, 세계에서 가장 거대한 군사시설인 동시에 견고한 방어시스템을 갖추고 있다. 만리장성의 역사적, 전략적 중요성 또한 그 건축적 가치에 필적할 만하다. 지금은 유네스코지정 세계문화유산이기도 하다.

년은 '경제투어의 해', 2000년은 '세기(世紀) 투어의 해'로 설정하는 등 다양한 테마관광을 통해 많은 외래관광객을 유치하겠다는 의지를 불태웠다.

중국이 관광산업 발전에 이처럼 집념을 보인 것은, 1992년부터 활기를 띠기 시작한 관광산업이 기대치를 훨씬 넘는 빠른 성장을 거듭함과 동시에, 관광외화수입이 증가해 중국 국가경제에서 중요성이 더해지면서부터이다. 개혁개방이 시작된 지난 1978년, 2억 달러 남짓하던 중국의 관광수입은 2003년에 174억 달러로 급격히 불어나 세계 7위의 관광대국으로 성장하였으며, 3,300만 명의 관광객을 유치하여 세계 5위를 차지하였다. 중국정부가 당초 수립한 2000년 관광수입 1백억 달러를 돌파, 목표를 무려 4년이나 앞당겨 달성하였으며, 그 결과 2000년에는 관광수입이 국내 총생산(GNP)의 5%를 차지하기도 하였다.

중국이 1998년 5월 한국을 자유관광대상지역에 포함시킨 이후 앞으로 중국인 관광객은 얼마나 늘어날까, 또 그에 따른 관광수입은 얼마나 될까가 주관심사였다. 중국정부가 지정한 '자유관광대상지역'이란 중국인이 마음대로 관광을 할 수 있는 지역을 말한다. 중국인이 상용(商用)이나 공무목적이 아닌 순수관광목적으로 여행할 수 있는 곳은 세계에서 6개국, 2개 지역뿐이었다. 싱가포르, 말레이시아, 태국, 필리핀, 호주, 뉴질랜드 등 6개국과 홍콩, 마카오가 그곳이다. 이들 지역 외에는 여권을 만들 때 관광목적으로 쓰일 수가 없다. 상대국 정부의 공무초청이나 비즈니스관련 상용여권으로만 미국, 일본 등에 갈 수 있는 것이다.

최근 중국은 경제성장에 따른 가처분소득의 증가, 연안 경제특구 및 대도시지역의 신흥 부유층 증가 등으로 해외관광객이 크게 늘어나는 추세다. 중국인 관광객의 방한 체류기간은 평균 11.6일에 달해 한국에 '떨어뜨리고 갈' 달러는 적지 않을 것으로 보인다. 특히 1997년 11월경 한국의 IMF 국제금융조치 이후 한국 원화가치의 하락으로 의류, 전자제품, 자동차 등의 가격이 크게 내려 중국인의 쇼핑여행이 급증하였다.

이에 따라 한국정부 및 한국관광공사는 물론 서울, 부산, 제주도, 경주 등 지방자치단체들의 중국관광객 유치활동이 강화되고 있다. 관광상품도 부유층 대상의 쇼핑관광과 가족여행객의 위락관광, 일본 방문자들을 대상으로 방한(訪韓) 연계상품 등이 적극 개발되고 있고, 또 1998년 10월 제1차 상해 국제관광교역전 등 중국이 개최하는 주요 국제행사를 적극 활용해 관광홍보를 강화해 가고 있다.

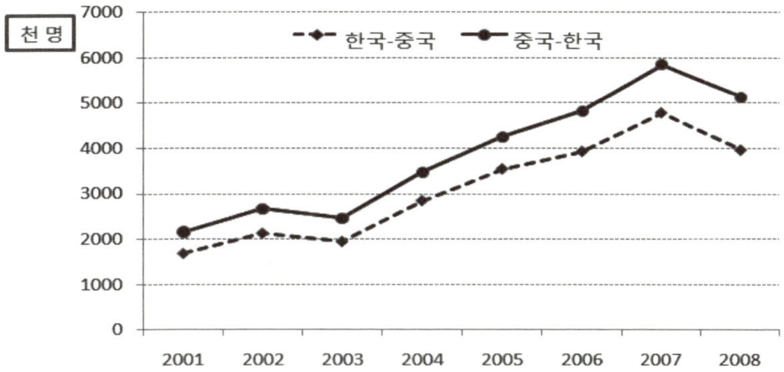


[그림 2-9] 한·중 출입국자 비교

최근 한·중관광객의 교류상태를 보면([그림 2-9] 참조), 중국관광객이 한국에 입국한 관광객수는 1992년에 8만 7천 명(입국순위 7위)이던 것이 1996년 19만 9천 명(입국순위 3위), 1997년에는 21만 4천 명으로 증가하였다. 게다가 1998년 4월 15일 한국정부가 제주도를 중국인 무비자 방문지역으로 선포함으로써 중국인의 한국방문은 더욱 쉬워졌다. 중국에 있는 한국대사관이 예측하는 향후 중국인 여행객의 한국 입국자수는 연간 50만~1백만 명으로 추산하고 있으며, 중국인 해외여행객수는 최근 급격히 증가해, 방한여행객수도 2003년 51만 3천 명에서 2004년에는 62만 7천 명으로 증가했다. 일본(42.0%)이 가장 많으나, 이와 반대로 한국인이 중국에 여행한 사람은 1992년도에 11만 3천 명(출국순위 3위)이었으나, 2003년에는 157만 명, 2004년도에는 233만 명으로 68.0%나 증가하였다. 2008년의 경우 한국인의 중국관광은 백만 명으로 나타났으나, 중국인의 한국 인바운드는 116만 명으로, 한국인의 중국유입보다 중국인의 한국유입객의 수가 더 많은 것으로 나타났다.

한국과 중국의 국제여객선 항로를 보면([그림 2-10] 참조), 한국의 인천에서 중국의 칭다오(靑島), 웨이하이(威海), 옌타이(煙臺), 톈진(天津)으로 또 부산↔옌타이, 속초↔훈춘 등으로 취항하고 있으며, 1998년 7월 24일부터 인천~중국 단둥(丹東) 간의 카페리 항로가 개설된 이후, 많은 관광객들이 이용하고 있다. 이것은 한·중 합작선사인 관동국제항운 유한공사 소속, 동방명주호(1만 1천 톤)로 목적지까지 16시간이 소요된다. 이 항로의 개설로 백두산관광의 최단경로 확보와 대북교역 활성화가 기대된다.

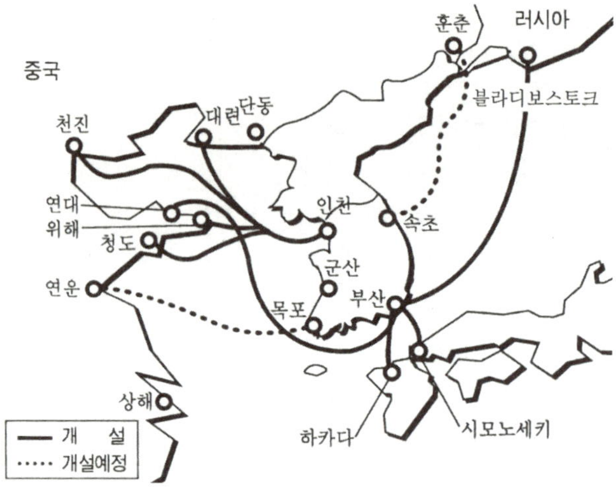


[그림 2-10] 국제여객선 항로도

## Tip 중국의 투먼(圖們)-북한 함경북도 간 사상 첫 관광열차 운행

북한과 중국 간의 관광열차 운행노선이 처음으로 확정되었다. 중국인들은 2009년 5월 중순부터 지린(吉林)성 투먼(圖們)시에서 기차를 타고 남양, 청진, 칠보산 등 북한 함경북도 일대를 여행할 수 있게 되었다. 중국-북한 수교 60주년을 맞이하여 투먼시 정부는 최근 함경북도 관광국 및 청진시 철도국과 열차운행에 대한 협정을 체결하고, 이달 중·하순부터 투먼과 북한의 남양과 청진, 칠보산을 잇는 열차를 운행키로 하였다.

북·중간 관광열차 운행 노선이 확정된 것은 이번이 처음으로 중국 도문시는 북한 함경북도 온성군과 두만강을 경계로 서로 마주보는 위치에 있으며, 2008년 5월 22일 중국 도문-북한 남양 도보여행을 이미 개통한 바 있다. 청진은 북한의 제3대 도시로서 역사가 깊고, 부근에 북한의 유명한 도자기 생산지이자 휴가관광 중심지인 경성이 있으며, 경성의 남대문은 고려시대에 건립해 조선시대에 보수한 명승고적이며, 칠보산에는 동해폭포, 내칠보, 개심사, 승선대, 내경대, 외칠보, 만물상, 덕곡폭포 및 조선민속촌이 있다.

기사출처 : news.xinhuanet.com(2009.5.3. 보도자료)

**Tip 상하이 크루즈선을 잡아라 : 내년 한-일 연결하는 3개 노선 신설**

상하이를 향한 움직이는 특급호텔 크루즈선들의 항해가 늘고 있어, 상하이가 아시아에서 떠오르는 크루즈 시장이 될 것으로 보인다. 新聞晩報 14일 보도에 따르면 내년 상하이항에 3개의 호화 크루즈 노선이 새로 증설된다. 상하이출입국관리소에 따르면 내년 세계에서 가장 규모가 큰 '오아시스-Oasis of the seas' 크루즈선을 선보인다는 유명한 로열 캐리비안 인터내셔널(Royal Caribbean International)과 코스타 크루즈 회사가 상하이에서의 투자를 늘리겠다고 결정했다. 상하이의 성공적인 운영과 상하이의 수려한 경관이 투자를 결정한 이유다. 오아시스 크루즈호는 내년 2월 14일부터 4월 24일까지 상하이항을 모항으로 상하이를 출발해 한국(부산, 제주도)을 찍고 일본(후쿠오카-나가사키)을 돌아 귀항할 계획이다. 또 알레그라호는 내년 4월 26일~5월 16일, 코스타 클래시카호(Costa Classica)는 8월 22일~10월 6일 사이에 상하이-일본(후쿠오카-나가사키-가코시마) -한국(제주도)-상하이의 항해 노선을 계획 중이라고 밝혔다.

기사출처 : 상하이저널, 2008. 10. 20. 보도자료

# 제 2 절 동남ASIA 및 서북ASIA

일반적으로 동남아시아라고 하면 인도양과 태평양 사이, 북쪽으로 중국과 접하고 남쪽으로 오세아니아의 사이에 있는 지역, 즉 미얀마, 태국, 라오스, 베트남 그리고 태국과 접하고 있는 말레이시아반도와 싱가포르, 그 남쪽의 수마트라, 자바, 보르네오, 발리 등 많은 도시를 포함한 인도네시아와, 필리핀을 포함한 지역을 일컫는다.

이 지역의 지형은 히말라야산맥의 영향으로 내륙에는 산지와 구릉지로 형성되어 있고, 해안에는 해안평야를 형성하고 있다. 또한, 환태평양조산대의 일원으로 화산과 지진이 많고 화산분출도 빈번하다. 대부분의 지역이 열대 및 아열대 계절풍지대이며, 2모작 이상의 벼농사를 할 수 있는 세계적인 벼농사 중심지역이다. 이 지역의 문화는 중국, 인도 및 도서(島嶼)문화가 혼합된 다양한 문화의 혼합지역이며, 15세기 이후 유럽문화가 도입되어 새로운 영향을 미쳤다. 그것은 영국이 인도・미얀마・말레이시아・베트남・라오스・캄보디아를, 미국은 필리핀, 네덜란드는 인도네시아를 점령하고 있었기 때문에 이 지역의 토착어가 있으나 종주국 언어인 영어, 네덜란드 언어가

사용되어 오늘날에 이르고 있다. 종족은 몽골족이 많으나 그 외에도 버마족, 타이족, 안남족 등 복잡하다. 종교는 태국 · 미얀마 · 베트남 · 라오스 등은 인도에서 전파된 소승불교를, 말레이시아 · 인도네시아는 회교를, 필리핀 · 싱가포르는 구교 및 신교를 믿고 있다.

# 1. THAILAND

## 1) 개 관

❖ 뜨라이 롱이라 부름 - 삼색기(三色旗)
❖ 빨강 – 국민
❖ 파랑 – 왕실
❖ 흰색 – 불교

태국(Thailand)은 국토면적 51만 4,000km$^2$로 우리나라의 2.5배나 되며, 인도차이나 반도의 중심에 위치하고 있다. 서쪽으로 미얀마, 동쪽에 라오스, 캄보디아와 접하고 있다. 내륙에는 인도차이나 산맥이 태국 서부지역을 남북으로 주행하고 있고, 그 동쪽으로 메남강(Menam)이 남류하고 있으며 유역을 따라 저지평야가 형성되어 이 지역에 쌀, 고무, 사탕수수 등 주요 농산물이 생산되고 있고, 쌀은 전 수출량의 50%, 고무는 전 수출량 25%를 차지하고 있다. 기후는 북동계절풍이 부는 건계(乾季)와 남서계절풍이 부는 우계(雨季)로 나누어진다.

주위의 다른 나라들이 세계 열강국의 식민지였으나 태국은 지리적인 위치 때문에 서쪽 영국세력, 동쪽 일본세력의 충돌을 방지하기 위하여 유일하게 중립, 완충국가로서 오래도록 독립을 유지하여 온 나라로 오랜 전통과 역사를 가지고 있고 정치적으로 안정된 국가이기 때문에 오늘날 관광객이 많다. ASEAN (Association of Southeast Asian Nations : 동남아시아국가연합) 회원국들 중 대표적인 국가로 친서방정책을 추진하면서도 인근에 있는 사회주의 국가들과도 긴밀한 관계를 유지하고 있다.

인구는 약 6,242만 명(2008년 말 기준)이며 전체 인구의 20%가 도시에 거주하고 있고, 국민 1인당 개인소득은 3,065(2007)달러이다. 태국을 구성하는 민족은 타이족(90%)으로 이웃사람들에게 대단히 우호적이며 관대하고 자비심이 많고, 태국어를 사용한다. 불교가 국교이며 남자는 일생에 한 번은 사원에 입문하여 승려생활을 하여야 한다. 따라서 도처에 사원이 많고 자신들의 태국문화 전통성에 대한 우월감이 대단히 높다.

태국의 2대 수출품은 쌀과 고무제품이며, 임업으로 티크(Teak)도 유명하다. 수도인 방콕(Bangkok)은 인구 600만 명의 도시로 정치・경제・사회・문화의 중심지이며, 태국국민의 생활모습을 살필 수 있는 주요 관광자원이 많은 관광도시일 뿐 아니라 국내 철도교통의 중심지이며 남쪽으로 말레이시아, 동쪽으로 캄보디아와 연결되는 국제철도의 중심지이다. 한편, 동남아시아 항공교통의 중심지로 이 지역 10여 개 국가의 항공교통은 물론 멀리 미국, 오스트레일리아, 유럽 및 동부아시아와도 연결되는 주요 항공의 중심지이기 때문에 국제관광객들이 출입하는 문호이기도 하다.

### 2) 국제관광현황

태국은 앞에서 설명한 바와 같이, 국제교통의 중심지로 국제관광객의 유입이 편리하며 파타야 해안, 카오풍 동굴, 콰이강의 다리, 제이스 박물관 등 매력적인 자원이 많아 외래관광객 유입에 유리하다.

〈표 2-7〉 태국의 연도별 국제관광현황

(단위 : 1,000명)

| 구분 \ 연도 | 1999 | 2000 | 2001 | 2002 | 2003 | 2004 | 2005 | 2006 | 2007 |
|---|---|---|---|---|---|---|---|---|---|
| Inbound | 8,651 | 9,509 | 10,751 | 10,873 | 10,082 | 11,737 | 11,567 | 13,822 | 14,464 |
| Outbound | 1,655 | 1,909 | 2,011 | 2,250 | 2,152 | 2,709 | 3,047 | 3,382 | 4,018 |
| 차 이 | 6,996 | 7,600 | 8,740 | 8,623 | 7,930 | 9,028 | 8,520 | 10,440 | 10,446 |

자료 : UNWTO(2008)

〈표 2-7〉에서 보는 바와 2001년에 처음으로 1,000만 명 관광객을 유치해 전세계 관광객의 1.2%를 점유하게 되었으며, 그 후 외래관광객의 유입도 조금씩 증가하고 있어, 2003년에는 1,008만 명으로 세계 19위, 2007년에는 1,446만 명을 유치하게 되었다. 인

바운드 관광객의 관광행태를 살펴보면, 이들의 체재일수는 1992년에 7.0일, 1996년에는 8.2일, 2000년 7.7일, 2005년 8.2일, 2007년 9.9일로 매년 조금씩 평균체재일수가 증가하고 있음을 알 수 있다. 2007년의 경우 외래관광객의 방문목적은 여가 및 휴양이 83.0%로 매우 높게 나타났으며, 상용목적이 12.6%, 기타가 4.4%로 나타나 대부분의 외래관광객이 여가 및 휴양목적으로 유입되고 있음을 알 수 있다. 외래관광객의 출신지역을 보면, 주로 동아시아 및 태평양지역이 60.2%로 가장 높게 나타났으며 다음으로 유럽지역이 26.4%, 미주지역이 5.7%, 남아시아지역이 4.7%, 중동지역이 2.3%, 아프리카지역이 0.7%로 나타났다.

한편, Outbound 관광객 현황을 보면, 연도에 따라 다소 증가하고 있으나 Inbound 관광객에 비해 현저히 낮은 수준으로 2007년 기준 Inbound객의 1/3 정도가 Outbound 하고 있다.

〈표 2-8〉 태국의 연도별 국제관광수지

(단위 : 100만 달러)

| 구분 \ 연도 | 1998 | 1999 | 2000 | 2001 | 2002 | 2003 | 2004 | 2005 | 2006 |
|---|---|---|---|---|---|---|---|---|---|
| 관광수입 | 5,934 | 9,416 | 9,935 | 9,378 | 10,383 | 10,422 | 13,054 | 12,102 | 15,653 |
| 관광지출 | 2,247 | 2,870 | 3,218 | 3,334 | 3,888 | 3,538 | 5,343 | 4,917 | 6,140 |
| 차 이 | 3,687 | 6,546 | 6,717 | 6,044 | 6,495 | 6,884 | 7,711 | 7,185 | 9,513 |

자료 : UNWTO

〈표 2-8〉의 태국 연도별 국제관광수지를 살펴보면, 1998년에는 59억 달러의 관광수입과 22억 달러의 관광지출이 발생해 약 3억 6천 달러의 관광수지흑자를 창출했다. 연도의 증가와 더불어 증가하여 2002년에는 100억 달러 이상의 관광수입을 올려, 당시 세계 총관광수입의 2.8%를 점하게 되어 세계 관광수입 13위를 차지하였으며, 2001년도에는 93억 달러를 획득하여 세계 19위의 관광국가가 되었다. 최근 2006년에는 156억 달러의 관광수익을 창출하였다.

관광지출을 보면 1998년에는 22억 달러였으나 차츰 증가하여 2002년에는 약 38억 달러가 지출되었고, 그에 따른 순수입(純收入)을 보면 2002년에 약 65억 달러의 순관광외화를 획득하였다. 2006년의 관광지출은 61억 달러로 약 95억 달러의 국제관광수지흑자를 창출했다.

### 3) 국제관광정책

최근 태국 관광외화수입에 일조하고 있는 것은 컨벤션산업(Convention Industry)이다. 1998년 9월 방콕국제무역전시센터(BITEC ; Bangkok International Trade and Exhibition Center) 개관으로 국제회의산업에 박차를 가하고 있으며, 1996년에는 PATA 관광교역전, ASTA 세계총회를 개최하여 호평을 받았다. 특히 태국에는 아시아・태평양경제사회이사회(ESCAP), 아시아・태평양지역 식물보호위원회(APPPC) 및 아시아・태평양전기통신협의체(APT)와 같은 국제기구의 본부가 위치하고 있어 컨벤션 산업활성화에 많은 도움이 되고 있다. 또한, 방콕은 인접국가 캄보디아의 프놈펜(Panompehn Rangoon) 및 중국 윈난(雲南)성의 쿤밍(昆明)과 연결되는 교통의 중심지로, 컨벤션 개최에 최적의 지리적 위치에 있다. 1998년 12월 7일부터 15일까지 41개국 9천여 선수가 참가한 가운데 방콕에서 30억 아시아인의 스포츠잔치인 제13회 방콕아시안 게임이 개최되어 국가지역 경제발전에 크게 기여하기도 했다.

태국의 관광조직은 다른 나라와 다른 조금 독특한 조직으로 구성되어 있다. 관광관련 조직도를 살펴보면, [그림 2-11]과 같다.

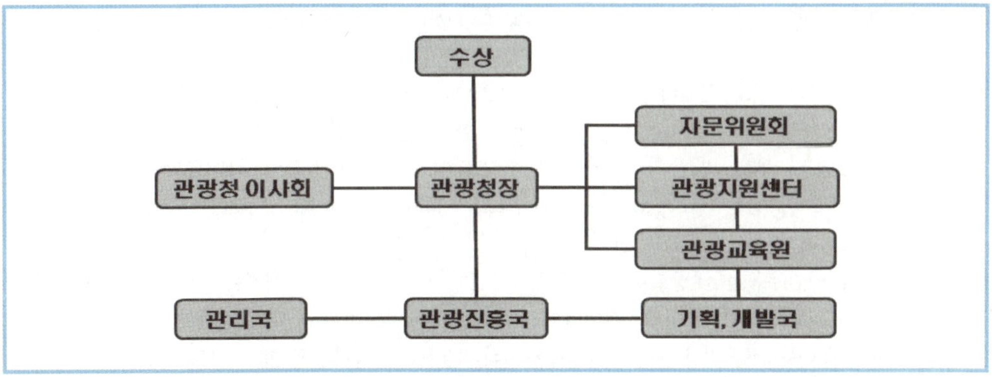


[그림 2-11] 태국의 관광조직도

태국은 1979년 태국관광청(TAT : Tourism Authority Thailand)을 설립하였다. 태국은 수상제가 실시되고 있는 국가이며, 관광산업이 태국경제의 가장 큰 부문을 차지하고 있어 태국경제의 제1산업이라 할 수 있다. 관광산업에 대한 태국경제 의존도가 매우 높아 태국관광청은 수상직속으로 운영되고 있다.

태국의 국제관광 발전요인으로는 우선 구미지역 관광객들의 선호도가 높다는 것이다. 태국 내에는 아직 개발되지 않은 원시림, 자연보호지역들이 많아 열대생태관광에 대한 수요가 증가하고 있으며, 마지막으로 인도차이나반도 국가 중 매우 적극적인 정책을 통해 관광산업을 육성해 다른 국가에 비해 높은 관광산업 경쟁력을 보유하고 있기 때문이다. 그러나 장애요인으로서는 환경오염, 공해, 교통혼잡, 에이즈 등의 심각한 사회적 문제가 많이 산재해 있다는 것이다.

태국은 외래관광객을 대상으로 "잊을 수 없는 태국(Tailand Unforgettable)"이라는 슬로건하에, ① 태양, 바다, 백사장 ② 현대와 전통 ③ 쇼핑, 식사, 골프의 세 부문을 주 관광상품으로 하는 국제 관광상품개발에 주력하고 있는 한편, 내국인의 국내관광 활성화를 위해 "관광은 생활의 일부"라는 슬로건을 내걸고 있다. 그리고 국제관광에 대해 관광기능적 시장세분화를 통한 전략적 운영을 꾀하고 있는데, 국제관광시장에서 주시장(Major Market)의 경우 MICE, 골프, Spa, 가족관광객, 다이빙상품 등의 상품개발에 주력하고 있으며, 부시장(Minor Market)의 경우 여성, 환경, 성형 등의 메디컬 투어, 영화제작자 등을 대상으로 하는 관광상품개발에 주력하고 있다.

### Tip 태국컨벤션뷰로, 자국 내 기업대상 MICE 국내 개최 캠페인 추진

태국정부는 지역 미팅, 인센티브, 컨벤션과 전시박람회 시장 홍보를 위하여 컨벤션뷰로(Thailand Convention & Exhibition Bureau ; TCEB)에 대한 지원을 확대할 예정이다.

TCEB는 금년도 1백만 명 유치, 20억 바트 수입을 목표로 하고 있으며, 금년도 목표 달성을 위하여 기업 팸투어와 같은 direct-to-target approach, door-to-door sales pitch, 국내 MICE 캠페인 등을 주요 3대 전략사업으로 추진하고 있다.

공공부문과 민간부문을 대상으로 국내에서 더 많은 미팅과 세미나 개최를 촉구하는 'Meet in Thailand : Prosperous Thailand' 캠페인이 6월 19일자로 시작되었으며, 캠페인 개막식장에 참석한 아비짓 총리는 공공기관들이 더 많은 세미나와 미팅을 국내에서 개최하도록 촉구하는 정부 정책을 재확인하였다.

태국정부는 지난 1월 국내 관광산업 촉진책을 통과시킨 바 있으며, 이 중 MICE 산업 부문에 대한 촉진책으로 태국 내에서 세미나 또는 미팅 개최시 숙박과 장소 임차에 따른 비용을 200%까지 손비로 인정, 세금을 감면해 주는 정책이 포함된 바 있다.

TCEB측은 이번 캠페인이 순조롭게 진행될 경우, 향후 16개월 동안 8백만 명의 여행객과 240억 바트의 수입 발생이 가능할 것으로 전망하였다. TCEB Disnadda 회장은 동일한 장소에서 행사 개최를 희망하는 복수의 기관들이 공동으로 계획을 추진할 경우, bargaining power 상승에 따라 항공료 추가 인하 등이 가능할 것이라고 언급하였다.

TCEB측은 국내 MICE 시장에 있어 정부가 핵심적인 역할을 수행하고 있는 것으로 보고 있으며, 실제로 매년 2~3백만 명의 공무원들이 정부 주관 세미나와 교육훈련 프로그램에 참가하고 있다(2일 일정 1인당 2천 바트 정도 소요).

기사출처 : 한국관광공사, 세계관광시장동향 보도자료, 2009.6.30

## Tip 경기침체로 인한 의료관광객의 증가

성형수술을 위해 인도를 방문하는 외국인이 전년대비 10~12% 증가하였다. 포티스(Fortis)병원 성형외과의 K.M. Kapoor에 따르면 2008년 한 해 성형수술을 위해 포티스병원을 방문한 외국인은 110명이었으나 올해에는 4월 한 달에만 13명의 외국인이 방문하였다고 한다. 현재 영국과 미국에서는 높은 비용 부담 때문에 성형수술을 받는 사람이 대거 줄었다. 현재 인도는 태국 다음으로 가장 인기 있는 미용 여행 국가이며 동유럽이나 남미보다 더 확실한 의료서비스를 받을 수 있는 국가이다.

성형수술 목적의 외국인 방문객수는 증가하였으나 전체적인 의료 관광객의 수가 20% 상승하였기 때문에 전체 의료관광객 대비 비율은 오히려 줄어들었다. 세계적인 경기침체의 영향으로 의료비가 부담이 되는 많은 외국인들에게 인도의 성형수술은 미국, 영국 대비 1/2에서 1/3까지 저렴하고, 영어가 공용어로 쓰이므로 의료관광지로 사랑받고 있다. 미국, 서아시아에서 환자들이 주로 오고 있으며, 정부가 의료비를 지원하는 오만(Oman)에서는 경기 침체로 인해 과거처럼 환자들에게 영국의 의료시설을 제공할 수 없어 자국 환자들을 인도로 보내고 있는 실정이다.

기사출처 : 한국관광공사, 세계관광시장동향 보도자료, 2009.5.13

## 2. SINGAPORE

### 1) 개 관

❖ 초승달 - 국가의 발전
❖ 빨강 - 우호, 평화
❖ 파랑 - 미덕, 순수
❖ 5개의 별 - 민주주의, 평화, 진보, 정의, 평등을 의미

사자의 거리(산스크리트어)로 이름지어 불리었던 싱가포르는 말레이시아반도의 최남단에 위치한 전체면적 600km$^2$, 동서 42km, 남북 23km밖에 안 되는 작은 국가이다. 국토의 중앙에 해발 166m 구릉을 제외하면 전반적으로 평탄한 지형으로, 기후는 전형적인 열대계절풍기후이며 건계와 우계의 구별이 없어 일년 내내 더운 편이나 스콜성(Squall) 강우가 자주 내려 사람이 살기 좋은 지역이다. 싱가포르는 1965년 말레이시아 연방으로부터 분리·독립한 국가로 제2차 세계대전 때까지 영국의 해군기지로 이용되었다. 더욱이 싱가포르는 아시아지역과 인도 및 유럽지역을 연결하는 해양수로의 요충지이며, 세계적인 중계무역항으로 또 해군 군사기지로도 매우 중요한 지점으로 '동양의 지브롤터(Gibraltar)'라고도 한다. 지리적 이점을 최대한으로 살려 상업·금융·관광 등의 서비스산업의 중심지가 되었으며, 무역제도의 이점을 살려 자유무역항으로서의 명성이 높아 동남아의 금융센터적인 위치를 확보하고 있다.

싱가포르의 주요 산업은 석유정제, 조선·선박수리, 전자 등 제조업과 상업, 금융, 관광업을 비롯하여 열대농작물과 말레이시아로부터 유입되는 고무, 주석을 수출하는 수출업이다.

주요 민족은 중국계(75.2%), 말레이계(13.6%), 인도계(8.8%)가 주류를 이루고 있으며, 중국계는 주로 불교와 기독교를 신봉하며 말레이계는 이슬람교를 신봉한다. 언어로는 말레이어, 영어, 중국어가 통용되고 있으며, 전체 인구 448만 명(2006년 기준) 중, 99%가 도시에 거주하고, 기준 1인당 국민소득은 35,163달러(2007)이다.

## 2) 국제관광현황

싱가포르는 앞에서 설명한 바와 같이 지리적 위치의 이점을 최대한으로 살려 상업·금융·관광 등 서비스산업을 최대한 활용하고 있다. 특히 싱가포르는 국가의 정치적인 안전과 경제성장 및 관광진흥정책의 성공으로 세계적인 관광국가가 되었다. 싱가포르 국제관광객의 유동현상을 살펴보면, 〈표 2-9〉와 같다.

〈표 2-9〉 싱가포르의 연도별 국제관광현황

(단위 : 1,000명)

| 구분 \ 연도 | 1999 | 2000 | 2001 | 2002 | 2003 | 2004 | 2005 | 2006 |
|---|---|---|---|---|---|---|---|---|
| Inbound | 6,958 | 7,691 | 7,522 | 7,567 | 6,127 | 8,329 | 8,943 | 9,751 |
| Outbound | 3,971 | 4,444 | 4,363 | 4,399 | 4,221 | 5,165 | 5,159 | 5,533 |
| 차 이 | 2,987 | 3,247 | 3,159 | 3,168 | 1,906 | 3,164 | 3,784 | 4,218 |

자료 : UNWTO

Inbound되는 관광객은 1999년도에 695만 명을 유치하였고, 2000년에는 770만 명까지 유치하였다. 이후 인바운드 관광객은 2003년 잠시 감소하였으나, 2004년 다시 회복하여 2006년 975만 명이 방문하였으며 2007년의 외래관광객수는 1,028만 명을 넘어섰다. 싱가포르에 많은 관광객이 유치되는 가장 큰 이유는 동남아시아의 교통의 요지이자, 항공교통의 발달과 세계적인 국제컨벤션시설에 따른 국제회의에 의한 것으로 볼 수 있다.

인바운드 관광객의 관광행태를 살펴보면, 체재일수는 1999년에 3.18일, 2001년에는 3.19일, 2006년 3.38일로 매년 조금씩 평균체재일수가 증가하고 있으나 비교적 체재기간이 길지 않다. 방문목적으로는 여가 및 휴양이 37.0%, 상용목적이 30.0%, 기타가 33.0%로 나타나 여가 및 휴양목적 외래관광객 비율이 높긴 하지만 기타와 상용목적 방문객도 비슷한 비율을 차지하고 있다. 이는 싱가포르의 지리적 위치로 인해 각국의 항공사, 선박 등의 승무원 혹은 환승하는 관광객이 많기 때문인 것으로 판단된다. 외래관광객의 출신지역을 보면 주로 동아시아 및 태평양지역 출신이 71.2%로 가장 높게 나타났으며, 다음으로 유럽지역이 12.4%, 남아시아지역이 9.4%,

미주지역이 5.1%, 아프리카지역이 0.9%, 중동지역이 0.8% 순으로 나타났다.

싱가포르 국민의 아웃바운드를 살펴보면, 2000년 444만 명이 출국하였으며, 2003년에는 422만 명으로 조금 감소하였으나 다시 회복되어, 2006년 553만 명이 해외여행을 한 것으로 나타났다. 싱가포르 국민의 10대 해외여행국을 보면, 말레이시아가 가장 많고 다음으로 인도네시아, 중국, 호주의 순으로 나타나고 있다. 이와 같은 현상은 두 국가의 인접효과가 강하게 영향을 미친 것으로 보인다.

국제관광수지를 보면(〈표 2-10〉 참조), 1998년에 46억 달러, 2000년에는 약 51억 달러의 관광수입을 올렸으나, 차차 감소하여 2003년에는 37억 달러의 관광수입을 올렸다. 그 후 관광수입은 회복세를 나타내면서 2004년 52억 달러, 2006년에는 70억 달러의 관광수익을 올리게 되었다.

관광지출의 경우 1998년에는 32억 달러로 관광수지가 흑자였으며, 2000년까지 흑자폭은 줄어들어 6억 달러의 흑자가 나타났지만, 2001년 이후 관광지출이 약 63억 달러에 이르러 16억 달러의 관광적자가 나타났다. 그 후 관광적자의 폭은 점차 증가하여 2006년 관광지출이 100억 달러이며, 33억 달러의 관광수지적자가 나타났다.

〈표 2-10〉 싱가포르의 연도별 국제관광수지

(단위 : 100만 달러)

| 구분 \ 연도 | 1998 | 1999 | 2000 | 2001 | 2002 | 2003 | 2004 | 2005 | 2006 |
|---|---|---|---|---|---|---|---|---|---|
| 관광수입 | 4,603 | 5,089 | 5,142 | 4,619 | 4,428 | 3,783 | 5,226 | 5,903 | 7,069 |
| 관광지출 | 3,222 | 4,217 | 4,535 | 6,299 | 7,861 | 7,916 | 9,242 | 9,947 | 10,384 |
| 차 이 | 1,381 | 872 | 607 | -1,680 | -3,433 | -4,133 | -4,016 | -4,044 | -3,315 |

자료 : UNWTO(2008)

싱가포르관광진흥공사(STPB : Singapore Tourist Promotion Board)는 국제관광정책을 담당하고 있는데, 국제관광의 목표로는 관광외화수입증대를 위한 관광상품개발과 컨벤션 상품개발, 홍보활동의 과학화 등이 있다. 그중에서도 특히 관광홍보와 컨벤션 산업육성 중심의 활동을 전개하고 있다. 싱가포르는 아시아 제1의 국제회의 국가로 발돋움하기 위해 노력하고 있으며, 컨벤션산업의 경우 1995년 완공한 선텍시티 컨벤션센터를 중심으로 MICE산업을 적극적으로 육성하고 있는데, 컨벤션센터 건설 당시 한국의 현대와 쌍용건설이 참여하기도 하였다. 싱가포르는 국가별 외래관광객 유치정책을 펼치고 있는데, 일본시장의 경우 건전한 관광지로서의 이미지를 강조하고, 젊은 사무직 여성(OL : Office Lady)과 퇴직자 등을 주타깃시장으로 유치활동을 전개하고 있으며, 유럽시장의 경우 특히 영국을 중점시장으로 홍보활동을 전개하고 있다.

싱가포르 중심지

## Tip 싱가포르 의료관광현황

싱가포르의 인구는 외국인 영주권자 110만 명을 포함, 현재 470만 명이며 550만 명까지 증가될 것으로 예상되고 있으며 세계적인 수준의 자국 내 의료시설을 보유하고 있어, 외국인 의료 관광객을 적극적으로 유치하고 있다.

싱가포르관광공사에 따르면 약 50만 명의 의료관광객이 입국하였으며 향후 2012년까지는 1백만 명을 유치할 계획이다. 지난 2000년 싱가포르정부는 공공의료부분을 SingHealth(병원 3곳, 전문진료센터 5곳, 폴리클리닉 7곳 보유), National Healthcare Group(NHG) (병원 3곳, 전문진료센터 6곳, 폴리클리닉 8곳을 보유)으로 크게 2개의 의료 클러스터로 구조조정을 단행하였다. 각 의료 클러스터는 외국인 환자를 치료할 수 있는 자체 전문 의료진을 보유하고 있다. SingHealth의 국제 의료서비스(IMS ; International Medical Service)센터는 1,500병상의 싱가포르 종합병원 내에 위치하고 있으며, NHG의 국제환자 연결센터는 943병상의 국립대학병원 내에 위치하고 있다.

2000년 구조조정은 공공의료서비스 공급자방식의 효율성 제고와 비용분담이 목적이었으며, 현재 NHG는 외국인 환자 65천 명을 포함 1,267천 명의 환자를 치료하고 있다. 2010년까지는 싱가포르가 유치목표로 삼고 있는 1백만 명 환자들 중에 약 15~18%를 담당할 계획을 가지고 있다.

SingHealth센터는 싱가포르 의료관광의 높은 가격 경쟁력을 강조하고 특히 SingHealth는 환자들에게 번들형 서비스 패키지를 제공함으로써 입원결정시 가격에 대한 투명성을 확보하는 데 주안점을 두어 오고 있으며, 특히 미국이나 영국 환자들로부터 의료수준 대비 경쟁력 있는 가격으로 많은 관심을 받고 있다.

아울러 싱가포르는 해외 의료 제휴나 협력사업도 활발하게 추진하고 있다. 대표적으로 8,000만 명의 인구와 급격한 경제성장을 이루고 있는 베트남의 경우, NHG 소속의 싱가포르 국립대학병원(NUH)이 호치민시 Tu Du 여성병원과 의료진 교류, 세미나 등을 포함한 의료교육, 연구 및 환자교류 등에 대한 MOU를 체결하였다. 관계자에 따르면 NUH는 불임치료에 대해 상당한 의료수준을 보유하고 있으며, 1987년 아시아 최초로 체외수정을 통한 임신에 성공하였다. 지난 한 해 동안 Tu Du 병원은 베트남 병원으로서는 최초로 체외수정법(IVF ; in vitro fertilization)으로 86,794명의 내국인 환자와 125,79명의 외래환자를 시술하여 2천여 명이 임신에 성공하기도 하였다.

해외 의료관광객 유치현황을 보면, 2002년 20만 명, 2005년 37만 명, 2006년 41만 명을 유치하였으며, 2012년 백만 명 유치를 계획하고 있다.

### National Healthcare Group(www.nhg.com.sg) 소속 병원현황

- Alexadra Hospital(JCI 인증), National University Hospital(JCI 인증), Tan Tock Seng Hospital(JCI 인증), Institute of Mental Health(JCI 인증), Johns Hopkins Singapore International Medical Centre(JCI 인증)
- 그 외 The Cancer Institute, The Eye Institute, The Heart Institute, National Skin Center

### SingHealth Services(www.singhelth.com.sg)

- Changi General Hospital(JCI 인증), KK Women's & Children's Hospital(JCI 인증), Singapore General Hospital(JCI 인증), Heart Centre(JCI 인증)
- 그 외 National Dental Centre, National Eye Centre, National Cancer Centre, National National Neuroscience Institute

기사출처 : IMTJU(International Medical Travel Journal), 2007년 2호

# 3. TURKEY

## 1) 개 관

❖ 구국의 전설에서 유래된 초승달과 별
– 진보와 일치를 상징
❖ 이슬람의 상징인 초승달과 별을 도입한 최초의 국기
❖ 초승달기라고 불림

터키는 아시아와 유럽국가 간에 교량적 역할을 하는 위치에 있으며, 보스포루스(Bos Porus)해협과 다다넬스(Dadanelles)해협을 사이에 두고 있어 유럽과 아시아문화의 접촉지역이기도 하다. 봉건시대에 화려한 문화를 보유하고 있는 터키는 1923년에 새로운 터키공화국(77만 5천$km^2$ ; 한반도의 3.4배)으로 탄생되었다. 터키는 동서로 길게 뻗어 있어서 유럽쪽을 유럽터키, 아시아쪽을 아시아터키라고 부른다. 유럽터키쪽은 평야지대이고 아시아터키쪽은 아라라트(Ararat : 5,165m)산을 비롯한 토로스산맥이 동서로 뻗어 있어 산과 구릉이 많다. 특히 이 아라라트산은 휴화산으로 노아홍수(주야 40일간 강우) 때 노아가족을 태운 방주(方舟)가 표류하다가 이곳에 도착했다는 전설로 유명해 오랫동안 이 산이 세계중심이라고 믿어 왔다. 아시아터키 서부지방은 지중해식 기후가 나타나며 흑해연안은 기온차가 심하지 않으나 비가 많다.

터키의 주요 산업을 보면, 지중해성 기후가 나타나는 남서부지방은 지중해식 과일을 생산하고, 내륙 고원지방은 주로 목축업을 하고 있다. 그 외 섬유공업과 관광업이 발달하였고 석탄, 철광석, 석유 등 화학공업이 발달하였다.

터키사람의 90%가 터키인이며 그 외 쿠르드족(이라크의 북부에도 거주), 아르메니아, 아랍인들이 있으며, 터키어를 공용어로 쓰고 있으나, 남부는 쿠르드어를 사용하고 있다. 2008년 말 현재 인구는 약 7,200만 명으로 전체 인구의 75%가 도시에 거주하고 있고, 99%가 이슬람교도이며, 1인당 국민소득은 9,629달러(2007)이다. 터키는 NATO의 가맹국이며 한국전쟁 참전국으로 우리나라와 관계가 깊다.

## 2) 국제관광현황

터키는 기원전 2000년 도시국가와 봉건국가를 건설할 당시부터 만들어졌다. 프리지아시대, 이오니아시대, 페르시아시대, 헬레니즘시대, 로마시대, 셀주크투르크시대를 거쳐 오스만투르크시대에 이르기까지, 사원에 관한 많은 유물과 유적이 있어 외래관광객의 방문이 많다. 터키의 연도별 관광객의 출입구조를 보면, 〈표 2-11〉과 같다.

〈표 2-11〉 터키의 연도별 국제관광현황

(단위 : 1,000명)

| 구분 \ 연도 | 1999 | 2000 | 2001 | 2002 | 2003 | 2004 | 2005 | 2006 | 2007 |
|---|---|---|---|---|---|---|---|---|---|
| Inbound | 7,487 | 10,428 | 11,619 | 13,256 | 14,030 | 17,517 | 21,125 | 19,820 | 23,341 |
| Outbound | 4,758 | 5,284 | 4,856 | 5,131 | 5,928 | 7,299 | 8,246 | 8,275 | 8,938 |
| 차 이 | 2,729 | 5,144 | 6,763 | 8,125 | 8,102 | 10,218 | 12,879 | 11,545 | 14,403 |

자료 : UNWTO(2008)

1999년에 748만 명이 유입되었고, 연도의 증가와 더불어 증가하여 2000년에는 1,000만 명, 2003년에는 1,400만 명을 초과하였다. 그 후 외래관광객은 지속적으로 증가하여 2005년에는 2,100만 명을 넘어 2007년 2,334만 명이 유입되었다. 외래관광객의 평균체재일은 2003년에 4.0일, 2005년 4.3일로 조금 늘어났으나, 2006년은 3.9일로 나타나고 있다. 이에 비해 Outbound 현상은 Inbound객의 약 40%를 나타내고 있다. 외래관광객의 방문목적은(2006), 여가 및 휴양이 71.1%로 가장 많았으며, 상용이 12.0%, 기타가 16.9%로 나타났다. 외래관광객의 출신국으로는(2007), 유럽지역이 85.7%로 가장 많았으며, 다음으로 남아시아 5.1%, 중동 3.5%, 미주 2.35% 순으로 나타났다.

터키인의 해외여행 아웃바운드 현황을 살펴보면, 2004년 729만 명을 넘어 매년 소폭 상승하고 있으며, 2007년의 경우 893만 명이 해외여행을 한 것으로 나타났다.

한편, 터키의 국제관광수지 현황을 살펴보면(〈표 2-12〉 참조), 1995년의 경우 50억 달러에서 계속 증가하여 2000년에는 약 76억 달러, 2003년에는 130억 달러(세계 9위), 2007년에는 184억 달러를 획득하였다. 반면, Outbound에서 소비한 관광지출은

2000년 17억 달러로 관광수입에 비해 매우 적어, 순관광수입은 592억 달러로 높게 나타나고 있다. 관광지출도 조금씩 증가하고 있지만 그 정도는 크지 않아, 2007년에는 152억 달러의 순관광수익을 창출하기도 하여, 국제관광수지흑자국이라 할 수 있다.

〈표 2-12〉 터키의 연도별 국제관광수지

(단위 : 100만 달러)

| 구분 \ 연도 | 1999 | 2000 | 2001 | 2002 | 2003 | 2004 | 2005 | 2006 | 2007 |
|---|---|---|---|---|---|---|---|---|---|
| 관광수입 | 5,203 | 7,636 | 10,067 | 11,901 | 13,203 | 15,888 | 18,152 | 16,853 | 18,487 |
| 관광지출 | 1,471 | 1,713 | 1,738 | 1,881 | 2,113 | 2,524 | 2,872 | 2,743 | 3,260 |
| 차　　이 | 3,732 | 5,923 | 8,329 | 10,020 | 11,090 | 13,364 | 15,325 | 14,110 | 15,227 |

자료 : UNWTO

### 3) 국제관광정책

관광산업을 맡고 있는 주관부서는 문화관광성이며, 이 부서에서는 관광산업에 대한 초기단계 투자, 경영단계에 있어 금융적인 지원(혜택), 관광증진을 목적으로 하고 있다. 그 외, 관광관련단체로는 터키증진협회(TUTAV), 관광개발훈련협회(TUGEV), 관광은행 등이다. 터키의 관광진흥사업을 살펴보면 다음과 같다.

① 숙박시설 : 국가경제에 있어서 관광부문의 공헌을 증대시키기 위한 정책의 일환으로, 자연보존과 이용의 균형을 유지하는 포괄적인 개발계획을 구상함으로써, 종합적인 숙박관광사업의 잠재성에 대한 평가가 착수되었다.

② 환경과 문화적 유산 : 67개의 고고학적 유적의 발굴과 37개 지역에 대한 조사가 이루어졌으며, 이 조사에 따라 관광적·역사적 가치가 있는 유산에 대한 복구가 이루어졌다.

③ 정부의 지원 및 투자 : 관광사업에 대한 투자는 정부로부터 금융적인 지원을 받는데, 이를테면 총시설비의 75%를 정부로부터 대여받고, 빌린 땅에 대한 세제감면 등의 지원이 이루어지고 있다. 특별한 지원계획에 대한 사례는 다음과 같다.

- South Antalya : 전기 · 물공급, 운하시설, 통신시설
- Koycegiz-Iztuze : 고속도로 완비, 상수도 건설
- Mugla 해변지역의 도시개발과 관광개발을 위한 경제적 지원의 필요성이 제기됨

④ 마케팅 : 문화관광성 장관은 국내외적인 전시, 여행박람회, 문화축제, 영화상영, 오디오쇼와 같은 여러 수단을 통해 관광사업을 증진시키고 있으며, 이러한 홍보활동은 국제시장에서 활발히 전개되고 있다. 주제별로는 역사적인 아름다움과 자연미를 훌륭히 조화시킨 홍보물, 옛 도시의 문화유적, 깨끗한 바다와 자연, 각양각색의 특이한 민속, 전통양식, 값싸고 편리한 쇼핑시설, 맛 좋고 다양한 요리 등이다.

⑤ 국제협력 : 새로운 문화교류계획이 1986~88년 동안 터키와 독일연방공화국, 프랑스, 한국, 모로코 사이에 1986년에 서명되었다. 또한, 공동경제위원회의 모임으로 이란, 튀니지, 요르단, 알제리아, 이탈리아, 러시아, 이집트, 유고, 시리아, 불가리아, 로마, 독일, 파키스탄과의 국가간 무역협약이 이루어지기도 하였다.

### Tip 환율 앞에 작아지는 터키 요트산업

최근 7년간 1,000% 이상의 성장기록, 지난 10년간 터키산업 중 가장 빠른 성장을 기록했던 터키 조선산업이 터키 리라화 강세로 크게 흔들리고 있는 것으로 조사되었다. 터키 내 조선소는 1983년 38개에서 현재 139개로 크게 늘어난 상태이다.

많은 터키 조선업체가 2007년 하반기부터 시작된 터키 리라화 강세로 인해 이전에 계약했던 요트 및 선박을 최근 들어 납품하면서 큰 폭의 환차손을 부담하고 있는 것으로 나타났다. 또한 최근 아시아 국가와의 경쟁이 치열해지고 있기 때문에 터키업체로서는 환율변동에 따라 가격 인상을 실시하기도 쉽지 않은 상황이다. 이에 따라 터키정부의 '2010년, 세계 4위 조선 강국 진입' 목표 역시 달성이 불가능할 것으로 전망되는 등 관련 업계 내 불안감이 고조되고 있다. 터키의 한 선박제조업체 관계자는 현재 상당수 업체가 시장점유율을 유지하기 위해 손실을 무릅쓰고 수출을 하고 있다고 밝히면서, 2007년 계약한 건은 현재 환율변동으로 인해 거의 대부분 손실을 기록하고 있다고 한다. 관계자는 또한 터키 내 요트 제조업체의 경우 생산의 약 80% 이상을 수출에 의존하고 있기 때문에 최근과 같은 상황에서는 경영악화가 불가피하다고 한다.

2007년 터키 조선산업의 급성장세로 우리나라 선박 기자재의 터키수출이 급증세를 기록하기도 했으나, 2008년 초반 터키 조선산업이 어려움을 겪으면서 수출이 다소 주춤하는 모습을 보이고 있다. 그러나 현재 터키 내 바이어는 우리나라 제품의 품질을 높이 평가하고 있어 당분간 우리 조선기자재에 대한 수요는 지속될 것으로 예상된다. 따라서 우리 업계에서는 단기간의 수주량에 연연하지 말고 중장기적인 관점에서 터키시장을 공략하는 전략을 수립해야 할 것으로 보인다.

※기사출처 : EIU, TDN, 무역관 자료 종합 등(KOTRA, 무역투자정보포탈 글로벌 윈도우 http://www.globalwindow.org/ 등록일 : 2008.02.27)

## 4. HONG KONG

### 1) 개 관

❖ 1997년 영국에서 중국으로 반환된 이후 제정된 지역기
❖ 바우히니아라는 꽃을 그림
❖ 중국 오성홍기에서 유래산 별을 상징

중국 광동성 남부에 위치한 홍콩(1,095km$^2$)은 영국과 청나라와의 아편전쟁으로 맺은 남경조약(1842)에 의해, 청나라로부터 양도받은 영국식민지로 세계적인 중계무역항인 동시에 극동지역의 항공 및 항로의 중심지로서 중요한 입지에 위치하고 있다. 홍콩섬과 주룽(九龍)반도는 1898년부터 99년간 영국이 조차(租借)하고, 1997년 7월 1일에 중국으로 주권반환식이 행하여졌다.

지리적으로 홍콩은 싱가포르와 마찬가지로 아시아와 유럽, 북미지역 등을 연결하는 항공의 요지로 '동양의 진주'라고도 불리며, 무역 · 금융 · 관광의 중심지로서 비중이 높다. 홍콩은 지리적 여건에 관계되어 자유무역항인 동시에 중국무역의 항구이며, 동양 속에 서구적인 향취가 물씬 나는 항구도시이기도 하다.

기후는 아열대권에 속하나 계절풍기후의 영향으로 4계절의 변화가 있으며, 연중 가장 지내기 좋은 기간은 가을에서 겨울에 이르는(10~12월) 기간이다. 주요 민족은 중국인이 98%를 차지하고 있고, 영어와 중국어가 공용어로 사용되고 있으며, 종교는 불교와 도교(道敎)가 90%를 차지하고 그 외에 구교(4.0%)와 신교(5.0%) 등이 있다. 인구(2009년)는 700만 명을 약간 상회하고 있으며, 도시 거주자가 전체의 약 54%이고 1인당 국민소득은 29,650달러(2007)로 높은 편에 속한다.

## 2) 국제관광현황

세계의 항공 및 해상교통의 요지에 위치하고 있는 홍콩은 지정학적 위치 때문에 국제무역, 금융 및 관광산업이 발달하였다. 외래관광객의 Inbound는 1995년 1,000만 명을 초과하였으며, 연도의 증가와 더불어 1996년에 1,300만 명 그리고 2000년에는 1,300만 명 이상을 유치하였다. 그 후 2003년에는 1,500만 명이 유치되고, 2007년에는 2,816만 명이 유치되는 등 외래관광객의 유입은 지속적으로 증가하고 있다. 외래관광객의 출신지역을 살펴보면, 동아시아・태평양지역이 84.7%로 가장 많았으며, 다음으로 유럽지역이 6.7%, 미주지역이 6.3% 순으로 나타났으며, 관광목적은 여가 및 휴양이 54.9%로 가장 많았으며 기타가 24.6%, 상용목적이 20.5% 순으로 나타났다. 평균체재일수는 1999년 3.36일, 2002년 3.6일, 2003년 4.06일, 2007년 3.28일로 나타났다.

〈표 2-13〉 홍콩의 연도별 국제관광객현황

(단위 : 1,000명)

| 구분 \ 연도 | 1998 | 1999 | 2000 | 2001 | 2002 | 2003 | 2004 | 2005 | 2006 | 2007 |
|---|---|---|---|---|---|---|---|---|---|---|
| Inbound | 10,160 | 11,328 | 13,059 | 13,725 | 16566 | 15,537 | 21,811 | 23,359 | 25,251 | 28,169 |
| Outbound | 4,197 | 4,175 | 4611 | 4,799 | - | - | - | - | - | - |
| 차 이 | 5,963 | 7,153 | 8,448 | 8,926 | | | | | | |

자료 : UNWTO

인바운드와 아웃바운드의 국제관광수지현황을 연도별로 살펴보면, 〈표 2-14〉와 같다.

〈표 2-14〉 홍콩의 연도별 국제관광수지

(단위 : 100만 달러)

| 구분 \ 연도 | 1999 | 2000 | 2001 | 2002 | 2003 | 2004 | 2005 | 2006 | 2007 |
|---|---|---|---|---|---|---|---|---|---|
| 관광수입 | 7,343 | 8,198 | 7,923 | 9,849 | 9,004 | 11,874 | 13,588 | 15,476 | 18,015 |
| 관광지출 | 13,134 | 12,502 | 12,317 | 12,418 | 11,447 | 13,270 | 13,305 | 14,044 | 15,086 |
| 차 이 | -5,791 | -4,304 | -4,394 | -2,569 | -2,443 | -1,396 | 283 | 1,432 | 2,929 |

자료 : UNWTO(2008)

1995년에 96억 달러의 관광수입을 올렸으나 연도의 증가와 더불어 관광지출이 관광수입을 상회함에 따라, 관광수지적자가 나타나고 있다. 2000년의 경우 약 82억 달러의 관광수입을 올렸으나, 관광지출은 125억 달러에 달해 43억 달러의 관광수지적자가 나타났다. 관광수지적자의 폭이 조금씩 줄어들다가, 2005년 135억 달러의 관광수입과 133억 달러의 관광지출이 나타나 2억 8천 달러의 관광수지흑자가 나타났다. 그 후 조금씩 회복세를 보여 2007년의 경우 29억 원의 관광수지흑자가 창출되었다.

특히 오늘날 중국은 홍콩이 1988년에 건립한 홍콩컨벤션센터를 홍콩의 국제회의산업(Convention Industry)의 중심지로 정하여 관광산업을 육성하고 있다. 홍콩 완차이(灣仔)에 위치한 '홍콩 컨벤션센터(HKCEC)'는 '홍콩의 얼굴'로 통한다. 센터는 홍콩 첵랍콕 국제공항과 함께 홍콩의 상징 건물로도 꼽히는데, 총면적만 15만 5,000㎡(4만 6,887평)에 달하며 14만 명을 수용할 수 있는 대규모 건물이다. 재개발과 건설관련 비용만 48억 홍콩달러가 소요된 이 건물은 총 6만 3,580㎡(1만 9,232평)로 다목적 회의 및 전시공간과 비즈니스센터 등을 갖추고 있다. 1994년에는 하루에 14만 명을 수용할 수 있는 제2의 홍콩컨벤션센터 건립을 비롯하여 앞으로 많은 컨벤션센터를 건축하여 국제금융 및 남부지역 무역중심지로 성장함과 동시에 국제회의산업을 육성할 계획으로 있어, 수도 베이징(北京)과 연계되면 아시아에서 일본 다음가는 컨벤션 유치지역이 될 것으로 기대된다. HKCEC에서 개최되는 행사 중 80%가 박람회와 전시회이며, 20%는 국제회의가 차지하고 있다.

CHAPTER 3

# EUROPE 지역

## 제1절 유럽지역 개관

유럽지역의 총면적은 2,299만$km^2$로 전 세계 면적의 3.3%를 차지하고 있다. 이 지역의 지형은 피레네산맥을 비롯하여 알프스 및 아펜니노산맥이 유럽지역의 동남부에 위치하고 있어 높고 험준하며, 북서부지역은 낮은 평야를 이루고 있고 강은 모두 동남부에서 북서로 흐르고 있다.

유럽의 기후는 대서양 연안을 흐르는 멕시코 만류와 편서풍의 영향으로 같은 위도의 다른 대륙에 비해 한서의 교차가 적고 따뜻하다. N. 50°에 위치하는 런던의 1월 평균기온이 4℃인데 비해, N. 37°에 위치하는 인천은 1월 평균 -3℃를 나타내는 것이다. 그리고 지중해 연안은 하계 고온건조, 동계 온난다우한 지중해식 기후를 나타내고 있다. 이 지역의 농업은 밀, 옥수수 등 곡물을 주로 재배하여 동물사료로 활용하는 혼합농업이 발달하였다.

주민의 약 90%가 유럽인종인데, 인종은 주로 튜턴족, 라틴족, 슬라브족으로 이들은 유럽 3대 민족에 해당한다. 튜턴족(German)은 주로 Germany, Austria, Denmark, Sweden, Norway, U.K., Netherlands 등지에 분포하고 있으며 신교를 믿고 근면·성실하며 진취적이다. 라틴족은 France, Spain, Portugal, Italia 등지에 거주한다. 주로 구교

(가톨릭)를 믿으며 학문과 예술을 즐기고 쾌활하고 부지런하며 라틴문화권을 형성하고 있다. 또 슬라브족은 주로 동유럽에 거주하고 있는데, Russia를 비롯하여 Ukraina, Poland, Czech, Slovakia, Yugoslavia, Bulgaria 등지에 분포하여 살고 있으며 그리스 정교를 믿는다. 슬라브족은 서구문화와 접촉이 적어 유럽 3대 민족 중 가장 문화가 뒤떨어져 있으며, 그 외에 그리스족, 켈트족, 알바니아족 등이 있다.

그 외에 아시아계 인종이 있는데 마자르족, 핀족, 라프족 등이 있다. 오늘날 마자르족은 헝가리, 핀족은 핀란드, 라프족은 유럽의 최북단 노르웨이의 라프랜드 지방에 분포하여 살고 있으며, 이 세 종족은 유럽의 다른 민족국가에 둘러싸여 인종의 섬(飛地)을 이루고 있다. 특히 영국, 프랑스, 독일, 스페인, 이탈리아 등을 중심축으로 하는 지역은 일찍부터 문화가 발달되어, 세계 각 지역에 많은 식민지국가를 형성했으며, 유럽지역 자체 내에서도 매력적인 문화유산을 많이 소지하고 있어 유치요인(Pull Factor)이 매우 높다.

오늘날 유럽은 세계 국제관광객의 여행목적지로 세계관광객의 54%가 방문하고 있으며, 세계관광수입의 51%를 차지하고 있는 지역이다.

유럽의 각 국가들은 정치 · 경제 통합의 실현을 위해 유럽연합(European Union)을 결성하고, 유로라는 단일화폐를 통한 세계 최대규모의 단일통화권(Euroland)을 만들어 경제의 공영화(共榮化)를 추구하고 있다. 1957년 유럽연합(EU)은 프랑스, 독일, 이탈리아, 벨기에, 네덜란드, 룩셈부르크 6개국으로 시작하였으며, 최근에는 기존 회원국 15개국(영국, 아일랜드, 프랑스, 포르투갈, 스페인, 이탈리아, 그리스, 오스트리아, 룩셈부르크, 벨기에, 네덜란드, 독일, 덴마크, 스웨덴, 핀란드)에 2004년 10개국이 가입(에스토니아, 라트비아, 리투아니아, 폴란드, 체코, 슬로바키아, 헝가리, 슬로베니아, 키프로스, 몰타)하였으며, 2007년에는 2개국(불가리아, 루마니아)이 추가로 가입하여, 현재 27개국(2007)이 가입되어 있다. 그중, 유로 사용국은 15개국이다. 이들은 1999년 1월 1일부터 단일통화 '유로'를 사용함으로써 여행을 자유롭게 하는 데 따른 물가안정 효과와 유럽 전역을 여행하여 환전할 경우 발생하는 40~50%의 환차손을 방지하는 데 그 목적이 있다. 유로는 유럽인들의 화폐 및 경제활동을 바꿔놓고 있다. 이와 같은 화폐통합은 경제통합으로 이어지면서 유럽합중국으로 거듭나는 하나의 이정표가 되기도 한다.

유로통화를 사용하는 이유는, 첫째, 단일경제권으로 덩치를 키워서 현재 세계경제를 좌우하는 미국 달러에 대항하자는 것이며 둘째, 유럽 각국의 다양성을 모아 최선의 법과 제도 및 문화를 도출해 전 유럽에 보급하자는 것이다. 셋째, 각 지역 삶의 질과 사회규범 또는 기준도 일정 기준하에 함께 향상시키자는 것이다.

유로 참여 국가의 경제력은 막강하다. 인구 2억 9천만 명의 유로권(圈) 국내총생산(GDP) 합계는 약 5조 9,420억 달러로 세계 전체의 19%를 차지한다. 미국의 8조 1천억 달러에 비해 다소 떨어지나 일본에 비교하면 2배에 달하는 규모이다. 유로화로 대체되는 지역 내의 주식·채권의 시가총액도 8조 달러로 미국에 이어 두 번째로 크다. 수출입을 합한 무역량을 보면 유로랜드는 세계 전체의 18.6%를 차지해 미국(16.6%)을 능가한다. 특히 유로권의 기업, 금융기관들이 가지고 있는 잠재력은 더욱 커질 전망이다. 단일화폐의 등장으로 환율변동에 따른 '환리스크'가 사라짐에 따라 기업들은 보다 적은 비용이 드는 지역에서 물건을 생산하는 등 자유경쟁에 따른 체질강화를 기할 수 있기 때문이다.

프랑스를 비롯한 다른 11개 국가가 '유로와 나'라는 안내책자와 팸플릿 등 많은 홍보물을 만들어 유로사용에 따른 여러 가지 이점을 홍보하고 있다. 유로가 법정통화로 사용되는 2001년 6월 말까지 유로 사용 여부는 전적으로 민간주체의 자율이다. 즉 민간경제주체는 각자의 판단에 따라 유로 또는 자국화폐로 마음대로 선택할 수 있다. 기업은 상품가격을 자국통화와 유로 중 어느 하나로 표시하거나 두 통화를 병용할 수도 있다. 소비자도 자국통화로 지급하거나 유로로 환산해 물건을 살 수 있다.

1998년 12월 31일부터 유럽 12개국이 유로환율을 결정하여 1999년 1월 1일에서부터 4일까지 은행·증권거래소에서 준비한 후, 1999년 1월에서 2001년 12월까지 카드나 수표, 은행의 자동이체 등을 유로로 가능하게 하고, 2002년 1월 1일에서 6월 30일까지 유로지폐와 주화가 각국 화폐와 함께 통용, 2002년 7월 1일부터는 유로만 사용하게 했다.

〈표 3-1〉 유로국가와 미국 · 일본의 경제력 비교

| 구분 \ 국명 | 유로 12개국 | 미국 | 일본 |
|---|---|---|---|
| 인구(백만 명) | 290.0 | 268.0 | 126.2 |
| GDP(조 달러) | 5.9 | 8.1 | 3.0 |
| 1인당 GNP(달러) | 20,188 | 30,147 | 23,791 |
| GDP 성장률(%) | 2.5(2.9) | 3.9(3.5) | 0.8(-2.7) |
| 실업률(%) | 12.3(11.7) | 5.0(4.6) | 3.4(4.2) |
| 소비자 물가지수(%) | 1.6(1.2) | 2.4(1.7) | 1.7(0.5) |

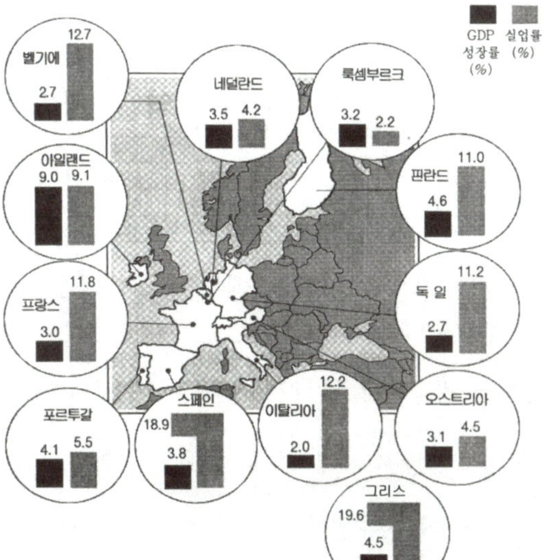


[그림 3-1] 유로랜드의 경제력

# 제 2 절 유럽지역 관광동향

세계 최대 관광시장인 유럽지역은 1975년 약 1억 5천만 명(세계의 71.8%)의 관광객이 유입되었으며, 1987년에는 2억 3천만 명(세계 66.1%)의 관광객을 유치하고 900억 달러의 관광외화를 획득하여 전 세계 관광수입의 60%를 차지하였다.

이 지역 대부분의 국가들은 일찍부터 공업이 발달하였고, 오랜 전통과 정치·사회·문화·경제면으로 다른 지역보다 훨씬 앞서 발달하여 세계문화의 중심지가 되었다. 그러므로 교통, 숙박 등 관광객 수용태세가 완비되어 있을 뿐만 아니라, 다양한 관광자원이 개발·보존되어 있어 유럽지역뿐만 아니라 멀리 다른 지역으로부터도 많은 관광객이 방문하고 있다. 따라서 유럽지역은 각 지역마다 관광자원의 특성이 있기 때문에 전 지역을 북부유럽, 남부유럽, 동부유럽, 서부유럽 및 중앙유럽으로 구분하고 있다.

UNWTO자료에 의하면 유럽지역에 유입된 관광객은 1990년에 2억 8천 명이었으며, 연도에 따라 1996년에는 세계 총관광객 5.9억 명의 59.0%인 3.5억 명을 유치하였으나 2000년도에는 6.9억 명의 50.1%인 약 3.5억 명, 2003년도에 6.9억 명의 50.2%인 약 3.5억 명의 관광객을 유치하였으며, 2007년에는 4.8억 명을 유치하였다.

〈표 3-2〉 유럽지역의 연도별 관광추세

(단위 : 천 명)

| 구분 \ 연도 | 1992 | 1993 | 1994 | 1995 | 1996 | 1997 | 2000 | 2003 | 2007 |
|---|---|---|---|---|---|---|---|---|---|
| 관광객 | 305,062 | 311,949 | 328,224 | 336,378 | 351,607 | 360,790 | 346,746 | 347,385 | 484,400 |

자료 : UNWTO(2008)

최근 경제의 고도성장과 국제교통의 발달로 세계 다른 대륙의 특화지역 관광지가 많이 개발되어, 유럽지역이 차지하는 비율은 연도의 증가와 더불어 감소하고 있다. 전 세계 54개국 관광수입 중에 유럽지역 국가가 차지하는 비율은 2000년에는 44.6%였는데 2003년에는 그보다 약간 증가한 50.4%를 차지하고 있다.

# 1. FRANCE

## 1) 개 관

- ❖ 1978년 프랑스 혁명기에 탄생함
- ❖ 파랑 – 자유
- ❖ 흰색 – 평등
- ❖ 빨강 – 박애
- ❖ 혁명군이 모자에 붙인 색에서 유래
- ❖ 많은 국가의 국기에 영향을 줌

프랑스는 북해와 지중해, 중부유럽과 이베리아반도를 연결하는 교통상의 중요한 위치에 놓여 있는 5각형 모양의 국가로, 한반도의 약 2.5배가량인 556$km^2$의 면적을 보유하고 있다. 지형은 오베르뉴고원을 비롯하여 쥐라(Jura)산맥, 세벤산맥 등이 남부에 위치하고 있기 때문에, 동남부가 높고 북서부가 낮아 대부분의 강은 북서쪽으로 흐르고 있다. 프랑스는 비교적 고위도 지방에 위치하고 있으나, 영국과 마찬가지로 서쪽 해안에는 멕시코 난류의 영향으로 위도에 비해 따뜻하고, 지중해 연안지역은 여름은 고온건조하고 겨울은 따뜻하고 비가 많은 지중해성 기후를 나타내고 있다. 19세기 대영제국과 함께 서양열강의 주축이던 프랑스는 현재 EU국가의 주도적 역할을 하고 있다.

프랑스 국민은 켈트(Celt)족, 라틴족계의 로마인, 게르만족 및 브리튼 등 혼혈족으로 융합되어 자유・평등・박애라는 이념 아래 인종차별이나 편견이 없는 개방적인 국민이다. 언어는 인도 유럽어족인 프랑스어를 사용하는데, 영어에 버금가는 국제어이며 특히 외교언어로 많이 쓰인다. 종교는 주민의 82%가 구교인 가톨릭교를 믿으며, 신교는 전체의 10% 정도이고 다음이 회교, 유대교이다.

프랑스는 12~13세기에 건축된 고딕식 건물인 노트르담(Notre Dame)성당을 비롯하여, 루브르(Louvre) 박물관, 에펠탑(Tower Eiffel) 등 세계적인 유적을 보유하고 있어, 어느 국가보다도 예술성이 뛰어나 예술의 전당이라 할 수 있다.

파리의 개선문

몽마르트 언덕

프랑스는 유럽 선진국 가운데서도 공업이 발달한 세계 제4위의 자동차생산국이다. 특히 자르(Sear) 지방의 석탄, 론(Rhóne)강과 가론(Garonne)강 유역의 수력발전, 파리의 남쪽과 보르도지역에서 생산되는 포도주, 세계 유일의 조력발전, 피레네 산지의 태양력 발전 등 지역적 산업개발이 활발하게 이루어지고 있다.

프랑스의 교통은 중앙에 위치하고 있는 대도시 파리를 중심으로 방사상으로 발달하였으며, 특히 철도교통의 경우 신속하고 쾌적하여 세계에 자랑할 수 있는 높은 수준이고, 우리나라의 고속전철도 프랑스의 암스통사에서 수주하였다. 항공교통 또한 드골공항(De Gaulle), 오클리(Oakley)공항 및 브르지(Bourge)공항이 파리를 중심으로 발달하여 항공교통의 중심을 이루고 있으며, 유럽연합에서 가장 많은 공항을 보유하고 있다. 전체 인구는 6,410만(2007) 명이며, 전체 인구의 73%가 도시에 살고 있다. 원주민은 켈트(Celt)족이고 그 외에 로마인 · 프랑크족도 있으며, 1인당 국민소득은 41,511달러(2007)이다.

프랑스인은 주관성이 강하고 합리주의와 철저한 개인주의가 사회 깊이 뿌리박혀 있다. 전반적으로 프랑스인은 보수성이 강하면서 개인주의가 가장 두드러진 국민이다. 가족생활은 개인주의의 발달로 핵가족이 대부분이다. 대부분의 부부가 맞벌이로 탁아시설과 각 시청에서 운영하는 유아보육시설이 잘 발달되어 있어, 출근 전 아이들을 맡기고 직장에 출근하는 것이 보편화되어 있다. 프랑스는 법률적으로 성인(만 18

세)이 되면 부모로부터 독립하는 것이 당연시되며, 부모의 경제적 도움 없이 자립하는 것이 일반적이며, 여성의 독신율이 매우 높은 사회이다. 또한, 외출문화가 발달하여 미술전람회, 연극, 영화, 레스토랑, 음악회 등에 부부동반이나 남녀친구와 어울려 다녀오는 것이 일상생활의 매우 중요한 부분을 차지하고 있다. 프랑스인의 여가시간 중 가장 많은 비중을 차지하는 것이 집안 수리라 할 수 있는데, 인건비가 비싼 점도 있지만 프랑스인들은 이런 것을 취미로 즐기는 경향이 있다.

프랑스의 국기(National Sports)는 자전거경주라 할 수 있는데, 프랑스 전국에 걸쳐 연간 12,000여 회의 자전거경주대회가 열리고 있다. 이외에 축구(Football)가 성행하고 있는데, 축구인구는 150만 명(여성 2만)에 축구팀은 1,500여 개에 달하고 있다.

## 2) 국제관광현황

프랑스인은 타 유럽인에 비해서 국외여행 선호율이 낮은데, 그 이유는 프랑스의 다양한 경관과 기후조건이 프랑스인에게 휴가여행지 조건을 만족시켜 주고, 또 전통적으로 프랑스인들은 휴가기간 동안 가족이나 친지를 방문하거나 국내 농어촌지역이나 바닷가 별장 또는 부모・친지의 집에서 장기 휴가를 보내는 성향이 강하기 때문이다. 따라서 프랑스의 국외여행객은 증가율의 폭이 크지 않고 일정한 비율을 유지하고 있다. 그러나 프랑스는 세계의 11번째(2003) 관광송출국이며 367억 달러의 관광지출국으로 장거리 국외여행자의 송출률은 유럽국가의 평균치를 웃돌고 있다.

프랑스관광객이 많이 찾는 동아시아・태평양지역의 국가로는 태국, 홍콩, 중국, 베트남, 인도네시아, 싱가포르 등을 들 수 있으며, 이 중 태국에는 20만 명 이상의 프랑스 관광객이 찾고 있다. 태국을 찾는 주원인으로는 저렴한 현지물가와 함께 프랑스인의 해변휴양지 선호도와 관련이 깊다. 아프리카지역으로는 과거 프랑스의 식민지였던 북서부의 튀니지, 모로코, 세네갈 등으로 많은 프랑스관광객이 방문하고 있으며, 최근에는 남아프리카의 프랑스 자치령인 레위니옹(Réunion)섬으로 관광객이 증가하고 있다. 이러한 지역은 프랑스 식민지나 자치령으로서 프랑스어가 사용되고, 해변휴양지를 가지고 있다는 점에서 공통점이 있다. 이외 카리브해지역으로 많은 관광객이 늘어나고 있는데, 특히 프랑스령의 섬인 마스카렌제도(Mascarene Island)나 과델루프(Guadeloupe)에 관광객이 많이 증가하고 있다.

프랑스의 국제관광객 유동현황을 연도별로 살펴보면, 〈표 3-3〉과 같다.

〈표 3-3〉 프랑스의 연도별 국제관광객현황

(단위 : 1,000명)

| 구분 \ 연도 | 1998 | 1999 | 2000 | 2001 | 2002 | 2003 | 2004 | 2005 | 2006 | 2007 |
|---|---|---|---|---|---|---|---|---|---|---|
| Inbound | 70,109 | 73,042 | 75,500 | 75,202 | 77,012 | 75,048 | 75,100 | 75,908 | 78,853 | 81,869 |
| Outbound | 18,077 | 16,709 | 19,886 | 19,265 | 18,315 | 18,576 | 21,131 | 22,270 | 22,466 | 22,467 |
| 차 이 | 52,032 | 56,333 | 55,614 | 55,937 | 58,697 | 56,472 | 53,969 | 53,638 | 56,387 | 59,402 |

자료 : UNWTO(2008)

프랑스에 유치되는 외래관광객 인바운드 현황(숙박객 중심)을 살펴보면, 1998년에 약 7,000만 명의 관광객을 유치하였고, 그 후 2000년에는 7,500만 명을 유치하였다. 프랑스를 찾는 외래관광객은 점차 증가하여 2007년에는 8,186만 명의 관광객이 방문하였다. 외래관광객의 평균체재일수는 2000년 5.4일, 2003년 5.2일, 2007년 4.8일로 나타났으며, 출신지역은 유럽지역이 가장 많은 86.6%이며 미주지역이 7.15%, 아시아 및 태평양지역이 3.7% 순으로 나타났으며, 방문목적으로는 여가 및 휴양이 72.2%, 기타가 17.2%, 상용이 10.6%로 나타났다.

한편, 프랑스국민의 해외여행인 아웃바운드 정도를 살펴보면, 2003년에는 1,830만 명이 해외여행을 갔으며, 2007년에는 2,246만 명이 해외여행을 한 것으로 나타났다. 프랑스 국민의 Outbound는 조금씩 상승하고 있으나, 그 증가폭은 크지 않으며, 2007년의 경우 Outbound 관광객은 Inbound 관광객의 1/4을 조금 넘는 것으로 나타났다.

프랑스는 이처럼 세계 각 지역으로부터 외래관광객 유입정도가 세계 1위를 차지하는 만큼, 2003년에는 370억 원의 관광수입이 창출되었으며, 2004년에는 434억 원, 2007년에는 637억 달러의 관광수입을 벌어들인 데 반해, 관광지출의 경우 2007년 440억 원으로 197억 원의 관광흑자가 나타났다. 2000년 이후 프랑스는 국제관광지출보다 수익이 많은 국제관광수지 흑자국이라 할 수 있다.

〈표 3-4〉 프랑스의 연도별 국제관광수지

(단위 : 100만 달러)

| 구분＼연도 | 2000 | 2001 | 2002 | 2003 | 2004 | 2005 | 2006 | 2007 |
|---|---|---|---|---|---|---|---|---|
| 관광수입 | 37,031 | 35,316 | 38,110, | 43,406 | 52,607 | 52,150 | 54,402 | 63,719 |
| 관광지출 | 21,883 | 22,067 | 23,773 | 28,143 | 34,674 | 37,546 | 37,913 | 44,035 |
| 차 이 | 15,148 | 13,249 | 14,337 | 15,263 | 17,933 | 14,604 | 16,489 | 19,684 |

자료 : UNWTO(2008)

한편, 프랑스 국민의 해외여행 선호국을 보면 스페인(45%)이 가장 많고 다음으로 이탈리아(35%)로, 이 두 나라가 전체의 80%를 차지하고 있는데, 이것은 양 국가가 유치력이 높은 문화유산을 많이 소유하고 있을 뿐 아니라, 인접효과(The Effect of Neighborhood)도 나타나기 때문이다. 그 다음으로는 영국, 스위스, 네덜란드, 독일, 오스트리아, 유고, 미국 순으로 나타나고 있다.

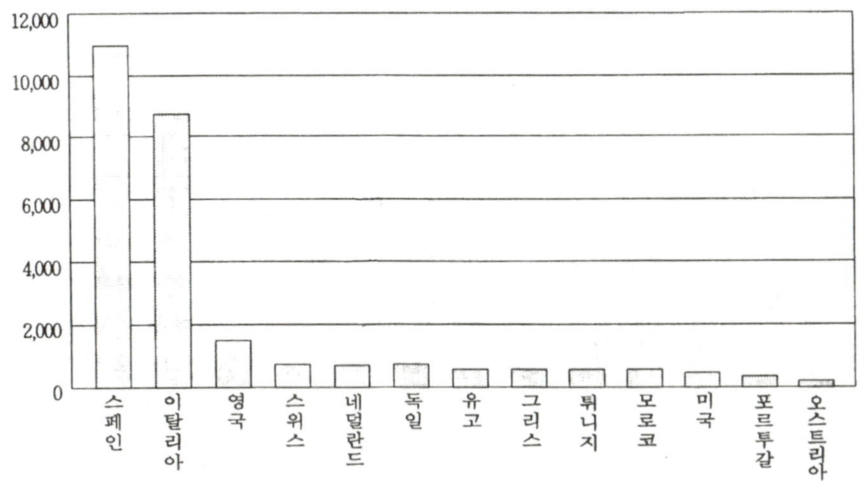


[그림 3-2] 프랑스 국민의 여행선호국

### 3) 국제관광정책

프랑스관광을 담당하는 정부부처는 사회간접시설・주택・운송・관광부(Ministère de LÉquipement, Du Logement, Des Transport et Du Tourisme)이다. 사회간접시설・주택・운송・관광부 내에 관광국(Ladirection du Tourisme)이 있으며, 중앙정부차원의 관광진흥 업무는 프랑스관광공사(La maison de la France)가 담당하고 있으며, 이외에 프랑스관광개발(기술)회사(Lagence Francaise de Lingenibrie Touristique), 국립관광예측소(Le Oveservatoire National du Tourisme), 국립관광자문위원회(Le Conseilnational du Tourisme) 등이 있다. 프랑스정부의 관광정책은 고용확대와 고용안정을 위해 관광산업 지원을 골자로 하고 있다.

관광산업은 고용효과가 높기 때문에 프랑스정부는 관광분야에 보다 많은 일자리를 마련하기 위하여 노력하고 있다. 파리 인근지역의 정부직업안내소에 의하면, 관광분야에서 연간 약 1,000개 이상의 일자리가 있으며, 약 2,000명의 젊은이들이 관광관련 학위를 따고 있다고 한다. 특히 호텔산업에 관한 직업훈련시설은 유명하며, 280개의 중등학교, 1,900여 개의 직업훈련원, 645개의 산학교육센터와 800개의 직업학교가 있어 10,000명의 학생이 교육・수습・훈련을 받고 있다. 또 여행사, 유관업체, 관광사무소, 안내소 등은 여러 가지 경로를 통해 직원들을 채용하고 있다.

프랑스의 주요 관광시장으로는 독일, 영국, 미국, 일본을 최우선 대상으로 두고 있으며, 그 다음이 네덜란드, 벨기에, 스위스 등 인근국가와 중동 및 동남아시아 및 동부아시아 순으로 설정하여 마케팅활동을 전개하고 있다. 원거리시장에 대해서는 입국관광객의 체재일수를 늘리는 방향으로 유도하고, 근거리시장에 대해서는 단기상품의 다양화로 차별화하고 있으며, 전기간에 걸쳐 고루 관광객을 유치할 수 있도록 노력하고 있다.

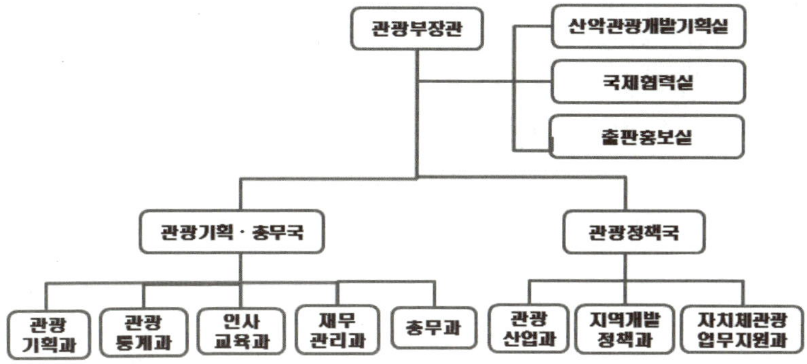


자료 : L'Administration du Tourisme

[그림 3-3] 정부관광기구도

- 관광진흥목표 : 관광외화수입 증대
  - 외래객 평균 체재일수 연장 및 평균소비액 증가 유도
  - 외래객 관광활동의 계절적 · 지역적 분산
- 주요 진흥 및 홍보산업
  - 각종 홍보간행물 제작(약 250만 부)
  - 연중 약 32회의 워크숍 및 17개의 세계 주요 관광전시회 참가
  - 여행업자, 언론인 등 2,800명을 대상으로 팸투어 649회 실시
- 장단기 관광진흥전략 : 각 시장별로 프랑스관광공사가 정한 특성과 필요에 따라 진흥활동 전개
  - 집중공략지역 : 독일, 영국, 미국, 일본
  - 인근 고정시장 : 벨기에, 스위스, 네덜란드
  - 잠재시장 : 동남아(대만, 싱가포르, 중국 등)
- 한국시장에 대한 전략
  - 한국인을 대상으로 프랑스 전국에 걸친 관광지에 대한 홍보 강화
  - 문화, 쇼핑, 생활예술에 관한 홍보 강화
  - 비즈니스 여행목적지로서의 이미지 강화

## Tip 한국-프랑스 워킹홀리데이 협정 체결 : 프랑스서 최장 1년간 관광·취업 가능

빠르면 올해 말부터 매년 2,000명씩 우리나라 청년들이 워킹홀리데이 프로그램을 통해 프랑스를 방문할 수 있게 된다. 최장 1년까지 관광은 물론, 체류비용을 충당하기 위한 취업도 가능하다. 유명환 외교통상부장관과 필립 티에보 주한프랑스대사는 20일 '대한민국 정부와 프랑스공화국 정부 간의 취업관광사증(이하 워킹홀리데이)에 관한 협정'에 서명했다. 협정은 만 18세~30세의 청소년 · 청년들이 관광을 목적으로, 최대 1년 동안 상대국에 체류할 수 있고 이에 필요한 경비를 충당하기 위한 취업을 허용하고 있다.

참가 대상은 • 피부양자를 동반하지 않은 만 18~30세 이하의 자로 •왕복 항공권(또는 항공권을 구입하기에 충분한 자금) 및 초기 체재비용(약 2,500유로 또는 약 400만 원) •범죄경력이 없고 신체 건강한 자로 제한하고 있다.

외교부는 어학연수에 비해 저렴한 비용으로 장기간 체류하면서, 상대국의 언어와 문화를 이해할 수 있는 기회를 부여함으로써, 미래 한-프랑스 관계를 이끌어 나갈 청년들의 교류 증대에 큰 효과가 있을 것으로 기대된다고 밝혔다.

워킹홀리데이 비자는 비자발급 수수료를 부과하지 않는 1년 기간의 복수비자로, 주한프랑스대사관에 신청하면 된다. 이는 프랑스공화국 유럽 영토 내에서만 유효하기 때문에, 이외의 프랑스령 영토 내에서는 사용할 수 없다. 이 비자를 발급받으면 상대국에서 별도의 취업허가 없이 입국 후 바로 취업이 가능하며, 수시로 입출국이 가능하다. 프랑스는 원칙적으로 체재 기간 연장 및 체류 자격 변경을 허용하지 않으나, '능력과 재능 체류증(carte competences et talents)' 발급 조건을 충족시키는 사람에 한해 체류 기간 연장 및 체류 자격 변경을 허용하고 있다.

우리나라는 프랑스 외에 이미 호주, 일본, 캐나다, 뉴질랜드 등 4개국과 워킹홀리데이 협정을 체결해 매년 3만여 명이 프로그램에 참가하고 있다.

기사출처 : eknews.net(2008.10.28), 한국관광공사, 세계시장정보

## Tip 2008년 프랑스의 영세 독립호텔 대폭 감소

2008년, 프랑스에서 총 216개의 호텔(객실수로는 13,400개)이 문을 닫았다. 2007년 호텔시장은 하나의 큰 전환기를 맞아, 3년 전부터 새로운 호텔이 건설되고 종전의 호텔이 사라지는 현상이 계속되고 있다. 따라서 경제위기로 새로운 호텔의 건설은 점점 줄어들고, 작은 호텔들은 점점 빠른 속도로 사라질 것이라는 전망이다.

2년간의 경제성장 후, 2008년 프랑스 호텔수는 0.2%의 감소를 기록하였다. 호텔의 종류별 조사에 의하면, 1성급 호텔 이하의 경우 3% 감소, 2성급 호텔은 0.4% 감소한 데 반해 3성급 이상 고급호텔은 증가하는 추세를 보이고 있다(3성급 호텔 : 0.7% 증가, 4성급 호텔 : 3.8% 증가). 1984년

과 2008년 사이에 3성 및 4성 호텔의 성장률은 총 96%로 가장 빠른 성장을 기록하였고, 이는 객실수로는 총 248,044개의 객실수에 해당된다.

결국 가장 크게 영향을 받은 것은 저렴한 가격의 영세한 비체인호텔들이며, 이들의 몰락은 프랑스 내의 전반적인 호텔의 질적 성장을 의미한다. 너무 낡고 수용태세가 허술한 호텔들은 더 이상 관심의 대상이 되지 못하고 있다. 1984년 이러한 소규모 호텔의 객실이 총 17만 4천 개였다면, 현재는 5만여 개로 감소하였고, 이들의 60%를 차지하고 있는 체인호텔들(Formule 1등)은 계속 인기가 있지만, 그럼에도 사라지는 작은 호텔들의 자리를 채우기에는 역부족이다.

기사출처 : Le Figaro(2009.3.3), 한국관광공사, 세계시장정보

## 2. SPAIN

### 1) 개 관

❖ 피와 금의 깃발이라고 불림
❖ 노란색 – 풍요로운 국토
❖ 붉은색 – 외적을 격퇴할 당시 흘린 피를 상징함
❖ 훈장 – 합병한 스페인의 과거 5개 왕국의 문장을 함께 표현함

스페인은 유럽대륙에서 서남부로 뻗어 있는 이베리아반도의 대부분(4/5)을 차지하고 있으며, 면적 50만 4,782km$^2$(한반도의 약 2.5배)이고, 수도는 마드리드(Madrid)[15]이다. 서쪽으로는 포르투갈과 대서양을 접하고 있고 동북쪽으로는 피레네산맥, 북쪽에 칸타브리아산맥을 국경으로 프랑스와 접하고 있으며 동남해안은 지중해와 접하고 있다. 대륙 내부에서는 메세타 고원(평균 고도 700m)이 있어 스텝기후와 대륙성 기후가 나타나고, 대서양연안은 서안해양성 기후로 온난하고 강수량이 많으며, 남해 지중해연안은 겨울에 따뜻하고 비가 많고, 여름에는 고온건조한 지중해성 기후가 나타나 포도, 올리브, 오렌지 등이 재배되며 올리브 생산은 세계의 수위급(首位級)이다.

15) 마드리드(Madrid) : 스페인의 수도 마드리드는 천여 년 전에 아랍인에 의하여 세워졌는데 아랍어로 성채라는 뜻이다.

스페인의 종교는 로마가 지배하였던 4세기경에는 기독교가 널리 보급되었으나 8세기경에는 무어(Moor)인이 정복하여 이슬람교를 전파하여 특이한 문화유산을 가지고 있으며, 오늘날은 가톨릭을 국교로 신봉하고 있다. 정치적으로 서방권에 가까워 1985년에 EC와 NATO에 가입하였다.

주민의 대부분은 유럽의 3대 민족인 라틴계이며 남쪽 피레네산맥의 주변에는 바스크족, 남부지역에는 아라비아족의 혼혈족이 분포하고 있다. 언어는 스페인어를 공용어와 상용어로 사용하고 있고, 예로부터 전해오는 많은 관광자원이 있어 관광산업이 국가의 수위를 나타내고 있으며, 세계관광기구(WTO : World Tourism Organization)의 본부가 수도 마드리드에 있다.

스페인이라 하면 돈키호테와 집시, 정열적인 플라멩고(Flamenco)16), 카르멘과 투우를 생각하게 되는데, 투우는 스페인에서는 Fiesta, 즉 축제라고 부르며 이것을 국기로 삼고 있는데 이것은 8세기 중엽 모르모족 이래 전해 내려온 것이라고 한다. 투우는 3~10월간에 매주 목요일과 일요일 오후에 행하여진다. 투우는 3가지 종류가 있는데, 칼로 싸우는 마타도레스(Matadores), 창으로 싸우는 반델릴레로스(Banderilleors), 말을 타고 긴 창을 던지는 피카도레스(Picadores)가 있다. 투우는 젊은 청년들의 용감성을 나타내는 것으로 스페인 사람들에게 대단히 인기가 있으며, 투우장이 260개소나 있다고 한다.

스페인 국민의 성격은 자연을 즐기며, 예술을 사랑하고 음악을 좋아하는 낙천적인 독특한 문화를 가지고 있다. 또한, 국민들의 기질이 지방에 따라 다르게 나타나는데, 북부사람들은 근면·성실한 데 반해, 남부사람들은 활기차고 정열적이다. 스페인의 중요한 관광지로서 이 나라의 정치·경제·사회·교통·문화의 중심을 이루고 있는 수도 마드리드(Madrid)가 있는데, 고전양식의 왕궁, 교회, 대학, 미술관, 도서관, 투우장 등이 많이 분포하고 있다.

16) 플라멩고(Flamenco) : 스페인 서남부 안달루시아지방의 전통춤과 집시들의 음악과 춤의 합작품이다.

스페인 '톨레도'시의 모습

지중해연안에 있는 바르셀로나(Barcelona)는 스페인 제2의 도시로 상업도시이며 항구도시이다. 스페인의 해외진출의 근거지가 되었던 곳이며, 콜럼버스상(像)이 있는 기념탑이 있고 피카소미술관과 대사원 등이 있으며, 1992년에 제25회 올림픽이 열렸던 도시이다.

한편, 스페인과 프랑스 사이에 있는 피레네산맥(해발 3,000m)에는 면적 468km$^2$, 인구 약 5.0만의 작은 안도라(Andorra)공화국이라는 국가가 있는데, 이 지역 주민의 대부분은 가톨릭을 믿고(94.2%) 스페인어와 프랑스어를 공용어로 쓰고 있다. 이 지역은 두 나라의 분쟁지역이었으나 1806년 나폴레옹에 의해 공화국으로 인정되었다.

이상과 같이 스페인은 세계적인 지명도(Name Value)가 높은 이벤트행사와 세계적인 유치요인(Pull Factor)이 매우 많아서, 많은 외래관광객이 방문하고 있는 경쟁력 있는 국제관광목적지라 할 수 있다. 스페인의 2007년 인구는 4,512만 명이며, 1인당 GNP는 32,067달러이다.

## 2) 국제관광현황

스페인은 1992년에는 바르셀로나올림픽을 개최하였으며, 세비아에서 EXPO를 개최한 바 있다. 스페인에는 아름다운 지중해연안과 안달루시아의 풍경, 지방색이 짙은 각 지방의 이벤트행사와 풍물 등이 많아, 많은 외국인 관광객들의 방문이 끊이지 않고 있다. 관광산업은 스페인의 외화수입에 큰 역할을 담당하고 있으며, 관광관련 행사 및 이벤트가 전국에 걸쳐 활발히 진행되고 있다. 2007년 스페인의 외래관광객 유치는 전 세계의 6.6%를 차지하며 관광객 및 관광수입에서 각각 2위(2007)를 차지하고 있다. 국제관광객의 연도별 특성을 보면 〈표 3-5〉와 같다.

〈표 3-5〉 스페인 연도별 국제관광현황

(단위 : 1,000명)

| 구분 \ 연도 | 1999 | 2000 | 2001 | 2002 | 2003 | 2004 | 2005 | 2006 | 2007 |
|---|---|---|---|---|---|---|---|---|---|
| Inbound | 72,060 | 74,462 | 75,678 | 80,024 | 82,326 | 85,981 | 92,563 | 95,935 | 99,063 |
| Outbound | 3,519 | 4,100 | 4,139 | 3,871 | 4,094 | 5,121 | 10,464 | 10,678 | 11,276 |
| 차 이 | 68,541 | 70,362 | 71,539 | 76,153 | 78,232 | 80,860 | 82,099 | 85,257 | 8,7787 |

자료 : UNWTO

외래관광객 유치현황을 살펴보면, 1999년에는 7,206만 명이 유치되었고, 2003년에는 8,200만 명의 국제관광객을 유치하여 세계 제1위를 기록하였다. 유입되는 외래관광객의 수는 매년 조금씩 늘어나 2007년의 경우 9,906만 명이 유치되었다. 방문 외래관광객의 방문목적은 여가 및 휴양이 가장 많은 79.3%, 상용이 11.1%를 차지하고 있다. 방문객들의 출신지역은 유럽지역이 95%로 거의 대부분의 관광객이 유럽인들이며, 다음으로 미주지역이 4.4%를 차지하는 것으로 나타났다. 평균체재일수는 2000년 5.3일, 2005년 4.78일, 2007년 5.11일로 대체적으로 5일 정도를 체재하는 것으로 나타났다.

스페인 국민들의 해외여행 정도인 아웃바운드를 살펴보면, 2000년 413만 명이 출국하였으며, 2003년 409만 명이 출국, 매년 조금씩 증가해 2007년에는 1,127만 명이 해외여행을 한 것으로 나타났다. 2007년의 경우 아웃바운드가 인바운드의 약 1/9 정도로 나타나고 있다.

한편, 국제관광수지관계를 살펴보면(〈표 3-6〉 참조), 2000년에는 326억 달러의 외화를 획득하였으나 관광지출은 77억 달러로, 순외화(純外貨) 수익은 약 249억 달러로 나타났다. 최근에는(2007) 651억 달러의 관광수입에 약 242억 달러의 관광지출로 409억 달러의 순외화를 획득한 것으로 나타나 국제관광수지 흑자국이라 할 수 있다.

〈표 3-6〉 스페인의 연도별 국제관광수지

(단위 : 100만 달러)

| 구분 \ 연도 | 1999 | 2000 | 2001 | 2002 | 2003 | 2004 | 2005 | 2006 | 2007 |
|---|---|---|---|---|---|---|---|---|---|
| 관광수입 | 33,784 | 32,656 | 33,829 | 35,468 | 43,863 | 49,996 | 53,066 | 57,543 | 65,136 |
| 관광지출 | 7,803 | 7,710 | 8,466 | 9,366 | 11,330 | 14,864 | 18,441 | 20,348 | 24,179 |
| 차 이 | 259,81 | 24,946 | 25,363 | 261,02 | 32,533 | 35,132 | 34,626 | 37,195 | 40,957 |

자료 : UNWTO(2008)

스페인이 관광수익을 많이 올리는 이유는 유럽지역에서 숙박시설의 수용능력이 프랑스 다음으로 많으며 합리적인 적정요금 때문인데, 스페인은 EU회원국 총숙박능력의 15%를 점유하고 있다. 이상과 같은 스페인의 알찬 관광사업은 국내총생산(GDP)의 약 10%를 점유하고 있으며, 전체 고용인구의 11%를 관광부분이 차지하고 있어 그 중요성이 매우 높다.

한편, 스페인 국민의 해외여행 선호국을 보면([그림 3-4] 참조), 인접국가인 포르투갈이 제일 많으며, 다음으로 프랑스, 이탈리아, 영국, 스위스, 미국의 순이다.

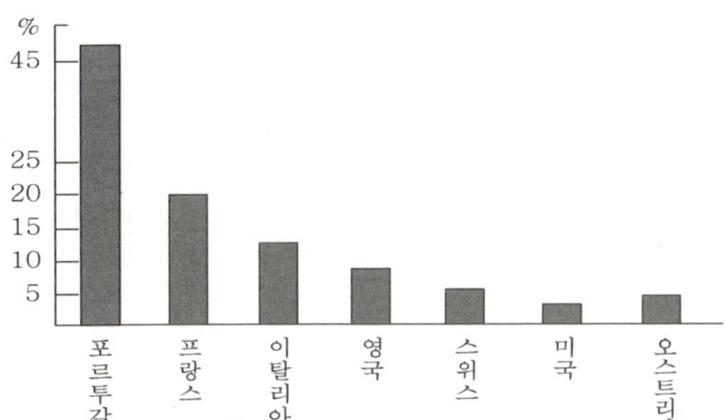


[그림 3-4] 스페인국민의 여행선호국

### 3) 국제관광정책

중앙정부의 관광담당관청은 현재 운수·관광·체신청이다. 이 중앙부서는 국가관광정책, 관광개발정책조정 및 운수시설에 관한 업무를 관장하며, 각 주의 수도에 지방사무소를 설치·운영하고 있다. 종래에는 관광행정이 공보, 관광성관광국에서 수행되었으나 정부의 관광행정 업무가 확대·강화되면서 1977년에는 그 기능이 통상 관광성 산하의 관광청으로 이관되었다. 오늘날 스페인의 관광정책집행기관인 운수·관광·체신청은 관광성 산하의 관광청을 더욱 발전시킨 것이다.

관광청 부설기관으로는 스페인관광연구원, 스페인관광공사 그리고 관광교육원이 있다. 관광연구원은 관광청장이 위임하는 관광부문에 관한 조사, 연구, 기획, 자문 등의 업무를 수행한다. 스페인관광공사의 업무는 국영관광사업체 및 시설물을 관리·운영하는 것이고, 관광교육원의 기능은 관광종사원에 대한 교육훈련이다. 그 밖에 정책조정기구로서 정부 각 부처의 관광관련문제를 조정하는 기능을 가진 부처간 관광위원회가 설치되어 있으며, 이 위원회의 의장직은 관광청장이 맡도록 되어 있다. 스페인은 관광분야에 있어서 공공부문과 민간부문의 업무연락기능을 관광청이 수행하고 있다.

스페인 전체 입국자 가운데 유럽관광객이 80% 이상을 점유하며 그중에서도 프랑스인이 40%에 달하고 있어 특히 각국 휴가객 유치를 위한 시장다변화를 추진하고 있으며, 비수기 타개를 위해 계절성이 약한 안정된 여행상품(각종 스포츠, 운동경기, 전시회, 국제회의 유치)개발에 힘쓰고 있다. 한편, 계절적 특수성을 고려한 홍보계획(하계-해변, 동계-스키, 산악관광선전)을 수립·시행하고 있으며, 고대사적 스포츠, 카니발, 투우, 전시회 등 문화 건전관광 소개에도 힘쓰고 있다.

스페인은 또한 국민복지정책의 차원에서 국민관광진흥에 힘을 기울여 청소년, 농민, 근로자 등을 대상으로 '스페인 재발견'을 위한 여행권장과 장려금을 지급하며, 국내관광의 민박 및 농촌휴가여행을 적극 장려하고 있다.

관광정책실행내용은 크게 두 가지로 구분해 볼 수 있는데 첫째, 공급의 다양화이다. 시골지역 방문관광, 스포츠관광 및 문화적 관광, 보양관광, 회의관광 등 다양한 상품개발과 운영이 가능한 효율적인 관광체계를 개발하여 공급하는 것이다. 둘째는, 관광공급과 서비스의 현대화이다. 기존의 관광편의시설 현대화와 새로운 경영기술의 도입에 대한 계획뿐 아니라, 새로운 여가시설 건축에 대한 계획도 포함된다. 그 밖에 레크리에이션 경영, 언어, 컴퓨터기술 등 취업 전 또는 근무 중의 훈련과정들을 제공하는 계획들도 있다. 다음 [그림 3-5]는 스페인 관광조직도를 보여 주고 있다.

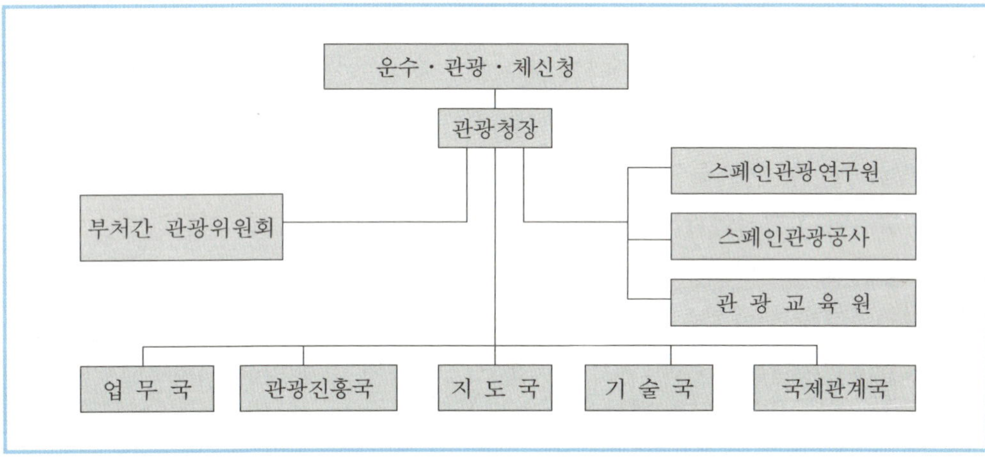


[그림 3-5] 스페인관광청 기구

## 3. ITALY

### 1) 개 관

- ❖ 프랑스의 3색기가 기원이 됨
- ❖ 녹색 – 아름다운 국토
- ❖ 흰색 – 알프스의 눈
- ❖ 빨간색 – 애국의 열혈
- ❖ 자유, 평등, 박애를 의미하기도 함

이탈리아는 기원전 500년경 로마제국을 건설하여 세계 최강국으로 군림하여 오다가, 15~18세기에 이르러서는 르네상스문화를 꽃피웠던 국가이기도 하다.

지중해에 돌출한 이탈리아반도, 시칠리아섬, 사르디니아섬을 비롯하여 많은 도서

(島嶼)로 구성되어 있다. 산지가 많은 이탈리아반도의 시칠리아섬은 지중해를 양분하면서 유럽과 아프리카대륙을 연결하는 육교적 위치를 담당하고 있다. 이탈리아반도의 중앙을 달리는 Apennines산맥 서쪽에는 베수비오(Vesuvio ; 1,277m), 에트나(Etna ; 3,323m), 스트롬볼리(Stromboli ; 924m) 등의 활화산이 있어 관광자원으로서 유치력이 높다.

일반적인 지형은 북부알프스산맥의 분수계로 국경을 이루고 있는데, 프랑스 국경에 몽블랑, 스위스 국경에 몽테르사와 마테호른, 오스트리아 국경에 그랑 필라스트로(Gran Pilastro ; 3,510m) 등 높은 봉우리와 국경을 이루고, 동부는 포(Po)강 유역의 롬바르디 평원이 전개되어 있으며 알프스히말라야조산대에 위치한 이탈리아는 화산과 지진이 많은 국가이다.

기후는 지중해성 기후로 북부의 높은 산지에는 한서의 차가 심한 대륙성 기후를 나타내나, 중부지방은 연중 온난하며 여름보다 겨울에 비가 많은 전형적인 지중해성 기후(여름의 평균기온은 29℃, 겨울은 9℃)를 나타낸다. 주요 산업은 농업과 공업으로 농업은 주로 포도주 등 지중해식 농업이며, 공업은 자동차, 조선, 철강 등의 이름이 높다. 그런데 오늘날 국토가 남북으로 길게 뻗어 있으며, 북부와 남부는 국민의 기질, 역사, 문화발달, 생활관습, 풍속 및 경제 등에 현저한 차이가 있어 이탈리아 남북 갈등이 국내문제로 심하게 대두되고 있다.

주민은 라틴계의 라틴족으로 구성되고 그 외에 켈트족, 게르만족이 있으며, 언어는 이탈리아어를 사용하고 있으나 지방에 따라 방언도 심하다. 종교는 주민의 90%가 국교인 가톨릭교를 신봉하고, 주민의 생활양식이 모두 교회를 중심으로 이루어지고 있다. 이탈리아 국민은 낙천적인 성격으로 음악을 좋아하고 인생을 즐겁게 사는 민족이다.

이탈리아는 약 30.1만km$^2$의 국토와 6,000만 명(2008)의 인구를 보유하고 있으며, 전체 인구의 67.0%가 도시에 거주하고 있고, 1인당 국민소득은 35,872달러(2007)이다. 이탈리아는 지방별 도시국가를 형성하고 있었던 까닭으로 지금도 각 도시별로 특색있는 양상을 나타내고 있다.

이탈리아의 관광은 17세기로 거슬러 올라간다. 그 당시 이탈리아는 젊은 여성들과 신사들이 대거 참여한 Grand Tour의 여행일정에 포함된 관광지였다. 제2차 세계대전 이후 외국인들이 이탈리아를 휴가목적으로 방문하기 시작했는데, 대부분은 전쟁기간 중 전투에 참여했던 미국, 영국 병사들과 조상의 뿌리를 찾으려는 상당수의 미국인 방문객들이었다. 1950년 이탈리아는 이미 미국과 캐나다에 이어 세계 3위의 관광목적지로 부상하였으며, 여행관련 요금과 관광시설이 우수하여 많은 방문객들을 유치하였다.

이탈리아 방문객들은 문화적 관광자원 못지않게 태양과 바다를 선호하고, 겨울 스포츠와 호수관광지(Lake Resort)도 즐겨 찾는다. 아름다운 해변이 펼쳐져 있는 아드리아해안지역은 독일, 오스트리아 등 인접국으로부터 많은 관광객을 유치하는 이탈리아의 가장 큰 리조트 지역이다. 또 지난 수년 동안 구 소련지역 러시아로부터 관광객이 꾸준히 유입되고 있다. 이탈리아의 또 다른 주요 관광자원은 위대한 예술도시 로마, 피렌체, 베니스, 나폴리이다. 밀라노는 유럽 쇼핑중심지의 하나로 일본관광객에게 매우 인기가 높다. 시칠리아, 사르디니아와 소규모 섬들(손상되지 않은 지중해)도 많은 관광객을 유치하고 있다. 이탈리아는 오랜 역사와 문화, 세계문화유산 가운데 50~80%로 추정되는 예술·문화유산, 양호한 기후조건, 다양하고 국제적인 생활방식, 세계적으로 최고로 인정받는 풍부한 요리가 결합되어 있다. 미술은 세계적인 위치에 있으며 가구, 자동차 및 조명기구, 그에 따른 각종 디자인도 세계적으로 유명하다.

바티칸

로마의 개선문

## 2) 국제관광현황

이탈리아는 풍부한 문화유산과 아름다운 지중해의 자연경관, 적절한 기후, 발달된 교통망 등 전통적인 문화유산과 자연관광자원을 충분히 활용하고 있다. 또한, 지식이나 정보교환을 위한 국제회의(Convention)를 유치하며, 비교적 저렴한 관광요금정책과 안락한 서비스를 제공하여 세계적인 관광선진국이 되었다. 특히 세계의 관심거리인 고대도시 로마를 비롯하여 바티칸시국, 피렌체와 제노바, 밀라노, 베네치아, 나폴리 등 수많은 관광지가 분포하고 있어, 잠재적 관광객(Potential Tourist)의 견인력 높은 관광자원이 많은 곳이다.[17] 파스타(pasta)는 이탈리아를 대표하는 음식으로 전 세계인의 사랑을 받고 있으며 이탈리아의 서북쪽에 위치한 피사(Pisa)의 사탑[18]과 두오모(성당) 또한 견인력 높은 관광자원이다.

이탈리아는 최근 외국인 관광객을 유치하기 위한 정책으로, 이탈리아 항공사 Alitalia와 이탈리아관광공사(ENIT), 그리고 로마, 폴로렌스, 베니스시(市)가 협력하여 대대적인 광고 및 홍보사업을 전개하였다. 베니스시는 미국인들에게 베니스에서 구입하는 모든 상품에 대해 10% 할인혜택을 주는 제도를 시행하고 있다. 로마시는 로마에서 쇼핑을 하는 단체관광객들을 대상으로 무료 '관광의 날'제도를 시행하고 있다. 자동차로 이탈리아를 여행하는 관광객은 연료할인구입 쿠폰(Coupon), 통행세 할인쿠폰, 그리고 자동차가 고장났을 때 무료로 수리를 받을 수 있게 하고 있다.

---

17) ※ 콜로세움(Colosseum) : 콜로세움은 '거대하다'라는 뜻으로 원형경기장의 대표적인 상징으로 높이 57m, 지름 188m, 둘레 524m인 대규모의 경기장이다. 수용인원은 약 6만여 명, 처음에는 서기 80년경 로마시민의 경기 및 오락장으로 건립되었지만 후에는 많은 노예들과 검투사 및 박해받던 기독교인의 죽음의 장소이기도 하다.
카타콤베(Cataa Combe) : 로마 초기 기독교 성인들이 묻힌 지하묘지로 초기 기독교인들의 비밀집회장소로 사용되었던 곳이다. 카타콤베는 약 30여 개 정도가 있는데, 보통 지하 2~3층으로 되어 있다.
※ 폼페이(Pompei) : 나폴리의 동쪽에 위치한 베수비오 화산의 폭발로 인하여 땅속에 묻혀 있던 폼페이가 18C 중엽에 발굴되어 세인의 주목을 끌었다. 이곳은 과거 로마시대의 번영과 환락의 사회상을 한눈에 볼 수 있어 매우 관심이 높은 지역이다.

18) 피사(Pisa)의 사탑(斜塔) : 피사의 사탑은 1173년에 착공해 1350년에 완공한 건물이며 높이가 약 55m로 남북으로 약 70cm가 기울어져 있다. 기울어진 것은 3층 높이를 쌓은 다음부터라고 하는데, 약한 지반에 무거운 대리석을 사용했기 때문이라고 한다. 완성 후 14°가 기울어졌으며 계단은 모두 294계단이고 이곳에서 갈릴레오가 '물체낙하법칙'을 실험하였다.

이탈리아는 오랜 역사적 명승고적이 풍부하여 유럽의 공원 혹은 유럽의 박물관이라고 할 정도로 유적이 많고 활화산을 비롯한 자연자원과 조상으로부터 물려받은 가치 높은 인문자원 관광객에 대한 국가의 환대정책 등 여러 가지 유치요인이 잘 갖추어진 세계적인 관광국가이다.

〈표 3-7〉 이탈리아의 연도별 국제관광객현황

(단위 : 1,000명)

| 구분 \ 연도 | 2000 | 2001 | 2002 | 2003 | 2004 | 2005 | 2006 | 2007 |
|---|---|---|---|---|---|---|---|---|
| Inbound | 62,702 | 60,960 | 63,561 | 63,026 | 58,480 | 59,230 | 66,353 | 70,271 |
| Outbound | 21,993 | 22,421 | 25,126 | 26,817 | 23,349 | 24,796 | 25,697 | 27,734 |
| 차 이 | 40,709 | 38,539 | 38,435 | 36,209 | 35,131 | 34,434 | 40,656 | 42,537 |

자료 : UNWTO(2008)

이탈리아에 유치되는 국제관광객을 살펴보면(〈표 3-7〉 참조), 2000년에 6,270만 명을 유치하였으며, 2003년에는 6,300만 명으로 세계 4위를 점함과 동시에 세계에서 차지하는 비율도 6.0%로 증가하였다. 2007년에는 7,027만 명을 유치해, 세계 5위의 국제관광객 유치국가가 되었다. 외래관광객의 평균 체재일수를 살펴보면 2007년 3.81일로 나타났으며, 여행목적으로는 여가 및 휴양이 45%로 가장 많았으며, 기타가 38%, 상용이 17%로 나타났다. 또한, 외래관광객을 출신지역별로 살펴보면, 유럽지역이 87.5%로 가장 많으며, 다음으로 미주 7.9%, 동아시아 및 태평양지역이 3% 순으로 나타났다.

이탈리아 국민의 Outbound현상은 1996년에 1,800만 명이며 2000년에는 약 2,199만 명으로 매년 조금씩 증가하여 2007년에는 2,773만 명이 해외여행을 한 것으로 집계되었으며, 이탈리아 국민의 Outbound는 소폭증가하고 있는 것으로 나타났다. 이탈리아 국민의 Outbound 대상지로는, [그림 3-6]에서 보는 바와 같이 프랑스(33.5%), 스페인(11.6%), 오스트리아(7.7%), 영국(6.8%), 독일(6.4%), 미국(3.1%)의 순으로 나타나 이탈리아 국민에게 프랑스가 가장 인기 높은 목적지임을 알 수 있다.

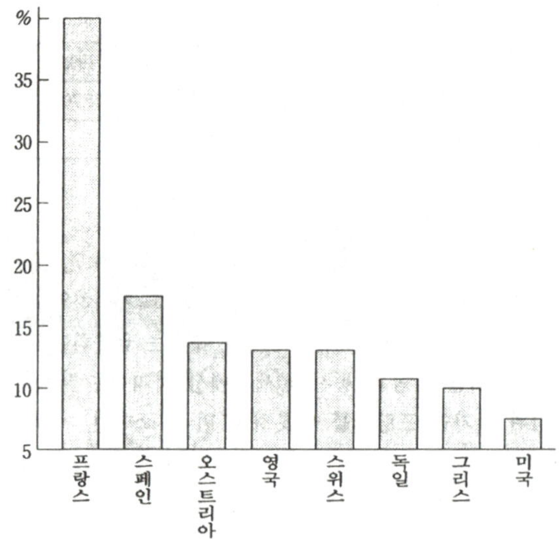


[그림 3-6] 이탈리아 국민의 여행선호국

〈표 3-8〉의 이탈리아 국제관광수지를 보면, 2000년에는 287억 원의 관광수익을 창출해 세계 4위를 차지하였으며, 매년 관광수입은 조금씩 증가하여 2007년 461억 원의 관광수익이 창출되었다. 아웃바운드의 증가와 함께 관광지출의 경우도 증가하고 있으나, 매년 관광수지흑자가 발생하고 있으며, 2007년의 경우 134억 달러의 순외화수익이 창출되었다.

〈표 3-8〉 이탈리아 연도별 국제관광수지

(단위 : 100만 달러)

| 구분 \ 연도 | 2000 | 2001 | 2002 | 2003 | 2004 | 2005 | 2006 | 2007 |
|---|---|---|---|---|---|---|---|---|
| 관광수입 | 28,706 | 26,916 | 28,192 | 32,591 | 3,787 | 38,374 | 41,644 | 46,144 |
| 관광지출 | 18,169 | 16,997 | 19,636 | 23,731 | 24,064 | 26,774 | 27,437 | 32,754 |
| 차 이 | 10,537 | 9,919 | 8,556 | 8,860 | 13,806 | 11,600 | 14,207 | 13,390 |

자료 : UNWTO(2008)

### 3) 국제관광정책

이탈리아 관광행정은 총리실 관광국(Dipartimento Turismo, Presidenza dei Ministri)이 담당하고 있으며, 관광진흥업무는 반민반관(半民半官)의 형태로, 1919년 설립된 기관인 이탈리아관광공사(ENIT : Ente Nazionale Italiano per il Truismo)에서 담당하고 있는데, 재원의 90% 이상을 중앙정부로부터 지원받고 있다. 이탈리아 관광공사는 1993년 이탈리아관광국의 업무가 20개의 지방자치단체로 대폭 이관됨과 함께 기구축소 및 사업기능이 조정되었다.

관광정책 수립업무는 1965년 5월 30일 법률 제203호에 의거 총리실 관광국(Tourism Department President of the Council of Ministers)이 담당한다.

관광국의 주요 업무는 이탈리아 관광 3개년전략 수행을 위한 분야별 정책을 고안하고, 국제기구와 국제협의사항 결정에 참여하며 유럽공동체 정책수립에 참여하고, 이탈리아 국외홍보, 국내관광시장의 개발, 관광사업체 감독, 숙박시설을 등급분류하며, 이탈리아 관광공사(ENIT)와 통계청(ISAT)의 협조하에 관광통계를 수집・작성하고, 이탈리아관광공사(ENIT), 이탈리아자동차협회(Italian Automobile Club : ACI), 이탈리아알프스협회(Italian Alpine Club : ACI)를 지도・감독하며, 장애자를 위한 관광지원과 홍보, 남부 이탈리아 낙후지역에 대한 관광객 유치와 숙박시설 확충에 대한 지원을 실시하는 것이다.

또한 총리실 산하에 관광서비스의 질을 향상시키고 국내법과 EU 관련기준에 맞는 숙박시설 개발사업에 재정지원을 하고, 이탈리아 관광시설을 향상시키기 위한 기금이 설치되어 있다. 이 기금은 관광객 이동, 기존 숙박시설과 EU구조개선자금의 지원조건에 맞는 적격지역 등을 고려하여 지원된다.

지방정부의 역할로서 이탈리아의 20개 지방(Region)은 여러 분야에서 중앙정부로부터 자치권이 확대되었고, 각 지방은 전반적인 관광정책과 전략을 담당하고 있다. 각 지방정부에는 주(州)와 시(市)의 관광단체와 민선의원으로 구성된 지방관광기구가 있다. 예산은 주(州)와 지자체로부터 지원받고 있으나, 관광지로서 지역의 중요도를 고려하지 않고 그 지방의 인구수에 따라 산출되는 방식으로 배정되어 항상 균형 있게 배분되는 것은 아니다.

- **협력기관 및 단체**
  - 관광정책심의기관 : 총리실 관광국

- 관광정책자문기관 : 이탈리아 외무부 및 통상부
- 관광조사연구기관 : DOXA(민간조사기관)
- 관광협회 : 지역관광협회(20개 지방), FLAVET(이탈리아관광협회연합)
- 기타 : 20개 지방정부, ISTAT(통계청), ICE(대외무역진흥연구소), ACI(이탈리아자동차협회), 철도청, 도로공사 등

이탈리아의 국제관광정책을 담당하는 관광공사(Ente Nazionale Italiano del Turismo)는 홍보에서 가장 중요한 역할을 담당하고 있으며, 최근 목표달성을 위해 새로운 전략을 채택하였다. 즉, 외국여행업체의 상품화 지원, 이탈리아 관광상품을 판매하기 위하여 국적기 Alitalia와 타 항공사의 협력사업 수행, 선전간행물 제작, 해외전시박람회 참여 등이 포함된다.

또 ENIT는 최고의 관광대국으로 발돋움하기 위하여 야심적인 사업인 'Club Italia'를 발표하였다. 이 사업은 이탈리아의 다양한 관광매력 중 특정 분야를 세분화시켜 부각시킴으로써 관광홍보활동에서 최고의 효율을 목적으로 하고 있으며, 많은 지방정부, 시정부 및 민간단체들이 참여하고 있다. 지금까지의 일반적 국가 관광홍보만으로는 효율성이 보장되지 않아, 주제별로 나누어 관광이미지 구축을 위한 특정분야와 관련이 있는 모든 지방정부 및 업계가 참여함으로써 집중적인 홍보와 유치효과를 기대하고 있다.

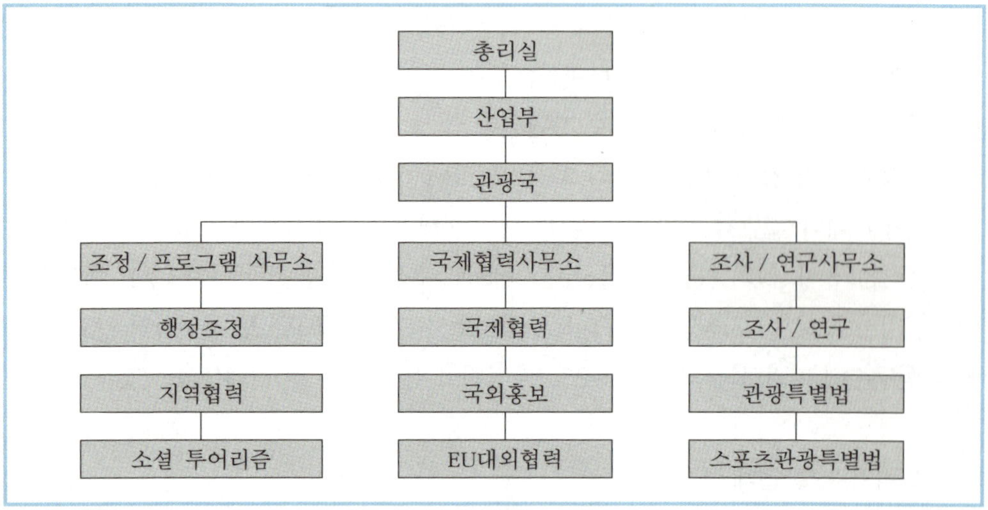


[그림 3-7] 총리실 관광국(Department of Tourism) 조직도

이탈리아의 관광업무는 총리실 산하에 관광국을 두고 있으며, 관광국은 조정・프로그램 사무소, 국제협력 사무소 및 조사・연구사무소를 두고 있으며, 대외업무인 홍보와 협력 등은 전부 국제협력부에서 담당하고 있다. 그 외에 관광행정은 조정부와 조사연구부에서 조정하며 진행하고 있다.

특히 이탈리아의 마케팅은 공적 부문(이탈리아 관광공사 : ENIT)과 사적 부문(관광산업체)으로 나누고, 교통업자도 관광마케팅에 관여한다. 공적 부문인 이탈리아관광공사는 이탈리아의 전체적인 이미지 홍보에 힘쓰고 있으며, 관광사업자와 교통업자는 판매 및 서비스에 힘쓰고 있다.

특히 1995년에 제정된 의회입법 제111호는 1999년 1월 1일부터 실행하는 EU와 관계된 것으로, EU패키지투어 규정을 채택・시행하는 취지로 소비자보호를 우선하고 있다. 그 내용은 관광정책에 위배되지 않고, EU에서 채택한 규정을 준수토록 함으로써 관광객을 보호하도록 했다. 이탈리아 관광업계는 EU본부가 있는 브뤼셀에 연락사무소의 설치 필요성을 제기하였는데, 이것은 모두 국제협력사무소에서 담당한다.

## 4. U.K.(United Kingdom of Great Britain & Northern Ireland)

### 1) 개 관

- ❖ 국기명 - 유니언잭
- ❖ 잉글랜드 - 흰색 바탕에 붉은 십자가의 세인트조지
- ❖ 스코틀랜드 – 파란색 바탕에 흰색 대각선 사선
- ❖ 아일랜드 – 흰색에 붉은색 대각선 사선
- ❖ 상기의 세 가지를 합한 국기

영국은 유럽대륙과 도버(Dover)해협을 사이에 두고 떨어져 있는 도서(島嶼)국가로, 대륙의 여러 국가들이 많은 전화(戰禍)를 입고 있는 동안에도 안전을 유지할 수 있어서 국가 발달을 빨리 이룰 수 있었다. 영국은 해양국가인 동시에 육반구(陸半球)의 중심에 위치하였기 때문에, 해외식민지 개척에 앞장서서 원료를 획득하고 제품을 수출하는 등 상공업 발달이 유리하였다. 대륙과 떨어진 섬나라로 '유럽국가'라는 하나의 집단에 묶이는 데 상당한 거부

감을 가지고 있으며, 유럽의 많은 국가들 중에서도 독자적 자존심을 갖고 있는 나라이다.

영국은 대(大) 브리튼(Great Britain)섬과 북부 아일랜드(Northern Ireland)를 비롯하여 많은 도서로 구성되어 있으며, 대브리튼섬은 동남부의 잉글랜드(England), 서부의 웨일스(Wales), 북부의 스코틀랜드(Scotland)의 3부분으로 구성되어 있고, 빙식지형인 북부지역을 제외하면 대부분 구릉성 산지이다. 동진하는 템스강(Thames River)을 비롯하여 세븐(Seven River), 험버(Humber River) 등 내륙수로가 잘 발달되어 있다.

영국은 N. 50° 이북에 위치하고 있음에도 불구하고, 멕시코 난류와 편서풍의 영향으로 온화하고 습기가 많은 서안해양성 기후를 나타내며, 런던안개(London Fog)라 해서 안개 끼는 날이 많고, 1~2월의 평균기온은 5℃이며 7~8월의 평균기온은 16℃로 한난의 차가 적다. 연중 강우는 산맥의 서부에는 2,000~ 2,500mm, 동사면에는 600~700mm가 내린다. 원주민은 켈트(Celt)족이 살고 있었으나, 5세기경에 대륙에서 튜턴(Touton) 계통의 하나인 앵글로색슨(Anglo Saxon)족이 대거 이주하여 왕국을 세웠고 원주민은 북부산지로 밀려났으며 오늘날에도 양족간에 갈등이 심하다.

일반적으로 영국인들은 유럽 다른 국가들에 비해 전통을 고수하는 사회이며, 마치 한국인들이 유교를 믿지 않더라도 조상의 제사를 지내는 것과 같이 영국인들이 교회에 나가지 않더라도 기독교적 생활이 몸에 배어 있다. 영국에는 국가의 상징인 왕이 있고 왕실과 귀족이 존재하며 또 평민들 사이에서도 신분의식이 강하게 남아 있다. 종교는 영국 국교인 성공회가 약 60%를 차지하며, 언어는 오늘날 세계어가 된 영어를 사용하고, 곳에 따라 스코틀랜드어, 웨일스어, 아일랜드어를 사용한다.

통화는 파운드(Pound : £)를 사용하고 있다. 산업은 전 영국 국토의 30%가 농경지, 45%가 목초지이다. 전체의 인구 6,021만 명(2005) 중 도시인구는 전체인구의 90%이고, 1인당 국민소득은 약 45,575달러(2007)이다. 오늘날 영국의 정식 국가이름은 United Kingdom of Great Britain and Northern Ireland이나, 줄여서 United Kingdom(U.K.)이라고 부르는데 전체의 면적은 약 24만km$^2$(한반도의 1.1배)이다. 영국은 국민의 자유를 보장하기 위하여 대헌장(마그나카르타 : Magna Carta)을 제정한, 세계 민주주의 발생국인 동시에 제국주의적인 아성을 쌓아 '해가 지지 않는 나라'라는 별칭을 얻을 정도로 세계 도처에 많은 식민지를 가지고 있었다.

## 2) 국제관광현황

관광자원으로는 빅벤과 국회의사당[19], 세계 3대 박물관의 하나인 대영박물관[20], 대관식이 펼쳐지는 웨스트민스터 사원, 국왕의 왕실인 버킹검 궁전(Buckingham Palace), 여유로운 휴식처인 하이드파크(Hyde Park), 템스강 하류에 자리 잡고 있는 런던의 타워브리지 등 많은 자원이 있다.

영국의 국제관광현상은 1975년 이후 급속도로 증가해, 1980~1996년 동안 관광산업은 수출산업부문 중에서 제3위의 높은 성장률을 나타냈다. 국제관광객의 유동현상을 살펴보면, 영국에 입국하는 외국인은 1980년에는 1,200만 명이었으나 연도의 증가와 더불어 2000년에는 2,520만 명으로 증가하였으며, 최근 2007년에는 3,255만 명으로 증가하였다. 외래관광객의 평균 체재일수는 2000년 8.08일, 2006년 8.40일로 비교적 장기간 체류하는 것으로 나타났으며, 주방문목적으로는 기타가 38%로 가장 많고, 다음으로 여가 및 휴양이 33%, 상용목적이 29%로 나타났다. 외래관광객의 출신지역으로는 유럽지역이 72.8%이며, 미주지역 14.9%, 동아시아 및 태평양지역이 7.2% 순으로 나타났다. 영국방문객 중 EU회원국의 국민이 약 60%를 차지하며, EU국 중 프랑스와 독일이 차지하는 비율이 40% 이상이다. EU회원국을 제외하고 영국으로의 많은 방문

---

19) 국회의사당 : 템스강변에 있는 영국 의회정치의 전당인 국회의사당은 그 연령이 700년을 넘는다. 이곳에는 원래 웨스트민스터 궁전이 있었으나 1834년 대화재 이후 재건이 시작되어 1860년 완공하였다. 영국의 많은 예술가들의 합작으로 만들어진 고딕 스타일의 건물로, 건물 정면의 길이가 300m가 넘고 1,000개 이상의 방을 갖추고 있으며, 그 유명한 빅벤은 높이 95m로 현대화한 오늘날에도 손으로 시계태엽을 감는 전문적인 시간지기가 있다. 빅벤은 이곳을 방문하는 수많은 관광객의 매력적인 자원이며 꼭대기 작은 방에 불이 켜 있으면 '의회 중'임을 나타낸다.

20) 대영박물관 : 인구 800만 이상이 거주하는 수도 런던(1,600km$^2$)은 2천 년의 역사를 자랑하는 유럽 최고(最古)의 도시이다. 런던은 소호(Soho) 지구를 중심으로 이스트엔드와 웨스트엔드로 구분되는데 왕조시대의 전통적인 의식에서부터 쇼핑, 오락 등 견인력 높은 관광자원은 서쪽, 즉 웨스트엔드에 집중되어 있다.
세계에서 가장 큰 규모의 박물관 중의 하나로 평가받고 있는 세계 3대 박물관의 하나인 대영박물관은 그리스문화와 고대 이집트문화를 동시에 볼 수 있는 유일한 곳이다. 영국정부가 1753년에 한스 슬론경이 소유한 화석, 주화, 메달, 사진 등 80,000점이 넘는 유물을 보관하기 위한 것을 시작으로 1823년부터 50년까지 약 30여 년에 걸쳐 건축하였다.
대영박물관에 전시된 주요 전시품은 미라(방 60호), 엘진대리석(8호), 로제타스톤(25호), 아시리아 라마스상(방 20호), 목각의 관(25호) 등 다수가 있다.

객이 유입되는 지역은, 북미로 특히 미국은 영국 방문객 순위에 있어서 인접 유럽국을 제치고 1위를 차지하고 있다. 서·북부유럽 국가 중에는 스위스와 노르웨이 관광객이 많이 방문하고 있으며, 동부유럽국의 방문객 또한 꾸준한 증가세를 보이고 있고, 동아시아·태평양지역 중 영국방문객이 많은 국가는 일본과 호주를 들 수 있다.

영국을 찾는 외래관광객은 해마다 늘고 있으며 관광수입과 관광객 유입은 세계 5위권에 속하는 전통적인 관광목적지이다. 미국, 프랑스, 독일, 아일랜드, 네덜란드, 벨기에, 룩셈부르크 등은 전통적으로 영국 Inbound에 큰 비중을 차지하는 국가들이다.

〈표 3-9〉 영국 연도별 국제관광객현황

(단위 : 1,000명)

| 구분 \ 연도 | 1999 | 2000 | 2001 | 2002 | 2003 | 2004 | 2005 | 2006 | 2007 |
|---|---|---|---|---|---|---|---|---|---|
| Inbound | 25,394 | 25,209 | 22,835 | 24,180 | 24,715 | 27,755 | 29,970 | 32,713 | 32,558 |
| Outbound | 53,881 | 56,837 | 58,281 | 59,377 | 61,424 | 64,194 | 66,494 | 69,536 | 70,029 |
| 차 이 | -28,487 | -31,628 | -35,446 | -35,197 | -36,709 | -36,439 | -36,524 | -36,823 | -37,471 |

자료 : UNWTO(2008)

런던 브리지

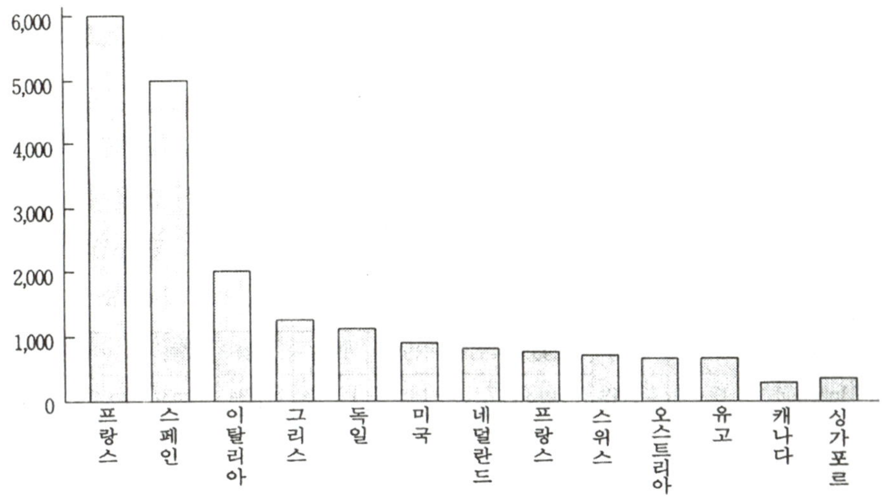


[그림 3-8] 영국 국민의 여행선호국

영국관광객의 Inbound에 대한 Outbound현상은 1999년 5,388만 명이었으며, 2003년에는 6,000만 명을 초과, 2007년에는 7,000만 명을 넘어섰다. 영국은 세계관광객의 유치국가임과 동시에 중요한 배출국으로 독일, 미국, 일본 다음으로 4위를 차지하고 있다. 영국인의 국내외 여행이 급속도로 성장하는 요인은 국내의 경제적 성장, 교통의 발달, 기계 및 기술의 발달, 여가시간의 증가, 가격경쟁의 우위 등을 들 수 있다.

영국인의 Outbound 여행선호국 중 프랑스, 스페인, 이탈리아, 그리스, 독일, 미국, 캐나다, 프랑스, 오스트레일리아 및 카리브해 연안에 대한 여행은 증가하고 있는 실정인 데 비해, 스페인, 그리스, 포르투갈 등에 대한 여행은 감소하고 있다. 영국인의 주된 국외여행목적지는 장거리지역(특히 미국의 플로리다 해안이나 도미니카공화국 등)으로 확대되어, 이 지역으로 주로 퇴직자층이나 크루즈 여행객들의 방문이 증가하고 있다. 또한, 스페인으로의 단체관광객 감소와 함께 미국 등으로의 장거리 단체관광객이 확대되며, 단체여행상품의 직접판매방식이 30% 이상 증가하고 있다. 영국 여행시장의 성장은 여행시장의 상업성 심화에 따른 영향을 받게 될 것으로 전망되고 있다.

다음, 영국 국제관광수지 현황을 살펴보면, 〈표 3-10〉과 같다. 관광현상은 연도의 증가에 따라 증가하여 1999년에는 308억 달러의 관광수입을 창출했으나, 관광수입은 2000~2003년까지 감소하다가 그 후 다시 증가세를 보이며, 2007년은 479억 달러의 관광수입을 얻은 것으로 나타났다. 한편 관광지출을 살펴보면, 지속적으로 아웃바운드 관광객의 관광지출 정도가 증가하여 2007년의 경우 881억 달러의 관광지출이 이루어져, 401억 달러의 국제관광수지적자를 나타내고 있다.

〈표 3-10〉 영국의 연도별 국제관광수지

(단위 : 100만 달러)

| 구분 \ 연도 | 1999 | 2000 | 2001 | 2002 | 2003 | 2004 | 2005 | 2006 | 2007 |
|---|---|---|---|---|---|---|---|---|---|
| 관광수입 | 30,807 | 29,978 | 26,137 | 27,819 | 30,736 | 37,166 | 39,569 | 42,888 | 47,993 |
| 관광지출 | 45,536 | 47,009 | 46,410 | 51,125 | 58,627 | 69,463 | 73,672 | 78,351 | 88,101 |
| 차 이 | -14,729 | -17,031 | -20,273 | -23,306 | -27,891 | -32,297 | -34,103 | -35,463 | -40,108 |

자료 : UNWTO(2008)

### 3) 국제관광정책

영국정부의 관광 주무부처는 문화・매체・스포츠부(The Department for Culture, Media and Sport)이고, 관광진흥업무는 영국관광공사(British Tourist Authority)가 주관하고 있으며, 영국의 지방관광기구로는 잉글랜드의 잉글랜드관광공사(FTB)를 비롯한 스코틀랜드관광공사(STB), 웨일스관광공사(WTB), 북아일랜드관광공사(NTB)가 지방별 관광진흥 및 홍보, 국민관광계도(系圖)관광개발, 관광정보서비스, 조사연구 등의 사업을 수행하고 있으며, 단 NTB만큼은 독자적으로 해외관광진흥사업을 수행하고 있다.

영국의 관광행정업무를 담당하는 정부부처는 1992년 설립된 유산부(遺産部 : The Department of National Heritage)에서 1997년 7월 14일 문화・매체・스포츠부(The Department for Culture, Media and Sport)로 이름이 바뀌었다.

관광담당부서의 조직도를 살펴보면, 예술부는 예술, 스포츠, 오락, 복권사업, 도서관, 박물관, 미술관, 문화재, 방송, 영화, 언론, 영국왕실 부동산, 관광에 관련된 행정업무를 관장하고 있다. 문화부의 궁극적 목표는 문화・스포츠활동 진흥을 통해 생활의 질을 향상시키고 전반적으로 예술산업을 진흥시키는 것이다. 문화부는 정부부처차원에서 관광산업을 후원하고, 이러한 관광산업이 영국경제발전에 기여하도록 유도하고, 관광산업을 문화유산과 연계시키는 정책을 취하고 있다.

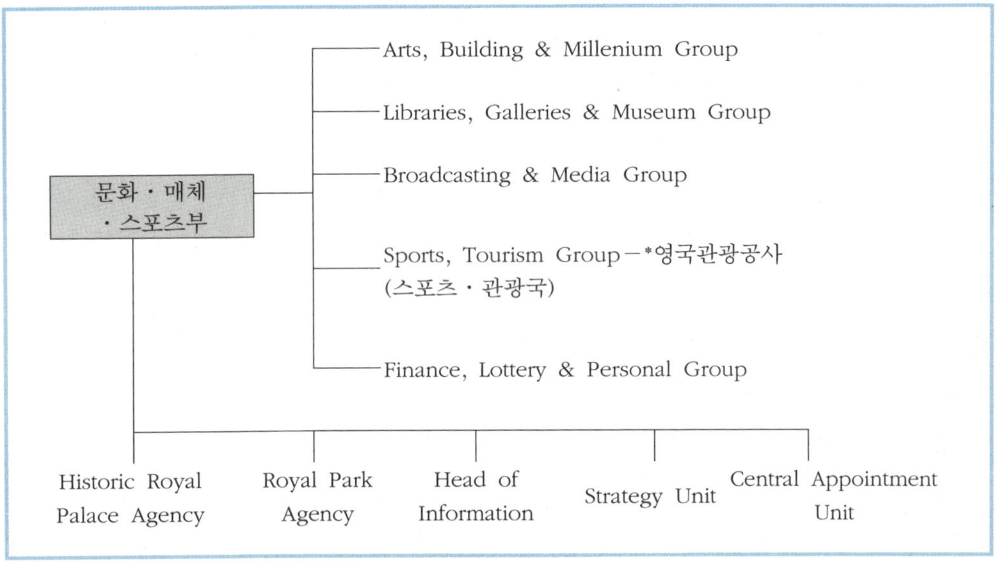


**[그림 3-9]** 영국 문화 · 매체 · 스포츠부 조직도

영국의 관광진흥전략을 보면 다음과 같이 요약될 수 있다.

- 내국인 대상 국내관광의 중요성에 대한 인식제고
- 해외시장 세분화전략 적극추진
- 동부유럽시장 개척 및 강화
- 러시아 등 동부유럽에 관광객 유치단 파견, 해외전시회 적극참여
- 동부유럽 주재 영국대사관의 비자발급시간 단축추진
- 상용관광객 유치확대
- 내국인 대상 관광정보서비스 강화

각 지방관광기구의 재원은 정부감독기구의 보조금에 의해 충당되며, 민간인의 성금과 각종 간행물 판매수익도 부수적 운영자금으로 쓰여진다. 이외에 영국여행업자 간의 조직체인 영국여행업협회(ABTA : Association of British Travel Agents)가 있다. 영국여행업협회는 영국여행업자 간의 상호이해 증진, 관광관련 업체와의 상호협조 및 이해증진, 회

원인 도매업체와 소매업체의 자유경쟁 보장과 소비자보호, 영국 및 국제관광산업의 발전을 위한 정부와 관광산업체 간 유대관계의 지속적 발전 등을 목적으로 조직되었다.

최근 영국관광청은 대규모 언론인을 대상으로 팸투어를 실시하였다. 영국관광청과 영국왕실이 함께 주최하는 'Global Media Tour'에 초청받은, 전 세계 31개국의 여행 관련 언론인 70여 명이 2009년 6월 10일 버킹엄 궁전 리셉션에 참가하였다. 이번 팸투어는 영국의 새로운 관광명소를 알리고, 특히 영국이 가격대비 가치가 뛰어난 여행 목적지라는 것을 알리기 위해 기획된 것으로, 참가자들은 4일간 런던과 영국의 지방을 여행하였다. 미국과 아시아 등지에서 온 언론인들은 4개 그룹으로 나뉘어, 영국의 동부, 남서부, 북서부 및 스코틀랜드를 방문하였으며, 특히 런던에서는 세인트폴성당, 화이트차펠 갤러리, 리틀베니스 및 버로시장이 주요 일정이다. 또한 영국의 정원, 해안가, 맨체스터의 올드트라포드 축구경기장, 호수지역 등 다양한 곳이 일정에 포함되어 있다. 딜로이트에 의하면, 영국 관광산업은 270만 개의 일자리, 20만 개의 중소기업체를 지원하며, 1,140억 파운드의 가치를 창출하고 있다고 한다. 이로 인해 관광산업이야말로 영국을 경기침체에서 벗어나게 해줄 주요 산업으로 인식되고 있는 것이다[21].

### Tip 영국, Homad족이 트렌드

요즘 영국 여행업계에서는 부모님과 함께 여행을 예약하는 Homad족(HOMAD : Holiday On Mum and Dad)이 증가하고 있다. 여행사이트 Holiday-rentals.co.uk가 20대 영국인을 대상으로 조사한 결과, 많은 20대가 경기침체시기에 돈을 절약하기 위해, 부모님과 함께 여행을 떠나고 있는 것으로 나타났다.

2,500명을 대상으로 실시한 조사결과, 절반 이상이 부모와 여행을 고려 중이며, 이미 14%가 대가족 여행을 예약하였고, 3/4이 일정 비용은 부모가 낸다고 답했으며, 운 좋은 18%는 부모가 전액을 지불한다고 답하였다. 응답자의 64%는 부모님이 여행경비를 낸다면 함께 여행을 할 용의가 있다고 답하였다.

이러한 추세는 성인이 된 후에는 부모님과의 휴가를 그다지 반기지 않는, 기존의 영국 젊은이들의 성향과 많이 어긋나는 것으로, 경기침체에 따른 금전적인 곤란함이 여행성향을 많이 변화시키고 있는 것으로 분석된다.

기사출처 : Travel Mole, 2009.6.4

21) Travel Daily News, 2009.6.10.

### Tip 영국 여행업계, 향기마케팅 실시

많은 영국 여행사들이 판매감소를 회복하기 위한 방편으로 향기마케팅을 실시하고 있다. 경기 침체로 판매율에 타격이 큰 여행업자들이 소비자들로 하여금 여행의 특별한 기억을 상기시키고, 이를 여행예약으로 연결시키기 위해 이국적인 향기를 실제 대리점에 사용하고 있는 것이다. 예를 들어 지중해를 떠올리게 하기 위해 오렌지향을, 골프여행을 상기시키기 위해 잔디향기를, 로맨틱한 여행을 위해서는 피나콜라다향, 그리고 크루즈여행 판매를 위해서는 바닷바람향을 사용하는 것이다.

프레드올슨사의 경우 캐리비안상품을 홍보하기 위해, 의자 뒤편에 코코넛 오일을 발라두고 있고, 톰슨 역시 코코넛 선크림을 이용하고 있으며, 퍼스트초이스사는 가족여행상품 판매를 위해 아이스크림향을 사용한다. 톰슨의 마케팅 담당자는 대리점에 들어선 소비자들이 특별한 향기를 맡고는 편안한 감정을 느껴, 대리점 방문시간이 더욱 길어진다면서 실제로 판매에 많은 도움이 되고 있다고 분석하였다.

여행사뿐만 아니라 중저가 호텔체인인 트래블랏지 역시, 소비자들을 위해서 객실 침대에 베이비 파우더, 풀향, 애플파이, 초콜릿향 등을 사용하고 있다.

기사출처 : 데일리메일, 2009.6.29

## 5. POLAND

### 1) 개 관

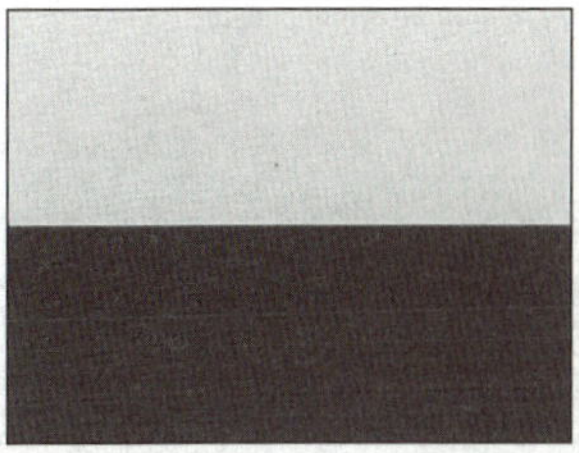

❖ 수도 바르샤바를 세운 건국자 히레가 석양의 하늘을 나는 백조의 모습을 보고 만든 국장(國章)에서 유래됨
❖ 흰색 – 하늘을 나는 것
❖ 붉은색 – 독립을 위해 흘린 피

폴란드는 유럽대륙의 요충지에 위치하는 지리적 조건 때문에 강대국인 러시아, 프러시아, 오스트리아 등 3국에 의해 분할되어 1백여 년 동안 국가를 상실한 채 지내오다가, 1947년 1월 독일의 항복으로 공산당 정부가 수립되고 1952년 폴란드 인민공화국이 탄생되었다.

폴란드는 유럽 여러 국가의 중심지로 북쪽의 발트해, 서쪽의 독일, 동쪽의 러시아, 남쪽으로 체코와 루마니아 등으로 연결되어, 러시아 대평원과 이어지는 폴란드 평원에 위치하는 국가(32.3만$km^2$)이다. 국가의 대부분이 해발고도 300m 이하의 평탄한 지형(75%)을 이루고 있고, 남쪽에 카르파티 산지가 있어 남고북저의 지형이며, 독일과의 국경하천인 오데르(Oder)강은 북쪽으로 흘러 발트해로 유입된다. 또 빙식지형으로 곳곳에 호수가 많아 수자원(水資源)이 풍부하다.

기후는 서부유럽 국가들에 비해 훨씬 추운 대륙성 기후를 나타내고 있다. 주민은 슬라브계의 폴란드인이며(슬라브계 90%), 종교는 로마가톨릭(90%) 외에 그리스정교와 유대교가 있다. 주요 산업은 밀, 보리, 감자종류의 농업과 목축이 성하며, 동부유럽 국가 중 석탄, 석유, 천연가스 등 동력자원과 철, 암염, 아연 등 지하자원이 풍부하다. 폴란드인은 비극의 역사를 알고 있기 때문에 애국심이 매우 강하고, 약자를 돕는 관습이 강한 것으로 전해지고 있다. 폴란드는 교황 요한 바오로 2세의 조국이며, 이 국가의 수도 바르샤바(Warsawa)[22]는 지동설을 주장한 코페르니쿠스, 라듐을 발견한 퀴리부인, 천재적 음악가 쇼팽을 낳은 도시이기도 하다.

오늘날(2007) 인구는 3,870만 명이며 전 인구의 65%가 도시에 거주하고 있고, 1인당 국민소득은 11,041달러(2007)이다.

바르샤바의 신시가지

구시가지

22) 바르샤바(Warsawa) : 오늘날 폴란드의 수도로, 이곳에는 2개의 백화점 빌딩이 있는데 하나는 바르스와 다른 하나는 사바라란 이름을 갖고 있다. 바르스 건물에는 남성복, 사바라 건물에는 여성복만을 팔고 있는데 이것은 옛날 오누이의 전설에 기인한 오빠와 여동생에서 유래된 것이다.

## 2) 국제관광현황

폴란드의 주요 관광자원으로는 바르샤바에 있는 문화과학궁전, 퀴리부인박물관, 크라코프(Krakow)지역의 바벨성과 아우슈비츠(Auschwitz) 박물관 등이 있다. 2000년에 8,400만 명의 관광객을 유치하였으나, 2003년에는 5,200만 명으로 감소하였다.

폴란드는 2002년 5,073만 명의 세계 13위의 외래관광객을 유치하였으며, 이것은 전 세계 관광객의 3.2%나 된다. 그 후, 폴란드를 방문하는 외래관광객의 수가 지속적으로 증가하여, 2007년 6,620만 명의 관광객을 유치하였다. 외래관광객의 평균체재일은 2003년에는 4.9일, 2007년 2.9일로 나타났다. 외래관광객의 출신지역으로는 유럽지역이 98.9%로 나타났다. 방문목적으로는 기타가 55%, 상용이 27%, 여가 및 휴양목적이 가장 낮은 18%로 나타났다.

〈표 3-11〉 폴란드의 연도별 국제관광객현황

(단위 : 1,000명)

| 구분 \ 연도 | 2000 | 2001 | 2002 | 2003 | 2004 | 2005 | 2006 | 2007 |
|---|---|---|---|---|---|---|---|---|
| Inbound | 84,515 | 61,431 | 50,735 | 52,130 | 6,1918 | 64,606 | 65,115 | 66,208 |
| Outbound | 56,677 | 53,122 | 45,043 | 38,730 | 37,226 | 40,841 | 44,696 | 47,561 |
| 차 이 | 27,838 | 8,309 | 5,692 | 13,400 | 24,692 | 23,765 | 20,419 | 18,692 |

자료 : UNWTO(2008)

폴란드인의 해외여행인 아웃바운드를 살펴보면(〈표 3-11〉 참조), 2000년 5,667만 명이 해외여행을 했으며, 그 수가 지속적으로 2004년까지 감소하다가 2005년부터 다시 증가세를 보이면서 2007년에는 약 4,756만 명이 해외여행을 한 것으로 나타났다.

한편, 〈표 3-12〉의 관광객 유동에 따른 관광수입을 보면, 2000년에 61억 달러였으나 연도의 증가에 따라 2003년까지 점차 감소현상을 보이다가, 2004년부터 관광수입이 늘어나기 시작하여, 2007년에는 약 117억 원의 관광수입이 발생하였다. 한편, 관광지출의 경우 2003년까지 30억 달러 정도를 유지하다가 2004년부터 50억 달러로 관광지출이 증가하기 시작하여, 2007년에는 90억 달러의 관광지출이 이루어졌다. 2007년의 경우 26억 달러의 순관광수입을 올렸다.

〈표 3-12〉 폴란드의 연도별 국제관광수지

(단위 : 100만 달러)

| 구분 \ 연도 | 1999 | 2000 | 2001 | 2002 | 2003 | 2004 | 2005 | 2006 | 2007 |
|---|---|---|---|---|---|---|---|---|---|
| 관광수입 | 6,498 | 6,100 | 5,121 | 4,971 | 4,733 | 6,499 | 7,128 | 8,122 | 11,714 |
| 관광지출 | 3,810 | 3,415 | 3,594 | 3,364 | 3,002 | 5,092 | 5,894 | 7,654 | 9,092 |
| 차 이 | 2,688 | 2,685 | 1,527 | 1,607 | 1,731 | 1,407 | 1,234 | 468 | 2,622 |

자료 : UNWTO(2008)

## 6. CZECH(The Czech, Republic)

### 1) 개 관

❖ 모라위아제국의 문장에서 유래
❖ 청색, 백색, 붉은색
- 프랑스계 국가의 공통적인 색
- 하늘, 청결, 자유를 위해 흘린 피를 상징

제1차 세계대전 후 체코인과 슬로바키아인은 하나로 뭉쳐 오스트리아, 헝가리제국에서 독립하였다가 독일 나치에게 점령되었으며, 1968년 '프라하의 봄' 때 공개적 시위로 소련군에게 진압되었다가, 1969년에 체코슬로바키아사회주의공화국(7만 8만$km^2$)으로 독립하였다. 1992년 슬로바키아 총선거에서 체코와 슬로바키아로 양 국민 합의하에 분리 · 독립하였다.

유럽대륙의 중앙에 위치하며 독일, 폴란드, 헝가리, 오스트리아 등 4개 국가와 접하고 있는 내륙국으로, 서쪽에 엘베강이 흐르며 보헤미아(Bohemia)분지를 형성하고 있다. 체코의 중심지역을 이루고 있는 보헤미아분지는 토지가 비옥하며, 지하자원이 풍부하여 동유럽 제1의 공업지역으로 인구가 조밀하고 문화가 가장 먼저 발달한 지역이다. 특히 수도 프라하는 보헤미아의 분지를 중심으로 신성로마제국의 수도이자 옛 왕성(王城)이 있는 역사적인 도시이자, 시내 곳곳에 11세기 로마네스크양식, 13세기 고딕양식, 16세기 르네상스양식, 17세기 바로크양식의 건축물들을 모두 볼 수 있는 도시이며, 수많은 교회와 더불어 종교적 도시 및 공업도시이다.

기후는 한서의 차가 심한 대륙성 기후이고, 많은 지하자원과 풍부한 수력을 이용한 유리, 기계, 섬유, 맥주공업이 발달하였으며, 동유럽 국가들 중 선두주자로 시장경제체제를 이용하고 있다.

체코에는 민속음악과 민속무용이 많이 발달하였으며, 특히 인형극과 민속의상은 유명하다. 수도 프라하(Praha)는 정치 · 경제 · 문화의 중심지이고 옛 성과 교회의 높은 탑들이 신 · 구시대 건축물의 조화를 보여 주고 있는 아름다운 도시로, '백탑의 도시(百塔의 都市)' 혹은 '황금의 도시(黃金의 都市)'란 별명이 있을 정도로 중세건축 미술관을 옮겨놓은 듯하다.

체코의 체스키크룸로프(세계문화유산 지정 마을)

체코는 독일의 베를린, 오스트리아의 빈, 프랑스의 파리 등 서유럽의 주요 국가들과 연결되는 교통의 요지로서, 동유럽의 중요한 도시이기 때문에 다른 국가에 비해 관광객이 많다. 유명한 명소로는 구시가와 신시가, 프라하성, 유대인거리, 카를교(橋)가 있다. 유대인지구는 중세 때부터 형성된 유럽 최대, 최초 유대인 거주지이고, 카를교(약 520m)는 중앙유럽에서 가장 오래된 석조다리로 15명의 기독교 성인이 조각되어 있다. 그 외 견인력 높은 자원으로는 인류의 역사와 관련된 인류학, 고고학, 광물학 자료를 간직한 국립박물관을 비롯하여, 체코 제2의 도시 브르노(Brno)가 있다. 이곳은 문화의 도시로 수많은 미술관, 박물관, 도서관, 대학이 있고, 유전학의 대가 멘델의 완두콩 실험연구소도 이곳에 있다.

주요 민족은 체코인(81%)이 많고 슬로바키아인(16%) 등이 있다. 체코어를 공용어로 사용하고 있으며 인구 1,003만 명(2007) 중 65%가 도시에 거주하고 있으며, 1인당 국민소득은 17,071달러(2007)이다.

### 2) 국제관광현황

관광객의 구조를 보면 2000년에 Inbound객이 약 470만 명이었으나 2001년에는 520만 명으로 증가하였으며, 2002년에는 458만 명으로 감소하였다. 그 후, 2007년에는 668만 명으로 집계되었다. 외래관광객의 평균 체재일은 2005년 3.4일이며, 2007년은 3.2일이며, 출신지역별로는 유럽지역이 85.6%, 아시아 및 태평양지역은 7.5%, 미주지역은 6.6% 순으로 나타났다.

체코관광객의 아웃바운드는 2000년 381만 명으로 나타났으며, 2003년의 경우 360만 명이 해외여행을 한 것으로 나타났다.

〈표 3-13〉 체코의 연도별 국제관광객현황

(단위 : 1,000명)

| 연도 / 구분 | 1999 | 2000 | 2001 | 2002 | 2003 | 2004 | 2005 | 2006 | 2007 |
|---|---|---|---|---|---|---|---|---|---|
| Inbound | 5,610 | 4,666 | 5,194 | 4,579 | 5,076 | 6,061 | 6,336 | 6,435 | 6,680 |
| Outbound | 3,997 | 3,817 | 3,622 | 3,430 | 3,607 | - | - | - | - |
| 차 이 | 1,613 | 849 | 1,572 | 1,149 | 1,469 | - | - | - | - |

자료 : UNWTO(2008)

〈표 3-14〉 체코의 연도별 국제관광수지

(단위 : 100만 달러)

| 구분 \ 연도 | 1999 | 2000 | 2001 | 2002 | 2003 | 2004 | 2005 | 2006 | 2007 |
|---|---|---|---|---|---|---|---|---|---|
| 관광수입 | 3,035 | 2,982 | 3,106 | 2,964 | 3,556 | 4,187 | 4,659 | 5,026 | 5844 |
| 관광지출 | 1,474 | 1,276 | 1,386 | 1,597 | 1,934 | 2,280 | 2,405 | 2,670 | - |
| 차 이 | 1,561 | 1,706 | 1,720 | 1,367 | 1,622 | 1,907 | 2,254 | 2,356 | |

자료 : UNWTO(2008)

체코의 관광수지(여행부문)를 살펴보면(〈표 3-14〉 참조), 2003년도 관광수입은 약 36억 달러였으나 관광지출은 19억 달러로 약 17억 달러의 순관광흑자를 나타내고 있다. 2006년의 경우 50억 달러의 관광수입과 27억 달러의 관광지출이 발생해, 23억 달러의 국제관광수지 흑자국이라 할 수 있다.

## 7. HUNGARY

### 1) 개 관

❖ 붉은색 – 피
❖ 흰색 – 순결
❖ 녹색 – 희망
❖ 원래는 문장이 새겨져 있었으나, 1956년 동란(動亂) 이후 제거됨

헝가리는 로마제국의 일부로 존재하다가 9세기경에 아시아계 인종인 마자르(Magyar)족이 침입해 헝가리 왕국을 건설한 '인종의 섬'이라 표현할 정도의 다민족 국가로, 헝가리어를 사용하며 동양적인 전통이 생활상에 남아 있다. 헝가리는 서쪽은 오스트리아, 동쪽은 러시아 및 루마니아 등 7개 국가와 국경을 접하고 있으며, 면적이 9.3만km$^2$의 크기로 우리나라와 비슷하다. 다뉴브(Danube)강과 티서(Tisza)강이 남류하며, 내륙에는 푸스타(Pusta)라고 하는 기름진 초원평야가 형성되어 있다.

기후는 여름에 20°C를 상회하고 겨울에 영하 10°C를 나타내는 대륙성 기후를 나타내고 있으며, 종교는 로마 가톨릭(65.5%)과 신교(20%)가 대부분이다. 1·2차 세계대전 때 독일측에 가담하였다가 전후 소련군에 점령되어 그 위성국가가 되었으며, 1956년 10월에 반소련 폭동을 일으켰으나 좌절되었다. 오스트리아의 빈이라고 하면 음악을 연상하는 것과 같이 헝가리의 부다페스트도 유럽 음악도시이다. 특히, 헝가리는 세계적인 '집시'음악으로 유명하며, 세계적인 음악가를 많이 배출하고 있다. 또 애국가의 작곡가인 안익태 선생도 부다페스트의 리스트음대 출신이다. 헝가리인은 수렵과 유목생활을 즐겼던 기마민족(Mazar)으로 민족성이 강하며 매사에 적극적이고 용감하며 호기심이 강하다. 예술에 대한 소양이 탁월해 지금까지 8명의 노벨 수상자를 배출하였다. 또 역사적인 고도(古都)가 많아 국제적인 관광지로 각광받고 있다.

헝가리의 수도 부다페스트에는 온천치료법이 세계적으로 유명하다. 온천수의 성분에 따라 병을 치료하며 인근 국가들로부터 온천치료목적으로 유입되는 관광객이 많으며, 의과대학에도 온천치료학과가 있다. 입국객의 35%가 온천치료객이며, 150개 정도의 온천에 의해 연 6억 달러의 관광수익을 올리고 있다.

헝가리의 부다페스트 전경

주요 관광자원으로서는 헝가리인(마자르인)이 헝가리분지에 정착한 이후부터 수집·전시한 군사박물관을 비롯하여, 왕궁, 국립박물관, 국회의사당, 민속박물관, 유대교회, 그리고 로마시대에 전성기를 누렸던 판노니아 도성(都省)의 유적이 있는 아쿠인쿰 등 많은 관광자원이 관광객을 끌어들이고 있다. 전체 인구는 약 1천만 명(2007)이며, 전체 주민의 65%가 도시에 거주하고 있고, 1인당 국민 개인소득은 13,762달러(2007)이다.

## 2) 국제관광현황

헝가리도 체코와 마찬가지로 유럽 여러 국가의 중심지에 위치하고 있으며, 수도는 20세기 초 도나우강변에 발달한 부다페스트(Buda Pest)이다. 이 지역은 외지로부터의 교통이 좋은 편으로, 많은 관광객이 유입되고 있다.

우선, 외래관광객의 유입 정도를 살펴보면(〈표 3-15〉 참조), 2000년도에 약 3,100만 명의 관광객이 유치되었으며, 2002년까지 비슷한 수준을 유지하다가 2007년에는 3,937만 명이 입국하였다. 이들의 평균체재일을 살펴보면, 2005년은 3.13일이며 2007년에는 2.95일로 나타났다. 주요 방문목적으로는 기타가 가장 많은 69%로 나타났으며, 여가 및 휴양이 27%, 상용이 4%로 나타났다. 외래관광객의 출신지역으로는 유럽지역이 89.1%이며, 다음으로 미주지역 7.3%, 동아시아 및 태평양지역이 3.4% 순으로 나타났다. 한편, 헝가리 국민의 Outbound를 보면 Inbound객의 약 1/2에 지나지 않는다. 그러나 매년 아웃바운드의 수가 조금씩 증가하고 있어, 2007년에는 1,847만 명이 출국한 것으로 나타났다.

〈표 3-15〉 헝가리의 연도별 국제관광객현황

(단위 : 1,000명)

| 구분 \ 연도 | 1999 | 2000 | 2001 | 2002 | 2003 | 2004 | 2005 | 2006 | 2007 |
|---|---|---|---|---|---|---|---|---|---|
| Inbound | 28,803 | 31,141 | 30,679 | 31,739 | 31,412 | 33,934 | 36,173 | 38,318 | 39,379 |
| Outbound | 10,622 | 11,065 | 11,167 | 12,966 | 14,283 | 17,558 | 18,622 | 17,612 | 18,471 |
| 차 이 | 18,181 | 20,076 | 19,512 | 18,773 | 17,129 | 16,376 | 17,551 | 20,706 | 20,908 |

자료 : UNWTO(2008)

한편, 〈표 3-16〉의 헝가리국가의 관광수입 및 지출관계를 살펴보면, 2000년에 관광수입 38억 달러를 약간 초과하였으며, 2003년에는 41억 달러, 2007년에는 약 57억 달러의 수익이 발생하였다. 이에 비해 헝가리 국민의 관광지출은 관광수입의 약 반(50%)에 지나지 않는다. 2003년의 경우 관광지출을 제한 순관광수입이 약 14억 달러에 달하며, 2007년의 경우 관광지출이 34억 달러로, 22억 달러의 순관광수입이 창출되었다. 이러한 국제관광수지 흑자는 헝가리국가의 재원에 크게 기여할 것으로 기대된다.

〈표 3-16〉 헝가리의 연도별 국제관광수지

(단위 : 100만 달러)

| 구분 \ 연도 | 2000 | 2001 | 2002 | 2003 | 2004 | 2005 | 2006 | 2007 |
|---|---|---|---|---|---|---|---|---|
| 관광수입 | 3,809 | 4,191 | 3,774 | 4,119 | 4,129 | 4,717 | 4,943 | 5,689 |
| 관광지출 | 1,722 | 1,887 | 2,211 | 2,700 | 2,909 | 2,826 | 2,568 | 3,470 |
| 차 이 | 2,087 | 2,304 | 1,563 | 1,419 | 1,220 | 1,819 | 2,375 | 2,219 |

자료 : UNWTO(2008)

## 8. AUSTRIA

### 1) 개 관

❖ 붉은색 - 흰색 - 붉은색
: 십자군원정에서 레오포르도 5세의 흰색 군복이 벨트부분을 제외하고 적의 피로 물들었다는 이야기에서 유래됨

오스트리아는 알프스(Alps)산지와 다뉴브(Danube)연안의 빈(Wien) 분지로, 면적은 84,000km$^2$며 남한과 비슷하다. 알프스산지는 복잡한 지형을 형성하고 있고, 빈 분지에는 알프스산 기슭의 산림지대를 흐르는 다뉴브강 유역에 발달한 예술의 도시이자 이

나라의 수도인 빈(Wine)이 있다. 국토의 2/3가 산악지형이며 겨울에는 추위가 심한 대륙성 기후를 나타내고 있다.

오스트리아 북쪽은 독일, 체코, 슬로바키아, 동쪽은 헝가리, 남쪽은 슬로베니아, 이탈리아, 서쪽은 스위스 등 7개국과 국경을 접하고 있다. 제1차 세계대전 후에 독일에 합병되었다가(1938~1945년), 제2차 세계대전에 패하여 미・영・프・러 등 4개국에 분할점령되었으며, 1955년에 영세중립국을 조건으로 독립하였다. 주요 민족구성은 98%가 게르만 계통으로 독일어를 공용어로 사용하고 있고, 종교는 가톨릭(90%)이며, 신교(6.0%)가 다수 있다.

오스트리아는 외교적으로 영세중립국으로, 일체의 군사동맹에 가입하지 않고 국제긴장완화와 세계평화를 위해 노력하는 국가이다. 특히 수도 빈은 동서 대화의 장소로 많이 이용되는 세계평화의 상징 도시이며, 문화・예술의 도시로, 세계적인 음악가 슈베르트(Schubert)를 비롯 모차르트(Mozart) 및 베토벤(Beethoven)과 관계가 깊다. 산업은 낙농업과 철강을 비롯하여 관광산업이 중심을 이루고 있다. 오스트리아는 836만 인구(2007)로 전체 인구의 56%가 도시인구이며, 국민 1인당 소득은 45,181달러(2007)로 주목된다.

오스트리아는 알프스산의 산악미와 스키장 등 자연관광자원 외에 음악의 고도(古都)인 빈(비엔나) 등 세계적인 각종 문화행사가 열려, 스위스 못지않게 많은 관광객이 유치되고 있다. 견인력 높은 관광지역으로는 음악의 도시 수도 빈(Wine)을 비롯하여 오스트리아 서쪽 입구에 위치한 모차르트의 출생지인 잘츠부르크(Salzburg)가 있다. 이곳에는 그의 유품들이 많으며 그 외에도 서남쪽에 위치한 인스브루크(Innsbruck)가 있다. 이곳에는 여름에도 스키를 탈 수 있어 1964년과 1976년 2회에 걸쳐 동계올림픽이 개최되었다.

관광산업은 오스트리아에 있어서 중요한 경제활동이다. 관광으로부터의 수익은 2003년 오스트리아 GNP의 7.6%를 차지했으며, 25만 명이 관광산업에 직・간접적으로 고용되었다. 이는 총노동력의 약 7.5%인 셈이다. 2000년대 초 오스트리아 국제관광은 슬럼프에 있었고 총수출에 대한 기여는 2000년 37%에서 2001년 29%로 떨어졌다. 왜냐하면 지나치게 단일시장(독일연방공화국)에 의존하고 있기 때문이었다.

오스트리아의 쉔부른 궁전 내 글로리에테

## 2) 국제관광현황

오스트리아의 Inbound 관광객을 살펴보면(〈표 3-17〉 참조), 2001년에는 1,800만 명이 유치되었고, 2003년에는 1,900만 명을 유치하였으며, 2007년에는 2,076만 명을 유치하여, 세계 12위 관광객 유치국가로 세계 총관광객의 2.3%를 차지하고 있다. 외래관광객의 출신지역을 살펴보면, 유럽지역이 91.8%이며, 미주지역이 3.7%, 동아시아 및 태평양지역이 3.7% 순으로 나타났다. 평균체재일수는 2007년의 경우 4.3일로 나타났다.

다음으로 오스트리아인의 해외여행 Outbound를 살펴보면, 2002년까지 약간 감소세였으나, 2003년부터 다시 급증하여 2003년 838만 명이 해외여행을 했으며, 2007년의 경우 987만 명이 해외여행을 한 것으로 나타났다. 오스트리아 국민의 해외여행 선호국을 보면 프랑스(60%)가 월등히 많고, 다음으로 독일(11.0%), 이탈리아(9.0%), 스페인(8.2%), 네덜란드(6.5%), 스위스 등으로 나타나고 있다.

〈표 3-17〉 오스트리아의 연도별 국제관광객현황

(단위 : 1,000명)

| 구분 \ 연도 | 2000 | 2001 | 2002 | 2003 | 2004 | 2005 | 2006 | 2007 |
|---|---|---|---|---|---|---|---|---|
| Inbound | 17,982 | 18,180 | 18,611 | 19,078 | 19,373 | 19,952 | 20,261 | 20,766 |
| Outbound | 4,660 | 4,207 | 3,907 | 8,384 | 8,371 | 8,206 | 10,042 | 9,876 |
| 차 이 | 13,322 | 13,973 | 14,704 | 10,694 | 11,002 | 11,746 | 10,219 | 10,890 |

자료 : UNWTO(2008)

〈표 3-18〉 오스트리아의 연도별 국제관광수지

(단위 : 100만 달러)

| 구분 \ 연도 | 2000 | 2001 | 2002 | 2003 | 2004 | 2005 | 2006 | 2007 |
|---|---|---|---|---|---|---|---|---|
| 관광수입 | 11,440 | 12,033 | 13,046 | 16,342 | 18,385 | 19,310 | 18,886 | 21,292 |
| 관광지출 | 9,231 | 9,787 | 10,301 | 12,894 | 13,411 | 12,755 | 11,719 | 12,839 |
| 차 이 | 2,209 | 2,246 | 2,745 | 3,448 | 4,974 | 6,555 | 7,167 | 8,453 |

자료 : UNWTO(2008)

한편, 〈표 3-18〉의 오스트리아의 관광수지관계를 보면 1996년에 140억 달러의 관광수입을 얻었는데 시간이 지남에 따라 관광수입이 조금씩 증가하여, 2000년에 114억 달러를 획득한 후 소폭 증가하다가, 최근 2007년에는 212억 달러의 관광수입을 창출했다. 2000년 관광지출의 경우 92억 달러로 22억 달러의 흑자를 냈으며, 2007년의 경우 관광지출이 128억으로 증가했음에도 불구하고, 84억 원의 순관광수입이 발생하였다.

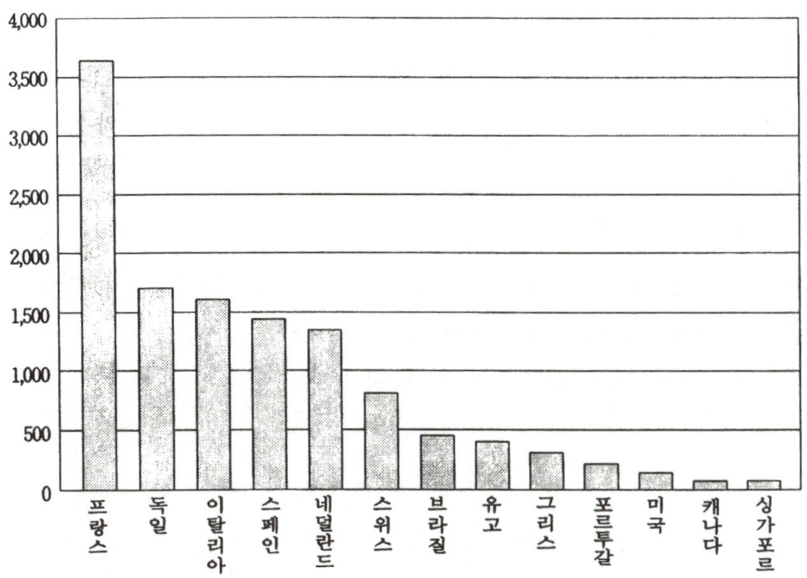


[그림 3-10] 오스트리아 국민의 여행선호국

### 3) 국제관광정책

오스트리아에서 관광행정의 주무관청은 연방통산성이며, 통산성은 국제관광부문에 직접 관여하고 있다. 국내관광과 관광산업에 관련된 업무는 주정부와 공사에서 담당하고 있다. 연방정부는 국제관광과 관련된 정책수립, 운수, 재정지원 관련 업무와, 진흥・홍보활동, 관광불편 개선, 관광업체 감독을 하고 있다.

관광산업의 발전을 위한 전담기구로는 2000년 연방정부와 주정부 그리고 국회통산위원회의 협의에 의해 설립된 공사성격의 오스트리아 국제관광진흥회가 있다. 해외관광진흥업무를 주관하는 이 기구는, 대국민관광홍보 업무를 추가로 수행하고 있다. 관광은 오랜 기간 동안 고용확대, 대도시와 지방 간의 균형적인 개발과 외화획득으로, 오스트리아정책에서 경제적 목표를 성취하는 데 기여해 왔다.

오스트리아 관광진흥재원은 60%가 연방정부(통산성)의 국고보조이며, 20%는 국회(통산위원회)보조이고, 20%는 주정부 보조로 이루어지며 재무부와 경제부서(통산성)의 장관에 의해 제기된 지침에 따라 필수적으로 배분이 이루어진다. 진흥기금은 관광하부구조의 개발과 관광시설의 질적 수준 향상을 위한 투자에 쓰여진다.

연방정부와 주정부는 관광공급개발(Development of Supply) 측면에서, 젊은 관광종사자 양성계획, 민박운영 농촌가정교육으로 'Holidays on a farm'을 시행, 외국인 관광객 유치를 위해 외국어 교육 등을 실시하였다.

또한 환경중심의 관광개발 측면에서, 관광전문가와 생태학자 간의 협력방안을 모색하고, 오염되지 않은 장대한 경관을 보유한 지역을 국립공원으로 지정하였으며, 오스트리아 전역에 자연학습로(Nature Instruction Paths)를 만들어, 관광객이 자연과 더불어 시간을 보낼 수 있는 기회를 부여하고 있다.

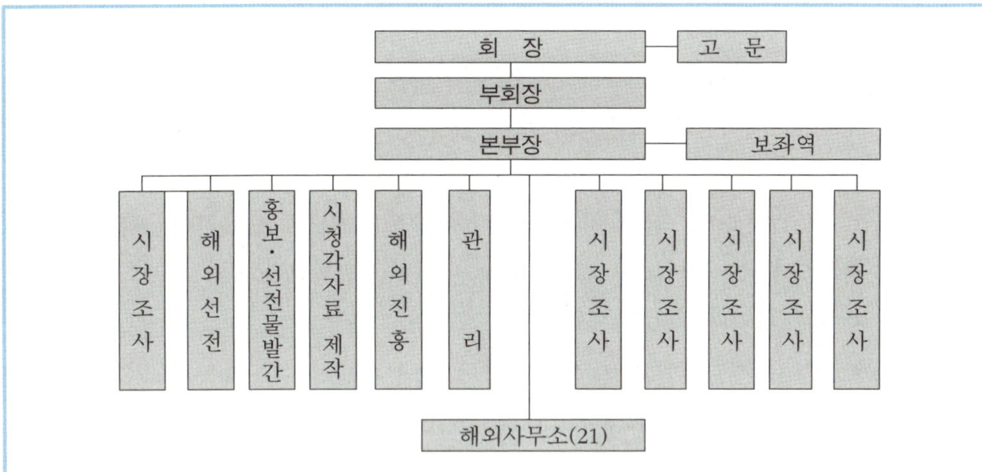


[그림 3-11] 오스트리아 국제관광진흥회 기구

해외마케팅 활동을 위해 21개 사무소를 운영하는 해외진흥사업(시장개척, 유치사업, 홍보선전)을 실시하였다. 오스트리아 해외진흥활동의 중점적인 4개 분야는 ① 문호, 예술(축제, 음악), ② 레크리에이션, 스포츠(스키), ③ 건강, 휴양, ④ 국제회의로서, 특히 전통문화와 예술을 강조하는 선전활동을 전개하고 있다. 그 한 예로 오스트리아는 전통음식을 소개하는 요리축제(Food Festival)를 개최하는 한편, 순회관광 선전행사시에는 오스트리아 특유의 가장무도회를 개최하기도 하여 사회고위층과 선진국에 대한 오스트리아의 이미지 집중과 향상에 초점을 맞춰 왔다.

## 9. GERMANY

### 1) 개 관

❖ 19세기 초 나폴레옹군과 전쟁을 했던 프러시아 학생의용군의 군복의 색
❖ 검은 천, 붉은 훈장, 금색의 단추

독일은 1918년 제1차 세계대전의 패배로 국토와 해외식민지를 많이 상실하였다. 그 후 1933년 히틀러가 강력한 지도력을 발휘하여, 1939년 제2차 세계대전을 유발하였으나, 제2차 세계대전에서 패배해 1949년에는 미 · 영 · 프 · 러 등 4강국에 의해 분할 · 점령되었다. 1949년 5월 23일에는 서방점령측에 본(Bonn)을 수도로 독일연방공화국이 출범하고, 같은 해 10월 7일에는 동베를린을 수도로 지정, 독일연방공화국이 출범하여 서로 대치상태로 지내왔다. 그 후, 서독은 자본주의경제체제를 바탕으로 라인강의 기적을 자아내는 경제발전을 이룩하였다. 1990년 10월 3일, 서독과 동독은 41년간의 분단을 종식하고 통일독일을 완성하였다. 독일의 관광산업은 자동차, 기계, 식품산업에 이어 네 번째로 큰 국내총생산의 6%를 차지하는 중요 산업으로 평가되고 있다.

지형은 북독일지역의 경우 저지평원이며 중부지역은 산지, 남부지역은 알프스 산지로 구분되고, 북부저지에는 빙하식 지형이 발달되어 곳곳에 빙퇴석(Morain)이 발달하였다. 토질은 거칠며 흑해로 유입되는 도나우(Douau)강과 다뉴브(Danube)강을 제외하고는 라인(Rhein)강, 엠스(Ems)강, 엘베(Elbe)강, 오데르(Oder)강 등이 남쪽에서 북쪽으로 유입되고 있다.

기후를 보면 북부는 해양성 기후를 그 나머지 대부분은 대륙성 기후가 나타나고 있다. 주민은 Celts족, Rome인, Slaves족이 있으나 대부분이 게르만족으로 독일어를 사용하고 있고, 종교는 구교(45%)와 신교(42%)를 믿고 있으며, 산업으로서는 풍부한 석탄과 철광석을 원료로 자동차, 기계, 첨단제품 등 공업과 밀, 보리, 홉, 감자 등의 농업이 주이다.

면적은 약 35만$km^2$고 8,234만 명의 인구(2007)를 보유하고 있으며, 그중 86%가 도시에 거주하고, 국민 1인당 소득은 약 40,415달러(2007)이다.

### 2) 국제관광현황

독일은 유럽대륙의 중앙부에 위치하며, 덴마크, 네덜란드, 벨기에, 룩셈부르크 … 등 국가들과 국경을 접하고 있고, 유럽 전지역을 연결하는 교통망이 발달된 교통의 요지이다. 독일은 아우토반(Autobahn)이라고 부르는 자동차 전용도로를 개발하여 유럽 제1의 고속도로를 개통했고, 그 외 유럽횡단버스, 국철버스, 우편버스 등을 운행하고 있으며, 철도교통도 매우 발달되어 있을 뿐만 아니라, 항공교통도 매우 발달하여 60개 이상의 국제노선이 세계 주요 도시를 연결하고 있다. 그 외에 내륙수로에 있어서도 관광유람선박을 구축하여 관광에 잘 활용하고 있을 뿐만 아니라, 국내화물 수송에도 크게 활용하고 있다.

독일의 학교는 모두 국립이고 수업료는 거의 내지 않으며, 교사와 교수의 신분은 모두 공무원이다. 오늘날 독일에는 약 3,000여 개의 박물관과 약 400여 개의 극장시설이 있는데, 소도시에도 극장이 있다. 그리고 연간 약 400여 개의 축제가 열리는데 그 대표적인 것이 10월에 열리는 세계에서 가장 큰 맥주축제 옥토버 페스티벌, 그 외 파싱(Fasching) 혹은 카니발(Karneval)과 뉘른베르크의 크리스마스 시장축제가 있다. 특히 파싱과 카니발은 매년 11월 11일 11시 11분에 시작하여 다음해 3월 초순까지 행해진다.

주요 관광지로서 괴테의 생가가 있는 프랑크푸르트(Frankfurt)를 비롯하여 베를린(Berlin), 함부르크(Hamburg), 뮌헨(Muenchen)과 한국 88올림픽 개최를 결정한 바덴바덴(Baden Baden) 온천도시가 있다.

독일 남서부에 위치한 하이델베르크(Heidelberg)의 경우, 1386년에 건립된 세계 최고의 하이델베르크대학이 있는데, 이는 괴테, 헤겔, 헤세, 베버, 야스퍼스 등이 수학한 대학으로, 대부분 캠퍼스가 없이 건물단위로 시내 곳곳에 위치해 있어, 외국인 관광객들이 많이 방문하고 있다.

UNWTO에 의하면 독일은 2003년 외래관광객의 유치 세계 10위, 관광수입 세계 5위를 차지하여 관광산업이 외화획득산업으로서 성장가능성이 매우 밝은 산업으로 부각되고 있다. 또 독일은 세계 주요 관광객 송출국으로서, 세계 각국에 2003년 한 해 동안 약 727억 달러를 국외여행경비로 지출한 반면, 관광수입은 300억 달러에 그쳐 연간 420억 달러에 달하는 관광적자를 보여 새로운 기록을 수립하였다. 이러한 여행수지적자는 무역수지의 증가에도 불구하고 2003년 경상수지를 적자로 머물게 하는 요인이 되었다. 독일 국제여행수지의 적자는 1989년 이후 일시적으로 일본에 1위 자리를 넘겨 주었다가 2003년 미화 420억 달러의 적자를 기록, 다시 1위의 자리를 차지하였다.

독일의 인바운드, 아웃바운드 국제관광객의 유입현상을 연도별로 살펴보면(〈표 3-19〉 참조), 1997년에 1,600만 명을 유치하였고, 2000년도에는 약 1,900만 명을 유치하여 전 세계 관광객의 2.6%를 점하여, 세계관광객 유치순위 12위를 기록하였다. 그 후, 외래관광객의 인바운드는 매년 증가하여 2007년에는 2,442만 명이 유입되었다. 외래관광객의 평균 체재기간은 2007년의 경우 평균 2.2일로 비교적 짧은 편이다. 외래관광객의 출신지역은 유럽지역이 78%로 가장 많으며, 다음으로 미주지역은 11.5%, 동아시아・태평양지역은 8.8%로 나타났다.

독일 국민의 Outbound되는 현상은 1997년의 경우 약 1,600만 명의 유치에 내국인 5,600만 명이 유출되어 내국인 유출이 월등하게 많았고, 그와 같은 현상은 연도의 증가와 더불어 더욱 증가해, 2003년은 7,460만 명이 해외여행을 한 것으로 나타났다. 2007년의 경우 7,040만 명이 해외여행을 해 외래관광객의 인바운드보다 4,597만 명이 더 많은 독일인이 해외여행을 한 것으로 나타났다.

〈표 3-19〉 독일의 연도별 국제관광객현황

(단위 : 1,000명)

| 구분 \ 연도 | 2001 | 2002 | 2003 | 2004 | 2005 | 2006 | 2007 |
|---|---|---|---|---|---|---|---|
| Inbound | 17,861 | 17,969 | 18,399 | 21,137 | 21,500 | 23,569 | 24,421 |
| Outbound | 76,400 | 73,300 | 74,600 | 72,300 | 77,400 | 71,200 | 70,400 |
| 차이 | -58,539 | -55,331 | -56,201 | -51,163 | -55,900 | -47,633 | -45,979 |

자료 : UNWTO(2008)

독일은 9개 유럽국가(덴마크, 네덜란드, 벨기에, 룩셈부르크, 프랑스, 스위스, 오스트리아, 폴란드, 체코)와 인접하고 있어, 방문객 대부분이 당일여행객(Day Excursionist)과 통과여행객(Travellers in Transit)이다. 아웃바운드의 경우, 주민의 국외여행 붐이 일고 있는 오늘날 독일의 국외여행은 한층 확대될 것으로 보인다. 다만, 독일인의 여행목적지는 유럽지역 내가 압도적으로 많으며, 독일은 현재 EU회원국인 구동유럽지역 국가와 가장 긴 국경선을 접하고 있고, 남부유럽과 북부유럽뿐만 아니라 동부유럽과 서부유럽 간 경유국으로 중심적 역할을 한다. 따라서 국경을 통과하는 여행객을 정확히 파악하기는 곤란하다. 2008년 독일인이 가장 선호하는 관광지(5일 이상 휴가)를 살펴보면, 오스트리아(5,300명), 프랑스(2,200만 명), 덴마크-베네룩스 3국(4백만 명), 영국-아일랜드-스칸디나비아(390만 명) 순으로 나타났다.

전후 복구를 위한 독일인의 성장발전의 대가로서 주어진 것이, 1950년부터 시작된 미래와 복지를 위한 관광이었다고 볼 수 있다. 외화획득보다는 국민복지 측면에서 발전되어 지금은 세계 제1의 관광송출국이 되었다. 독일 국민의 32%는 휴일관광의 목적지로 국내를 택하고 있으며, 독일 전체 인구의 1/3가량이 주말을 이용하여 여행을 떠남에 따라 독일의 관광산업은 오는 2010년까지 30~40% 정도의 성장이 전망되고 있다.

독일의 하이델베르크성

〈표 3-20〉 독일의 연도별 국제관광수지

(단위 : 100만 달러)

| 구분 \ 연도 | 2001 | 2002 | 2003 | 2004 | 2005 | 2006 | 2007 |
|---|---|---|---|---|---|---|---|
| 관광수입 | 24,175 | 26,690 | 30,104 | 35,569 | 38,220 | 42,921 | 46,860 |
| 관광지출 | 56,709 | 59,832 | 72,777 | 79,438 | 82,228 | 83,066 | 93,515 |
| 차 이 | -32,534 | -33,142 | -42,673 | -43,869 | -44,008 | -40,145 | -46,655 |

자료 : UNWTO(2008)

한편, 관광객의 유동에 따른 관광수입을 보면(〈표 3-20〉 참조), 1997년에 160억 달러의 관광수입을 올렸으며, 2001년에는 괄목할 만하게 증가하여 약 241억 달러의 관광수입이 창출되었으며, 2007년에는 468억 달러의 관광수입이 창출되었다. 관광지출을 보면 관광수입의 약 2배에 달하는 320억 달러의 관광지출로 1997년에는 약 160억 달러의 관광적자 현상이 나타났다. 적자폭도 매년 증가하여 2002년도에 관광지출은 598억 달러로 순관광 적자는 331억 달러이며, 2003년에는 관광지출이 727억 달러에 이르고 있으며, 최근 2007년의 경우 관광수입이 468억 달러인데, 관광지출이 935억 달러로, 국제관광수지는 466억 달러의 적자가 발생하였다.

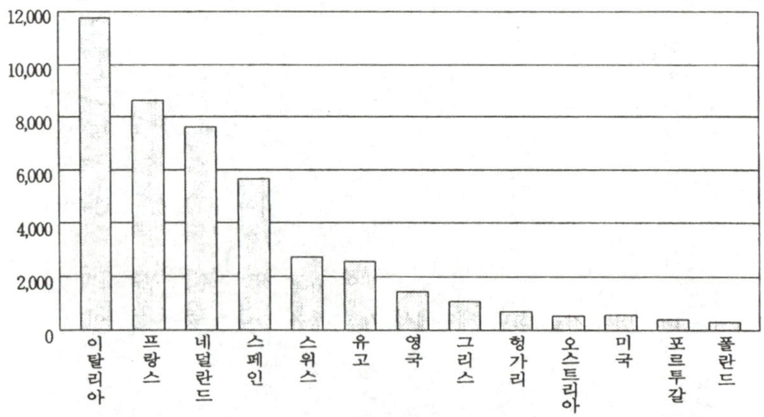


[그림 3-12] 독일 국민의 여행선호국

독일 국민의 해외여행 선호국은 [그림 3-12]에서와 같이 이탈리아(27.0%)가 가장 높고 다음으로 프랑스(19.0%), 네덜란드(16.0%), 스페인(13.0%), 스위스(7.5%) 순이며, 이들 대부분이 하계휴가를 휴양지에서 보내거나 친지를 방문하고 있는 것으로 나타났다.

### 3) 국제관광정책

독일의 관광산업은 정부의 지원에 의존하기보다는 민간기업을 중심으로 발전하고 있으므로, 관광정책을 추진하는 특정한 정부행정기구는 없다. 통일 이후 정책과 개발은 16개 주에 분산되어 있다. 독일 관광산업은 다양한 단계로 조직화되어 있다. 지방과 지역에 약 6,300개 관광지가 있고, 이 중 270개소가 온천관광지이다. 각 주(州)별 관광관련조직으로는 주연방관광협회(Lands Fremdenverkehrsverbande)가 대표적이다. 독일관광협회(Deutscher Fremdenverkehrsverbande)는 29개 도시와 24개 지방자치조직으로 구성된다. 온천협회와 호텔산업도 유사한 조직을 가지고 있다.

독일의 관광정책은 연방경제부(Federal Ministry of Economics)에서 수립하고 있으며, 관광진흥사업은 연방정부로부터 대부분의 예산을 지원받아 경제부 산하 독일관광공사(DZT : Deutsch Zentrale Für Tourismus)가 실질적인 관광정책집행기관으로서의 역할을 하고 있다. 독일관광산업은 독일관광공사(DZT)를 제외하고는 민간업체 소관이다. DZT의 국제관광관련 사업내용과 조직도를 살펴보면 [그림 3-13]과 같다.

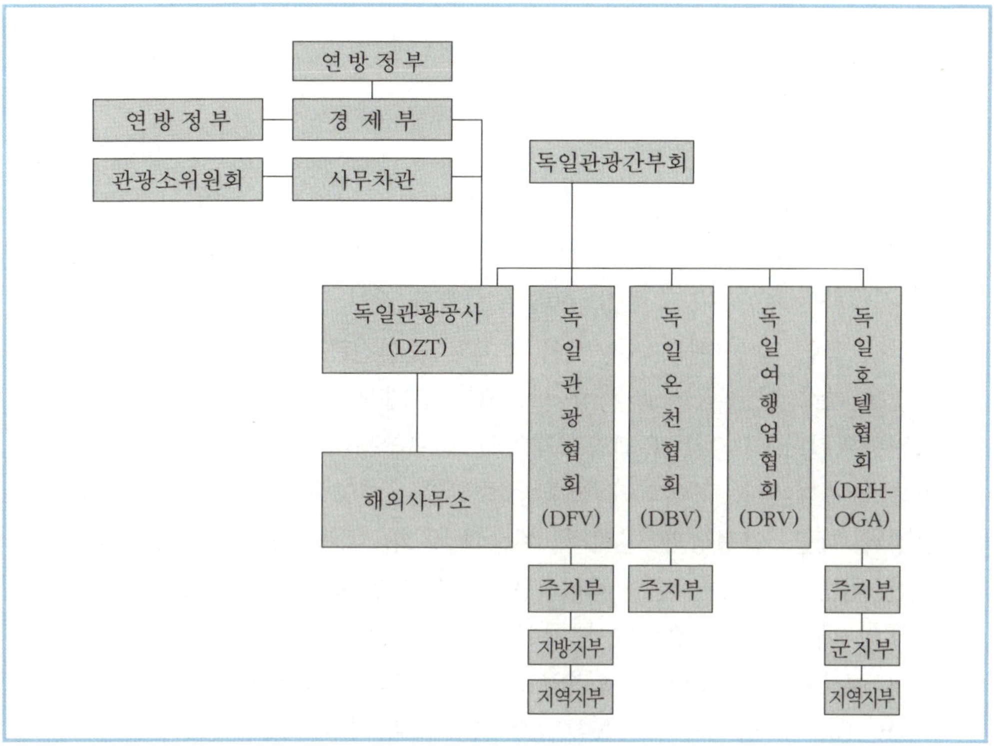


[그림 3-13] 독일의 관광행정기구표

① 국제관광진흥사업

- 추진목표
  - 독일의 국가이미지 홍보에 역점 : 동구권에 대한 시장활동 강화
- 표적시장
  - 45세 이상의 중장년층에서 20~35세의 젊은층으로 전환
  - 관광상품도 단순개념에서 탈피해 다양성과 서비스 질을 제공
    - · 최우선 시장 : 네덜란드, 미국, 영국, 벨기에, 프랑스, 스위스, 덴마크 등 미주지역을 제외한 인근국가 우선 시장화
    - · 1급 시장 : 노르웨이, 캐나다, 핀란드
    - · 2급 시장 : 이스라엘, 호주, 남아프리카, 브라질, 홍콩, 대만, 한국 등
  - 저렴한 숙박시설
  - 다양한 문화, 역사, 축제 등
- 대표적 슬로건 : 신뢰할 수 있는 품질의 다양성(Unendliche Vielfalt mit Vertrauenswürdiger Qualität)

② 마케팅계획

DZT가 추진하는 마케팅계획의 방향은 세계 속에 독일을 매력적인 여행목적지로서 위치를 확고히 하고, 유럽에서 무한한 다양성과 신뢰할 만한 가치를 가진 국가로서의 위치를 정립하는 것으로, 그 주요 전략은 다음과 같다.

- 신상품 공급 및 이벤트 지향적인 마케팅 중심전략
- 독일을 특성 있는 국가로 시장에서 자리 잡게 하므로, EU에서의 역할 및 유럽관광위원회(ETC)와 유럽공동체와의 협력활동이 마케팅전략에 영향을 줄 것으로 기대된다. 구체적인 실행방향으로는, 다양한 자연경관, 고향과 전통, 환경과 자연, 안정성과 신뢰성, 예술과 문화, 매력적인 도시들, 과학기술의 발전, 다양한 휴식 · 휴가 · 체험상품 · 세련된 환대정신 등을 들고 있다.
- DZT의 예산은 연방정부에서 지원되는데, 중기적으로 연방보조금이 감소될 것이 예상되므로, DZT는 협력업체와 전시박람회 공동홍보, 홍보물 방송 및 Study Tour 사업경비의 공동분담방식 등으로 이루어진다.

## Tip 독일 드레스덴 엘베계곡, 세계유산에서 제외

독일의 드레스덴 엘베계곡이 UN세계유산 등록지에서 공식적으로 제외됨으로써 세계유산 리스트에서 제외되는 두 번째 장소가 되었다. 유네스코는 드레스덴이 반대를 무릅 쓰고 경관을 심각하게 손상할 수 있는 4차선의 차량다리를 건설하고자 하여, 3년간의 논쟁 끝에 드레스덴을 제외시키는 결정을 하게 되었다고 밝혔다.

드레스덴은 2004년에 세계유산 리스트에 등재되었다. 독일중앙정부는 드레스덴이 리스트에서 빠지는 것을 막기 위해 예산지원 등의 중재에 나섰으나, 결국 유네스코-드레스덴시의 의견대립을 막지 못하였다. 드레스덴시는 지역주민들의 강력한 지지를 받아 다리 건설을 2007년 착수하였으며, 2010년 완공예정이다.

유네스코에 의해 명단에서 제외된 또 다른 지역으로는 오만의 야생보호구역이 있다.

기사출처 : 데일리메일, 2009.6.26

## Tip "Active lifestyle holidays－Walking and cycling in Germany"

2009년 독일관광공사(GNTB)는, 전 세계적으로 활동적인 스포츠와 다양한 자연의 아름다움을 간직한 독일의 이미지를 반영하여, "Active lifestyle holidays－Walking and cycling in Germany"라는 캐치프레이즈를 선정하였다. 이는 건강과 운동의 현 메가트렌드를 반영하고, 독일 국민과 유럽 내 관광객들을 대상으로 캠페인을 전개하기 위한 수단이다. 위 캠페인의 성공을 위하여 독일관광공사는 독일 사이클연합회 및 독일 걷기협회와의 공조를 통해 다양한 주제를 가지고 마케팅을 펼쳐 나가고 있다.

Activity Package에는 독일 지도와, 열 개의 다양한 테마(워킹, 사이클링, 골프, 가족 휴가 여행, 겨울 스포츠, 카누, 윈드서핑, 노르딕 워킹, 등산, 승마)를 가지고 있는 브로셔 등을 포함하고 있으며, 브로셔는 10개국 언어로 일반인들이 간편하게 가지고 다닐 수 있도록 포켓용으로 제작되었다.

기사출처 : www.germany-tourism.de

## 10. SWITZERLAND

### 1) 개 관

- ❖ 13세기 오스트리아로부터의 독립전쟁 당시 연방병사가 사용한 슈비츠인의 붉은 방패 십자가 표식에서 유래
- ❖ 십자가는 기독교를 상징

중부유럽의 알프스 산지 중앙에 자리 잡고 있는 스위스는 산악국가인 동시에 내륙국가이며 프랑스, 오스트리아, 리히텐슈타인 및 독일과 국경을 접하고 있는 국가로, 면적은 4.1만km$^2$며 산봉우리가 많고 산악의 경치가 수려하기로 유명하고, 지대가 높아 한서의 차가 심한 대륙성 기후를 나타내고 있다. 제네바(Geneva) 호수를 비롯하여 곳곳에 많은 산맥의 고원 사이에 호수가 발달되어 있다. 특히 알프스산맥에는 몽테로자(Monte Rosa : 4,634m), 마테호른(Matter Horn : 4,508m), 융프라우(Jungfrau : 4,169m) 등의 4,000m가 넘는 고봉이 38개나 되고, 만년설로 산악미(山岳美)가 수려하여 세계적으로 산악자원의 매력이 높은 지역이다. 스위스는 국토가 협소하고 육지에 둘러싸여 있어 천연자원도 부족하며, 인구는 겨우 748만 명(2007)이기는 하나 세계에서 가장 부유한 나라 중 하나이다.

오늘날 스위스 국민의 종교는 구교가 약 48%이고 신교가 약 44.0%이며, 스위스는 철저히 지방자치제(23개 지방주 : Canton)를 구성하고 있으며, 언어는 독일어(65%), 프랑스어(18%), 이탈리아어(12%), 로만슈어(5%)로 공식어가 4개로 구성되어 있는 특이한 나라이다. 스위스는 언어와 종족이 상이한 복합국가로 형성되어 있으나 인종분규가 일어나지 않으며 노사분규도 거의 없는 지극히 안정적 사회를 이루고 있다. 실업률은 1% 미만이고, 연평균 경제성장률은 2% 정도로 유지하고 있으며, 총인구의 61%가 도시에 거주하고 있다.

스위스 경제의 성공비결은 경제의 개방정책에 있다. 스위스는 국내산업을 외국과의 경쟁으로부터 보호하지 않고 오히려 외국상품의 판매를 촉진, 국내산업과 경쟁을 유도했다. 스위스는 고질적인 무역수지 적자를 겪고 있으나 관광·금융 및 재정수입으로 국제수지 흑자를 계속 유지시켜 오고 있다.

스위스 국민들은 자국이 중립국임에 대한 자부심이 대단하다. 1986년 스위스정부는 UN가입 여부를 묻는 국민투표를 실시한 바 있으나, 스위스 유권자의 3/4이 UN가입에 반대의사를 표명하였다. 스위스는 영세중립국이 된 후 UN에 가입하지 않고 있으며, 오늘날 국제적십자사 본부를 비롯하여 국제통신연합(ITU), 국제노동기구(ILO), 세계보건기구(WHO), 세계기상기구(WMO) 등 100여 개의 국제기구 본부가 위치하고 있다. 주요 산업은 풍부한 수력을 비롯하여 시계를 비롯한 정밀기계, 보석가공, 견직·약품 등 고가상품을 개발·수출하는 것으로 기술입국의 수위를 지키고 있다.

### 2) 국제관광현황

세계은행(World Bank)의 「World Development Report」에 의하면, 스위스 국민 1인당 GNP가 58,084달러로 세계 최고의 부국(富國)임을 알 수 있다.

스위스는 18세기 영국인들이 스위스에 진출해 스위스의 아름다운 산을 발견한 이후부터 산악관광지로서 명성이 높아져 그 유치력이 높아졌다. 스위스는 수백 미터의 알프스 절벽을 오르는 등산열차가 있으며, 대표적인 관광지로는 북쪽의 취리히와 루체른, 동쪽의 생 모리츠, 남쪽의 루가노, 남서쪽의 몽트뢰, 로잔, 제네바 등이 있다. 또 인터라켄(Interlaken)에서 등산열차로 올라가는 융프라우(Junfrau) 전망대는 고도 3,454m에 위치하고 있는데, 이곳에는 식당과 스핑크스 전망대, 얼음동굴과 세계에서 가장 높은 곳에 위치한 우체국이 있다. 최근에는 겸목적관광(Combined Tourism)과 컨벤션관광(Convention Tourism)이 활성화되고 있다.

〈표 3-21〉 세계 10대 부국

(단위 : US달러)

| 순 위 | 국 가 | 1인당 GNP |
|---|---|---|
| 1 | 스 위 스 | 38,330 |
| 2 | 일 본 | 37,850 |
| 3 | 노르웨이 | 36,090 |
| 4 | 싱가포르 | 32,940 |
| 5 | 덴 마 크 | 32,500 |
| 6 | 미 국 | 28,740 |
| 7 | 독 일 | 28,260 |
| 8 | 오스트리아 | 27,980 |
| 9 | 벨 기 에 | 26,420 |
| 10 | 스 웨 덴 | 26,220 |

자료 : World Bank

〈표 3-22〉의 최근의 인바운드 관광객현황을 살펴보면, 2005년에는 722.9백만 명, 2006년 786.3백만 명, 2007년은 844.8백만 명으로 매년 그 수가 증가해 가고 있다. 스위스는 유럽의 교차점에 위치한 아름다운 자연관광자원과 문화관광자원을 지닌 주요 관광목적지이나, 스위스 프랑화의 강세와 서비스수준의 저하 등으로 인해 Inbound 성장이 한때 정체되기도 했으며, 최근 다시 회복세를 보이고 있다.

외래관광객의 평균체재일수는 2007년 2.48일로 나타났으며, 외래관광객의 출신지역별로는 유럽지역이 73.71%, 다음으로는 미주지역 11.29%, 동아시아·태평양 지역은 11.14% 순으로 나타났다. 스위스를 방문하는 외국인의 국가별 구성비는 독일(354.4%)이 가장 많고 다음으로 미국, 일본, 프랑스, 영국 순이다. 상위 4개국 사람들이 전체의 66.4%를 차지해 주목된다. 최근 동남아시아지역의 관광객이 증가하는 것이 특징이지만 총관광객은 정체되거나 감소추세에 있다.

〈표 3-22〉 스위스의 연도별 국제관광객현황

(단위 : 1,000명)

| 구분 \ 연도 | 1999 | 2000 | 2001 | 2002 | 2003 | 2004 | 2005 | 2006 | 2007 |
|---|---|---|---|---|---|---|---|---|---|
| Inbound | 7,154 | 7,821 | 7,455 | 6,868 | 6,530 | · | 7,229 | 7,863 | 8,448 |
| Outbound | 11,815 | 12,240 | 11,554 | 11,427 | · | · | · | · | · |
| 차 이 | -4,661 | -4,419 | -4,099 | -4,559 | · | · | · | · | · |

자료 : UNWTO(2008)

한편, 스위스국민의 Outbound를 살펴보면, 2000년에 1,200만 명이었으며, 2002년에는 약 1,100만 명으로 나타나고 있다. 따라서 스위스는 Inbound에 비교하여 Outbound가 훨씬 많다. 스위스여행객은 주로 주변지역 유럽을 방문하며 그 다음으로 북미, 태평양, 아시아 순으로 여행한다. 스위스여행객이 방문하는 유럽국가로는 이탈리아, 프랑스, 스페인, 독일, 오스트리아를 들 수 있으며, 이들 국가 방문의 주목적은 휴가여행이고, 독일과 프랑스의 경우에는 업무목적으로 방문하는 비율이 다른 세 나라에 비해 높다. 장거리 목적지로는 미국이 주요 방문지이며, 최근에는 태국이 미국 다음으로 인기 있는 장거리 목적지로 부각되고 있다. UNWTO자료에 의하면 스위스여행객의 연평균 증가율이 가장 높은 지역은 중동이다.

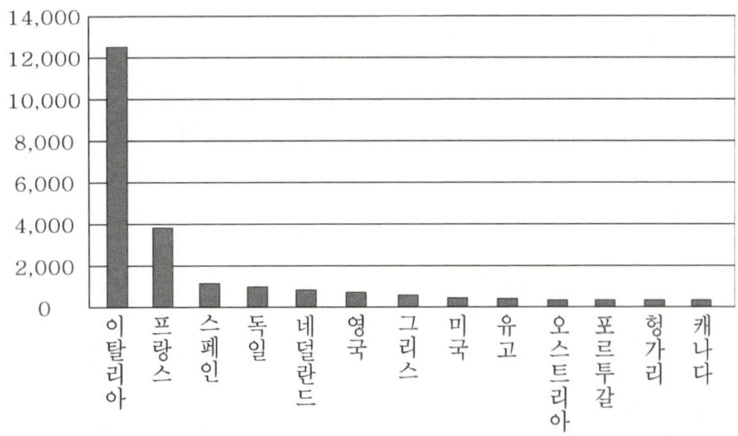


[그림 3-14] 스위스 국민의 여행선호국

스위스인의 여행성수기는 7~9월인데 국외여행자의 40%가 이 시기에 여행을 한다. 최근에 겨울철 휴가여행자의 증가율이 여름철보다 높아지고 있으며, 장거리 여행자는 주로 겨울철을 많이 이용한다. 조사 자료에 의하면, 2000년 응답자의 26%만이 스위스 내에서 휴가여행을 계획하고 있다고 응답했고, 22%의 응답자가 유럽 이외의 지역에서 휴가여행을 계획하고 있는 것으로 나타나 유럽 외 지역에 대한 해외여행 선호도가 높은 것으로 나타났다. 휴가여행의 세부목적으로는 약 40%의 응답자가 휴식을 목적으로 여행을 계획하고 있다고 응답했다. 이외에 자연경관을 감상할 목적으로 여행을 계획하고 있다고 한 응답자들은 주로 노년층들이었고, 스포츠 활동, 태양을 즐기며 사교목적으로 여행한다고 응답한 계층은 주로 젊은층으로 나타났다.

한편, 스위스 국가의 관광수지관계를 보면 〈표 3-23〉에서와 같이, 2000년에 수입은 89억 달러였으나 지출은 73억 달러로 16억 달러의 순관광 외화를 획득하였으며, 연도의 증가와 더불어 국제관광수지 흑자의 폭은 점차 감소하는 경향을 나타내고 있다. 일반적인 스위스 이미지는 마테호른산 등, 아름다운 산들과 시계를 비롯한 영세공업제품을 연상시킨다. 산을 좋아하는 세계여행객들은 유럽여행에서 스위스를 빼놓지 않으며, 스키 혹은 경관목적의 외래관광객이 많이 유입된다. 관광수입 현황을 다시 보면, 2005년 119억 달러의 수입을 올렸으며 2007년의 경우 144억 달러의 관광수입을 올렸다. 반면 스위스인이 해외여행에 따른 관광지출은 2000년의 경우 약 74억으로 집계되었으며, 관광지출이 매년 조금씩 감소하고 있는 추세였으나, 2003년부터 다시 증가세로 돌아서 2007년의 경우 131억 원의 관광지출이 집계되었다. 2007년의 경우 13억 달러의 관광수지 흑자를 올렸다.

〈표 3-23〉 스위스의 연도별 국제관광수지

(단위 : 100만 달러)

| 구분 \ 연도 | 1999 | 2000 | 2001 | 2002 | 2003 | 2004 | 2005 | 2006 | 2007 |
|---|---|---|---|---|---|---|---|---|---|
| 관광수입 | 9,135 | 8,988 | 9,290 | 9,117 | 10,496 | 11,409 | 11,991 | 12,755 | 14,411 |
| 관광지출 | 7,646 | 7,360 | 7,085 | 7,210 | 8,614 | 9,924 | 10,634 | 11,866 | 13,105 |
| 차 이 | 1,489 | 1,628 | 2,205 | 1,907 | 1,882 | 1,485 | 1,357 | 889 | 1,306 |

자료 : UNWTO(2008)

스위스의 마테호른산과 자마뜨 마을

스위스의 마테호른산

# 11. DENMARK

## 1) 개 관

❖ '단네부로'라 불림
❖ 세계 최고의 국기
❖ 13세기 초, 로마교황이 십자군에게 수여한 깃발을 근간으로 만들어짐

유럽대륙 중앙에서 북유럽으로 연결되는 육교적(陸橋的) 위치에 자리한 덴마크는 유틀란드(Jutland)반도와 크고 작은 300여 개의 섬으로 구성되어 있다. 지형은 빙식작용(氷蝕作用) 및 빙하의 퇴적작용으로 파랑상(波浪狀)의 낮은 평지로 이루어져 있으며, 가장 높은 지점이 해발 173m이다. 유틀란드반도의 서쪽은 사구(砂丘)와 갯벌로 관목이 자라는 황무지이며, 동쪽지역은 비교적 비옥해 사료작물을 재배하여 목축으로 세계수위를 자랑하고 있다.

덴마크는 바이킹이 영국 및 프랑스와 남부유럽까지 원정과 약탈로 위협받는 경우도 있었으나, 프로이센전쟁(독일과의 전쟁)에서 패해 영토를 일부 빼앗기고, 내부 국력부양책으로 자연조건을 이용한 낙농업을 장려해 세계적인 낙농국가가 되었다. 주요 산업은 소, 양, 돼지, 닭 등의 유축농업(有畜農業)으로 치즈, 버터, 베이컨, 달걀 등 낙농제품을 생산하고 있다. 기후는 서안 해양성 기후와 대륙성 기후를 나타내고 있고, 겨울인 1~2월에는 평균 0°C, 일조량이 많은 6~7월은 17°C 내외로 여행하기 좋다.

세계적으로 유명한 동화작가인 안데르센의 집과 1913년에 만들어진 인어공주의 인어상이 덴마크의 수도 코펜하겐(Copenhagen)에 있어 코펜하겐은 국제관광지로서 명성이 높다. 덴마크는 파랑상의 평원에 전개된 목초지와 그 위에 자연스럽게 무리지어 다니는 양과 소떼, 십자형의 풍차 등이 전형적인 전원풍경을 이루고 있으며, 덴마크의 전통적인 의상과 맨손체조도 세계적으로 유명하다.

본토 면적은 남한의 절반에 못 미치는 4만 3천$km^2$이며, 총인구는 555만 명(2007)으로 전체 인구의 85%가 도시에 거주하고 있다. 신교를 믿으며 1인당 국민소득은

57,261달러로(2007) 세계적인 부유국가에 속한다. 특색 있는 공업제품으로는 세련된 도자기, 유리, 전자제품, 은세공품(銀細工品) 및 가구가 인기 있으며, 덴마크어를 사용하고 교육제도와 사회보장제도가 잘 확립되어 있다.

## 2) 국제관광현황

〈표 3-24〉의 덴마크 Inbound 관광객을 살펴보면, 2000년 350만 명이 유치되었으며, 연도의 증가와 함께 외래관광객이 소폭 상승하는 것으로 나타나고 있다. 2004년에는 442만 명이 유입되었으며, 2006년에는 471만 명 이상이 덴마크를 방문한 것으로 나타났다. 외래관광객의 평균체재일수는 2006년 5일로 나타났으며, 방문목적으로는 여가 및 휴양이 95%, 상용이 5%로 나타났다. 외래관광객의 출신지역으로는 유럽지역이 94.0%이며, 미주지역이 1.96%로 나타났다.

한편, 덴마크 국민의 Outbound 현상을 살펴보면, 2000년에 500만 이상으로 나타났으며, 아웃바운드는 조금 감소하다가 2003년부터 다시 조금씩 증가하여 2006년 614만 명 이상이 해외여행을 한 것으로 나타났다. 〈표 3-24〉에 의하면 인바운드보다 아웃바운드가 더 많은 것으로 나타났으나, 인바운드 관광객의 경우 숙박관광객만을 산정한 것이다. 덴마크 국민의 해외여행 선호국을 보면 독일(17.0%)이 제일 많고, 다음으로 스페인(8.0%), 이탈리아(7.0%), 프랑스(6.0%) 등으로 나타나고 있다.

〈표 3-24〉 덴마크의 연도별 국제관광현황(숙박관광객)

(단위 : 1,000명)

| 구분 \ 연도 | 1999 | 2000 | 2001 | 2002 | 2003 | 2004 | 2005 | 2006 |
|---|---|---|---|---|---|---|---|---|
| Inbound | 2,023 | 3,535 | 3,684 | 3,436 | 3,474 | 4,421 | 4,699 | 4,716 |
| Outbound | 4,841 | 5,011 | 4,946 | 4,935 | 5,564 | 4,630 | 5,469 | 6,142 |
| 차 이 | -2,721 | -1,476 | -1,262 | -1,499 | -2,090 | -209 | -770 | -1,426 |

자료 : UNWTO(2008)

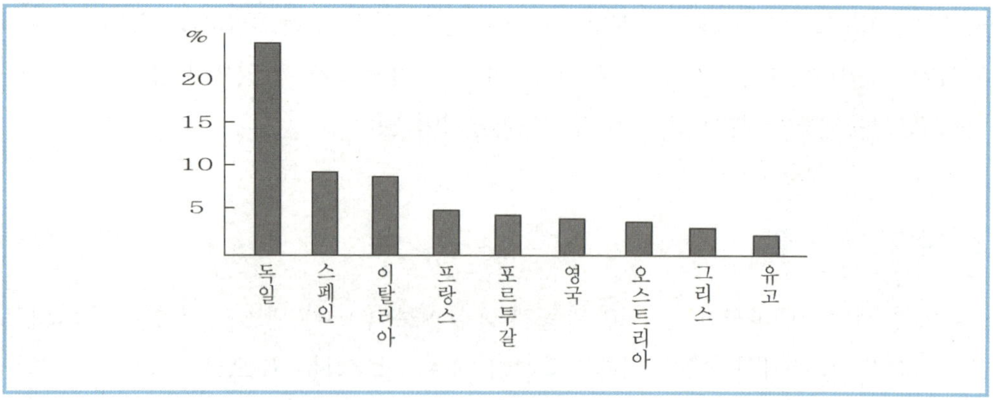


[그림 3-15] 덴마크 국민의 여행선호국

덴마크의 국제관광수지를 살펴보면 〈표 3-25〉와 같은데, 관광수입의 경우 2000년에는 약 37억 달러였으나, 연도와 더불어 소폭 증가해 2006년에는 약 55.8억 달러로 나타났다. 한편, 관광지출이 관광수입보다 높아 2003년에는 약 13.8억 달러의 관광적자가 나타났으며, 2006년의 경우 관광지출이 74.2억 달러로 관광수입 55.8억 달러와 비교해 18억 달러의 국제관광수지 적자가 발생하였다.

〈표 3-25〉 덴마크의 연도별 국제관광수지

(단위 : 100만 달러)

| 구분＼연도 | 1998 | 1999 | 2000 | 2001 | 2002 | 2003 | 2004 | 2005 | 2006 |
|---|---|---|---|---|---|---|---|---|---|
| 관광수입 | 3,211 | 3,698 | 3,671 | 4,003 | 4,791 | 5,271 | 5,652 | 5,293 | 5,587 |
| 관광지출 | 4,462 | 4,899 | 4,669 | 4,861 | 5,838 | 6,659 | 7,279 | 6,850 | 7,428 |
| 차 이 | -1,251 | -1,201 | -998 | -858 | -1,047 | -1,388 | -1,627 | -1,577 | -1,841 |

자료 : UNWTO(2008)

## 3) 국제관광정책

관광산업에 대한 모든 책임을 지는 부서는 산업부(The Ministry of Industry)이다. 산업부는 덴마크관광공사(DTB : The Danish Tourist Board)에 거의 100% 자금지원을 한다. 관광사업을 포함한 행정은 산업부를 통해서 이루어진다. 오늘날 덴마크의 관광정책은 자연자원과 환경보호문제를 고려한 관광개발을 실시하고 있으며, 외화수익사업 및 대외홍보를 적극적으로 펼치고 있다. 이러한 정책은 중요하고 바람직한 계획이지만, 관광관련산업 육성을 위한 관광정책으로는 아직 불충분하다.

덴마크의 관광정책은 국내관광과 국제관광부문으로 나누어 살펴볼 수 있다. 산업부와 환경부는 지역적 계획을 통한 지역사회와의 화합의 중요성을 강조하면서, 관광산업개발에서 측정수단(통계적 수치)으로 확실하게 활용할 수 있는 정보연구에 대한 가치를 중요시 여기고 있다.

덴마크관광공사가 국내시장조사에서 주안점을 두는 부문은, 최근 몇 년간의 휴일에 대한 양상, 휴일에 대한 일반적 견해, 이웃 경쟁국가의 휴일과 비교하여 덴마크 휴일의 일반적 견해, 덴마크의 네덜란드 관광객 프로필, 미래의 휴일계획 수립 등으로, 이에 대한 시장조사를 통해 다음 6가지 목표의 관광개발정책을 실시하고 있다.

- 덴마크 관광공사에 의한 국내관광사업의 진흥
- 미래 관광산업과 관련된 지도계획의 수단으로, 기술도입과 연구소 설립을 통한 상품개발과 연구
- 상품개발 및 계절적 특성을 통한 관광산업의 배분
- 관광개발과 환경보호에서 관광정책의 중요성 부여
- 관광종사원의 관광의 필요성 인지를 위한 효과적인 교육제도의 개발
- 시장조사와 분석

한편, 국제관광부문에 대해 덴마크관광공사는 외국방문객의 체재기간, 여행단체의 규모, 이용 가능한 수용시설의 형태, 그리고 소비의 정보 등을 관광객을 대상으로 조사하고 있다. 관광공사의 관광진흥을 위한 마케팅계획은 특정 국가별 전략수립을 실시하며, 이러한 전략의 장기목표는 외화획득과 관광시장 세부목표(Segements)를 수립하는 것이다. 또한, 덴마크에 외래관광객을 꾸준히 증가시키는 한 가지 방법은 보다 많은 관광지를 개발하는 것이라는 판단하에, 다음과 같은 전략이 수립되었다.

- 적정한 가격과 관광상품의 질적 향상에 초점을 맞춘다.
- 국토의 풍부한 관광자원과 홍보활동으로 관광활성화를 꾀한다.

- 관광상품은 덴마크 고유의 생활양식을 반영해, 관광객이 이용하기 편리하게 개발한다.
- 관광상품은 어린이, 젊은층, 중년층 등의 관광객 유형별로 상품을 개발한다.

덴마크에서 관광산업은 외화창출을 위한 4대 수출산업 중 하나이다. 대내외적으로 관광은 2010년 가장 중요한 부문을 차지한 것이다. 실제 많은 국가들이 관광부문을 강화하기 위해 대내외적으로 관광정책을 강화하고 있다. 이는 앞으로 덴마크 관광산업의 해외경쟁이 더욱 치열해질 것임을 의미한다.

최근 관광은 경제부문에서 그 중요성이 더해가고 있어 새로운 관광정책에 대한 논의가 이루어져야 할 것이다. 관광부문의 중요성 인식을 바탕으로 발표된 덴마크 상공부장관의 '관광정책에 대한 성명'은 주민과 산업체 경영자 그리고 정치분야에서 관광의 잠재가능성에 대한 중요성 인식이 부족함을 지적하고 있다. 정부의 관광정책에 대한 성명은 앞으로 10년간 관광을 어떻게 개발할 것인가에 대해 국내시장과 수출시장 사이의 정부지원을 위한 하부구조 평가를 포함한다. 이 정책은 일정 방향으로 관광을 유도하는 것이 아니라, 가장 효과적인 관광산업 개발을 목적으로 몇몇 장벽을 제거하려는 것이다. 예를 들면 산업개발 설비투자를 위한 산업부와 덴마크관광위원회 사이의 협력, 관광산업과 관련된 당국시책 우선 등이다.

## 12. PORTUGAL

### 1) 개 관

❖ 녹색 - 희망
❖붉은색 – 1910년 10월혁명에서 흘린 피를 상징
❖문장에는 천구의라는 7개의 성이 그려져, 대항해시대의 영광을 기록함

12세기 프랑스 왕족인 알몬소 1세가 1143년 포르투갈 왕국을 건설한 후 점차 번성,

15세기에는 인접국가인 스페인과 더불어 대륙 발견과 정복에 나서 강력한 해양국가로 활약하며 도약하게 되었다. 그 후 1498년에는 바스코 다가마가 인도항로를 발견하고, 1500년에는 알베레스 카브랄이 브라질 대륙을 발견하는 등 대륙과 해양에서 그 위용을 떨쳤다. 포르투갈은 16세기 중반 스페인에 합병당해 60년간 지배를 받았던 역사적 사실이 있어 두 나라간 감정이 좋은 것은 아니다.

포르투갈 면적은 91,985km$^2$로 남한과 비슷하며, 지형은 스페인과 국경을 한 동부지역은 높고 대서양에 면한 서부지역은 낮아 북부의 Douro강과 중부의 Tejo강이 서쪽으로 흐르고, 남쪽의 Guadiana강은 남류하고 있다. 북쪽에는 서안해양성 기후로 강우량이 많으며 동부에는 대륙성 기후가 나타난다. 지중해를 접해 있는 남부 해안에는 하계에 고온건조하고 동계에 온난다우(溫暖多雨)한 지중해식 기후가 나타나 지브롤터해협의 Sao Vicent 지역은 겨울 보양지로 알려져 있다.

포르투갈은 유럽국가 중 가장 부진한 농업국으로 밀, 옥수수, 감자 등의 농작물과 지중해 연안에는 지중해성 과일인 포도, 올리브, 오렌지, 코르크 등을 재배하고 서해안지역에는 수산업이 발달되었다.

포르투갈 주민은 라틴계 민족이 주류를 이루고 있었으나 로마인, 고트족, 켈트족, 아랍족과 혼혈이 많다. 국민성은 대체로 온건하며 소박한데 음식을 푸짐하게 시켜놓고 먹으며, 줄을 서서 차례를 기다릴 때도 느긋하게 기다리는 특성이 있다. 인구는 약 1,600만 명(2007)이며 전체의 인구 중 36%가 도시에 거주하고, 전 국민의 97%가 로마 가톨릭을 믿고 있으며, 국민 1인당 소득은 21,019달러(2007)이다.

### 2) 국제관광현황

주요 관광지로는 테조강(Tejo. R)변에 발달한 수도 리스본(Lisbon)을 비롯하여 과거 수도 코이브라(Coimbra)와 포도원산지 및 포르투갈 국명의 유래가 된 포르투갈 제2의 도시 포르투(Porto)가 있다. 포르투갈은 세계적으로 관광상위그룹에 있는 스페인과 접하고 있어서, 최근 관광산업 육성에 힘을 기울이고 있다.

〈표 3-26〉 포르투갈의 국제관광객 유치실적을 보면, 1990년에 1,800만 명의 관광객

을 유치하던 것이 그 후 연도의 증가와 더불어 유입객도 증가해 2000년에는 2,800만 명을 유치하여 세계관광객 유치국 중 18위를 차지하였으며, 세계관광객의 1.6%를 점하고 있다. 그 후, 2007년에는 2,376만 명을 유치하였다. 외래관광객의 평균체재일수는 1999년의 경우 6.8일이었으나 점차 감소하여, 2007년에는 3.8일로 나타났다. 방문목적으로는 여가 및 휴양 71%, 상용 17% 순으로 나타났으며, 외래관광객의 출신지역은 유럽지역 94.35%, 미주지역 5.29%로 나타나 유럽지역 관광객들이 대부분인 것으로 나타났다. 특히 포르투갈의 수도 리스본(Lisbon)은 이베리아반도의 최대 항임과 동시에 국제교통의 중심지이며, 교외에 있는 Estoril지구는 기후가 좋고 경치가 아름다우며 해수욕장으로 인기가 높아 북유럽지역 관광객이 많이 유치되고 있다.

반면, 포르투갈 국민의 Outbound현황은 2004년 이후의 자료만 확인이 가능한데 2004년의 경우 1,714만 명이 해외여행을 했으며, 2007년은 2,098만 명이 해외여행을 한 것으로 나타나 아웃바운드는 매년 조금씩 증가하고 있는 것으로 나타났다.

〈표 3-26〉 포르투갈의 연도별 국제관광객현황

(단위 : 1,000명)

| 구분 \ 연도 | 1999 | 2000 | 2001 | 2002 | 2003 | 2004 | 2005 | 2006 | 2007 |
|---|---|---|---|---|---|---|---|---|---|
| Inbound | 27,016 | 28,014 | 28,150 | 27,194 | 27,532 | 21,165 | 21,173 | 22,588 | 23,766 |
| Outbound | - | - | - | - | - | 17,141 | 18,110 | 18,378 | 20,989 |
| 차 이 | - | - | - | - | - | 4,024 | 3,063 | 4,210 | 2,777 |

자료 : UNWTO(2008)

한편, 포르투갈 국가의 관광수입을 보면(〈표 3-27〉 참조), 1999년에 60억 달러였으며, 2003년도에는 76억 달러까지 관광외화가 증가하였다. 그 후, 관광수입은 계속 증가하여 2007년에는 122억 달러 이상의 관광수익을 창출하였다. 반면, 관광지출의 경우 1999년 27억 달러가 지출되었으며, 그 후 매년 조금씩 증가하여 2007년에는 47억 달러 이상의 관광지출이 발생하여 관광수입이 관광지출보다 많은 74억 달러 이상의 국제관광수지 흑자가 발생하였다. 외국인 유치에 따른 관광흑자가 국가경제에 크게 기여하고 있음을 알 수 있다.

〈표 3-27〉 포르투갈의 연도별 국제관광수지

(단위 : 100만 달러)

| 구분 \ 연도 | 1999 | 2000 | 2001 | 2002 | 2003 | 2004 | 2005 | 2006 | 2007 |
|---|---|---|---|---|---|---|---|---|---|
| 관광수입 | 6,064 | 6,027 | 6,236 | 6,595 | 7,634 | 8,863 | 9,009 | 10,036 | 12,232 |
| 관광지출 | 2,758 | 2,754 | 2,606 | 2,631 | 2,982 | 3,369 | 3,744 | 4,050 | 4,772 |
| 차 이 | 3,306 | 3,273 | 3,630 | 3,964 | 4,652 | 5,495 | 5,265 | 5,986 | 7,460 |

자료 : UNWTO(2008)

### 3) 국제관광정책

포르투갈에서 관광산업은 두 번째로 외화획득이 높은 부문으로 국가경제에 미치는 영향이 매우 크며 무역적자의 36%를 충당하는 산업이다. 관광산업의 중요성을 포르투갈 정부도 인식하고 있어 관광산업의 활성화에 노력을 기하고 있다. 포르투갈 정부가 추진하는 국제관광진흥사업 내용을 살펴보면, 간단히 네 가지로 정리할 수 있다. 첫째, 직업훈련(Vocational Training) 프로그램의 개발과 운영이다. 둘째, 환경(Environment)의 보전이다. 포르투갈의 문화유산과 자연자원의 환경보호관점에서 관광부가 문화·환경에 관계되는 부서와의 협조를 통해 문화적 유적지 내의 불법적인 수많은 건물과 집들을 철거하기도 하였다. 셋째, 보조와 장려제도 활성화이다. 관광부는 새로운 투자를 촉진하기 위해 저이자로 대부계획을 소개하고, 표준 이하의 관광시설물들에 대해서는 신규투자를 장려했으며, 토지나 건물의 투자에 있어서도 정부의 금융지원이 이루어졌다. 넷째, 관광소비자보호활동을 전개하는 것이다. 포르투갈정부는 관광사업의 질적 향상을 위해 더 많은 관심을 기울이고 있으며, 호텔학교에서는 훌륭한 인적 자원(종사원)들을 육성하여 서비스산업에 근무하게 함으로써, 관광객에 대한 서비스의 질적 향상을 꾀하고 있다.

## 13. GREECE

### 1) 개 관

❖ 푸른색 - 에게해와 하늘
❖ 흰색 – 순결과 평화
❖ 십자 – 그리스 정교
❖ 9줄의 가로선 – '자유가 아니면 죽음을' 이라는 9음절을 상징

그리스는 발칸반도 남단에 위치한 유일한 민주진영국가로 펠로폰네소스(Peloponnesus)반도와 400여 개의 도서(島嶼)로 이루어져 일찍부터 해운업이 발달하였다. 전체 면적은 13만 2,000km$^2$며 산지와 구릉이 국토의 80%를 차지하고, 최고봉은 그리스신화에 나오는 올림푸스(Olympus ; 2,917m)산이다. 기후는 전형적인 지중해성 기후가 나타나 겨울은 비교적 비가 많고 온화하며 여름은 고온건조하고 지중해식 과일농업이 발달하였다.

기원전 5세기경부터 아테네를 중심으로 Polis(도시국가)가 번영하였으며, 인류 최초의 민주정치가 꽃을 피웠고, 소크라테스, 플라톤, 아리스토텔레스 등 많은 철학자들을 배출하였다. 민족으로는 그리스인(97%)이 대부분이고 그 외 터키, 유대인이 조금 있으며, 그리스 정교(98%)가 국교이며, 그리스어를 사용하고 있고 영어도 가능하다. 주요 산업은 담배, 면화, 포도주, 올리브 등의 농업과 석유, 조선 등 해운업이 발달하였으며, 현재 인구(2007)는 약 1,115만 명이며 전체 인구의 65%가 도시에 거주하고 있고, 국민 1인당 소득은 28,273달러(2007)이다.

국민성은 개방적이고 활달하며 고대문명의 유적지가 많아 외국관광객들이 많이 찾아오고 있다. 그리스는 NATO 및 EU 회원국이며, 무역수지적자를 관광수입과 해운수입으로 충당하고 있으며, 세계적인 선박보유국이다. 천혜의 자연관광자원을 비롯해 고대문명의 많은 유적을 지니고 있으면서도 유럽국가로부터 지형적인 고립, 물가 등 사회경제 사정 등으로 인해 스페인과 이탈리아, 터키 등에 비해 관광객 유치에서 뒤지고 있는 실정이다.

그리스 아테네의 포세이돈신전

## 2) 국제관광현황

선박왕 오나시스, 그리스 신화, 올림픽 등으로 유명한 그리스는 유럽문명의 원천이 되었던 곳으로, 아테네를 중심으로 각 지역에 흩어져 있는 고대 문화유적을 발굴·보존하고 있어 유럽 각지로부터 많은 관광객들이 유입되고 있다. 특히 델포이(Delphi)에 있는 아폴로(Apollo)신전과 아테네에 있는 제우스(Zeus) 신전은, 관광자원적 가치가 높아 유럽지역으로부터 많은 관광객을 유치하는 지명도가 높은 자원이다.

또한, 수도인 아테네(Athens)를 비롯하여 그리스의 역사를 한눈에 볼 수 있는 국립고고학박물관, 제1회 올림픽경기가 개최(1896)된 경기장, 로마의 황제 네로가 보물을 가져간 델포이(Delphi)박물관, 오늘날 세계올림픽 성화를 채화하는 올림피아(Olympia)의 헤라신전, 스파르타 교육으로 유명한 도시국가였던 스파르타(Spartie), 유럽 최고문명인 미노아 문명이 발생한 크레타(Creta)섬 등 많은 관광자원이 있다. 에게해 주변지역도 고대유적과 자연미가 잘 조화된 지명도 높은 지역이다.

그리스의 국제관광객 유동현황을 연도별로 살펴보면, 〈표 3-28〉과 같다. 2000년에 1,356만 명이 유치되었으며 2005년에는 1,593만 명으로 괄목할 정도로 증가하였고,

2007년에는 1,875만 명의 관광객이 유입되었다. 그리스를 방문하는 관광객은 주로 유럽국가의 관광객들로 전체 관광객의 94.3%를 차지하며, 평균체재일수는 5.37일(2007)로 나타났다. 유럽관광객의 국가별 구성은 영국, 독일, 이탈리아, 프랑스, 네덜란드 순이며, 이탈리아는 인접국일 뿐만 아니라 해외에서 휴가를 즐기려는 성향이 높기 때문에 향후 그리스 방문이 늘어날 것으로 추정되고 있다. 그리스 국민의 Outbound자료의 부족으로 Inbound와 비교하지 못함이 유감이다.

〈표 3-28〉 그리스의 연도별 국제관광객현황

(단위 : 1,000명)

| 구분 \ 연도 | 2000 | 2001 | 2002 | 2003 | 2004 | 2005 | 2006 | 2007 |
|---|---|---|---|---|---|---|---|---|
| Inbound | 13,567 | 14,678 | 14,918 | 14,785 | 14,268 | 15,938 | 17,284 | 18,755 |
| Outbound | · | · | · | · | · | · | · | · |

자료 : UNWTO(2008)

한편, 〈표 3-29〉의 국제수지관계를 보면, 관광수입의 경우 2000년에는 각각 92억 달러, 2002년에는 100억 달러 이상을 획득하였으며, 2006년에는 약 145억 달러의 수입이 발생하였다. 관광지출의 경우 2000년에 45.6억 달러가 지출되었으나, 그 후 조금씩 지출이 감소하여 2006년에는 30억 달러로 관광지출이 감소해, 약 115억 달러의 국제관광수지흑자가 발생하였다.

〈표 3-29〉 그리스의 연도별 국제관광수지

(단위 : 100만 달러)

| 구분 \ 연도 | 1999 | 2000 | 2001 | 2002 | 2003 | 2004 | 2005 | 2006 |
|---|---|---|---|---|---|---|---|---|
| 관광수입 | 8,783 | 9,221 | 9,216 | 10,005 | 10,842 | 12,809 | 13,453 | 14,495 |
| 관광지출 | 4,014 | 4,564 | 4,189 | 2,453 | 2,439 | 2,880 | 3,045 | 3,004 |
| 차 이 | 4,769 | 4,657 | 5,027 | 6,771 | 8,403 | 9,929 | 10,408 | 11,491 |

자료 : UNWTO(2008)

그리스인이 선호하는 여행목적지로는 이탈리아(36.5%), 유고(7.3%), 불가리아(6.9%), 독일(5.2%), 영국(4.5%), 스위스(4.3%), 오스트리아(3.8%), 루마니아(3.0%), 미국(1.3%) 순이다.

# 14. BELGIUM

## 1) 개 관

❖ 검은색, 노란색, 붉은색
- 브뤼셀 일대를 통치했던 브라반드 문장(紋章)의 '검은 대지에 붉은 혀를 내민 누런색의 사자'에서 유래됨

북서유럽에 위치하고 있는 작은 3개국 중 하나로, 벨기에, 네덜란드, 룩셈부르크를 합쳐서 베네룩스 3국이라 부른다. 벨기에(30,513km$^2$)는 1930년 네덜란드 통치하에 있다가 이듬해인 1931년에 입헌군주국으로 독립하였다.

편서풍기후 지역에 속하며 구름과 비가 많은 국가이다. 이 국가는 친서방국가로 NATO와 EU에 가입되어 활동하고 있으며, 수도 브뤼셀(Bruxelles)에는 EU를 비롯하여 많은 국제기구 본부가 있다.

철과 석탄이 풍부해 유럽의 공장이라 할 정도로 중화학공업이 발달하였다. 제철, 제강, 기계, 조선, 자동차, 모직물 공업이 발달하였으며, 풍부한 산업기반으로 국민생활수준과 문화수준이 상당히 높다. 사회보장제도가 잘 갖추어져 있으며 국민들은 높은 생활수준을 영위하고 있다.

벨기에의 경제적 상황은 네덜란드와 상당히 유사하다. 실업률이 14.5%로 유럽 내에서도 비교적 높은 편이며, 세금과 사회안정기금이 GNP의 49%에 이르는데 이는 스웨덴과 덴마크 다음으로 높은 비율이다. 벨기에는 하나의 커다란 문제를 안고 있는데, 그것은 프라망어(네덜란드어 : 44%)를 사용하는 북부의 튜턴계 프라망(Framan)인이 거주하는 지역과, 프랑스계통의 왈룽어(프랑스어 : 55%)를 사용하는 라틴계 왈룽(Waloon)인이 거주하는 지역인 남부지역이 서로 대립하고 있는 점이다.

관광자원으로는 수도 브뤼셀(Bruxelles)에 있는 높이 60cm의 작은 청동상(오줌 누는 소년)[23)]을 비롯하여, 시립박물관과 브뤼셀의 남쪽 17km 지점에 위치한 나폴레옹군

23) 오줌 누는 소년 : 세계에서 가장 잘 알려진 동상 중의 하나로 1619년 제롬 뒤케에 의하여 만

과 연합군의 격전지 워털루, 오래된 고딕양식의 시청사가 있는 브뤼주(Brugge), 다이아몬드 가공공장으로 유명한 안트베르펜(Antwerpen)과 왕립미술관이 견인력 높은 관광자원이다. 1,045만(2007) 인구로 전 인구의 97%가 도시에 거주하고 있으며, 1인당 국민소득은 42,557달러(2007)로 상당히 높다.

## 2) 국제관광현황

벨기에 국제관광의 유동현황을 살펴보면, 외래관광객의 경우 2000년 645만 명이 방문하였으며, 매년 조금씩 증가해 2007년에는 704만 명이 방문하였다. 방문객의 평균체재일수는 2007년 2.31일이며, 방문목적은 여가 및 휴양이 65%로 가장 높고, 상용이 35%로 나타났다. 또한, 방문객의 출신지역으로는 유럽지역이 87.7%이며, 미주 6.1%, 동아시아 및 태평양지역이 4.37% 순으로 나타났다. 한편, 벨기에인들의 아웃바운드를 살펴보면, 2000년 793만 명이 출국하였으며, 2005년에는 932만 명 이상이 출국하였고, 2007년에는 837만 명이 출국하는 등 아웃바운드의 수가 인바운드를 조금 상회하고 있는 것으로 나타났다.

〈표 3-30〉 벨기에의 연도별 국제관광객현황

(단위 : 1,000명)

| 구분 \ 연도 | 2000 | 2001 | 2002 | 2003 | 2004 | 2005 | 2006 | 2007 |
|---|---|---|---|---|---|---|---|---|
| Inbound | 6,457 | 6,452 | 6,720 | 6,690 | 6,710 | 6,747 | 6,995 | 7,045 |
| Outbound | 7,932 | 6,570 | 6,773 | 7,268 | 8,783 | 9,327 | 7,852 | 8,371 |
| 차 이 | -1,475 | -118 | -53 | -578 | -2,073 | -2,580 | -857 | -1,326 |

자료 : UNWTO(2008)

벨기에 국가의 국제관광수입을 보면 〈표 3-31〉과 같이 나타나고 있다. 벨기에 국민의 해외여행에 대한 관광지출을 보면 해외소비가 많아 2000년에 28억 달러의 관광적자를 나타내고 있으며, 2003년에는 45억 달러의 관광적자, 2007년에는 64억 달러 이상의 관광적자를 보이고 있다.

---

들어졌다. 최근에는 이 소년에게 옷을 입히기 위하여 세계 각지에서 보내온 옷이 300벌이 넘는다고 한다.

〈표 3-31〉 벨기에의 연도별 국제관광수지

(단위 : 100만 달러)

| 구분 \ 연도 | 2000 | 2001 | 2002 | 2003 | 2004 | 2005 | 2006 | 2007 |
|---|---|---|---|---|---|---|---|---|
| 관광수입 | 6,592 | 8,304 | 7,598 | 8,848 | 10,089 | 10,881 | 11,556 | 11,847 |
| 관광지출 | 9,429 | 10,878 | 11,270 | 13,402 | 15,456 | 16,771 | 17,799 | 18,295 |
| 차 이 | -2,837 | -2,574 | -3,672 | -4,554 | -5,367 | -5,890 | -6,243 | -6,448 |

자료 : UNWTO(2008)

## 3) 국제관광정책

벨기에의 관광진흥업무는 문화공보부 산하의 벨기에 관광공사(CGT)가 주관하고 있다. 벨기에 관광공사는 특정국가(덴마크, 오스트리아, 그리스, 스위스, 룩셈부르크)에 대해 운수조합을 통한 이용대행소를 설치・운영하고 있다. 벨기에는 외래객 유치증대와 더불어 국민의 휴가여행을 장려하고 있다. 휴가여행자에 대한 정책적 지원과 더불어, 계절적 집중을 평준화(Equalization)하기 위한 방안으로서 휴가시기에 따른 가격차별화를 책정・발급하는 휴가수표제도를 도입・시행하고 있다.

벨기에는 내외국인 관광객을 위해 숙박시설, 문화사업, 휴양과 요식업에 대한 포괄적인 개선을 목적으로 플랜더스(Flanders)와 월로니아(Wallonia) 두 지역에 대한 패키지 개발에 특별한 관심을 기울이고 있다.

국제관광마케팅에 있어서도 관광객이 많이 유입되는 나라에 따라 정책의 변화를 가져왔는데, 이것은 수익이 높은 시장에 진흥정책을 집중하기 위한 목적이다. 또한, 관광객을 유치하기 위한 행사 또는 특별한 지역의 관광자원 홍보를 실시하기도 하였다.

# 15. RUSSIA

## 1) 개 관

❖ 문양 - 제정 러시아에서 사용되던 문양
❖ 삼색기는 표트르 1세 당시 군함, 상선 머리에 꽂았던 기에서 유래
❖2000년 12월 8일 푸틴 대통령이 제출한 국기가 러시아 의회(하원)에서 승인됨

오늘날 러시아는 북극해를 중심으로 위치한 국가로 전 세계 육지면적(13,564 $km^2$)의 12.6%나 되는 1,707.5$km^2$의 세계 최대면적의 국가이다. 과거에는 소련연합(U.S.S.R ; Union of Soviet Socialist Republic)이었으나, 연합이 와해되고 10개의 공화국 연방체인 독립국가연합(CIS ; Commonwealth of Independent States)으로 바뀌었다.

러시아는 오랫동안 공산주의 국가체제로 발달해와 한반도와는 두만강을 경계로 인접하고 있었으나 별다른 친밀한 관계를 유지하지 않았다. 1990년 3월 고르바초프가 소련 초대 대통령에 당선된 이후 같은 해 6월 샌프란시스코에서 한-소 정상회담을 개최, 그 후 9월 30일 한-소 수교를 정상화하였다. 12월 노태우 대통령이 소련 방문 이후, 정상 국교가 이루어져 오늘에 이르고 있다.

오늘날 러시아와 국경을 이루고 있는 국가는 노르웨이, 핀란드, 폴란드, 에스토니아, 라트비아, 리투아니아, 벨로루시, 우크라이나, 몰도바, 그루지아, 아제르바이잔, 카자흐스탄, 몽골, 중국, 북한 등 15개국에 이른다.

러시아는 지리적 특성과 지형에 따라 크게 3개의 주요 지역으로 나눌 수 있는데 첫째, 남북으로 주행(走行)하고 있는 우랄산맥을 경계로 서쪽 중앙러시아 평원지역과 둘째, 동쪽 레나강(Lena R.)을 중심으로 서쪽의 서시베리아 저지와 중앙시베리아 고원지역 셋째, 러시아의 동남부에 위치한 베르호얀스크 산맥(Verkhoyansk Mts.)과 야블로노비 산맥(Yablonobvi Mts.)의 산악지역으로 구분된다. 일반적으로 러시아는 동남부에 주요 산맥이 분포하고 있어, 남고북저의 지형으로 주요 강들이 남쪽에서 북쪽으로 흘러 북극해로 유입되고 있다. 기후는 전 국토의 2/3가 N. 60° 이북(한반도 N.

33°~N. 43°)에 위치해, 차가운 대륙성 기후를 나타내고 있고, 남부와 동부는 인도양과 태평양의 해양성 기후가 산맥에 의하여 차단되어 평균온도가 매우 낮은 편이다. 기온은 영토가 광범위하기 때문에 지역에 따라 상당한 차이를 나타내고 있다. 러시아 서쪽에서 동쪽에 이르기까지 주요 지점의 1월 평균기온을 보면, 발트해(Baltic Sea)의 북동쪽인 서시베리아 평원의 항구도시 상트 페테르부르크(Sankt Peterburg)는 -8℃, 러시아의 동부인 레나강(Lena R.) 상류에 위치한 야쿠츠크(Yakutsk)는 -43℃, 그리고 북쪽의 세계 극한지로 알려진 베르호얀스크(Verkhoyansk)는 -50℃를 나타내고 있어[24], 우리나라 서울의 1월 평균기온 -12℃와 비교하면 상당한 차이가 있다. 러시아지역의 연평균 강우량은 발트해 연안은 600mm, 모스크바는 525mm, 시베리아 동부는 400mm 이하, 북극해 연안지역은 125mm이며, 극동지역에 위치한 블라디보스토크(Vladivostok)에는 600mm의 강우가 내린다.

토양은 일반적으로 산성도가 낮고 부식물질을 많이 함유하고 있는 체르노젬(흑토)으로 진한 흑색을 띠고 있으며, 체르노젬은 매우 비옥하여 러시아연방의 주요 곡물생산지가 되고 있다.

러시아는 지역에 따라 혼합림과 낙엽수림이 넓게 분포하고 있어 삼림자원이 풍부한 세계적인 펄프생산국이기도 하다. 세계 최대의 면적을 가진 러시아는 오늘날 1억 4,249만 명의 인구(2007)에 1인당 국민소득 9,075달러(2007)이며, 전체 인구의 74%가 도시에 거주하고 있다.

러시아인은 13세기 무렵까지 우크라이나, 백러시아 등과 함께 고 러시아인으로 구성되었고, 현재 러시아는 14~15C에 몽골, 타타르[25] 등 소수민족[26]의 저항과 모스크바를 중심으로 한 통일국가 건설 속에서 형성되었다. 19세기 러시아의 세력은 남쪽은 흑해·카스피해 연안에서 북극해까지, 서쪽은 폴란드에서 아시아 극동, 그리고 북미 알래스카까지 미쳤다. 과거 소련연방시대에는 약 75개의 다양한 민족으로 구성되었으

24) 장진헌, *op. cit.*, pp.57~59.

25) 타타르 : 우랄산맥의 서쪽, 볼가강 중류에 발달한 소수민족국가. 인구 38만 명, 러시아어, 타타르어 사용.

26) 체첸공화국 : 카프카스 산맥의 북사면에 발달한 소수민족국가. 수도는 그로즈니(41만 인구), 전통이슬람국교, 소련의 강한 반이슬람정책을 반대하는 이슬람교 집단으로 구성, 전통적 유목민족. 유전, 천연가스, 섬유화학, 반러시아저항운동이 많이 발생하고 있음.

며, 그중 82%가 러시아인, 약 1.0%가 타타르인, 우크라이나인, 추바슈인으로 구성되어 있었다.

우리가 러시아를 이해하려면 러시아 정교를 알아야 한다. 러시아인에게는 종교가 생활 바로 그 자체이기 때문이다. 동로마제국에서 키예프루시로 그리스도교가 유입된 것은 10C 말로, 블라디미르 1세가 세례를 받음으로써 정교회는 러시아의 국교가 되었다.[27] 그 후 시대의 흐름과 지배자의 의도에 따라 종교는 성쇠의 기복이 있었으나 1990년 10월, 연방최고회의가 양심의 자유와 종교의 자유법을 의결함으로써 종교의 자유가 다시 주어지게 되어 모든 교회의 자산이 반환되었다.

러시아를 포함한 사회주의 국가가 자본주의로 전환하는 데는 자유화(自由化), 사유화(私有化), 안전화(安全化)의 세 가지 정책이 기조를 이루고 있다. 특히 1992년 상품가격의 자유화를 시작으로 상거래 자유화, 무역의 자유화, 단일변동환율제도 도입 등 다양한 제도가 자유화되었다.

러시아인은 발레, 음악회, 오페라, 서커스 공연 등을 거의 무료와 다름없는 입장료로 여가활동을 즐기며, 봄날에는 대개 다차(별장)에서 감자, 토마토, 사과 등 과일과 채소를 가꾸고, 겨울에는 따뜻한 지방으로 여행이나 독서, TV 감상을 하며 여가시간을 보낸다. 러시아에는 아직도 3세대가 한 지붕 밑에 살고 있는 경우가 많으며, 도시 인구의 약 25% 정도가 부모와 함께 살고 있다. 러시아인의 이혼율은 세계적으로 높아 1986년 272만 7,000건의 결혼과 94만 3,000건의 이혼기록으로 무려 34.5%의 이혼율을 기록했다. 이처럼 이혼율이 높은 것은 러시아 여성들의 경제적인 자립과 자기주장이 강한 성향에 있으며 조혼의 풍속과도 관계가 있다.

러시아의 교통은, 국토 북쪽은 이용도가 낮고 넓은 국토가 동서로 길게 분포하고 있기 때문에 철도가 가장 중요한 수송수단으로 전국 화물수송량의 약 90% 이상을 담당하고 있다. 특히 쿠즈네츠크 분지에서 우랄산맥까지 연결되는 철도가 가장 많은 화물을 수송하고 있다. 앞으로 한반도 종단철도(TKR)와 '철의 실크로드'로 불리는 시베리아 횡단철도(TSR)가 연결되어 활성화된다면, 양국간의 경제와 문화 교류 등 다양한 분야에서 한국과 러시아 간의 관계가 확대되어 상호간 Win-Win할 수 있을 것이다.

27) 장진헌(2000), 러시아 문화의 이해, 학문사, pp.69~71.

1970년대부터 시작된 구 소련경제의 침체현상은 1980년대 들어오면서 더욱 심화되었다. 기존의 중앙집권적 계획경제체제가 붕괴되기 시작한 1990년에 들어와, 구소련경제 실질성장률이 -3.7%를 나타내어, 제2차 세계대전 후 처음 마이너스성장을 기록하였다. 1991년에는 계획경제체제 및 구 소련연방체제의 와해현상이 본격화되기 시작함에 따라 전년에 비해 11.0%나 하락하였다. 이러한 생산하락현상은 1992년 이후에는 더욱 심화되었다.

러시아는 1992년 초부터 본격적인 경제개혁정책을 실행에 옮기기 시작하였다. 구소련 말기 고르바초프 정권에 의한 개혁정책(페레스트로이카)은, 전체적으로 구사회주의 경제체제의 골격을 유지하면서 개혁을 수행하는 것이었는데 반해, 1992년 초부터의 경제개혁은 구사회주의의 계획경제체제를 타파하고 서구적 시장경제체제로의 전환을 꾀하는 체제전환정책이었다.

옐친정부에 의한 러시아의 급진개혁정책은 독점적 물가수급체제를 특징으로 하는 산업구조 등, 구체제에서 장기간에 걸쳐 정착된 경제 인프라에 대한 개선 없이 급진적인 자유화 및 안정화정책의 실시로 생산의 위축, 물가의 불안정 등 많은 부작용을 낳았다. 1996년 7월 재집권에 성공한 옐친 대통령이 대국민 TV연설에서 밝힌 집권 2기 국정운영 기본방향에는, 향후 경제정책은 정부조달 확대 등을 통해 생산회복과 국민생활수준의 향상을 도모한다는 내용이 강조되었다.

## 2) 국제관광동향

1991년부터 시작된 정치 · 사회적 변혁은 러시아의 Inbound시장에 많은 장애를 초래한 반면, 자유화는 아웃바운드시장의 성장을 가져왔다. 또 러시아가 경제적 어려움을 겪는 동안 세계의 언론매체에서 러시아 여행의 위험성과 고(高)비용에 대해 보도하여 업무여행시장과 함께 휴가여행시장에서도 타격을 입었다.

오늘날 러시아의 외래관광객의 구조를 연도별로 보면 〈표 3-32〉와 같이, 1990년대 후반에서 2000년대 초반까지 연평균 5.1% 증가현상을 나타내고 있으며, 2003년에는 세계 7위 수준으로 외래객이 유치되고 있다. 최근의 러시아 인바운드는 2005년에는

1,990만 명, 2006년에는 2,020명이 유입, 2007년에는 Inbound 13위를 랭크하였다. 한편, 아웃바운드 현상은 연평균 8.9%로 증가해 2003년의 경우 2,200만 명의 Inbound에 비하여 2,000만 명 이상의 관광객이 Outbound되어 세계 Outbound국 순위 8위를 차지하였다.

〈표 3-32〉 러시아의 연도별 국제관광객현황

(단위 : 1,000명)

| 구분 \ 연도 | 1996 | 1997 | 1998 | 1999 | 2000 | 2001 | 2002 | 2003 |
|---|---|---|---|---|---|---|---|---|
| Inbound | 16,208 | 17,463 | 16,188 | 18,820 | 21,169 | 21,570 | 23,296 | 22,521 |
| Outbound | 12,261 | 11,182 | 10,635 | 12,631 | 18,371 | 17,939 | 20,343 | 20,469 |
| 차 이 | 3,947 | 6,281 | 5,553 | 6,189 | 2,798 | 3,631 | 2,953 | 2,052 |

자료 : UNWTO

러시아의 외래방문자는 1990년대 초에 급격히 줄어들었으나 1995년 들어 증가되기 시작하였는데, 이는 구소련에서 분리·독립한 주변국가 국민의 방문이 증가했기 때문이다. 러시아를 방문하는 관광객은 러시아 국토의 크기나 인구수에 비해 적은 편이다. 동부유럽 국가들 중 헝가리, 폴란드는 1993~1996년에 러시아보다 더 많은 관광객을 유치하였다.

러시아 Inbound시장에서 주요 비중을 차지하는 국가로는 핀란드, 폴란드, 중국, 미국, 독일, 터키 등이 있는데, 이 나라들을 제외한 다른 국가출신 관광객들은 러시아의 경제, 정치의 불안을 이유로 감소추세를 보이고 있다.

외래관광객의 방문목적은 구소련에서 분리·독립한 국가들의 경우 친구/친지방문의 사적인 목적이 높게 나타났다. 특히, 우크라이나공화국 출신의 관광객의 경우 방문목적의 80%가 친구/친지 방문이며, 그 외 다른 나라 출신의 관광객의 경우 휴가여행자보다는 업무여행자의 비율이 더 높다.

1980년대 후반 러시아는 유럽국가들의 휴가여행 목적지로 절정을 이루었던 시기였으나, 1990년 전반기에 들어서면서 휴가목적 방문율이 현저히 떨어졌다. 1980년대 휴가여행목적으로 러시아를 방문했던 주요 서부유럽 국가는 벨기에, 네덜란드, 오스트리아, 노르웨이, 스웨덴이 있었으며, 동유럽 국가 중에는 폴란드가 있었으나 방문율을 그리 높지는 않다.

한편, 러시아인의 아웃바운드의 특성을 살펴보면, 첫째, 러시아인들은 구소련의 폐쇄적인 공산체제하의 국외여행규제가 소련의 붕괴 후 자유화되면서, 많은 국민이 해외로 나가려는 높은 성향을 나타내고 있다. 둘째, 관광목적으로 국외여행을 하는 러시아인들은 주로 1990년대 초 시장경제로 전환되면서 형성된 신흥 중산층으로 문화체험관광 프로그램이 풍부한 여행목적지를 많이 찾고 있다. 이로 인해, 최근 모스크바 여행사들은 그리스, 이탈리아, 스페인, 이집트 등과 같이 문화유적이 풍부한 국가를 여행목적지로 하는 패키지상품을 가장 많이 취급하는 것으로 나타나고 있다. 셋째, 러시아는 기후조건이 열악해 많은 러시아인들이 북부유럽 국가와 마찬가지로 동절기에 남쪽의 해변관광을 선호하는 경향을 띠고 있다. 넷째, 관광비자로 출국하는 러시아인 국외여행자는 아직도 상당부분이 이른바 영세한 비즈니스 여행자들이라는 점이다.

UNWTO의 공식집계에 의하면 2003년 러시아 국민의 출국자수는 20,469천 명으로 2002년의 20,343천 명과 비슷하다. 2003년도 러시아인 목적별 국외여행자는 개인용무가 가장 많았고, 그 다음으로 관광목적, 업무목적의 순으로 나타났다. 한편 러시아의 국제관광수지를 살펴보면, 〈표 3-33〉에서와 같이, 1990년대 후반에는 약 70억 달러의 관광수입을 나타내었으나 연도의 증가와 더불어 조금씩 감소해 2003년 45억 달러의 관광수입을 기록했다. 연간 평균 4.4%의 관광적자를 보고 있으며 세계관광지출국의 순위는 10위를 나타내고 있어서 주목을 끈다. 또한, 2005년에는 70억 달러, 2006년에는 86억 달러의 관광수입을 보이고 있다.

러시아 국민 해외여행에 대한 관광지출은, 1999년에 70억 달러였으나 연도의 증가와 더불어 증가하여 2002년도에는 113억 달러, 2003년도에는 14.1% 증가한 129억 달러였다. 2005년에는 174억 달러, 2006년에는 182억 달러, 2007년에는 223억 달러의 관광지출이 발생해, 적자폭이 2005년에는 104억 달러, 2006년의 경우 96억 달러의 국제수지적자가 발생했다.

〈표 3-33〉 러시아의 연도별 국제관광수지

(단위 : 100만 달러)

| 구분 \ 연도 | 1996 | 1997 | 1998 | 1999 | 2000 | 2001 | 2002 | 2003 |
|---|---|---|---|---|---|---|---|---|
| 관광수입 | 6,868 | 7,164 | 6,508 | 3,723 | 3,430 | 3,572 | 4,167 | 4,502 |
| 관광지출 | 10,270 | 9,363 | 8,677 | 7,097 | 8,848 | 9,285 | 11,284 | 12,880 |
| 차　이 | -3,402 | -2,199 | -2,169 | -3,374 | -5,418 | -5,713 | -7,117 | -8,378 |

자료 : UNWTO

## 16. 스탄(STAN) 국가들의 현황과 관광

1991년 12월 소련연방이 해체되고 강압적으로 통합되었던 우크라이나를 비롯하여 많은 지역들이 분리 독립하였다. 분리될 당시에는 경제발달 정도가 서로 비슷하였으나, 수년이 지난 후 국내의 풍부한 자원과 국가잠재력을 충분히 활용하여 경쟁적으로 고속 성장한 국가가 있는가 하면, 그와는 반대로 정치적 분쟁으로 빈곤과 침체에서 벗어나지 못한 가난한 국가도 있다.

〈표 3-34〉는 러시아를 제외한 14개 주변 국가들의 전반적인 특성에 관한 내용인데, 인구에 있어서 한국과 비슷한 우크라이나(4,630만 명)부터 144만 명의 에스토니아까지 있다. 그리고 1인당 국민소득에 있어서는 타지키스탄이 430달러로 가장 낮고 다음으로 키르기스스탄(549), 우즈베키스탄(550)으로 매우 낮으나, 에스토니아(15,851), 라트비아(11,985), 리투아니아(11,354)와 같이 만 달러 이상인 나라도 있다. 이들 국가는 국가마다 고유 언어를 가지고 있으며, 러시아와 더불어 공용어를 쓰는 국가도 4개국이 있다.

스탄 국가들 중, 우크라이나는 1200년 이상의 유구한 역사를 자랑하는 나라이며, 수도인 키예프는 러시아에서 가장 오래된 도시 중 하나로 '러시아 도시의 어머니'라고 불리었다. 키예프는 1240년부터 약 200년간 몽골의 지배를 받았고 몽골이 물러간 후에도 폴란드, 터키 등 인근 국가로부터 많은 침략에 시달렸다. 우크라이나는 1654년에 자발적으로 러시아와 합병조약을 체결했으며, 볼셰비키 공산혁명 직전에 독립했으나 공산혁명 후 다시 소련연방의 지방공화국으로 있다가 1991년 8월 24일 독립을 선포하였다.

우크라이나는 세계적으로 비옥한 흑토지대로 '유럽의 식량창고'라 할 정도로 밀을 많이 생산하고 있으며, 그 외 지하자원도 풍부하다. 그러나 최근 산업화가 진행되면서 옥토지대를 매연과 폐기물로 오염시켰으며 1986년에는 체르노빌 원자력발전소 폭파 사건이 발생하기도 하였다.

〈표 3-34〉 러시아로부터 분리·독립한 국가

| 국 명 | 수 도 | 면적 (만km²) | 인구 (만 명) | 인구 밀도 (명/km²) | 1인당 국민소득 (달러) | 종 교 | 주요 언어 |
|---|---|---|---|---|---|---|---|
| 그루지아 | 트빌리시 | 7.0 | 520 | 73 | 1,350 | 이슬람교, 신교 | 그루지아어, 러시아어 |
| 라트비아 | 리가 | 6.5 | 240 | 35 | 11,985 | 신교, 가톨릭 그리스 정교 | 라트비아어 |
| 리투아니아 | 빌뉴스 | 6.5 | 350 | 52 | 11,354 | 가톨릭 | 리투아니아어 |
| 몰도바 | 키시네프 | 3.4 | 432 | 126 | 2,000 | 러시아 정교 | 몰도바어 |
| 벨라루스 | 민스크 | 20.8 | 975 | 47 | 1,290 | 러시아 정교, 가톨릭 | 벨로루시어, 러시아어 |
| 아르메니아 | 예레반 | 3.0 | 321 | 102 | 1,092 | 이슬람교, 신교 | 아르메니아어 |
| 아제르바이잔 | 바쿠 | 8.7 | 837 | 96 | 3,663 | 이슬람교 | 아제르바이잔어 |
| 에스토니아 | 탈린 | 4.5 | 144 | 29 | 15,851 | 신교 | 에스토니아어 |
| 우즈베키스탄 | 타슈켄트 | 44.7 | 2,660 | 58 | 550 | 이슬람교 | 우즈베키스탄어 |
| 우크라이나 | 키예프 | 60.4 | 4,630 | 80 | 7,600 | 우크라이나 정교 | 우크라이나어, 러시아어 |
| 카자흐스탄 | 아스타나 | 272.5 | 1,528 | 5 | 6,868 | 이슬람교 | 카자흐스탄어, 러시아어 |
| 키르기스스탄 | 비슈케크 | 20.0 | 528 | 25 | 549 | 이슬람교 | 키르기스스탄어 |
| 타지키스탄 | 두샨베 | 14.3 | 720 | 43 | 430 | 이슬람교 | 타지키스탄어 |
| 투르크메니스탄 | 아슈하바트 | 48.8 | 574 | 10 | 5,189 | 이슬람교 | 투르크메니스탄어 |

자료 : 세계국가요람(2006), 국가외교통상부 2006, 2007년 자료 참조

## 〈스탄(STAN) 국가들의 관광현상〉

### ■ 아제르바이젠(AZERBAIJAN)

관광객 (단위 : 1,000명)

| 구분 \ 연도 | 1999 | 2000 | 2001 | 2002 | 2003 | 2004 |
|---|---|---|---|---|---|---|
| Inbound | 602 | 681 | 767 | 8,34 | 1,014 | · |
| Outbound | 1,204 | 1,326 | 1,130 | 1,141 | 1,376 | · |
| 차 이 | -602 | -645 | -363 | -307 | -362 | · |

관광수입 (단위 : 100만 달러)

| 구분 \ 연도 | 1999 | 2000 | 2001 | 2002 | 2003 | 2004 |
|---|---|---|---|---|---|---|
| Inbound | 93 | 68 | 57 | 63 | 70 | · |
| Outbound | 149 | 138 | 119 | 110 | 120 | · |
| 차 이 | -56 | -70 | -62 | -47 | -50 | · |

### ■ 카자흐스탄(KAZAKHSTAN)

관광객 (단위 : 1,000명)

| 구분 \ 연도 | 1999 | 2000 | 2001 | 2002 | 2003 | 2004 |
|---|---|---|---|---|---|---|
| Inbound | 394 | 1,683 | 2,693 | 3,678 | 3,237 | · |
| Outbound | 398 | 1,247 | 2,294 | 2,274 | 2,374 | · |
| 차 이 | -4 | 436 | 399 | 1,404 | 863 | · |

관광수입 (단위 : 100만 달러)

| 구분 \ 연도 | 1999 | 2000 | 2001 | 2002 | 2003 | 2004 |
|---|---|---|---|---|---|---|
| Inbound | 394 | 403 | 502 | 680 | 638 | · |
| Outbound | 455 | 483 | 761 | 864 | 783 | · |
| 차 이 | -61 | -80 | -259 | -184 | -145 | · |

### ■ 키르기스스탄(KYRGYZSTAN)

관광객 (단위 : 1,000명)

| 구분 \ 연도 | 1999 | 2000 | 2001 | 2002 | 2003 | 2004 |
|---|---|---|---|---|---|---|
| Inbound | 165 | 173 | 199 | 183 | 248 | · |
| Outbound | 45 | 47 | 46 | 45 | · | · |
| 차 이 | 120 | 126 | 153 | 138 | · | · |

관광수입 (단위 : 100만 달러)

| 구분 \ 연도 | 1999 | 2000 | 2001 | 2002 | 2003 | 2004 |
|---|---|---|---|---|---|---|
| Inbound | · | 20 | 32 | 53 | 65 | · |
| Outbound | 16 | 25 | 21 | 23 | · | · |
| 차 이 | · | -5 | 11 | 30 | 65 | · |

### ■ 타지키스탄(TAJIKISTAN)

관광객 (단위 : 1,000명)

| 구분 \ 연도 | 1999 | 2000 | 2001 | 2002 | 2003 | 2004 |
|---|---|---|---|---|---|---|
| Inbound | 4.5 | 7.7 | 5.2 | · | · | · |
| Outbound | 4.1 | 6.4 | 2.7 | · | · | · |
| 차 이 | 0.4 | 1.3 | 2.5 | · | · | · |

관광수입 (단위 : 100만 달러)

| 구분 \ 연도 | 1999 | 2000 | 2001 | 2002 | 2003 | 2004 |
|---|---|---|---|---|---|---|
| Inbound | · | · | · | · | · | · |
| Outbound | · | · | · | · | · | · |
| 차 이 | · | · | · | · | · | · |

■ 우즈베키스탄(UZBEKISTAN)

관광객 (단위 : 1,000명)

| 구분 \ 연도 | 1999 | 2000 | 2001 | 2002 | 2003 | 2004 |
|---|---|---|---|---|---|---|
| Inbound | 487 | 302 | 345 | 332 | 231 | · |
| Outbound | 202 | 217 | 183 | 264 | 400 | · |
| 차　　이 | 285 | 85 | 162 | 68 | -169 | · |

관광수입 (단위 : 100만 달러)

| 구분 \ 연도 | 1999 | 2000 | 2001 | 2002 | 2003 | 2004 |
|---|---|---|---|---|---|---|
| Inbound | 102 | 63 | 72 | 68 | 48 | · |
| Outbound | · | · | · | · | · | · |
| 차　　이 | · | · | · | · | · | · |

**Tip 러시아의 2009~2010년의 전망 : 여행사의 통폐합과 해외 다국적 여행사**

2008년 12월 러시아 핵심 여행사의 대표들이 현 경제상황이 여행산업에 끼칠 영향에 대해 논의하기 위해 회의를 가졌다. 그들은 현재 모스크바는 수요가 안정적인 반면에, 다른 지역들의 수요는 줄어들 것이라고 예측, 2010년까지 여행 시장에 큰 변화가 생길 것이라고 예상하였다. 대다수의 참석자가 여행사들의 합병을 통해서만이 여행업계가 생존할 수 있고, 해외의 다국적 여행사의 러시아 시장침투로 인한 경쟁에 대해서도 인식을 하고 있어야 한다고 언급하였다.

■ 러시아 시장에 이미 진입한 해외 여행사

- TUI : 2004년 러시아 여행사인 Mostravel의 34% 지분 매입, 2008년 51%로 보유량 증대
- Kuoni 그룹 : 2007년 러시아 선도 여행사 중 하나인 Megapolus(구UTS Megapolus)의 지분 80% 매입
- Hotelplan : 2007년 러시아 여행사인 Ascent를 매입
- Aurinkomatkat-Suntours 그룹 계열사 : 2007년 Calypso 여행사 매입
- Thomas Cook : 2008년 러시아 시장으로의 진입 발표. 선도 기업인 Capital 여행사 및 다른 여행사들과 논의 중

선도 여행사 중 하나인 Natalie Tours Vladimir Vorobiev의 대표는 시장 선도기업인 소수 여행사만이 위기 속에서 살아남을 것이며, 이에 해당하는 여행사는 자신의 회사를 포함하여 Capital Tour, Neva, Tez Tour라고 하였다. 그 이유는 이러한 기업들이 시장에서 인지도가 있으며, 크고 안정적인 시장분배시스템과 효율적인 사업전략을 가지고 있기 때문이라고 하였다. Ascent Travel, VKO Group, Pegas Touristik, Mostravel, PAC Group, Intourist, Megapolus Tours and S7 Tours는 경쟁력이 있지만 시장점유율은 낮은 기업들이다.

기사출처 : TMI Newsletter(2009.1)

CHAPTER 4

# N. AMERICA 지역

## 제1절 북아메리카지역 개관

북아메리카는 북유럽의 Norman인들이 일찍 서쪽으로 항해하여 아이슬란드(874), 그린랜드(983), 노바스코샤(997)를 발견하였고, 근대에 와서 이탈리아인 콜럼버스가 1492년 8월 스페인의 팔로스(Palos)항을 출발, 그 해 10월에 오늘날 서인도의 바하마제도에 도착한 것이 아메리카 발견의 시초가 되었다. 유럽지역을 구대륙이라고 부르는 데 반해, 오늘날 아메리카대륙을 신대륙, 파나마를 중심으로 북부를 북아메리카, 남쪽을 남아메리카라 부른다.

문화적인 구분으로는 앵글로 아메리카와 라틴 아메리카로 구분하는데, 전자는 튜턴족의 한 종족인 앵글로색슨족 계통족이 오늘날 미국, 캐나다, 알래스카를 포함한 지역에 거주하고 있으며 라틴아메리카는 멕시코 이남의 중남미 전역을 일컬어 부른다. 라틴아메리카는 15세기 이후 스페인과 포르투갈계의 라틴족 자손이 유럽에서 이주해와 살면서 라틴문화를 형성했다. 아메리카의 원주민으로 에스키모인과 아메리카 인디언이 있는데, 에스키모인은 아시아계의 인종으로 북동아시아를 거쳐 오늘날 베링해를 지나 북쪽으로 이주하였으며 아메리카 인디언은 남쪽 전역에 분포·거주하였다[28].

28) 姜錫午(1980), 世界地誌, 새글사, pp.525~530.

일반적으로 북미의 지형은 다른 대륙에 비교하여 매우 단조로운 편이다. 서쪽은 환태평양조산대를 이루고 있고 로키(Rocky)산맥이 알래스카의 서부에서 미국의 서쪽을 지나 남향하고 있으며, 동부에는 래브라도(Labrador)고원과 애팔래치아(Appalachian)산맥이 있다. 특히 서부 로키산맥에서 발원하는 콜로라도강은 침식상태가 많이 나타나, 세계 최대의 협곡을 형성하고 있다. 미국은 이 지역을 그랜드캐년(Grand Canyon) 국립공원으로 지정하고 있다.

# 제 2 절 국가별 관광현상

## 1. CANADA

### 1) 개 관

❖ 1965년 제정된 새로운 국기
❖ 양쪽 끝부분의 붉은색은 캐나다가 태평양과 대서양을 접하고 있음을 의미
❖ 중앙의 잎은 캐나다의 상징인 Maple Leaf

캐나다는 1497년 영국인 존 캐보트가 오늘날의 뉴펀드랜드를 발견한 후 영국인과 프랑스인의 이주가 시작되었다. 원래 이곳에는 토착민인 아메리카 인디언과 에스키모인이 살고 있었던 지역이다. 그 후 18세기 중반부터 영·프간에 식민지 경영권을 가지고 7년 동안의 전쟁이 발발했으며, 그 결과 1763년 영국의 승리로 끝났다. 이때부터 영국 본토로부터 이민이 시작되었으며, 1867년 7월에 자치연방정부를 구성해 오타와를 수도로 지정하고, 1982년 4월 캐나다의 독자적인 헌법을 선포하였다.

캐나다는 997만 6,000$km^2$로 세계 제2위의 면적을 가지고 있다. 캐나다는 남쪽으로 N. 49°선과 오대호(Great Lake) 및 센트·로렌스강을 경계로 미국과 국경을 접하고 있으며, 북쪽은 북극권에 속하는 툰드라지대와 호수, 그리고 서쪽으로는 미국 알래스카주와 국경을 접하고 있다. 지형은 북쪽 습지, 서부 로키산맥 지역의 산악지대에서 동부 저지대까지 대평원을 형성하고 있고 세계적인 곡물인 밀이 대량 생산되고 있다.

기후는 일반적으로 N. 66°를 경계로 북쪽 툰드라지대에서 오대호에 이르는 지역은 냉대습윤기후가 나타나고, 동부해안은 멕시코 난류의 영향으로 위도에 비하여 온난하고, 서부해안지역은 편서풍과 쿠로시오 난류의 영향으로 겨울에는 온난하고 여름에는 냉랭한 기후를 보이고 있다.

로키산과 호수

캐나다는 10개주로 구성되어 있으며, 정치 · 경제적으로 일찍부터 미국과 밀접한 관계를 유지하며 미국으로부터 많은 영향을 받고 있다. 민족은 영국계가 많고(50%), 다음으로 프랑스계가 약 30%를 이루고 있으며 20%는 타민족으로 구성되어 있다. 언어는 주로 영어를 사용하고 있으나, 퀘백(Quebec)주는 프랑스 문화권으로 형성되어 있어 불어를 사용한다. 종교는 영국계가 주로 신교를 믿고 있는 데 반해, 퀘벡지역인들은 구교가 많으며 독립문제를 제기하고 있어 연방주들과의 분쟁이 잦다.

캐나다는 고위도 지방에 위치하면서도 기후가 비교적 따뜻하고, 온대지방의 한창 더운 7월에도 로키산맥지역에서는 스키를 탈 수 있는 자연조건을 가지고 있으며, 빙식호와 대자연에 싸인 산림자원 및 주요 도로변에 자연스럽게 거니는 야생동물들은 관광객에게 매우 인기 높은 관광자원이다.

캐나다는 지하자원과 수력, 에너지자원 및 산림자원이 풍부하여 자동차, 펄프 등의 공업부분이 발달하였다. 인구는 약 3,296만 명(2007)이며, 도시인구는 전체 인구의 77%이고 1인당 GNP는 43,485달러(2007)이다.

### 2) 국제관광현황

캐나다정부는 주로 자연경관중심의 국립공원을 설정하였는데, 주로 국립공원(National Park)과 지방공원(Local Park)으로 구분된다. 현재 전국 28개의 국립공원이 분포하고 있으며(129,500km$^2$), 지방공원은 전국토 면적의 5.0%에 해당한다. 풍요로운 자연자원을 보유한 캐나다에 유입되는 관광객을 보면(〈표 4-1〉참조), 1999년에는 4,900만 명, 2003년에는 3,890만 명 이상, 2007년의 경우 3,037만 명의 관광객을 유치하였으나, 최근 들어 인바운드 관광객이 조금 감소하는 추세에 있다. 관광객의 방문목적으로는 여가 및 휴양이 54%, 기타가 31%, 상용목적이 15%로 나타났으며, 관광객들의 출신지역으로는 미주지역이 77.8%, 유럽지역이 13.62%, 동아시아·태평양지역이 7% 순으로 나타났다. 또한, 외래관광객의 평균 체재기간은 5.6일(2003)이다.

한편 캐나다인의 해외여행인 아웃바운드 정도를 살펴보면, 매년 그 수가 증가하고 있음을 알 수 있다. 2000년의 경우 1,918만 명이 출국하였으며, 2007년에는 2,514만 명이 해외여행을 하였다.

〈표 4-1〉 캐나다의 연도별 국제관광객현황

(단위 : 1,000명)

| 구분 \ 연도 | 1999 | 2000 | 2001 | 2002 | 2003 | 2004 | 2005 | 2006 | 2007 |
|---|---|---|---|---|---|---|---|---|---|
| Inbound | 49,055 | 48,637 | 47,147 | 44,896 | 38,903 | 38,845 | 36,160 | 33,390 | 30,373 |
| Outbound | 18,368 | 19,182 | 18,359 | 17,705 | 17,739 | 19,595 | 21,099 | 22,732 | 25,139 |
| 차 이 | 30,687 | 29,455 | 28,788 | 27,191 | 21,164 | 19,250 | 15,061 | 10,658 | 5,234 |

자료 : UNWTO(2008)

다음으로 〈표 4-2〉의 캐나다의 국제관광수지를 살펴보면, 캐나다는 세계관광수입 54개 국가 중 우선순위 12위에 있는 국가(2003)로, 전 세계 관광수입의 2.0%를 차지하는 세계적으로 지명도 높은 관광수입국가이다. 연도별 관광수입을 보면, 2000년에 130억 달러, 2003년에는 122억 달러의 수입을 나타냈으며, 2007년에는 179억 달러 이상의 관광수입을 창출하였다. 한편, 관광지출은 2000년 151억 달러, 2003년에는 163억 달러, 2007년에는 약 315억 달러의 관광지출이 발생해 136억 달러의 관광수지 적자를 보이고 있다.

〈표 4-2〉 캐나다의 연도별 국제관광수지

(단위 : 100만 달러)

| 구분 \ 연도 | 1999 | 2000 | 2001 | 2002 | 2003 | 2004 | 2005 | 2006 | 2007 |
|---|---|---|---|---|---|---|---|---|---|
| 관광수입 | 12,024 | 13,035 | 12,680 | 12,744 | 12,236 | 14,953 | 16,006 | 16,976 | 17,914 |
| 관광지출 | 13,999 | 15,125 | 14,634 | 14,257 | 16,309 | 19,657 | 22,891 | 25,994 | 31,531 |
| 차액 | -1,975 | -2,090 | -1,954 | -1,513 | -4,073 | -4,704 | -6,885 | -9,018 | -13,617 |

자료 : UNWTO

캐나다는 관광수입에 비교하여 관광지출이 많은 선진국형 관광형태(Advanced Travel Type)를 나타내고 있다. 캐나다 국민의 여행선호국을 보면, 미국이 전체의 약 80%를 차지하고 있는데 이는 오늘날 미국의 세계적인 위치와 각종 산업의 발달을 들 수 있고 또 양국간의 간단한 출입국 절차와 이웃나라라는 인접효과(The Effect of Neighborhood)가 있기 때문이다.

관광사업은 캐나다 GNP의 약 4.4%를 차지하며 외화수익에 다섯 번째로 중요한 수입원으로 있어, 정부 관광국(Government Office of Tourism)은 내국인에 대한 관광의 중요성 인식과 외국인의 유치 및 합리적인 관광산업체의 운영 등 국가차원에서 관광객 유치에 적극적인 활동을 전개하고 있다.

### 3) 국제관광정책

캐나다는 연방국이기 때문에 관광행정이 이원화되어 있다. 중앙에는 연방정부의 관광성(Ministry of State for Tourism)과 관광청(CGOT)이 있고, 지방에는 각 주정부가 관광정책을 수립·집행하고 있다. 연방차원에서 관광정책집행의 일차적인 책임을 CGOT(Canadian Government Office of Tourism, 캐나다관광청)가 가지고 있으나, 연방관광정책에 대한 궁극적인 책임은 관광장관이 담당하도록 되어 있다. 지방의 주정부는 해외관광홍보활동, 시장개척 및 관광지 개발을 연방정부의 큰 간섭 없이 독자적으로 수행하고 있다.

캐나다관광청은 항공, 철도, 해상, 하천 등 각종 수송수단의 개발계획에 참여, 연방차원의 각종 수송수단에 관한 조정, 국제관광 발전을 위해 각종 수송수단에 관한 정책조정 등의 업무를 수행한다.

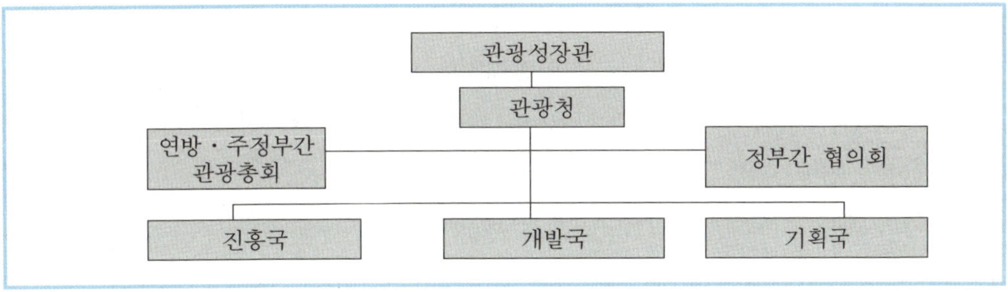


[그림 4-1] 캐나다관광청 기구

연방정부에는 정부 각 부처대표들로 구성되는 부처간 관광협의회(Interdepartmental Committee on Tourism)가 있어 연방정부 관광관련사업에 관한 정보교환, 관광관련 사업범위의 설정, 관광사업 우선순위 설정, 관광에 영향을 미치는 모든 연방정책 및 사업의 조화 등의 문제들을 처리한다. 그 밖에 중앙정부와 지방정부의 협조체제를 유지하기 위해 정부간 협의체(Intergovernmental Committee)가 설치되어, 매년 정기적으로 연방정부와 지방정부 간 관광총회를 개최해 상호 의견교환과 정책협의가 이루어지고 있다.

지방정부는 캐나다 관광직업교육을 담당하고 있다. 직업교육의 대상은 소수민족, 장기실업자, 노동자, 노동을 하려고 하는 사람이 되며 EIC는 이들의 교육에 대한 자금을 제공한다. 캐나다 정부조치에 따라 직업기준을 개발하는 한편 관광종사원 양성계획을 계획・이행하는 시행안을 만들었다. 교육의 질적향상을 위해, 정부, 일선관리자, 식음료 관리자, 여행수석상담자, 여행사경영자 등이 함께 참여하고 있으며, 관광산업에 대한 명확한 이해를 증가시키는 기회를 제공하고 있다.

실제 캐나다 관광정책은 관광청이 주관하고 있으며 관광진흥, 관광개발, 주관광관련업무, 민간부문 지원감독업무를 담당하고 있다. 캐나다정부는 계속 감소하고 있는 세계시장 점유율을 다시 끌어올리기 위해 관광예산을 증액해 나가는 한편, 경쟁력을 강화하고 시장 저변을 확대하기 위해 캐나다의 이미지 쇄신 및 다채로운 이미지 건립에 힘쓰고 있다.

캐나다정부의 구체적인 관광관련 정책으로 숙박산업 측면에서 "관광사업은 여러분의 사업"이라는 슬로건하에, 캐나다 관광사업을 위한 마케팅 관리방안으로서 관광공급을 담당하는 중・소기업의 경영주를 위한 문서와 비디오를 제작하였다. 문서는 경영안내서(소책자), 기업연구안내서, 경영자지침에 대한 내용이다. 실업률이 높은 캐나다는 높은 자금회전율과 고용확대뿐만 아니라 노동시장의 불균형을 완화하고 실업률을 타개하기 위해 대안으로 관광산업을 우선 선정하였다.

캐나다는 쾌적한 숙박시설과 잘 설계된 교통망, 아름다운 도시, 맛있는 식사, 쇼핑, 세계적인 행사, 국제회의장소를 제공하는 근대관광지이다. 그러나 캐나다에는 아직까지 개발되지 않은 엄청난 개발가능지역이 있다.

정부지원으로는 지정된 10개의 지방과 2개의 특정지역에 대해 연방정부의 산업개발부가 재정지원을 하는 현행 '관광개발보조협정'이 있다. 이는 연방정부가 54%, 46%는 주정부와 특정지역에서 보조하는 것으로, 그중 관광산업개발을 위해 73%, 시장개발 14%, 관광산업조직 4.4%, 연구계획 및 조사에 4.3%를 배당하여 활용해야 한다.

한편, 연간매출액이 2백만 달러 이하에 있는 관광산업회사들은 소기업육성책의 일환으로 만들어진 '소기업진흥기금법(Small Business Loans Act)'에 따라 보조금을 대여받을 수 있다. 관광산업은 또 연방산업개발은행(FBOB)으로부터 3개 부문 재정서비스(대여, 대여보증, 재정관리), 투자은행과 경영의 고문역할, 훈련・정보와 같은 관리서비스를 이용할 수 있다.

캐나다여행협회(ACTA)는 관광소비자의 보호(Protection of the Tourist as a Consumer)

를 위해 보상기금의 실행계획을 최종적으로 이행할 책임을 맡고 있다.

캐나다와 미국은 해외시장에서의 5개년 합작시장구조계획을 위해 독일, 프랑스, 일본, 영국에서 공동조사를 실시하였다. 캐나다 국내관광구조에서는 지방의 특성을 고려해서 예년보다 많은 샘플로 조사가 이루어지기도 하였다. 캐나다를 가장 많이 방문하는 미국인에 대한 마케팅활동에서는 캐나다를 친숙하고 가기 쉬운 곳임을 강조했다. 관광잠재력, 문화의 다양성, 좋은 환율에 대한 인식을 심어 주기 위해, 'Canada, The World Next Door'라는 타이틀과 '미개척 세계(Wild World)', '역사 깊은 세계(Old World)', '새로운 세계(New World)'라는 이미지 중심의 홍보활동을 전개하였다. 그 외 해외시장개척은 일본, 영국 그리고 독일, 프랑스에서 이루어졌으며, 모든 해외시장의 광고는 거의 공공·민간부문의 관광관계자(관광업자 포함)들에 의해 시행되었다. 또한 캐나다항공, 캐나다스키협회(The Canadian Ski Council)와 전국여행협회(National Tour Association)도 해외시장홍보에 적극적으로 참여하고 있다.

한편, 국제협력부문에 있어서 캐나다국제개발협회(CIDAW)는 카리브해지역에서의 해양훈련 프로그램, Leeward와 Windware의 항공부문 평가, 관광부문 연구, 그리고 Kitts지역에서의 관광자원 보존을 위한 주위 환경보호정책부문에서 관광과 관련된 기술원조를 실시하기도 하였다.

최근 캐나다 CTC(Canadian Tourism Commission)의 「2009~2013 관광마케팅 전략 보고서」에 의하면, CTC는 2009~2013년을 대비한 새로운 글로벌 마케팅 캠페인을 런칭 중에 있는데 이 캠페인은 주요 시장조사, 소비자 점유율, 브랜드 활성화 등을 중심으로 다양한 매체를 활용해, 캐나다 관광과 경험을 소비자에게 전달하는 데에 목표를 두고 있다. CTC는 캐나다 연방정부의 관광 마케팅 조직으로 세계인에게 4계절을 가진 고급 관광지로서 캐나다를 홍보하고, 이로 인해 발생한 관광수입을 통해 캐나다 경제를 지원하며, 또한 캐나다 정부 및 주별 관광청 그리고 여러 관광업체와 함께 세계시장에서 캐나다의 경쟁력 강화를 위해 노력하고 있다.

CTC 주요 마케팅 목표시장으로는 미국, 영국, 독일, 프랑스, 멕시코, 일본, 중국, 한국, 호주 시장으로 투자 대비 최고의 수익을 낼 수 있는 소비자층을 목표로 중점적으로 투자를 하고 있다. 또한, 캐나다의 이미지 브랜드를 위해 "Canada, Keep exploring"

이라는 슬로건을 내세워, 다음 6가지의 차별화된 관광상품개발에 힘쓰고 있다.

- 아름다운 자연 속의 역동적인 마을
- 바다, 육지, 항공을 이용한 다양한 개별여행 가능
- 활동적인 모험과 자연의 신비 경험
- 물 : 바다, 호수, 강, 온천
- 캐나다 음식 : 온타리오 아이스와인, PEI 굴, 퀘벡의 치즈
- 캐나다인과의 교류 : 원주민 생활 체험과 랍스터, 굴 잡기 체험 등을 통한 캐나다인과의 직접적인 교류체험

캐나다는 2010 밴쿠버 동계올림픽 기회를 최대한 활용하여, 캐나다를 세계에 알리는 데 주력할 예정이다. 캐나다 관광산업은 연 3.5%의 성장률로 2025년에는 220억 달러 규모로 성장할 전망이며, 이는 인구증가를 기준으로 한 성장률로서 2013년에는 CTC 타깃연령층인 25~64세 인구가 12억에 달할 것으로 예상되어, 성공적인 마케팅이 전개될 것으로 기대하고 있다.

### Tip CTC 국내관광활성화 캠페인 "Sharing Locals, Unknown Experiences"

CTC(Canadian Tourism Commission)에서는 캐나다인들이 서로 자신의 지역을 알리고, 그로 인해 지역사회 발전을 도모할 수 있는 'Locals Know'라는 프로그램을 개발하고, "Sharing Locals, Unknown Experiences"라는 캠페인을 펼치고 있다. CTC는 이번 캠페인 및 홍보를 위해 향후 2년간 천만 달러를 투자할 계획이다.

본 캠페인은 지역사회 경제발전에 매우 큰 영향을 주는 관광 수요 창출을 위해, 서로 다른 지역의 잠재관광객들에게 비교적 덜 알려진 소규모 관광명소 및 지역들을 소개하여, 해당 지역의 관광활성화를 도모하자는 취지에서 개발되었다. 또한 이로 인해 캐나다인들이 자신의 국가에 대해 더욱 잘 알게 되고, 관광소비가 국내에서 이루어짐으로 인해 국내관광을 활성화하고 관광수지 적자를 해소할 수 있을 것으로 기대하고 있다.

'Locals Know-Sharing Locals, Unknown Experiences' 캠페인은 8주간 이루어지며, 캐나다인이면 누구라도 자신이 가장 좋아하는 지역의 사진을 http://www.localsknow.ca 웹사이트에 게재하거나 홍보할 수 있다. 현재 많은 지역 관광청, 관광업체 등이 본 캠페인에 참여하고 있으며, 한 명의 당첨자에게는 캐나다의 다른 지역을 여행할 수 있는 백만 포인트의 에어마일이 주어질 예정이다.

기사출처 : Press Today, 2009.6.2, 한국관광공사

## 2. U.S.A.

### 1) 개 관

❖ 별 – 하늘, 붉은색 – 영국, 흰색 – 독립
❖ 붉은선 13줄은 독립시의 주(州)의 개수
❖ 별은 현재 주(州)의 개수
❖ 성조기라 부름

미국의 역사는 1492년 콜럼버스가 이 대륙을 발견한 후 1620년에 영국인 청교도 102명이 메이플라워(May Flower)호를 타고, 보스턴 교외의 플리머스(Plymouth)에 상륙하면서 시작되었다. 이후 프랑스와 네덜란드 세력이 상륙하여 각각 식민지 건설에 주력하다가 18세기 중엽 이 지역의 주도권을 놓고 영국과 프랑스 간에 전쟁이 발발, 영국의 승리로 끝난 후 영국 청교도는 1774년 9월 필라델피아에서 회의를 개최, 1776년 7월 4일 독립을 선언하였다.

미국은 N. 49°와 오대호(Great Lake)를 기준으로 북쪽으로 캐나다와 국경을 이루고, 남쪽으로 멕시코와 접하고 있다. 미국은 한반도의 42배나 되는 9,519,617$km^2$의 면적을 가진 광대한 나라로 본토의 48개 주(States)와 캐나다 서부의 알래스카와 태평양상에 있는 하와이를 포함해 모두 50개 주와 워싱턴 특별구로 구성되어 있는데, 정식국가 명칭은 아메리카합중국(The United States of America)이다.

에스키모인들의 말로 광대한 토지란 뜻을 가지는 알래스카(Alaska)는 북미 대륙에서 W. 141°의 경계로 캐나다와 국경을 접하고 있으며, 면적 151.9$km^2$로 미국 텍사스 주(70만$km^2$)의 2배에 해당한다. 알래스카는 원래 1741년 러시아인이 발견한 러시아 영토였으나 미국이 1867년에 720만 달러를 주고 러시아로부터 매입하였다. 당시에는 별로 가치 없는 영토였으나 오늘날은 국방상으로 중요한 위치에 있을 뿐만 아니라 산림과 모피, 석유, 금, 석탄 및 수산물 등 자원이 풍부한 지역으로 그 가치가 매우 높다.

또 미국 본토(캘리포니아)로부터 3,200km 떨어져 있는 화산도인 하와이(Hawaii ; 16.8$km^2$)섬들은 모두 20여 개의 크고 작은 섬으로 태평양상의 중심에 위치해 있다.

이 섬은 1778년 쿡이 발견한 작은 독립국이었으나, 1898년 미국에 합병되어 1959년 주(State)로 승격하였다.

미국 본토 지형은 서쪽에 로키산맥과 시에라네바다산맥이 남북으로 달리고 있으며, 동부에는 애팔라치아산맥이 대서양 연안을 거쳐 남북으로 이어져 있고, 동서 두 산맥의 사이에는 미국의 대평원, 즉 프레리(Prairie)평원이 형성되어 밀을 생산하는 세계적인 대곡창 지대를 형성하고 있고, 그 가운데 미시시피강이 북쪽에서 남류하여 멕시코만에 유입되고 있다.

기후는 위도상으로는 온대에 속하지만 국토가 방대하여 지역적으로 많은 차이를 보이고 있다. 일반적으로 미국의 기후는 태평양 연안의 서안기후지역, 서부고지의 건조기후지역, 그리고 중서부지역의 습윤기후지역의 3개 지역으로 구분된다. 태평양연안의 서안기후지역은 편서풍기후와 지중해성 기후를 보이며, 중앙대평원 W. 100° 서쪽지역은 강우 500mm 이하의 건조기후 지역으로 초원과 사막이 발달되어 있고, 동남쪽 멕시코만 지역과 플로리다반도지역에는 열대성 저기압인 허리케인(Hurricane)이 발생하여 동부아시아지역의 태풍과 같이 많은 피해를 주기도 한다.

주민은 영국계통의 백인(73.9%)이 많고 흑인(14.8%)과 히스패닉(14.8%)도 많으며, 또 아시아계(4.4%) 및 여러 지역으로부터 유입되어 '세계 인종의 박람회장'이라 할 수 있다. 종교는 신교(52%)와 구교(37%) 및 유대교(5.0%) 등이 있다. 오늘날 미국의 인구는 3억 250만(2007) 명이며, 전체 인구의 약 76%가 도시에 거주하고 있고, 1인당 GNP는 45,845달러이다.

금문교

### 2) 국제관광현황

세계 최초로 지정된 국립공원 옐로스톤(Yellowstone)을 비롯하여 국회의사당 지역까지 35개 국립공원(National Park)이 있으며, 그 외에도 National Recreation Area, National Seashore, National Lakeshore, National Historical Site National Cometery 등이 있다. 미국은 국립공원제도를 세계 최초로 실시한 이래 경승지와 야생동물을 비롯한 천연자원을 국가정책으로 보호하기 시작했으며, 인디언 문화는 물론 국가적으로 중요한 사상, 인물, 사건에 이르기까지 다양한 종류의 각종 자연적 · 문화적 · 사회적 관광자원을 지정 · 보호 · 관리하고 있어 유럽 다음으로 매력적인 국제관광 목적지가 되고 있다. 이러한 배경으로 관광객 유치는 세계 3위, 관광외화는 세계 1위의 국제관광목적지이다.

미국의 연도별 국제관광객 유동현황을 살펴보면(〈표 4-3〉 참조), 인바운드의 경우(숙박관광객) 2000년에는 5,123만 명이 입국하였으며 2007년에는 5,598만 명이 입국하였다. 외래관광객의 방문목적으로는 여가 및 휴양이 46%, 상용이 28%, 기타가 26%로 나타났으며, 외래관광객의 출신지역으로는 미주지역이 65.14%, 유럽지역이 21.15%, 동아시아 및 태평양지역이 11.7%로 나타났다. 한편 미국인의 해외여행인 아웃바운드를 살펴보면, 매년 증가추세에 있는데 2000년의 경우 6,132만 명이 해외로 출국했으며, 2007년의 경우 6,405만 명이 해외여행을 해, 미국은 Inbound객보다 Outbound객이 많은 국가이다.

〈표 4-3〉 미국의 연도별 국제관광객현황

(단위 : 1,000명)

| 구분 \ 연도 | 1999 | 2000 | 2001 | 2002 | 2003 | 2004 | 2005 | 2006 | 2007 |
|---|---|---|---|---|---|---|---|---|---|
| Inbound | 48,506 | 51,238 | 46,927 | 43,581 | 41,216 | 46,086 | 49,206 | 50,978 | 55,986 |
| Outbound | 57,222 | 61,327 | 59,442 | 58,066 | 56,250 | 61,809 | 63,503 | 63,662 | 64,052 |
| 차 이 | -8,713 | -10,089 | -12,515 | -14,485 | -15,034 | -15,723 | -14,297 | -12,684 | -8,066 |

자료 : UNWTO(2008)

미국인의 연간 해외여행자수는 2006년의 경우 63,662천 명(전년대비 7.6% 증가)으로, 그중 캐나다 관광객수는 15,693천 명(전년대비 29% 증가)으로 전체의 약 30%를 차지하고, 멕시코 방문객은 7,323천 명으로 약 14.2%를 차지한다. 미국인이 선호하는 국가를 보면 캐나다가 가장 높으며, 다음이 멕시코, 프랑스, 영국, 독일, 이탈리아, 스위스의 순으로 나타나고 있다. 미국인이 캐나다를 가장 선호하는 이유는 캐나다와 미국이 N. 49°를 중심으로 접경을 이루고 있고, W. 141°를 기준으로 알래스카와 국경을 접하고 있어 나타나는 인접효과 때문으로 판단된다.

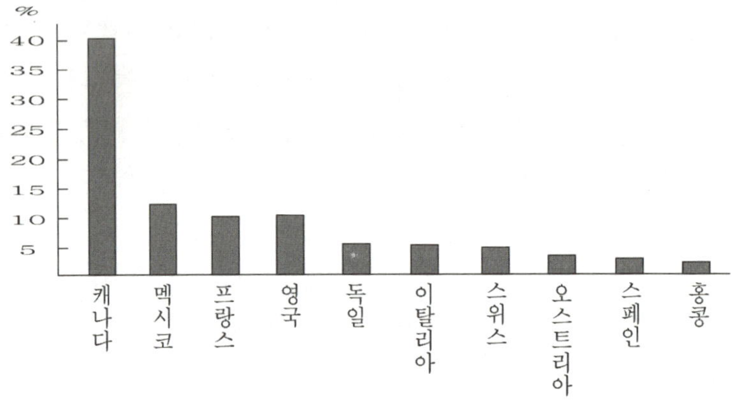


[그림 4-2] 미국 국민의 여행선호국

특히, 미국인들이 선호하는 하계 10대 해외여행 목적지를 살펴보면, 다음 〈표 4-4〉와 같다.

〈표 4-4〉 미국 국민의 하계 국외여행 관광지 선호도(2003)

| 순위 | 도 시 | 점유율(%) | 순위 | 국 가 | 점유율(%) |
|---|---|---|---|---|---|
| 1 | London | 82.6 | 1 | U.K. | 88.2 |
| 2 | Paris | 62.0 | 2 | France | 65.1 |
| 3 | Rome | 40.3 | 3 | Italy | 51.5 |
| 4 | Yangon | 27.5 | 4 | Mexico | 49.8 |
| 5 | Frankfurt | 26.1 | 5 | German | 36.3 |
| 6 | Amsterdam | 12.2 | 6 | Ireland | 17.4 |
| 7 | Madrid | 11.3 | 7 | Spain | 16.4 |
| 8 | Dublin | 10.5 | 8 | Canada | 15.6 |
| 9 | Vancouver | 8.6 | 9 | Netherland | 12.4 |
| 10 | Athens | 8.0 | 10 | Jamaica | 11.3 |

자료 : ASTA

LA의 Staples Center

다음으로 미국의 국제관광수지를 살펴보면(〈표 4-5〉 참조), 우선 관광수입에 있어서 2002년에 약 1,018억 달러, 2007년에는 1,441억 달러의 관광수입을 올렸다. 관광지출을 살펴보면, 2001년에 약 854억 달러, 2007년에는 1,102억 달러를 지출한 것으로 나타났다. 관광수지는 2000년 273억 달러의 흑자를 나타냈으며 2007년도는 339억 달러의 흑자를 창출해, 매년 순관광수입(Pure Tourism Income)이 발생하고 있는 국제관광수지 흑자국이다.

〈표 4-5〉 미국의 연도별 국제관광수지 (단위 : 100만 달러)

| 구분 \ 연도 | 2000 | 2001 | 2002 | 2003 | 2004 | 2005 | 2006 | 2007 |
|---|---|---|---|---|---|---|---|---|
| 관광수입 | 118,630 | 106,705 | 101,798 | 99,207 | 113,387 | 123,093 | 128,922 | 144,145 |
| 관광지출 | 91,317 | 85,453 | 81,707 | 81,924 | 94,345 | 99,439 | 104,310 | 110,171 |
| 차이 | 27,313 | 21,252 | 20,091 | 17,283 | 19,042 | 23,654 | 24,612 | 33,974 |

자료 : UNWTO(2008)

### 3) 국제관광정책

미국의 관광기구는 연방정부의 상무성과 각 주관광국으로 구성되어 있다. 상무성은 미국의 해외관광진흥과 홍보에 관한 관광정책을 수립 · 조정 · 집행하며, 각 주 및 타 부서(내무성, 농무성)는 국내관광과 관광개발을 담당하고 있다.

미국의 해외관광진흥은 상무성 내의 미국관광청(USTTA)이 전담하고 있으며, USTTA는 미국에서 해외관광진흥에 연방예산을 사용하는 유일한 기관이다. 이와는 별도로 각 주정부가 주관광진흥예산의 일부를 확보해 해외진흥활동에 독자적으로 사용하고 있는데, 이는 미국 전체 주의 약 절반에 이르는 것으로 추산되고 있다. 미국 관광청의 조직도는 다음과 같다.

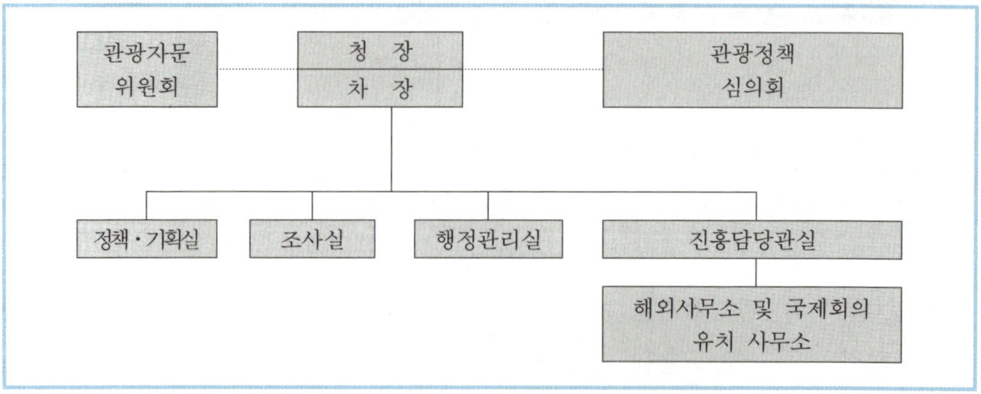


[그림 4-3] 미국관광청 기구

다음으로 USTTA(미국관광청)의 관광진흥 세부사업을 보면, 다음과 같다.

① **국내여행업자에 대한 정보제공 및 조언**

- 업계문의에 대한 상담과 자문
- 관광상품기획에 관한 정보지원
- 관광산업종사원을 위한 교육, 워크숍 개최
- 외국여행업자 및 언론인 초청답사여행 실시계획에 관한 자문
- 각종 자료제공

- 업계의 미국관광 유치단 파견에 관한 기술지원
- 최신 마케팅 전파 등

② 소비자를 위한 정보 제공

- 각종 안내책자 제공
- 소비자 상담 및 서면문의 회신

③ 국제회의 홍보

파리에 설치한 국제회의 유치사무소(IOC)를 통해 국제기구, 단체, 협회들이 개최하는 각종 회의를 미국으로 적극 유치한다. 대다수의 국제기구와 단체가 브뤼셀, 런던, 제네바, 파리 등 유럽의 4개 도시에 위치하고 있어, USTTA도 파리에 IOC를 설치・운영함으로써 이들 단체와 미국의 관광업계 및 국제회의 유치사무국 간의 중간역할을 할 수 있다.

④ 공항안내 서비스(Gateway Reception Service)

13개 미국공항에 외국어 구사가 가능한 약 13여 명의 안내원을 배치하여, 외래객을 환영하고 통관수속 중 통역을 맡는다.

⑤ 특수시장관리

잠재시장성이 높은 국가들을 의미하는 것으로, 이들 시장에 대한 진흥사업은 미상무성 통상국 직원이 USTTA로부터 인적지원을 받아, 각 시장에서 국내여행업계 단체와 공동으로 사업을 수행하는 것이 보통이다.

⑥ 국제관광여건 개선

USTTA는 국제관광의 원활한 발전을 도모하기 위해 대내적으로는 관련 정부기관을 대상으로 출입국절차 간소화를 촉구하는 한편, 대외적으로는 상호협정 체결을 통하여 관세관광장벽을 제거하고, 국제기구를 통한 다국협상을 통해 관광교류 촉진, 관광장애요인 제거를 위한 협의 및 각국 정부의 보호방벽에 대하여 대응조치를 취할 수 있는 근거법규 및 원칙의 제정을 서두르고 있다.

미국 국토면적의 거의 1/3을 차지하는 공유지를 연방정부가 관리하고 있는 관계로 각종 관광개발자금은 주로 국립공원국, 국토관리국, 미국산림국과 같은 국토자원관리와 관련된 연방정부기관들이 조달하고 있다. 미국의 각 주는 관광자원의 소유 및 관리 주체로서 관광산업에 참여하고 있으며, 방문객과 현지 주민들에게 레크리에이션 기회를 제공하기 위해 주로 주립공원과 같은 구역에 야영지 등의 숙박시설을 확보하고 있다.

미국에서 관광사업은 타부문에 비하여 아직 큰 비중을 차지하지 못하고 있으며, 정부차원에서의 관심을 끌지 못하고 있다.

1981년에 비로소 연방관광정책법(National Tourism Policy Act)이 제정되었으며, 연방관광진흥정책기구인 상무성관광국(USTTA)도 그 행정조직이 미약하고 예산의 뒷받침이 적어 미국 관광산업은 오늘날까지 연방차원에서 강력한 구심점을 가져 본 적이 없다. 이는 미국 관광수입의 95%가 국내관광에 의존하고 있기 때문이며 일부 주(州)와 자치령을 제외한 거의 모든 주정부나 민간기업들이 해외시장 개척에는 큰 비중을 두지 않고 있다. 많은 선진개발도상국들이 관광진흥 및 개발을 위하여 예산을 늘려가고 있으나 미국의 경우 1983년 회계연도의 연방정부관광예산이 세계에서 37번째의 규모에 불과하며, 연방정부의 관광진흥예산이 주정부보다 적게 책정되는 나라는 세계 어느 곳에서도 찾아볼 수 없는 예라고 하겠다. 그러나 최근에는 국내관광성장이 한계점에 도달, 정체상태를 보이게 되면서 장기적으로 해외관광동향에 관심을 가지고 공동판촉을 통한 시장개척을 도모하려는 시도가 서서히 나타나고 있다.

LA의 Rodeo거리

미국의 관광정책은 크게 4단계로 발달되어 왔다.

제1단계는 1945~1957년으로, 이 기간 중 실시한 '유럽전후복구정책'은 제2차 세계대전 후 유럽의 경제부흥을 돕기 위해 미국인의 유럽여행을 장려하여 가급적 많은 소비를 유도하였다.

제2단계는 1958~1963년으로, '방미촉진정책(Visit America)'을 통해 종래 흑자를 유지하던 국제수지가 약화됨에 따라 국민의 해외여행을 억제하고 외국인의 미국방문을 유도하였다.

제3단계는 1964~1974년으로, '미국재발견정책(Discover America)'이 전개되었다. 이 시기에는 미국인의 해외여행을 더욱 제한하고 미국 내 관광지를 많이 개발하여 미국인들로 하여금 국내여행을 하도록 권장·촉진하였다.

제4단계는 1975년 이후이다. '아름다운 나라, 미국 알기 정책(America, The Beautiful Campaign)'이 전개되었다.

또한, 미국정부는 2008년부터 비자면제프로그램(VWP) 적용대상 35개국 국민들이 관광 및 상용목적으로 미국을 방문할 경우 사전에 허가를 받도록 한 전자여행허가(ESTA : Electronic System for Travel Authorization)제도를 전면 확대실시하고 있다. 미 국토안보부는 지난해 VWP에 신규 가입한 한국 등 7개 국가들에 대해 이미 11월 17일부터 이 제도를 적용해 왔고, 올해 초부터 일본 등 나머지 28개 국가들로까지 적용대상을 확대키로 하였다. ESTA는 온라인으로 신청하면 곧바로 적격여부에 대한 판정을 내려주며, 한 번 신청에 통과한 여행객은 2년 동안 추가 신청 없이 무비자로 미국을 여행할 수 있다.

**Tip 미국 무비자입국 2만 명**

한국인 비자면제 프로그램이 시행 100일 만에 무비자 여행객수 2만 명 돌파를 눈앞에 두고 있다. 대한항공에 따르면 프로그램이 시작된 2008년 11월 17일부터 지난 2월 12일까지 무비자로 미국에 입국한 한인 여행객은 총 1만 3,673명으로 집계됐다. 아시아나항공은 무비자 여행객에 대한 통계 집계를 하지 않고 있으나, 대략 5,000~6,000명 선으로 추산하고 있어, 양대 국적 항공사를 통해 미국을 찾은 한인 여행객이 조만간 2만여 명을 넘어설 전망이다.

대한항공에 따르면 LA를 통해 입국한 무비자 여행객이 4,482명으로 전체의 32%를 차지했으며, 하와이가 2,308명(16.8%), 뉴욕이 2,304명(16.8%), 애틀랜타가 1,091명(7.9%)으로 뒤를 이었다. LA지역 무비자 입국 여행객은 꾸준히 늘어나고 있는 추세다. 2월 중순 기준으로 주중 LA지역 무비자 입국객은 평균 70여 명, 주말은 150여 명 선으로 지난해에 비해 평균 20여 명 가량 늘어났다. 대한항공을 이용해 LA를 찾은 무비자 여행객은 지난 11월에는 307명, 지난 12월에는 1,185명을 기록해 285%의 폭발적인 증가세를 기록했다. 이 같은 증가세는 1월에도 이어져 1,993명의 무비자 여행객이 LA를 찾아 168% 늘어난 것으로 조사됐다. 대한항공, 아시아나항공 등 국적 항공사들은 당초 예상보다 무비자 입국자 수가 적은 편이지만, 환율 급등으로 여건이 좋지 않은 상황에서도 꾸준히 입국자 수가 늘고 있어, 상황이 호전되면 더 많은 무비자 입국 수요가 있을 것으로 기대했다. 대한항공 LA 여객지점 문용주 지점장은 "최근 환율이 1,500원대까지 오르는 등 어려움이 많지만 무비자 입국 승객은 꾸준히 늘고 있는 추세"라고 밝히고 "신기종 도입, 서비스 개선 등 다양하고 적극적인 준비로 상황이 좋아졌을 때 무비자 프로그램을 통한 시너지 효과를 낼 수 있도록 힘쓸 것"이라고 말했다.

기사출처 : 미주한국일보, 2009.02.24

## 3. MEXICO

### 1) 개 관

❖ 녹색 - 독립
❖ 흰색 - 종교
❖ 붉은색 – 민족통일
❖ 중앙의 문장의 새는 국조(國鳥)
– 아스데카건국의 전설에서 유래됨

멕시코는 북쪽으로 N. 32°와 리오그란데강을 경계로 미국과 접경을 하고 있고, 남쪽은 과테말라, 동쪽은 멕시코만, 서쪽은 캘리포니아만과 접한 N. 14°~32° 사이에 위치하고 있다. 지형을 보면 국토의 서안 서시에라마드레(W. Sierra Madre), 동쪽은 동시에라마드레(E. Sierra Madre)산맥 사이에 해발고도 2,500~3,000m의 험준한 고원으로 이룩된 '고원의 나라'로, 국토의 총면적이 195.8$km^2$로 한반도의 약 9배에 이른다. 이 지역은 환태평양조산대가 통과하고 있으므로 화산과 지진이 많으며 중앙고원지역에 호소(湖沼)와 계곡 및 분지가 많다.

기후는 국토의 중앙을 북회귀선이 통과하여 해안저지에 대체로 열대 및 아열대기후가 나타나며, 중앙평원지역에는 고도에 따른 온도의 저하로 항상 따뜻한 상춘(賞春) 기후가 나타난다. 이 지역은 토질이 비옥하여, 주요한 농산물, 커피, 옥수수, 면화 등이 많이 생산되고, 인구의 50% 이상이 이곳에 집중되어 있다.

이 지역은 옛날부터 원주민인 인디오 부족이 찬란한 문명을 형성하고 있었고, 또 동남부의 유카탄반도(Yucatan Pen)지역에는 고대 도시국가를 건설하였던 마야(Maya)족과 마야족을 정복한 톨텍(Toltec)족, 그리고 멕시코 고원을 따라 남하하여 내려온 아즈텍(Aztec)족이 있었다. 이들은 정밀한 역법(曆法, 1년은 465일)과 상형문자(象形文字), 거대한 석조건물을 형성하는 석조문화(石造文化)를 발생시켰다. 1511년에 스페인의 침략으로 300년간 스페인의 통치하에 스페인어가 공용으로 사용되었고 스페인식 봉건적 토지소유제도가 생겨났으며, 그 후 텍사스지역의 영유권으로 미국과 전쟁을 벌여 캘리포니아주와 뉴멕시코 등 영토를 상실하게 된다.

인종은 매우 복잡한 편으로 백인과 원주민의 혼혈족인 메스티조(Meatizo)가 55%, 인디오가 30%로 주류를 이루고 있고 나머지는 백인과 흑인의 혼혈인 뮬라토(Mulatto)족과 흑인과 인디오의 혼혈인 삼보족(Zambo) 등이 있다.

현재 총인구는 1억 3,263만 명(2007)이며 도시에 거주하는 인구는 전체의 75%, 1인당 국민소득은 8,479달러이고, 국민의 98%가 가톨릭을 신봉하고 있다. 멕시코는 라틴아메리카 중에서 가장 선진화되었으며 1968년에 올림픽을 개최한 바 있고 수입의 80%, 수출의 60%가 미국을 대상으로 하고 있으며, 금과 은을 비롯한 지하자원, 석유, 커피, 보석, 도자기, 직물류가 인기 상품이다.

## 2) 국제관광현황

멕시코의 관광이미지로 강한 태양과 반건조한 사막에 점점 크게 성장한 사보텐을 들 수 있고, 인문적인 것으로는 태양신을 모시고 발달한 천문지식(天文知識)과 역학이 발달한 마야문명의 유적[29]과 역사의 현장들을 들 수 있다. 특히 멕시코는 강렬한 색채의 변화와 다양하고 낙천적인 메스티조 문명의 유적, 스페인의 통치로부터 유입된 투우(鬪牛)와 축제(피에스타) 등 세계적으로 매력적인 관광자원 보유국이다.

멕시코정부는 독립기구로서 관광성을 설치하고 고대 유적의 발굴·보호 및 복원과 외래관광홍보에 적극적으로 활약하여 관광산업을 국가의 기간산업으로 육성하고 있다. 그 결과 세계적으로 유수의 관광객을 유치, 2002년 1억 명의 관광객을 유치하였으며, 2007년에는 9,223만 명의 관광객을 유치하였다. 2007년 외래관광객의 평균체재일수는 9.92일로 나타났으며, 방문목적은 기타가 57%, 여가 및 휴양이 39%, 상용이 4%로 나타났다. 미주지역 외래관광객이 92.5%로 가장 많으며, 다음으로 유럽지역이 6.98%로 나타났다. 한편, 아웃바운드의 경우는 2007년 1,500만 명 이상이 해외여행을 한 것으로 나타났다. 또 멕시코인의 여행선호국은 미국이 제일 많은데, 이것은 인접효과의 영향이 크다고 하겠다. 다음으로 프랑스, 스페인, 이탈리아, 캐나다, 스위스의 순이다.

〈표 4-6〉 멕시코 연도별 국제관광객현황

(단위 : 1,000명)

| 구분 \ 연도 | 1999 | 2000 | 2001 | 2002 | 2003 | 2004 | 2005 | 2006 | 2007 |
|---|---|---|---|---|---|---|---|---|---|
| Inbound | 99,869 | 105,673 | 100,718 | 100,153 | 92,330 | 99,250 | 103,146 | 97,701 | 92,233 |
| Outbound | 10,352 | 11,079 | 12,075 | 11,948 | 11,044 | 12,494 | 13,305 | 14,002 | 15,089 |
| 차 이 | 89,517 | 94,594 | 88,643 | 88,205 | 81,286 | 86,756 | 89,841 | 83,699 | 77,144 |

자료 : UNWTO(2008)

29) 마야(Maya)문화 : 멕시코 고대문명을 대표하는 마야족의 대표문화로 멕시코 및 유카탄반도를 중심으로 6C경에 발달하였다. 잉카 문화와 더불어 인디언 문화의 쌍벽을 이루었는데, 거석건조물(巨石建造物)이 특색이며 천문, 역법(曆法), 미술, 수학이 발달하였으며, 일종의 상형문자(象形文字)도 사용하였다. 주민은 도시국가를 이루었으며 토지소유에 바탕을 둔 계급제도가 발달하여 귀족제가 실시되었다.

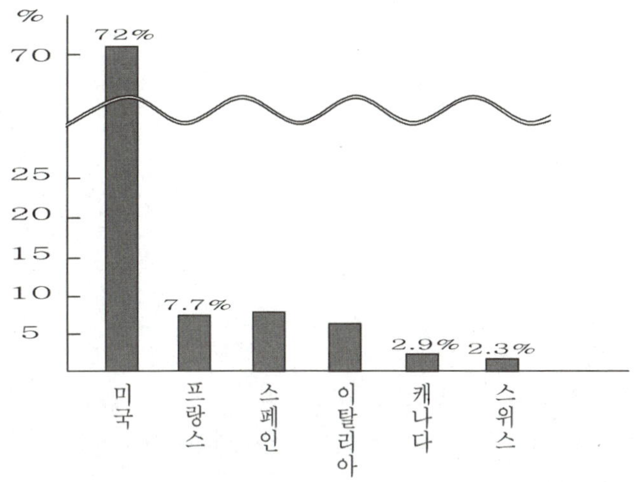


[그림 4-4] 멕시코 국민의 여행선호국

국제관광수지를 살펴보면(〈표 4-7〉 참조), 2000년 관광수입이 91억 달러이며, 매년 관광수입이 증가해, 2006년에는 133억 달러의 관광수입을 획득하였다. 관광지출은 2000년의 경우 약 64억 달러이며 2006년의 경우 약 94억 달러로 나타났다. 2006년 관광수지는 39억 달러의 흑자가 발생해, 순관광수입(純觀光收入)으로 국가경제에 기여하는 바가 크다.

〈표 4-7〉 멕시코의 연도별 국제관광수지

(단위 : 100만 달러)

| 구분 \ 연도 | 1998 | 1999 | 2000 | 2001 | 2002 | 2003 | 2004 | 2005 | 2006 |
|---|---|---|---|---|---|---|---|---|---|
| 관광수입 | 7,493 | 8,135 | 9,133 | 9,190 | 9,547 | 10,058 | 11,609 | 12,801 | 13,329 |
| 관광지출 | 4,209 | 5,192 | 6,365 | 6,685 | 7,087 | 7,252 | 8,034 | 8,951 | 9,387 |
| 차 이 | 3,284 | 2,943 | 2,768 | 2,505 | 2,460 | 2,806 | 3,575 | 3,850 | 3,942 |

자료 : UNWTO(2007)

멕시코 잉카문명의 고대도시 몬테알반

(세계문화유산 지정)

CHAPTER 5

# S. AMERICA 지역

## 제1절 남아메리카지역 개관

남아메리카지역은 총면적 1,782만$km^2$로 세계 전체면적의 13.1%를 차지하며, 북쪽 카리브해(Caribbean Sea)부터 남쪽 마젤란(Magellan)해협을 지나 푸에고(Fuego)섬 남단과 동쪽으로 대서양과 접한 브라질에서 서쪽으로 태평양에 이르는 대 삼각형의 대륙을 말한다.

북아메리카 로키산맥의 연장인 남아메리카 안데스산맥이 콜롬비아에서 시작해 대륙서안을 따라 발달한 서부산지지역, 동부 브라질 고원지역, 중앙저지지역의 세 부분으로 구분되는데, 신생대 제3, 4기에 형성된 습곡산맥으로 화산과 지진이 많다.

남아메리카대륙의 북부지역인 에콰도르(Equador)와 브라질(Brazil) 북부지역에 있는 아마존(Amazon)강 상류에 적도가 통과하고 있으며, 밀림이 형성되어 있어 높은 산지에는 기후의 수직적 변화가 나타난다.

칠레 중부와 아르헨티나 중부 및 우루과이지역에는 S. 30°가 통과해 대륙 서안인 칠레의 산티아고(Santiago) 부근에는 지중해성 기후가 나타나며, 중앙저지 지역 오리노코(Orinoco)강과 라 플라타(La Plata)강이 동남류하여 대서양으로 유입되고 있다. 대륙 저지에는 온도가 높고 강우가 많아 초원과 밀림을 형성하고 있다. 아마존강 유역은 고온다우(高溫多雨)한 지역으로 이를 셀바스(Selbas)라 부르는데, 이 밀림지역에는 천연고무의 생산이 많다.

또한, 오리노코강 유역은 사바나기후 지역으로 건기・우기가 구분되며 리아노스(Lianos)라는 넓은 초원을 형성하고 있다. 아르헨티나 상류지역과 파라과이지역에 걸쳐 분포하고 있는 넓은 지역은 그란차코(Gran Chacho)라 하는데, 이 지역은 초원과 삼림의 혼합림으로 농업과 목축이 성하다. 라 플라타강 하류의 넓은 초원지역을 팜파스(Pampas)라 부르는데, 이곳은 토질이 비옥하고 강수량이 알맞아 소・양을 기르는 방목지로 세계적인 육류수출지역인 동시에 세계적인 밀생산지역이기도 하다. 안데스(Andes)산맥의 남동쪽은 파타고니아(Patagonia)[30)]라고 하는데, 위도에 따른 편서풍의 영향으로 강우가 적어 반사막형의 건조지대를 이루고 있다.

1492년 콜럼버스의 대륙발견 이후 이 지역은 다양한 인종으로 구성되었다. 1500년대 아프리카 흑인의 유입으로 인종간 혼혈이 다양하게 나타났다. 유럽계통의 백인과 원주민인 인디오와의 혼혈족은 메스티조(Mestizo), 흑인과 인디오간의 혼혈은 삼보(Zambo), 백인과 흑인 간의 혼혈족은 뮬라토(Mulatto)라고 부르는 새로운 종족이 발생하였다.

사용하는 언어는 브라질만이 포르투갈어를 사용하고 있으며, 그 외 모든 국가들이 스페인어를 사용하고 있다. 또 종교는 대륙 전주민의 90% 이상이 가톨릭을 믿고 있다.

30) 김홍운・권충희(1993), 觀光世界地理, pp.431~433.

# 제 2 절 국가별 관광현상

## 1. COLOMBIA

### 1) 개 관

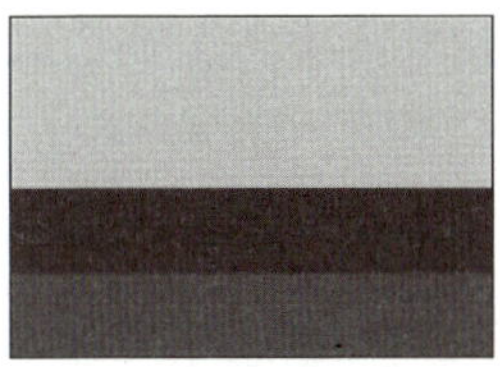

❖ 노란색 - 풍요로움, 정의
❖ 청색 - 부귀, 충성, 경계
❖ 빨강 – 용기, 관용, 희생, 승리

콜롬비아 국명은 1502년 콜럼버스가 대륙을 발견하였다는 것에서 유래되었다. 국가의 총면적은 114만 1,568km$^2$이다. 2007년 현재 전체 인구는 4,400만 명이며, 그중 73%가 도시에 거주하며, 1인당 개인소득은 3,611달러이다. 종교는 대부분이 가톨릭이며, 언어는 스페인어를 공용어로 쓰고 있다.

중앙아메리카에서 남아메리카로 진입하는 입구에 위치하는 콜롬비아는 서쪽은 안데스산맥이 시작되고 북서부 해안평야, 중부 안데스고지, 동부는 리아노스(Lianos) 초원이 전개되고 있다. 기후는 적도가 가까워 저지(低地)는 인간생활 주거지로 부적절하기 때문에, 고산기후의 영향이 나타나는 산지나 고지(高地)가 주요 거주지이다.

수도 보고타는 해발 2,518m의 고원상에 위치하고 있으며, 관광자원으로는 식민지 시대부터 건설된 도시로 스페인풍의 대사원이 많다. 특히 자연경관지역으로는 국립공원과 독립공원이 있고, 보고타시 남쪽 30km 지점에 자살명소로 유명한 Teguen Dama 폭포가 있으며, 지파퀴라(Zipaquira)에는 지하 100m에 건축한 암염교회가 유명하다. 또한, 세계 미인대회가 자주 열리는 마니살레스(Manizales)는 해발 2,153m에 발달한 고원도시로 연평균 기온 17℃를 유지하고 있다.

주요 산업은 경지가 전체의 5.0% 내외로 빈약하며 삼림이 전체의 60% 이상으로 재식농업에 의해 세계 2위의 커피생산국이며, 최근에 개발된 북류 하천인 막달레나(Magdalena) 강변에 석유자원이 풍부하다.

## 2) 국제관광현황

콜롬비아는 지형적 특성으로 육상교통은 부진하나 해상 및 항공교통은 비교적 잘 발달되어 있다. 남아메리카의 여러 나라와 마찬가지로 콜롬비아도 세계 주요 관광객 배출국가로부터 먼 곳에 위치하고 있기 때문에 항공편이 주요 교통수단으로 이용되고 있다.

〈표 5-1〉의 콜롬비아 Inbound 관광객을 보면, 1995년에 약 140만 명이었으나 1996년에는 75만 명으로 급감하였으며, 최근연도인 2003년에는 약 75만 명으로 1996년도와 비슷하다. 이에 비해 Outbound현상은 Inbound를 초과하여 1997년에는 100만 명, 2003년에도 117만 명으로 출국 초과현상이 나타나고 있다. 콜롬비아 외래관광객의 평균체재기간은 2003년 기준 평균 2.6일로 나타나고 있다.

〈표 5-1〉 콜롬비아 연도별 국제관광객현황

(단위 : 1,000명)

| 구분 \ 연도 | 1995 | 1996 | 1997 | 1998 | 1999 | 2000 | 2001 | 2002 | 2003 |
|---|---|---|---|---|---|---|---|---|---|
| Inbound | 1,399 | 757 | 639 | 674 | 725 | 729 | 787 | 653 | 753 |
| Outbound | 1,057 | 926 | 1,071 | 1,093 | 1,098 | 1,235 | 1,381 | 1,277 | 1,177 |
| 차 이 | 342 | -172 | -432 | -419 | -373 | -506 | -594 | -624 | -424 |

자료 : UNWTO

한편, 콜롬비아의 국제관광수입을 보면(〈표 5-2〉 참조), 1996년에 11억 달러이고, 연도에 따라 증가하고 있으나 그 증가폭은 크지 않고 작다. 2003년에는 11억 달러의 관광수입에 13억 달러의 관광지출현상으로 1.9억 달러의 국제관광수지 적자현상이 나타나고 있다.

〈표 5-2〉 콜롬비아의 연도별 국제관광수지

(단위 : 100만 달러)

| 구분 \ 연도 | 1995 | 1996 | 1997 | 1998 | 1999 | 2000 | 2001 | 2002 | 2003 |
|---|---|---|---|---|---|---|---|---|---|
| 관광수입 | 657 | 1,120 | 1,044 | 929 | 1,231 | 1,313 | 1,483 | 1,237 | 1,114 |
| 관광지출 | 878 | 1,116 | 1,209 | 1,120 | 1,339 | 1,452 | 1,556 | 1,355 | 1,313 |
| 차 이 | -221 | 4 | -165 | -192 | -108 | -139 | -73 | -118 | -199 |

자료 : UNWTO

콜롬비아의 보고타 광장

## 2. PERU

### 1) 개 관

❖ 영웅 산마르틴 장군이 보았던, 붉은 가슴이 있는 학, 흰색 새에서 유래
❖ 흰색과 붉은색은 자유를 상징
❖ 문장은 라마, 기나노끼 등을 의미

페루는 면적 128만 5,215km$^2$의 산악국가로 우리나라 전체의 약 5배에 달한다. 기원전 1000년경에 잉카 문화의 꽃을 피웠던 페루는, 1200년대에는 고산도시 쿠스코(Cuzco)에 잉카족이 대제국을 건설하여 인근국가인 에콰도르에서 남으로 칠레까지 그 세력을 뻗쳤던 강한 국가였으나, 1531년 스페인의 침입으로 멸망하여 스페인의 식민지가 되었다. 그 후 19세기에 이르러 남미 전역에서 반스페인 운동이 전개되면서 1823년에 독립하였다.

지형은 태평양에 접한 해안지역과 중부 안데스고원지역, 그리고 북부의 아마존강 상류는 적도 아래에 있기 때문에 밀림으로 형성되어 있다. 해안지역은 역남동 무역풍의 영향으로 강우량이 적고, 고산지역은 평균 고도 3,000m 이상이다.

잉카제국 문화의 꽃을 피웠던 쿠스코(Cuzco)에는 세계적인 금장식품이 있었으나, 스페인의 침입으로 세계에서 가장 깊다는 티티카카(Titicaca)호수에 빠뜨렸다는 전설이 있다. 호수의 면적은 8,280$km^2$로 기선이 운행할 정도이며, 페루와 볼리비아 사이 세계에서 가장 높은 곳(해발 3,810m)에 위치하고 있다. 이곳에는 고산기후가 나타나며, 남부지역에는 건계와 우계가 명확한 사바나기후가 나타나고 있다.

페루의 산업은 농업과 임업 및 광공업이 발달하였는데, 농업으로는 사탕수수, 면화, 커피, 바나나 등이 유명하다. 안데스고지에는 인디오들의 원시적인 화전농업도 이루어지고 있다. 목축으로 양, 라마(Lama)와 알파카(Alpaca)가 남부고지에서 사육되고 있는데, 라마와 알파카는 털도 매우 유용하게 쓰이지만 앞다리 길이가 뒷다리보다 짧기 때문에 고산지역의 교통수단으로 유용하게 이용되고 있다. 또한, 수산자원이 풍부해 1970년대 중반에는 세계 3위까지 차지하였으며, 광산물도 바나디움(세계 1위), 은(세계 3위) 등이 있고, 서해안에는 구아노(Guano ; 새똥)층의 암석이 많아 비료원료로 수출하고 있다.

주민은 인디오가 47%, 메스티조가 40%, 백인이 13% 정도로 구성되어 있으며 대부분 고지에 거주하고 있고, 공용어는 스페인어이며, 종교는 가톨릭이다. 페루의 인구는 2007년 현재 2,790만 명이며, 도시인구가 전체인구의 72%이고, 1인당 국민소득은 3,886달러이다.

### 2) 국제관광현황

페루는 인디오인구가 반이상을 차지하는[31], 예부터 잉카문명이 꽃을 피웠던 곳으로 '태양국'이라 불렸다. 잉카문명은 1531년 스페인에 의해 멸망할 때까지 약 500년

31) 유럽의 백인+(원주민)인디오=Mestizo
흑인+(원주민)인디오=Zambo
백인+흑인=Mulatto

간 지속된 세계적으로 독특한 문명이며, 잉카시대부터 매년 6월에 태양제(太陽祭)가 인디오에 의해 열렸다. 이들은 금・은・동을 이용한 많은 장식을 만들었기 때문에 제련기술이 발달하였으며, 국민들은 국왕 잉카를 정점으로 하여 신을 다스리는 신관, 귀족, 평민의 3계급으로 나누어지고 하류계급으로는 노예가 있었다. 잉카제국은 신권정치의 성격이 강하며 태양을 최고신으로 삼았다.

잉카제국의 수도였던 쿠스코(Cuzco)에는 시내에 많은 성곽과 달(月)의 신전 등 많은 유적이 남아 있어 남미지역 내 역사・문화관광의 핵심을 이루는 지역이다. 또한, 1911년 미국의 고고학자 빙검에 의하여 발견된 마추픽추(Machupichu)는 쿠스코 서북쪽 약 100km 지점에 위치한 신전, 제단, 성벽 등 많은 유적이 있는 산악도시이다. 이곳은 면적이 $5km^2$, 높이 5m, 두께 1.8m의 성벽으로 둘러져 있으며, 내부에는 사방으로 연결되는 109개의 석조계단이 만들어져 있고, 험준한 산꼭대기에 건설되어 있어 스페인군도 이곳을 발견하지 못하였다고 한다.

페루에는 '소로취(Soroche)'라는 고산병(高山病)이 있는데, 이것은 신경과 위의 장애, 숨가쁨, 고혈압, 관자놀이의 통증이 나타나는 증상이다. 또한, 폐결핵, 폐렴, 티푸스 같은 질병과 코가 이지러지는 '우타(Uta)'라는 질병이 있으며, 유입된 질병으로는 유럽에서 콜럼버스가 가져온 매독이 있다. 또한, 라마를 아끼는 마음으로 라마와 수간(獸姦)하는 습성이 있어 잉카제국은 독신인 라마 목동은 암컷을 소유하지 못하게 법으로 금지하였고, 이를 위반했을 경우에는 사형에 처하기까지 했다. 잉카는 이러한 질병에 대한 처방책으로 산약초를 많이 개발하였으며, 또한 점술의(占術醫)에게 의존하기도 하고, 와카(huaca : 聖所)에서 신에게 빌기도 하였다. 와카는 희로애락(喜怒哀樂)의 표준으로 잉카 서민의 마음의 기둥[32)]이 되었기 때문에, 점술의사가 누리는 사회적 지위는 상당히 높았다. 오늘날 페루의 민간신앙으로서 점술의사와 와카는 이들 생활의 핵심이다. 또한, 구교와 파취마마는 이 지역사회에 묘하게 융합되어 있다. 이외에도 찬찬(Chan chan)유적, 파차카마크(Pachacamac)신전, 세친(Sechin)유적, 파라카스(Paracas)유적 등 많은 유적이 집중 분포되어 있어 잉카학술연구를 위한 관광객(Study Tour)들이 집중되고 있다.

32) 전규태, op. cit., pp.118~123.

페루의 마추픽추

페루의 국제관광객 유동현황을 연도별로 살펴보면, 다음과 같다. 우선, 페루에 유입되는 관광객은 〈표 5-3〉에서 보는 바와 같이 1997년도 100만 명의 관광객에서 2000년 80만 명으로 감소하였으며 2003년 약 93만 명으로 다시 증가하였다. 이에 반해, Outbound현상은 조금씩 증가해 1997년도 57만 명이던 Outbound수가 2003년에는 89만 명까지 증가하였다. 페루에 유치되는 관광객의 평균 체재기간은 1.6일이다.

〈표 5-3〉 페루의 연도별 국제관광객현황

(단위 : 1,000명)

| 구분 \ 연도 | 1997 | 1998 | 1999 | 2000 | 2001 | 2002 | 2003 |
|---|---|---|---|---|---|---|---|
| Inbound | 1,039 | 1,107 | 694 | 800 | 801 | 866 | 934 |
| Outbound | 577 | 616 | 513 | 730 | 661 | 859 | 889 |
| 차 이 | 462 | 491 | 181 | 70 | 140 | 7 | 45 |

자료 : UNWTO

한편, 페루의 국제관광수지를 살펴보면(〈표 5-4〉 참조), 1997년에 약 8억 달러였으나 2000년에는 9.3억 달러, 2003년에는 약 9.6억 달러 상당의 수입을 올려, 그 증가폭이 작다고 하겠다. 그러나, 1997년에 4억 달러였던 관광지출은 점점 증가하여 2003년에는 약 8.8억 달러나 되었다.

〈표 5-4〉 페루의 연도별 국제관광수지

(단위 : 100만 달러)

| 구분 \ 연도 | 1997 | 1998 | 1999 | 2000 | 2001 | 2002 | 2003 |
|---|---|---|---|---|---|---|---|
| 관광수입 | 817 | 845 | 911 | 935 | 818 | 838 | 959 |
| 관광지출 | 433 | 452 | 653 | 748 | 820 | 875 | 878 |
| 차 이 | 384 | 393 | 258 | 187 | -2 | -37 | 81 |

자료 : UNWTO

## Tip 남미, 뉴질랜드 모험관광시장 위협

남아메리카 각국이 뉴질랜드 모험관광업계의 경쟁자로 급속하게 부상하고 있다는 주장이 나왔다. 이 같은 주장은 브라질 상파울루에서 열린 '2008 Adventure Travel World Summit'에 참가한 뉴질랜드 관광산업 관계자들로부터 제기되었다. 이들은 남미 각국은 모험관광을 즐기기 위한 자연조건이 뉴질랜드보다 더 훌륭하며, 다만 인프라 측면에서 약하나 이를 따라잡기 위한 노력이 전개되고 있다고 전했다.

특히 남미가 노리는 시장은 미국 관광객들인데, 뉴질랜드로서도 미국 관광객은 3번째 큰 규모라서 결코 놓쳐서는 안 되는 고객들이다.

페루에서는 자국의 유명 관광지인 마추픽추 유적을 단순히 둘러보는 것 외에 이 같은 모험 관광객을 유치하고자 뉴질랜드를 벤치마킹하고 있다고 한 관계자는 전했다.

5일간 열린 이번 회의에서도 뉴질랜드의 모험관광에 대한 전략과 강한 경쟁력이 크게 주목을 받았던 것으로 알려졌다. 이에 따라 회의에 참가한 뉴질랜드 관광산업 관계자들은 그동안 누려온 명성에만 안주할 수 없다면서 이에 맞서는 대책이 수립되어야 한다고 강조했다.

기사출처 : Netzealand.com(2008.10.10)

# 3. BRAZIL

## 1) 개 관

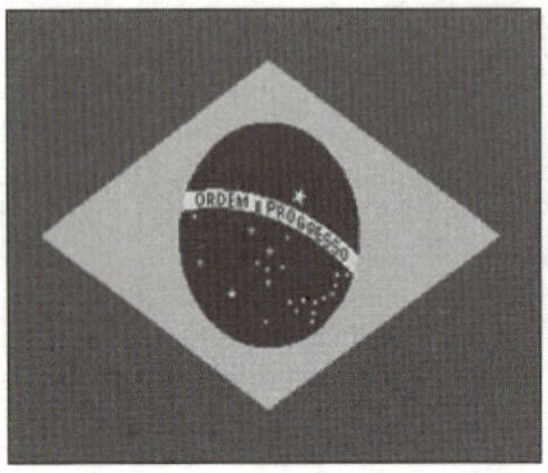

- ❖ 녹색 – 농업
- ❖ 노란색 – 광업
- ❖ 중앙의 지구본에 그려진 23개의 별은 22개의 주와 연방을 의미
- ❖ 별자리 모양은 무혈혁명으로 공화제가 된 1889원 11월 15일 8시 30분의 리우데자네이루시의 하늘
- ❖ 문자 – 포르투갈어로 '질서와 진보'

브라질은 1500년 포르투갈의 카브랄함대에 의해 처음 발견된 후부터 포르투갈의 식민지가 되었다. 포르투갈은 1530년경부터 원주민 인디오와 아프리카에서 강제 이주시킨 흑인을 이용해 사탕수수 농사와 목축을 하였다. 그 후 1808년 나폴레옹이 포르투갈 본토를 점령하자 포르투갈 왕실이 이곳으로 피신하였다. 그 후 군부에 의해 많은 곡절을 겪다가 1985년 1월 대통령선거를 통해 민간정부로 이행되었다.

브라질은 남미 전대륙 1,782$km^2$의 약 반을 차지하는 851만$km^2$로 우리나라의 약 40배이며, 러시아, 캐나다, 중국, 미국 다음의 세계 5위의 대국이다.

브라질의 북부 지형은 동진하여 대서양으로 흘러들어가는 아마존강과 대서양연안의 낮은 지역, 전국가의 63%를 차지하는 고원으로 형성되어 있다. 한편, 브라질 전면적의 56%나 되는 북동부지역에서 아마존유역 중심으로 흐르는 아마존강(6,300km, 7,050$km^2$)은 세계 최대의 강임과 동시에 동물, 식물, 조류, 곤충류의 보고로 알려져 있다. 또한, 브라질 고원은 브라질의 중부에서 동남부로 분포되어 있으며, 서쪽에는 주민의 대부분이 살고 있는 그로소(Grosso)대지가 형성되어 있다. 브라질은 면적이 넓어 기후도 다양한데 아마존강 유역은 열대우림, 중부고원과 해안지역은 아열대, 남부는 온대가 나타난다.

브라질의 경제생활은 커피(세계 1위)를 비롯하여 사탕수수, 카카오 및 쌀을 많이 생산하는 대농원(大農園)으로 운영되는데, 이를 파젠다(Fazenda)라 부른다.

인종구성은 백인이 62%로 가장 많고, 혼혈족(Zambo)이 27%, 흑인이 10%, 나머지는 황색인종으로 한국인의 이민도 많이 이루어졌다. 주요 언어는 라틴 아메리카 중 브라질만이 포르투갈어를 사용하며, 종교는 94%가 가톨릭이다. 오늘날 브라질 인구는 2007년 현재 1억 8천만 명이며 전체 인구의 78%가 도시인구이고 1인당 국민소득은 6,938달러이다.

## 2) 국제관광현황

관광산업이 가장 잘 발달하기 위해서는 무엇보다 유치요인(Pull Factor)이 중요한 영향을 미친다. 우리나라와 지구의 정반대쪽에 위치하는 브라질은, 세계 중요인구 밀집지역으로부터 정반대 지역에 위치하고 있어 거리가 브라질관광에 많은 영향을 미친다.

브라질의 동남쪽 해안에 위치하는 남미 최대의 무역항구인 리우데자네이루(Rio de Janeiro)는 간단하게 '리오'라고 불리며 세계 3대 미항(美港)의 하나로 꼽힌다. 리오는 브라질의 수도였으나 1960년에 북쪽지역 개발을 위해 브라질리아(Brasilia)로 수도가 변경되었다. 브라질은 신개발지역임과 동시에 국토가 넓기 때문에 세계적인 관광자원이 많다. 리오의 서남쪽 Corco Vado에는 세계 최대의 운석(무게 5,300kg)을 비롯해 식물원, 교회 및 사원 등이 있고, 또 브라질과 아르헨티나 국경지역에 있는 이과수(Iguacu)폭포는 장관을 이루고 있다. 이 폭포 폭은 4km, 높이 70m의 세계 최대폭포로 세계 각 지역으로부터 많은 관광객이 몰려들고 있다. 그 외에도, 브라질에는 세계적인 축구[33]와 리오의 카니발[34]이 유명하다.

---

33) 축구 : 브라질 사람 중 Rio에서 출생, 성장한 사람을 '카리오카'라 하는데 놀기 좋아하고 낙천적 성격이다. 리오(Rio)에는 22만 명을 수용하는 세계 최대의 축구경기장이 있으며, 브라질 축구클럽이 약 2천 개가 있는데, 그중 약 100여 개가 A급이다. 1년 내내 프로축구 시합이 열리며 외국과의 축구시합일 때는 공적업무가 중단되며 빌딩마다 국기가 계양되고 그 시합에서 졌을 때는 병원 구급차의 활동이 심할 정도로 국민의 축구에 대한 관심이 열광적이다.
브라질에는 한국불법 입국자가 많고 합법적인 체류자 중에서는 한국인의 범법자들이 비교적 많아 브라질 국민의 한국인에 대한 이미지는 좋지 않다. 한국은 1962년 정부가 '농업이민'사업을 추진하여 남미에 약 3만여 명이 거주하고 있으며, 그중 브라질에 만여 명, 파라과이에 6천여 명의 교민이 살고 있다. 파라과이, 아르헨티나, 브라질의 접경지역에 세계 3대폭포의 하나인 이과수(대량의 물)폭포가 있다.

34) 브라질에는 '여자들은 삶의 즐거움을 삼바(Samba)에서 찾고, 남자들은 축구에서 찾는다'는 말이 있다. 카니발 정신은 모든 세상의 속박과 구속에서 벗어난 해방과 자유의 정신이다. 삼바는

이처럼 다양한 관광자원을 보유하고 있는 거대한 국가 브라질의 국제관광객 유동현황을 살펴보면, 다음 〈표 5-5〉와 같다.

〈표 5-5〉 브라질의 연도별 국제관광객현황

(단위 : 1,000명)

| 구분 \ 연도 | 2000 | 2001 | 2002 | 2003 | 2004 | 2005 | 2006 | 2007 |
|---|---|---|---|---|---|---|---|---|
| Inbound | 5,331 | 4,773 | 3,783 | 4,133 | 4,794 | 5,358 | 5,017 | 5,026 |
| Outbound | 3,228 | 2,674 | 2,338 | 3,229 | 3,701 | 4,667 | 4,825 | 5,141 |
| 차 이 | 2,103 | 2,099 | 1,447 | 904 | 1,093 | 691 | 192 | -115 |

자료 : UNWTO(2008)

브라질 관광객의 유동을 보면 1990년대에 비해 관광객이 월등하게 증가하여 2000년에는 530만 명 이상이 유입되었으며, 2007년에는 502만 명이 유입되었음을 알 수 있다. 외래관광객의 평균체재일은 2001년 기준으로 12.2일로 나타났으며, 방문목적은 여가 및 휴양이 44%, 상용목적이 29%, 기타가 27%로 나타났다. 또한, 외래관광객의 출신지역으로는 미주지역이 55.2%, 유럽지역이 38.7%, 동아시아·태평양지역이 4.1% 순으로 나타났다.

Outbound 또한 연도의 증가에 따라 다소 증가하고 있으며 2005년에는 약 466만 명이 해외여행을 하였으며, 2007년에는 514만 명이 해외가 나가 처음으로 Outbound가 Inbound를 넘어서기도 하였다.

한편, 브라질의 국제관광수입을 보면 2000년에는 약 20억 달러의 관광수입이 나타났으며 2003년에는 26억 달러, 2007년에는 약 53억 달러의 관광수입이 창출되었다. 관광지출을 살펴보면 기초연도인 2000년에는 45억 달러, 2003년에는 28억 달러, 2007년에는 104억 달러의 관광지출이 발생하였다. 2007년의 경우 관광수지적자가 51억 달러 발생하였으며, 관광수지 적자폭이 증가하고 있음을 알 수 있다.

---

아프리카 흑인의 리듬에 맞추어 추는 춤으로 사순절(四旬節)이 시작되는 전날 토요일부터 나흘 밤에 걸쳐 축제가 열린다.

〈표 5-6〉 브라질의 연도별 국제관광수지

(단위 : 100만 달러)

| 구분 \ 연도 | 2000 | 2001 | 2002 | 2003 | 2004 | 2005 | 2006 | 2007 |
|---|---|---|---|---|---|---|---|---|
| 관광수입 | 1,969 | 1,844 | 2,142 | 2,673 | 3,389 | 4,168 | 4,577 | 5,284 |
| 관광지출 | 4,548 | 3,765 | 2,929 | 2,874 | 3,752 | 5,905 | 7,501 | 10,434 |
| 차 이 | -2,579 | -1,921 | -2,715 | -201 | -363 | -1,737 | -2,924 | -5,150 |

자료 : UNWTO(2008)

브라질의 꾸리찌바시

(유리로 된 튜브 버스정류장/30년간의 도시계획을 통해,
세계에서 환경정책이 가장 잘 이루어진 친환경도시)

CHAPTER 6

# AFRICA 지역

## 제1절 아프리카지역 개관

아프리카대륙은 동서 7,500km, 남북 800km, 총면적은 3,032$km^2$로 세계 육지의 22%, 세계 인구의 13%인 7억 6,700만 인구(2004)가 거주하는 아시아대륙 다음의 세계 2위의 대륙이며, 세계 수출의 2.0%, 세계 산유량의 20%를 점유하고 있고 인구증가율은 2.4%로 가장 높다.

적도가 대륙중앙을 동서로 횡단하고 있으며, 북쪽으로는 북위 37°, 남쪽으로는 남위 35°에 걸쳐 분포하고 있으므로 전체 면적의 75%가 열대에 속한다. 그에 따른 기후형태를 보면, 열대-사막-온대의 기후가 적도를 축으로 남북 대칭적으로 전개되고, 식생(植生)도 열대밀림, 몬순, 수목, 사바나, 초원, 사막과 지중해성 수목이 전개되어 있다.

기후는 전대륙이 N. 37°~S. 35° 사이에 위치하고 있고, 또 내륙에 기후를 크게 변동시킬 만한 산맥이 분포하고 있지 않아, 적도를 중심으로 열대우림기후, 사바나, 초원, 사막 및 지중해성 기후로 전개되고 있다. 특히 북부 지중해 연안을 중심으로 한 이집트, 리비아, 튀니지, 알제리, 모로코지역과 남아프리카공화국지역은 지중해성 기후로 거주지역으로 적당하다.

일반적으로 인간이 거주하기 용이한 북아프리카의 지중해 연안과 남아프리카지역은 유럽과 관련된 개화된 지역이라 할 수 있으나, 그 외 지역은 사막과 밀림으로 오랫동안 외부세계에 알려지지 않았다. 1487년에 바돌로 뮤디아즈가 희망봉(Cape of Good Hope)을 발견한 이후, 1498년에 바스코 다가마(Vasco da Gama)가 인도항로를 개척하고, 16세기에 들어와서부터 열대 아프리카의 흑인이 신대륙에 노예로 팔려간 이후부터[35] 세상에 알려지기 시작해, 유럽열강국가들의 내륙지역답사와 본격적 개척이 이루어졌다.

제2차 세계대전이 끝날 무렵까지 아프리카에는 이집트, 에티오피아, 라이베리아, 남아프리카공화국 등 4개의 독립국가가 있었으나, 점차 민족주의 의식이 높아져 많은 국가들이 독립하게 되었다. 오늘날에는 차드를 비롯해 레소토까지 53개국 이상이 독립하여 UN에 가입하였고, "아프리카인에 의한 아프리카시대"라는 구호 아래 제3세계를 형성해 국제정세에서 그 영향력을 키워가고 있다.

지형은 해안선이 단조로우며 아틀라스(Atlas)산맥이 아프리카의 서북쪽에 발달해 사하라 사막과 경계를 형성하고 있다. 또한, 에티오피아지역을 중심으로 아비시니아 고원(Abyssinia plat)과 남부 남아프리카 고원이 해발 1,000m 이상의 고원지대를 형성하고 있다.

아프리카 중앙에는 콩고분지가 있어 이곳을 중심으로 콩고(Congo)강(4,200km)이 서남방향으로 흘러 대서양으로 유입되고 있으며, 나일(Nile)강(5,760km)이 아비시니아(Abyssinia) 고원에서 발원해 북류하여 지중해로 유입되고 있으며, 잠베지강(Zambezi R. : 2,660km)이 탄자니아의 룽궤산(Rungwe : 2,959m)에서 발원하여 동남부로 흘러 인도양으로 유입되고 있다.

아프리카에서 거주하는 인종과 민족을 보면 대략 N. 15°선을 경계로 북쪽을 White Africa라 하고 남쪽을 Black Africa라고 한다. White Africa는 백인종이 거주하는 지중해 연안 지역이며, Black Africa는 백인종이 거주하는 지역을 제외한 아프리카 전역을 일컫는 지역이다. 아프리카 북서부에 분포하는 아틀라스산맥 주변국가인 모로코, 알제리지역에는 베르베르(Berber)인이 거주하고, 모로코에서 세네갈지역까지는 무어(Moore)인이 거주하며, 이집트 및 아랍인들이 거주하는 동북부 아프리카지역을

35) 姜錫午(1980), 世界地誌(上), 새글사, pp.182~183.

중심으로 White Africa인 햄족과 셈족이 거주하고 있다. Black Africa라 불리는 지역은 일반적으로 흑인종으로 카메룬(Cameroon)산맥을 경계로 서북부의 수단계 어족과 적도아프리카와 동남아프리카에 분포한 반투계 어족이 분포하는 지역을 말한다.

[그림 6-1] 아프리카국가 중 과거 영국 · 프랑스의 식민지

주요 인종의 거주지역을 보면 [그림 6-1]에서 보는 바와 같이, 수단 흑인종은 기니만에 면한 국가 세네갈에서 중앙아프리카에 이르는 국가들에 거주한다. 수단 흑인종은 키가 크고 체격이 좋기 때문에 16~19C경에 신대륙에 강제로 노예로 끌려갔던 민족이다. 반투 흑인종은 북방의 햄족과 남쪽의 흑인종의 혼혈족으로, 말라가시(마다가스카르섬)를 포함한 대략 N. 4° 이남(남서아프리카 및 보츠와나는 제외)의 고원지대에 분

포하고 있다. 또한, 최단신인 피그미족은 주로 열대우림지역인 콩고분지지역에 분포・거주하며, 평균신장이 남자 144cm, 여자 137cm로 체격이 왜소한 인종이다. 부시만(신장 : 152cm)과 호텐토트(신장 : 160cm)는 황갈색의 피부와 튀어나온 엉덩이의 신체적 특징을 가지고 있으며, 수렵과 채취생활로 칼라하리 사막 주변을 중심으로 동남아프리카 고원지대에 주로 분포하고 있다.[36)]

아프리카는 지중해성 기후가 나타나는 N.S. 30° 지역에 분포하고 있는 국가를 제외하면, 대부분이 열대 및 아열대기후지역에 속하고 있어 장기간 지역환경에 적응되지 않은 토착인 이외에는 외부인의 접근이 용이하지 않아 자연적으로 지역개발이 늦어졌다. 그러나 최근에는 세계적인 평화유지와 고도의 경제성장 및 관광산업의 발달로 아프리카의 위치가 부상하고 있는 실정이다.

아프리카지역의 관광자원으로는 북동아프리카의 이집트와 중동부지역, 그리고 케냐를 중심으로 사바나지역에 분포한 야생동물관광의 유치매력도가 매우 높다.

## 제 2 절 아프리카의 부상과 선진국의 관심

오랫동안 아프리카는 유럽 구세력 국가의 식민국으로 지하자원을 비롯한 많은 자원을 공급하는 공급국가, 즉 착취당하는 국가들이었다.

[그림 6-1]의 강대국과의 관계를 살펴보면, 영국의 식민지였던 나라로는 서아프리카 시에라리온, 가나, 나이지리아, 동남부지역에 수단, 우간다, 케냐, 탄자니아, 말라위, 잠비아, 짐바브웨, 보츠와나, 스와질랜드, 레소토, 남아프리카공화국 등 14개 국가가 있는데, 오늘날까지도 영국의 세력은 동부 아프리카국가들의 지지로 유엔에서 탄탄한 기반을 가지고 있다. 영국은 주로 아프리카의 동남부를 남북으로 연결하는 종관정책을 취하였다. 케냐에는 영국 주둔군까지 두고 있고, 약 6억 달러의 경제적 원조를 하고 있다.

36) *Ibid.*, pp.185~190.

또한, 프랑스는 기니만 서부의 세네갈에서부터 기니, 말리, 코트디부아르, 부르키나파소, 베냉, 니제르, 차드, 중앙아프리카공화국, 가봉, 콩고 및 마다가스카르 등 12개국을 지배했는데, 오늘날까지도 막강한 정치와 경제적 영향력을 행사하고 있다. 프랑스는 서쪽에서부터 횡단정책으로 동진하고 영국은 종관정책을 수행하다가 동북지역의 수단에서 정면 충돌하는 '파쇼다 사건'[37]이 발생하였는데, 그 후 100년 만인 1999년 3월 11일 코트디부아르 수도 아비잔에서 "아프리카정책의 조화와 정보교환"이란 주제로 과거의 라이벌 관계를 청산하고 협력과 화해의 시대를 모색하였다.

프랑스는 1997년부터 아프리카에 연간 30억 달러의 경제적 원조를 하고 있으며, 프랑스와 영국은 1990년 후반부터 협력적 결속을 다지고 있는데 그 이유는 최근 미국이 조직적으로 아프리카 진출을 부쩍 강화하자 영・프 두 국가가 공동으로 견제의 필요성을 느꼈기 때문이다. 2005년 영국 스코틀랜드에서 개최되었던 G8(선진 7개국＋러시아)에서는 "아프리카의 빈곤퇴치"에 대하여 큰 관심을 보였는데, 이는 지금까지 소비성 물자의 단순원조에 그쳤던 과거와는 달리 아프리카의 대부흥과 실질적인 투자에 대한 선진 각국의 관심이 커졌음을 반영한다.

미국은(1999년 4월 17일) 과거 '가난하고 헐벗은 지역에 대한 원조정책'에서 '잠재력을 지닌 큰 시장에 대한 민주주의의 정착과 경제를 지원하는 정책'으로 변경하고, 그 일환으로 통신・교통・전력 등 사회간접자본 중심의 지원정책을 실시하였으며, 1,800개 상품을 무관세로 수출할 수 있도록 무역장벽을 낮추었으며, 아프리카 기업육성을 위한 기금도 마련하는 등 매우 적극적인 교류를 펼치고 있다. 이에 대하여 아프리카 자체에서도 '아프리카인에 의한 아프리카의 발전'의 소리가 높아지고 있으며, 세계은행의 아프리카담당 칼리스토마다보 부총재는 "이제는 선진국들이 아프리카를 새로운 시각으로 바라봐야 한다"며 아프리카의 발전가능성을 강조했다.

세계은행 통계에 따르면 사하라 사막 이남 아프리카국가들은 콩고(옛 자이르)와 시에라리온 등 일부 국가들의 마이너스 성장에도 불구하고, 지속적인 경제성장을 보여주고 있다고 전했다.

37) Pashoda 事件 : 아프리카 분할시대에 3C정책을 취한 영국과 아프리카 횡단정책을 취한 프랑스가 1898년에 나일강변 파쇼다에서 충돌한 사건으로 두 나라 관계가 긴장되었으나, 이듬해 영국이 이집트를, 프랑스가 모로코를 각각 세력 범위 안에 두기로 하고 타협한 사건을 말한다.

특히 레소토·말라위·우간다는 최근 평균 10%를 넘는 높은 경제성장을 이룩했으며, 같은 해 아프리카 전체의 수출증가율 또한 전년에 비해 2배 이상 증가한 5.7%를 기록했다. 세계은행은 현재의 아프리카를 '변화의 흐름 속에 들어 있는 대륙'으로 규정하고 앞으로 이 지역이 오랜 가난을 몰아내고 지속적 성장을 이루기 위해서는 안정적 정치체제 구축과 함께 선진국의 투자확대가 무엇보다도 필요하다고 강조했다.

그러나 아프리카는 아직까지 세계 최빈국의 75%가 몰려 있고 2002년 기준으로 한 사람당 1년수입이 평균 450달러(약 47만 원 ; 2002)에 불과하다. 또한, 세계에서 평균수명이 제일 짧고 에이즈를 비롯한 각종 질병이 만연하며 종족·이념·정파갈등으로 복잡하게 얽힌 내전으로 대량학살과 대규모 난민이 발생하고 있으며 자본과 기술의 부족으로 자연을 극복하지 못하는 등 사회빈곤에 따른 많은 문제들이 여전히 산재해 있다.

2005년 6월 11일 영국에서 개최된 G8 회담에서는 "아프리카 빈곤퇴치"를 위하여 '과다채무 최빈국(HIPC)' 18개국이 국제통화기금(IMF)과 세계은행·아프리카개발은행(ADB)에 진 부채 400억 달러 전액탕감을 합의하였다.

서방 선진국들은 지난 40년간 모두 약 4,500억 달러(약 450조 원)를 아프리카에 원조했다. 국제기구나 개별국가들의 직접 지원이나 부채탕감 등을 모두 포함한 금액이다. 아프리카의 빈곤수준을 2015년까지 절반으로 줄이기 위해서는 2010년까지 공공개발원조(APD)를 250억 달러 늘려야 할 것으로 평가된다. 그러나 원조확대와 부채탕감만으로는 아프리카의 빈곤 탈출을 기대하기 어렵다는 지적이다.

한편, 아프리카 국가들은 G8에 농산물 시장을 개방하고 아프리카 농업을 죽이는 선진국의 농업보조금을 철폐해 달라고 요구하고 있다. 현재 선진국의 농산물 보조금은 아프리카 국가의 국내총생산액(GDP) 합계보다 많다. 이와 같은 현실에 있어서 아프리카 53개 국가 중 42개국이 발전가능성이 전혀 없는 것을 감안할 때 구조적·제도적으로 자립할 수 있는 기틀을 마련해 주어야 하며, 퍼주기로 일관하는 임시적 방편으로서의 금전적 원조를 지양하여 고질적인 부정부패를 근절하여야 하며, 전국민의 교육을 향상하여 자립기반을 구축할 필요가 있다.

아프리카지역의 국제관광 유동 정도는 입국하는 외래관광객의 비율은 과거와 별다른 변화가 없으며, 유럽지역이 58.7%로 가장 많고 다음으로 아메리카 19.6%, 동부 아시아/태평양지역이 15.0%, 중동지역이 2.4%, 남태평양지역이 0.7%를 나타내고 있다. 아프리카지역은 광대한 면적에 황무지가 많아 관광자원이 거의 없으며, 열대우림을 비롯하여 사바나기후와 적도가 통과하는 중부지방에 동서로 발달되어 있기 때문에 주요 관광지역은 지중해 연안국가인 이집트를 비롯한 리비아, 알제리지역이 가장 많고(33.6%), 다음으로 동아프리카의 고원지대인 에티오피아(23.8%)지역이다.

아프리카 여러 국가의 호텔산업의 주요한 특징은 호텔수용력이 적다는 데 있다. 아프리카 전체 수용력의 52%가 따뜻한 지중해 연안인 북아프리카에 집중되어 있다. 또 아프리카 전체 호텔의 1/4을 점하고 있는 튀니지의 관광행정 당국은 관광상품이나 호텔공급의 다양화에 노력을 기울이고 있다.

또한 동부지역 동물의 천국인 케냐와 짐바브웨는 광대한 초원을 바탕으로 한 사파리관광이 유명하며, 이집트와 튀니지는 고대사적(古代史蹟)을 이용한 문화・역사관광자원을 개발하여 서구관광객을 유치하고 있다. 또 아프리카국가들에 대한 선진국가의 지원은 대부분 소비재물품이기 때문에 장래성이 없고 부정부패가 많다.

# 제 3 절 국가별 관광현상

## 1. EGYPT

### 1) 개 관

❖ 붉은색 – 혁명에서 흘린 피
❖ 흰색 – 평화와 관용
❖ 검은색 – 과거의 억압된 정권
❖ 중앙은 전통적인 새의 문양

국토 전체면적은 100.1만$km^2$며 수도는 카이로이다. 국토는 남북으로 1,020km에 달하며, 서쪽으로 리비아와는 동경 25°, 또 남쪽으로 수단과는 북위 23°로 형성된 4각형의 국가이다. 국토의 97%가 불모지 사막이며 대부분이 200m 내외의 고원으로 형성되어 있다. 이집트는 연간 200mm 정도의 강우가 내리는데 그중 90%는 7~9월의 3개월간에 내리는 호우성 집중강우이다. 자연적인 조건이 불리한 이집트의 가장 큰 혜택은 이집트의 중동부에 흐르는 나일강이다. 나일강은 빅토리아 호수에서 흘러가는 백(白)나일과, 아비시니아 고원에서 흘러가는 청(靑)나일이 수단의 수도 카르툼(Kartoum)에서 합류하여 북상하는 길이 6,700km나 되는 세계적인 하천이며, 이 하천이 운반하는 토사는 지중해 연안에 운반되어 매년 넓은 면적의 삼각주를 형성하고 있다. 이렇게 형성된 삼각주는 하류에 비옥한 토지를 형성하여 일찍부터 관개농업이 발달함과 동시에 고대 이집트문명의 발상지가 될 수 있었으며, 오늘날에도 나일강 하류의 삼각주평야에 주요 농산물인 옥수수, 쌀, 사탕수수, 면화 등을 재배하고 있다. 이집트 면화는 전 농산물 수출의 70%를 차지하는데, 이는 미국면화의 2배, 인도면화의 5배에 달하는 생산량이며 품질에 있어서도 세계적이다.

2007년 현재 인구는 7,549만 명이며, 아랍계 이집트인이 98.5%를 차지하고 있다. 1인당 GNP는 2003년 현재 1,530달러이다. 아라비아어를 공용어로 사용하고 지식층에서는 영어와 불어도 사용하며, 이슬람교가 국교로서 전체국민의 91.0%가 이슬람교를 신봉하고 있다.

나일강에는 아스완(Aswan)댐 4개가 축조되어 있는데 이것은 하류의 수량을 조절하고 옥토를 만들어 원시적 농업에서 근대적 농업으로 변환시켰으며, 상류에 축조된 Aswan High Dam은 1960~1976년에 완성되어 240만kw의 전력을 생산하고 많은 면적의 농경지화에 크게 기여하고 있다. 또한, 피라미드, 스핑크스, 수에즈운하는 이집트의 매력적인 관광자원이 되고 있다.

## 2) 국제관광현황

이집트는 아프리카에서 가장 문화수준이 높으며 현세의 불만을 묵묵히 참는 내세관이 매우 강하다. 특히 카이로는 나일강 삼각주 정점에 발달한 이집트의 정치・경제의 중심지인 동시에 이슬람교의 교육·문화의 중심지로 세계 이슬람권 최대의 축제 도시이다. 카이로 북서 200km 삼각주 서안에 발달한 항만도시 알렉산드리아(Alexandria)는 헬레니즘시대 세계문화의 중심지로 국제관광객의 유동이 많은 지역이다. 이집트는 전술한 유서깊은 관광자원의 유치력으로 최근에 Inbound가 더욱 많아져 2000년에는 Inbound가 Outbound보다 250만 명이 많으며, 2003년에도 240만 명이나 많다.

〈표 6-1〉 이집트의 연도별 국제관광객현황

(단위 : 1,000명)

| 구분 \ 연도 | 1996 | 1997 | 1998 | 1999 | 2000 | 2001 | 2002 | 2003 |
|---|---|---|---|---|---|---|---|---|
| Inbound | 3,528 | 3,656 | 3,213 | 4,489 | 5,506 | 4,648 | 5,192 | 6,044 |
| Outbound | 2,812 | 2,722 | 2,854 | 2,886 | 2,964 | 3,074 | 3,330 | 3,644 |
| 차 이 | 716 | 934 | 359 | 1,603 | 2,542 | 1,574 | 1,862 | 2,400 |

자료 : UNWTO

그 후 2005년에는 820만 명, 2006년에는 860만 명, 2007년에는 1,060만 명의 외래관광객이 유입되었다. 이집트인들의 아웃바운드를 살펴보면, 매년 조금씩 증가하여 2003년에는 364만 명이 해외여행을 한 것으로 나타났다. 이집트 국민의 해외여행선호국을 보면 이탈리아(37.0%)가 가장 많고 다음이 그리스(24.2%), 스위스(19.0%), 미국(11.2%), 스페인(8.4%)의 순으로 나타나 있다.

한편 이집트의 국제관광수지관계를 보면, 매년 지출에 비하여 관광수입이 많으며 2003년에는 약 32억 달러의 순수입을 나타내고 있다. 국제관광수입의 경우 2005년에는 69억 달러의 관광수입이, 2006년에는 76억 달러, 2007년에는 93억 달러의 관광수입이 발생해 매년 관광수입이 증가하고 있다. 이집트인들의 관광지출은 2005년 11억 달러, 2006년 18억 달러, 2007년 24억 달러로 매년 증가하고 있으나 그 증가폭이 크지 않다. 국제수지는 2005년 58억 달러, 2006년 58억 달러, 2007년 69억 달러의 국제수지 흑자가 발생하였으며, 흑자폭이 조금씩 증가하고 있다.

〈표 6-2〉 이집트의 연도별 국제관광수지

(단위 : 100만 달러)

| 구분 \ 연도 | 1996 | 1997 | 1998 | 1999 | 2000 | 2001 | 2002 | 2003 |
|---|---|---|---|---|---|---|---|---|
| 관광수입 | 3204 | 3,727 | 2,565 | 4,361 | 4,657 | 4,119 | 4,113 | 4,704 |
| 관광지출 | 1317 | 1,347 | 1,148 | 1,218 | 1,206 | 1,248 | 1,309 | 1,465 |
| 차 이 | 1887 | 2,380 | 1,417 | 3,143 | 3,451 | 2,871 | 2,804 | 3,239 |

자료 : UNWTO

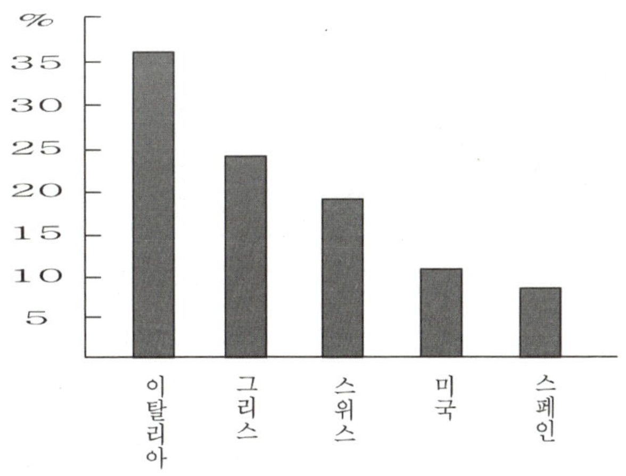


[그림 6-2] 이집트 국민의 여행선호국

이집트의 관광자원으로 매력이 큰 것은 기제(Giza)지역이다. 이 지역은 이집트관광의 중심을 이루는 곳으로 고대 4왕조 중 3대 왕조, 즉 구프(Kufu)왕, 키프레왕, 멘카우레왕의 피라미드 및 스핑크스가 여기에 있다. 그중 구프왕의 피라미드는 밑변의 길이 220m, 높이 137m의 규모로 그 내부구조가 가장 복잡하게 되어 있으며, 피라미드 중 가장 규모가 큰 세계 7대 불가사의의 하나로 불린다. 또 Menkaure 피라미드는 밑변 108.5m, 높이 66.5m로 되어 있다. 이집트는 종교적인 관계로 술과 돼지고기는 철저히 배격하고 있으며 오락도 제한되어 있다. 또한, 이슬람교도들은 땅바닥에 엎드린 기도로 인해 생긴 이마의 검은 흔적을 무척 자랑스럽게 생각한다.

우리나라는 1999년 4월 27일 "이집트 부동산개발회사(Nova Park Cairo)"와 나일강변에 약 1,200만 달러를 투자하여 50%의 지분으로 지하 4층, 지상 30층 규모의 호텔을 건립, 두 나라 관계가 더욱 돈독해지는 계기가 되기도 하였다.

## 2. S. AFRICA

### 1) 개 관

❖ 붉은색 - 독립을 위해 흘린 피
❖ 녹색 – 농업, 청색 – 하늘
❖ 노란색 – 광물자원
❖ 흑백은 각각 흑인과 백인을 나타냄
❖ 1993년 제정된 새로운 국기

원래 이곳에는 흑인원주민이 살고 있었는데 보어인(네덜란드계 종족)이 1652년에 이곳에 들어와 거주했다. 1795년 영국 해군이 이곳을 침입하여 식민지화하려 하자 정착하고 있던 보어인이 이에 반발하여 1899년에서 1902년간 2회의 전쟁을 일으킨 것이 보어전쟁[38]이다. 전쟁 결과 영국군의 승리로 Cape주를 비롯해 Natal주, Orange Free주 및 Transval주 등을 합하여 남아프리카연방(Union of South Africa)을 결성해 1910년 영국령 남아프리카연방이 형성되었으며, 1948년 보어인 중심의 국민당이 정권을 잡았다. 그러나 제2차 세계대전 후 흑인들의 민족의식이 높아져 반(反)백인운동이 벌어지자 백인들은 자기들의 보존을 위해 백인보호, 백인문화 옹호 등을 목적으로 1926년 세계 최대 악법인 인종차별법(Colour Bar Act), 그리고 식당, 공원, 벤치, 극장, 버스 등에 흑백동석금지법(Separate Amenities Act)을 1953년에 제정하고, 이어서 대학분리법(Separate University Education Act)과 1949년에 혼인금지법(Prohibition of Mixed Marriges Act), 1950년에는 배덕금지법(Immorality Amendment Act)[39] 등 많은 악법을

38) 보어전쟁(Boar War) : 1899년부터 1902년까지 계속된 영국과 트란스발(Transvaal)공화국 및 오렌지(Orange) 자유국과의 전쟁. 영국은 이 두 지역에서 금과 보석이 발견되자 이를 탐내어 영국인의 참정권 요구의 거절을 구실로 싸움을 시작함. 트란스발과 오렌지 두 나라는 결국 굴복하여 영국의 식민지가 됨(남아전쟁).

제정하여 인종차별정책을 폈다. 그 후 영국 및 세계 각국으로부터 비난받자 영연방을 탈퇴하여 공화국제[40]를 택하고, 1961년 '남아프리카공화국'을 건립하였다.

남아프리카공화국은 인구 약 4,857만(2007) 명이고, 도시인구가 전체의 51%이며, 1인당 개인소득은 5,906달러이다. 구성은 흑인이 80%, 백인이 20%이다. 남아프리카공화국 내 백인들의 주요 실권을 보면 대체로 네덜란드의 보어인은 정치실권, 영국계는 광산과 은행 등 경제적 실권을 쥐고 있으며, 살기 좋은 지역은 백인이 거주하고 그 외의 지역은 흑인이 거주하고 있어서 20% 소수의 백인이 80%나 되는 다수의 흑인을 차별하는 사회적 특성을 가지고 있었다.

남아공의 주요 언어는 아프리칸스(화란계 언어), 영어, 줄루어(흑인 최대종족), 코사 등 11개 언어를 공식언어로 사용하고 있다.

지형은 드라켄즈버그산맥이 있는 동부산지는 산악지대이며, 서쪽으로 갈수록 평지가 이어진다. 육지의 남서부(케이프타운 지역)는 전형적인 지중해성 기후가 나타나며 겨울철에 500mm 내외의 강우가 있고 기온의 연교차가 적고 남부지역은 해양성 기후에 강우도 많아 거주지로 적당한 곳이다.

특히 남아프리카공화국은 석유를 제외하고는 이 땅에서 나지 않는 자원이 없을 정도로 지하자원의 보고이다. 우라늄, 망간, 크롬, 형석의 매장량이 세계 1위, 금, 다이아몬드 생산도 세계 1위로, 광물이 총수출액의 57%를 차지하고 있다. 남아프리카공화국은 아프리카 제1의 공업국이기도 하지만 산업의 대부분을 소수 백인이 소유하고 있어 빈부의 차가 매우 심한 곳이다.

## 2) 국제관광현황

남아프리카공화국은 앞에서 설명한 바와 같이, 토착인의 오랜 전통적인 미신생활과 선진 유럽문화가 서로 공존하면서도 적대시하는 극심한 인종차별정책(Apartheit)이 존재하는 나라이다. 그러나 넬슨 만델라 대통령의 "One Team, One Country"정책으로 차별이 없는 인종평등이 주창되기도 하였다. 최초의 흑인대통령으로 당선된 만델라는

39) 백인과 유색인종 간의 성교금지법.

40) 한병선, 觀光과 世界, 기문사, pp.334~335.

백인에 대한 보복정책보다 1991년부터 인종차별정책(Apartheit)을 철폐하고, 교육을 비롯한 많은 사회문제에 흑백균등정책을 채택하였다. 그러나 주요 경제권은 백인들이 소유하고 있기 때문에 흑인들은 곳곳에서 폭동을 일으키고 빈곤과 실업상태를 더 이상 자기종족에게 물려줄 수 없다는 의식의 결집으로 백인을 대상으로 재산을 약탈・살해하는 등 5년 동안에 36만 건의 살인사건이 발생하기도 해 사회적 불안을 느낀 백인들의 캐나다와 오스트레일리아 등 타국으로의 해외이주가 연간 3만 명에 이르기도 하였다.

남아공에서는 국가경제수준을 기준으로, 한국과 일본인은 백인으로 분류되고, 같은 아시아계인 중국인과 인도인은 유색 아시아(Colored Asian) 인종으로 분류하기도 한다.

아프리카의 서남단에 위치하는 케이프타운(Cape Town)은 지중해식 기후가 나타나는 아프리카 최대의 무역항인 동시에 1652년에 건설한 식민지 거점도시로 이 지역에서 가장 오래된 도시이다. 관광명소로는 세계 3대 미항의 하나인 희망봉(Cape of Good Hope), 동남단에 위치한 천연적인 양항인 엘리자베스(Port Elizabeth), 철도 및 항공교통의 요지인 더반(Durban) 등이 있다. 또한, 요하네스버그(Johannesburg)는 '황금의 도시'라고 불리는, 아프리카에서 카이로 다음가는 큰 대도시로 세계적인 노천굴 형태의 금광이 있는 도시로도 유명하다.

남아프리카공화국의 국제관광객현황을 연도별로 살펴보면 〈표 6-3〉과 같다. 남아공을 방문하는 해외관광객의 경우, 2000년 600만 명에서 매년 조금씩 증가하여, 2005년 740만 명, 2006년 840만 명, 2007년 910만 명이 유입되었다. 한편, 남아공주민의 Outbound현상은 Inbound객의 1/2 수준에 지나지 않았으나, 2000년의 경우 383만 명 이상으로 증가하여 Inbound객의 반수 이상이 Outbound한 것으로 나타나고 있다.

〈표 6-3〉 남아프리카공화국의 연도별 국제관광객현황

(단위 : 1,000명)

| 구분 \ 연도 | 1995 | 1996 | 1997 | 1998 | 1999 | 2000 | 2001 | 2002 | 2003 |
|---|---|---|---|---|---|---|---|---|---|
| Inbound | 4,488 | 5,186 | 5,170 | 5,898 | 6,026 | 6,001 | 5,908 | 6,550 | 6,640 |
| Outbound | 2,520 | 2,882 | 2,926 | 3,363 | 3,875 | 3,834 | 3,733 | 3,794 | · |
| 차 이 | 1,968 | 2,304 | 2,244 | 2,535 | 2,151 | 2,167 | 2,175 | 2,756 | · |

자료 : UNWTO 및 통계청(2005). 국제통계연감, pp.232~235.

〈표 6-4〉 남아프리카공화국의 연도별 국제관광수지

(단위 : 100만 달러)

| 구분 \ 연도 | 1995 | 1996 | 1997 | 1998 | 1999 | 2000 | 2001 | 2002 | 2003 |
|---|---|---|---|---|---|---|---|---|---|
| 관광수입 | 2,125 | 2,575 | 2,769 | 2,738 | 3,407 | 3,339 | 3,257 | 3,695 | 5,232 |
| 관광지출 | 1,849 | 1,754 | 1,961 | 1,842 | 2,717 | 2,684 | 2,367 | 2,252 | 3,232 |
| 차 이 | 276 | 821 | 808 | 896 | 690 | 655 | 890 | 1,443 | 2,000 |

자료 : UNWTO

한편, 남아프리카공화국의 국제관광수지관계를 보면(〈표 6-4〉 참조), 1990년대 중반에는 순관광수입은 적었으나 2000년대 초반부터 관광수입이 증가하여 2003년에는 20억 달러, 2005년 73억 달러, 2006년 79억 달러, 2007년 84억 달러의 관광수입을 올렸다. 2005년에는 34억 달러, 2006년에는 34억 달러, 2007년 39억 달러의 관광지출이 발생해 관광수지는 2005년 39억 달러, 2006년 45억 달러, 2007년 45억 달러의 순관광수입이 창출되었다. 관광지출의 대부분은 20%의 백인경제활동과 관계있는 것으로 생각할 수 있다.

## 3. MOROCCO

### 1) 개 관

❖ 붉은색 – 모로코 국민의 조상 아라위드 일가
❖ 녹색 – 이슬람교
❖ 중앙 마크 – 국가안위를 위하는 '숄레이만의 도장'

북아프리카의 서북단에 위치하는 모로코는 44.7만$km^2$의 면적을 가진 국가로 동쪽은 알제리, 남쪽은 알제리와 모리타니, 서쪽은 대서양, 북쪽은 지중해에 면하고 있다. 국토의 중앙에 서쪽에서 북동쪽으로 아틀라스산맥이 통과하고 있으며, 산맥의 서쪽은 평지 및 구릉지가 발달되어 있어, 대서양에서 불어오는 서풍의 영향으로 강우가 많아

농업이 잘되나, 산맥의 동남 사면은 사막기후를 이루고 있다.

원주민은 베르베르인으로 1912년 프랑스의 보호령으로 있다가 1952년에 대서양에 접한 국제적 도시인 카사블랑카에서 반(反)프랑스 대폭동(1955)이 일어나 이듬해인 1956년 3월 2일 독립하여 모로코왕국을 세웠다.

2007년 현재 인구는 3,122만 명으로 전체 인구의 약 1.0%인 30만 명의 프랑스인과 스페인인이 살고 있고, 전인구의 52%가 도시에 거주하고 있으며, 1인당 국민소득은 1,989달러이다. 언어는 아랍어를 공용어로 하고 있으나 베르베르어도 약 40%나 사용된다. 국교는 이슬람교이며, 주산업은 대서양과 지중해연안의 밀, 보리, 쌀, 채소, 포도, 오렌지, 올리브, 대추야자 등 국민의 50%가 종사하는 농업과 양, 산양 등 유목이며 인광석(세계 1위), 연, 아연, 석탄, 석유가 주요 지하자원이다.

모로코의 수도, 라바트 왕궁
(현재 하산 2세의 궁전)

## 2) 국제관광현황

모로코의 전반적인 사회형태는 아랍의 특성이 강하지만, 오래도록 서부 유럽국가의 영향을 많이 받아 서구풍의 도시가 많다. 카사블랑카(Casablanca)는 대서양 연안에 입지한 모로코 최대의 도시이며, 이 나라의 경제・무역 및 관광의 중심도시이다. 해안지역은 유럽풍의 신시가지와 이슬람풍의 구시가지가 합쳐져 경관이 아름답고 특히 타히티, 아인다이브, 안파 등 아름다운 해안관광지에 유럽관광객이 많다. 아프리카대륙의 주요 국가의 관광객 유입을 비교해 보면 〈표 6-5〉와 같다. 2007년을 기준으로 모로코의 인바운드 관광객은 최근 점차 증가하여 2007년에는 740만 명이 방문하였으며, 이는 아프리카대륙에서 3위에 해당한다. 가장 많은 외래관광객이 유입된 국가는 이집트이며, 다음으로 남아프리카공화국, 모로코, 튀지니 순으로 나타났다.

〈표 6-5〉 아프리카 주요 국가의 연도별 국제관광객현황

(단위 : 백만 명)

| 순위 | 연도<br>국가명 | 2000 | 2001 | 2002 | 2003 | 2005 | 2006 | 2007 |
|---|---|---|---|---|---|---|---|---|
| 1 | Egypt | 5.5 | 4.6 | 5.2 | 6.0 | 8.2 | 8.6 | 10.6 |
| 2 | South Africa | 6.0 | 5.9 | 6.6 | 6.6 | 7.4 | 8.4 | 9.1 |
| 3 | Morocco | 4.2 | 4.6 | 4.6 | 4.8 | 5.8 | 6.6 | 7.4 |
| 4 | Tunisia | 5.1 | · | · | · | 6.4 | 6.5 | 6.8 |

자료 : UNWTO(2008)

〈표 6-6〉 아프리카의 연도별 국제관광수입

(단위 : 10억 달러)

| 순위 | 연도<br>국가명 | 1999 | 2000 | 2001 | 2002 | 2003 | 2005 | 2006 | 2007 |
|---|---|---|---|---|---|---|---|---|---|
| 1 | Egypt | 4.4 | 4.6 | 4.1 | 4.1 | 4.7 | 6.9 | 7.6 | 9.3 |
| 2 | South Africa | 2.5 | 3.3 | 3.2 | 3.7 | 5.2 | 7.3 | 7.9 | 8.4 |
| 3 | Morocco | 1.8 | 2.3 | 2.9 | 3.2 | 3.4 | 4.6 | 6.0 | 7.3 |

자료 : UNWTO(2008)

〈표 6-6〉은 아프리카국가 중 국제관광수입이 가장 많은 국가로 이집트, 남아공, 모로코의 순으로 나타났다. 모로코의 경우 2005년 46억 달러, 2006년 60억 달러, 2007년은 73억 달러로 나타났다.

CHAPTER 7

# OCEANIA 지역

## 제1절 오세아니아지역 개관

오세아니아(Oceania : 大洋洲)는 오스트레일리아(769만$km^2$)와 뉴질랜드(27만$km^2$) 및 파푸아뉴기니(80.9만$km^2$)를 포함해 남태평양상에 흩어져 있는 수많은 섬지역인 폴리네시아(Polinesea), 적도를 중심으로 서북지역 미크로네시아(Micronesia), 남쪽 바다에 흩어진 섬들인 멜라네시아(Melanesia) 전체를 오세아니아(Oceania)라고 부른다.

이 지역이 대륙에 알려진 것은 마젤란(Magelan ; 1529), 타스만(Tasman, A.J. ; 1642), 쿡(Cook, James ; 1770)이 오늘날의 오스트레일리아를 발견한 이후부터이다. 그 후 영국군인 윌립(Whillip, Auther) 대령이 이끈 죄수 770명, 경호군인 31명의 이민단이 오늘날의 시드니에 도착, 유형지(流刑地)로 사용함으로써 오세아니아의 문화권이 형성되었다.[41] 오스트레일리아란 말은 그리스시대에 지도를 그릴 때 남쪽 지역은 알지 못함(Australia)이란 단어에서 유래되었다고 한다.

뉴질랜드는 네덜란드인 타스만(Tasman, A.J.)에 의하여 알려졌다. 그는 1642년에 오스트레일리아 동남부에 있는 삼각형의 섬(Tasmanic)을 발견하고, 계속 북진하다가 해

41) 姜錫午(1990), 世界地誌, 새글사, pp.20~22.
金洪雲·權忠熙(1993), 觀光世界地理, 螢雪出版社, pp.112~113.

류의 영향으로 뉴질랜드 서안에 상륙하려 하였으나 폴리네시아 인종에 속하는 원주민 마오리족의 저항으로 상륙하지 못하자 그곳을 오스트레일리아의 일부라고 믿었다. 그로부터 120년 후 영국인 쿡(Cook)에 의하여 오늘날 남북 두 개의 섬이 탐사되었다.

적도 바로 아래에 있는 파푸아뉴기니는 그린랜드 다음의 세계 2위(80.9만$km^2$)로 큰 섬으로 E. 11°를 경계로 서쪽은 인도네시아 영토인 서이리안이고, 동쪽은 파푸아뉴기니의 영토이다. 이 섬은 1546년 스페인 사람이 발견한 후, 원주민의 모습이 아프리카 기니의 흑인과 비슷하다고 하여 파푸아뉴기니라 하였으며, 그 후 포르투갈인들은 원주민의 머리털을 보고 파푸아(Papua : 포르투갈어로 縮毛의 뜻)섬이라 불렀다.[42] 뉴기니는 적도의 직하에 위치하기 때문에 4계절의 구별이 없고 항상 여름이 계속되는 지역이다. 기후는 적도지역의 오스트레일리아와 New Guinia는 열대이며, 그 외 지역은 온대, 지중해 및 냉온대 사막기후 등 다양하다.

이상과 같이 오세아니아지역은 대륙으로부터 멀리 떨어져 있어 접근이 용이하지 않았으나, 항공교통의 발달로 접근이 용이해져 많은 관광객들이 왕래하고 있다. 최근 이 지역은 자원, 산업 등 대륙에 필요한 자원의 공급지가 되고 있으며, 또 특이한 문화권을 형성하고 있어서 관광유치력이 매우 높은 지역으로 각광받고 있다.

42) 姜石午, *op. cit.*, pp.290~295.

# 제 2 절 국가별 관광현상

## 1. AUSTRALIA

### 1) 개 관

❖ 유니언잭은 영국연방의 일원을 표시
❖ 큰별-6개주(州)와 태즈메이니아 섬 의미
❖ 5개의 작은 별 - 남십자성(별자리) 의미

오스트레일리아라는 말은 라틴어에서 유래된 말로 '거대한 대륙'이란 뜻이며, 한자로는 '호주(濠洲)'라고 쓰고 마찬가지로 '큰 나라'라는 뜻을 지니고 있다. 오스트레일리아는 러시아, 중국, 캐나다, 미국, 브라질에 다음가는 면적(7,687,000km$^2$)의 국가로 남한의 78배에 달한다.

지형적으로는 서부대지, 중부저지, 동부산지로 구분된다. 위도상으로는 남위 S. 11°~44°에 걸쳐 분포하고 있고, 대륙의 북동부해안에는 약 1,000km에 달하는 대보초(大堡礁)[43]가 발달되어 해상교통의 장애를 받기도 한다.

우리나라와 반대방향에 위치하고 있기 때문에 기후도 우리나라와 반대여서 특이한 점이 많다. 호주에서는 여름이 12~2월이고 겨울은 6~8월이기 때문에 6월에 스키를 즐긴다. 호주의 북부지역에는 열대성 기후가 나타나고 중부에는 초원과 반건조기후로 사막이 나타나며, 동남부 쪽으로 온대성 기후와 지중해성 기후가 나타나 대부분의 사람들은 이 지역에 거주하고 있다. 특히 중부저지에는 에어(Eyre)호가 있고, 이 지역에는 대찬정분지(大鑽井盆地)가 형성되어 있다.

이 대륙은 1770년에 영국인 탐험가 제임스 쿡이 발견한 후 1788년부터 유배자를 이끌고 이 지역으로 이주하면서 식민지 개발이 본격화되었고, 1991년에 영국연방 가맹국이 되었으며 영국 여왕이 임명하는 총독이 연방정부를 통치하는 입헌군주국으로

43) 대보초(大堡礁) : 산호초.

독립국이 되었다.

주민 대부분(98%)이 유럽계 백인이며 원주민도 약 20만 명 정도가 살고 있다. 호주는 백인만이 거주하는 백호주의(白濠主義 ; The White Australia Principle)를 주장하여 유색인종의 입국을 거부하였으나, 1949년부터 1973년간에 백호주의가 완화되어 최근에는 아시아계통 사람들 약 50만 명이 거주하고 있다. 주요 언어는 영어이며, 종교는 신교(26%), 구교(27%), 그리스정교(6.0%)가 있다. 주요 산업은 강우량에 따라 밀, 사탕수수 등 농산물과 목축업이 유명하며, 지하자원으로 석탄, 철광석, 석유, 우라늄 등이 생산된다.

현재 호주인구는 2,101만(2007) 명이며 도시인구는 전체 인구의 85%이고, 1인당 개인소득은 약 43,312만 달러이다. 호주는 우리나라와 함께 태평양 경제각료회의(APEC)에 가입하여 많은 활동을 하고 있다.

## 2) 국제관광현황

호주는 영국인을 중심으로 유럽 여러 이민족들에 의해 개발된 나라지만 풍부한 자원의 혜택으로 일찍부터 선진국 대열에 합류한 국가로서, 사회보장제도와 노동조건이 매우 잘 정비되어 있다. 지명도(Name Value) 높은 관광지로서는 오스트레일리아의 수도로, 정부의 주요 기관들이 집중되어 있는 캔버라(Canberra)가 있고, 그 외에도 뉴사우스웨일스(New South Wales), 시드니(Sydney), 멜버른(Melbourne) 등이 있다. 특히 시드니에 있는 룩스는 영국에서 죄수들을 이끌고 대륙에 도착한 필립총독이 식민지를 건설한(1788) 도시로 당시 사용하던 건물과 물건들이 문화재로 지정되어 오늘날까지 그대로 잘 보존되어 있다.

오스트레일리아 국민들은 운동경기를 특히 좋아하며, 그 외에 연극, 음악 등을 좋아하는 쾌활하고 적극적인 사고를 가지고 있다. 특히 매년 1월 26일 호주건국일에는 요트경기와 마라톤, 축구, 음악회, 불꽃놀이 등의 행사가 전국에 걸쳐 다양하게 개최되고 있다. 국토가 대륙으로부터 멀리 떨어져 있기 때문에 항공료가 많이 드는 것이 결점이긴 하나 많은 관광객이 유입되고 있다.

〈표 7-1〉 오스트레일리아의 연도별 국제관광객현황

(단위 : 1,000명)

| 구분 \ 연도 | 1999 | 2000 | 2001 | 2002 | 2003 | 2004 | 2005 | 2006 | 2007 |
|---|---|---|---|---|---|---|---|---|---|
| Inbound | 4,459 | 4,931 | 4,856 | 4,841 | 4,746 | 5,215 | 5,499 | 5,532 | 5,644 |
| Outbound | 3,210 | 3,498 | 3,443 | 3,461 | 3,388 | 4,369 | 4,756 | 4,941 | 5,462 |
| 차 이 | 1,249 | 1,433 | 1,413 | 1,380 | 1,358 | 846 | 743 | 591 | 182 |

자료 : UNWTO(2008)

오스트레일리아의 국제관광객 유동현황을 살펴보면 〈표 7-1〉에서와 같이 2000년에는 493만 명이 입국하였으며, 그 입국수는 매년 점차 증가해 2007년에는 564만 명의 외래관광객이 유입되었다. 평균체재일은 2003년에는 8.5일로 나타나 다른 국가보다 체재일수가 길다. 방문목적으로는 여가 및 휴양이 50%, 기타가 27%, 상용이 23%로 나타났으며, 출신지역으로는 동아시아 · 태평양지역이 60%, 유럽지역이 24%, 미주지역이 11.1% 순으로 나타났다. 한편, 아웃바운드의 경우는 2000년 349만 명이 해외여행으로 출국하였으며, 그 수도 매년 조금씩 증가해 2007년 546만 명이 해외여행을 한 것으로 나타났다. 오스트레일리아 사람들의 해외여행 목적지로는 북미 · 유럽 · 아시아지역을 꼽을 수 있는데, 그중 영국(19.0%)이 가장 높고 다음이 싱가포르(13.0%), 이탈리아(11.9%), 프랑스(11.7%), 미국(9.8%), 오스트리아(3.1%), 캐나다(2.9%), 스페인(2.2%) 순으로 나타나고 있다.

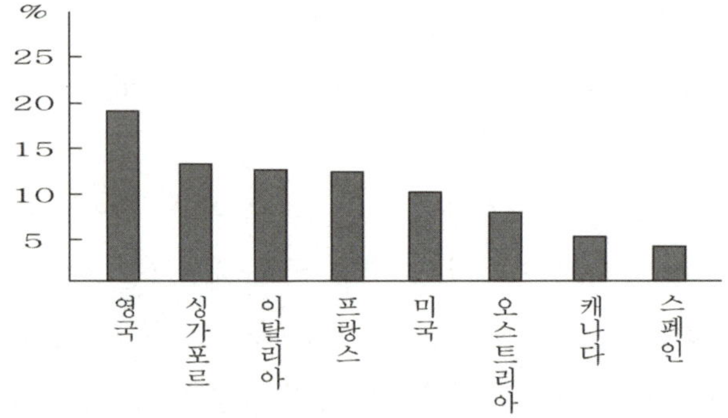


[그림 7-1] 호주 국민의 여행선호국

호주의 국제관광수지를 살펴보면(〈표 7-2〉 참조), 1980년대는 매년 관광수지 적자국이었으나, 1990년대에 들어와서는 Inbound에 의한 관광수입이 Outbound에 의한 지출보다 높아져 관광흑자를 나타내고 있다. 1999년의 경우 관광수입이 128억 달러였으며 점차 증가해 2007년에 약 290억 달러의 관광수입을 창출했다. 관광지출의 경우, 2000년 87억 달러가 소비되었으며 그 정도가 매년 조금씩 증가하여 2007년에는 198억 달러가 지출되었다. 따라서 매년 관광흑자가 발생하고 있으며, 그 흑자 정도가 증가하고 있는 추세에 있어 2007년의 경우 92억 달러 이상의 흑자를 내기도 했다.

〈표 7-2〉 호주의 연도별 국제관광수지

(단위 : 100만 달러)

| 구분 \ 연도 | 1999 | 2000 | 2001 | 2002 | 2003 | 2004 | 2005 | 2006 | 2007 |
|---|---|---|---|---|---|---|---|---|---|
| 관광수입 | 12,866 | 13,016 | 12,804 | 13,624 | 16,647 | 20,453 | 22,566 | 23,729 | 29,065 |
| 관광지출 | 8,574 | 8,780 | 8,053 | 8,494 | 10,135 | 14,224 | 15,593 | 16,393 | 19,844 |
| 차 이 | 4,292 | 4,236 | 4,751 | 5,130 | 6,512 | 6,229 | 6,973 | 7,336 | 9,221 |

자료 : UNWTO(2008)

오스트레일리아의 관광사업은 국내총생산(GNP)에 6%를 기여하는 산업이며, 총노동력의 약 6%가 관광관련사업에 직·간접적으로 고용되어 있다. 오스트레일리아의 주요 표적시장(Target Market)은 미국과 일본으로 이 두 시장에 대한 국가홍보활동을 활발히 전개하고 있다. 새로운 국제항공노선과 항공료 인하 등을 통해 국제관광객에게 흥미있는 새로운 여행목적지로 인식시킴으로써 호주의 입지를 확고히 하고자 노력하고 있다.

### 3) 국제관광정책

호주의 관광정책은 스포츠·레크리에이션 관광성(Department of Sports, Recreation and Tourism)과 그 산하기관으로 호주관광공사(Australian Tourist Commission)가 설치되어 국제관광진흥 및 이와 관련된 정책의 수립 집행을 담당하고 있으며, 지방의 각 주 및 준주정부(Territory)에는 관광국이 설치되어 관광자원개발을 포함한 각종 관광기반 시설업무를 수행하고 있다.

특히 관광관련업무에 관한 부서로는, 정책자문과 관광관련사업에 대한 행정업무를 담당하는 관광전시국(Tourism and Expositions Division)이 있으나, 실제 국제관광진흥 등 연방차원의 정책사업은 호주관광공사(ATC)에서 전담하고 있다.

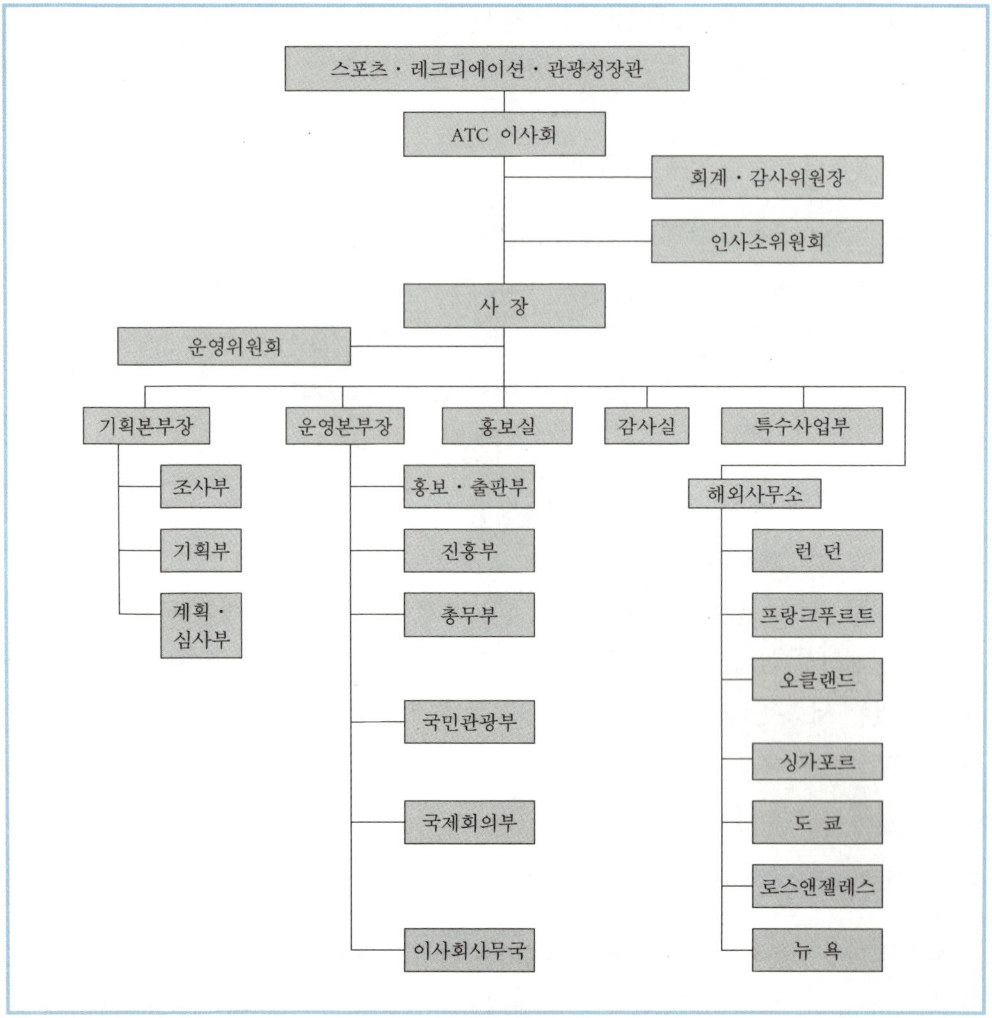


[그림 7-2] 호주관광공사 기구

호주정부는 스포츠・레크리에이션 관광성의 신설 이후 채택된 종합정책안과 맥락을 같이하는 관광사업 개발을 위해 ATC의 예산을 증대시키기도 하였다. ATC의 재원조달은 주로 연방예산의 보조로 이루어지고 있으며, 그 밖에 주정부, 준주정부 및 기타 비정부기관(Nongovernment Entities)의 ATC사업 참여 등을 통해 이들 기관으로부터 지원금, 찬조금 등을 받고 있다. ATC는 오스트레일리아 관광사업진흥을 위한 일환으로 '관광 오스트레일리아'의 슬로건으로 적극적인 홍보활동을 전개하고 있으며, 연방정부 또한 오스트레일리아 미래의 관광계획에 대한 명확한 청사진을 제시하기도 했다.

ACT가 전개하고 있는 주요 시책은 다음과 같이 정리할 수 있다.

우선, 면세쇼핑에 관한 내용이다. 1986년 5월 1일부터 시행된 면세쇼핑(Duty Free Shopping)은 수하물의 양을 줄임으로써 승객의 편안함을 향상시키고 비행기 자체 무게감소를 통해 항공연료를 절약하기 위해 탑재 중인 물건 중 깨지기 쉬운 유리나 액체의 양을 줄이고 항공안전을 향상시키기 위해 실시되었다.

둘째, 편의시설에 관한 내용이다. 주요 국제공항에서 혼잡악화에 대비해, 승객의 탑승수속 편의를 제공하기 위한 세관 증설, 내・외국인 관광객의 출입국절차 간소화 등의 공공서비스 향상을 위한 노력을 기울이고 있다.

셋째, 환경의 보호관리에 관한 내용이다. 대보초(Great Barrier Reef)에 대한 구역설정과 보존관리계획이 Great Barrier Reef 해양공원관리당국에 의해 계속 추진 중이며, 그 공원의 모든 지역이 보호구역으로 선포되었다. 또한, 연방정부는 다우삼림지역 보호를 위해 2년간에 걸쳐 A$2,250만 달러를 지원했으며, 이 보조기금은 관광객편의시설을 위한 부문과 다우산림지역의 관광잠재력 연구를 위한 비용으로 사용되었다.

넷째, 종사원 양성에 관한 내용이다. 연방정부는 호주의 관광종사원 양성을 위한 '관광훈련고찰단(Tourism Training Review Group)'의 운영을 위해 위원회를 설립했다. 이 위원회의 역할은 관광산업분야의 종사원 육성을 위한 전략적 기초를 제공하는 것이다. 또한, 젊은 관광인력 양성을 통해 국제적인 서비스를 제공함으로써 서비스의 질을 향상시키는 데 목적이 있다.

다섯째, 세제상의 지원에 관한 내용이다. 관광상품의 생산 또는 서비스의 향상과 새로운 아이디어 창안을 위한 연구 및 개발을 수행하는 회사(단체)에게 세제상의 혜택이 이루어진다. 관광발전은 연구 및 개발을 통한 건축(건설)기술이나 컴퓨터를 이용한 관리체계와 같은 새로운 분야 개발에 의해 이루어질 것이다.

여섯째, 마케팅에 관한 내용이다. ATC가 국내 및 해외에서 소비자와 관광업계를 대상으로 하는 관광진흥사업(Tourism Marketing Program)으로 외국의 영향력 있는 관광언론인 및 여행업자 초청지원, 국내의 관광상품공급자와 해외여행 도매업자 및 소매자 간의 상담주선 및 조정, ATC 단독 또는 주정부나 업계와 공동으로 호주 관광상품의 판매촉진, 해외소비자 및 여행업계를 위한 영화, 사진 포스터, 전시물, 간행물 등의 홍보물(Promotional Items)을 제작 및 배포하는 것이다.

일곱째, 관광소비자보호(Protection of the Tourist as a Consumer)에 관한 내용이다. 관광객은 정부보상기금(NCF)의 설립과 주정부와 준주정부의 모든 여행사에 면허제도를 시행함으로써, 여행사를 통해 여행하는 관광자들은 더 많은 보호를 받게 될 것이다.

이외에도, ATC가 앞으로 더욱 연구해야 하는 분야는 호텔 및 모텔, 그리고 트레일러용 주차장(Caravan Parks)의 경영관리문제, 예약에 따른 수송문제, 수용능력 및 적정수요에 관한 사항들이다. 경제에 영향을 미치는 국제적인 스포츠행사를 평가하기 위한 방법에서는 국내총생산(GDP)에 미치는 영향, 외화가득률, 투자비용의 환원, 전체 투자비용에 대해 국가가 지원하는 정도, 그리고 행사개최지역 등 5개의 주요 사항으로 분류된다.

호주통계국(Australian Bureau Statistics)에 따른 관광통계는 동일한 간격으로 수집이 이루어지며, 숙박시설에 대한 통계의 수집은 호텔, 모텔의 투숙객과 트레일러용 주차장(Caravan Parks)에 장・단기체재에 따른 분류를 통해 이루어진다. 이러한 자료는 호주의 관광상품과 서비스를 위한 미래 수요예측모델 개발에 이용되어질 것이다.

2008년 5월 호주는 국가장기관광전략(National Long-Term Tourism Strategy)을 발표했다. 이 전략은 호주 경제 내 관광산업의 순이익을 최대화한다는 정책목표 달성을 위한 정부의 지원하에 이루어질 것이며, 관광산업을 위한 장기비전 제시와 일관된 장기정책수립을 위한 기초제공의 의의를 가지고 있음을 그 내용으로 하고 있다.

전략내용은 관광산업의 생산적 수용력을 개발하는 것에 초점을 두고 있다. 이 전략에서 의미하는 관광은 투자, 노동과 기술, 기후변화, 기반시설에 관한 부문을 포함하며, 앞으로의 관광마케팅은 레저뿐만 아니라, 교육관광, 상용관광과 같은 폭넓은 관련 분야를 대상으로 이루어질 것이다. 이 전략은 관광시장의 취향과 선호도 변화에 따라 이루어질 것이다. 전략실행을 위한 아이디어 개발을 위해 호주정부는 관광조정위원회를 설립하기도 하였다.

### Tip 호주정부, 휴가 내서 여행하라 당부

글로벌 금융위기의 여파 속에 호주를 찾는 해외 관광객수뿐만 아니라, 국내 관광객수도 감소하고 있는 것으로 파악되었다. 지난 1년 동안 호주를 찾은 해외 관광객수가 1% 감소한 반면 국내 관광업계는 큰 어려움을 겪은 것으로 확인되었다. "호주 국내 경제 활성화 차원에서 근로자들의 국내 여행이 필요한 상황이지만, 근로자들이 아예 연차 휴가를 사용하지 않고 있다"고 멜버른에서 개막된 호주 관광무역전람회에 참석한 마틴 퍼거슨 관광장관은 이처럼 언급하면서 "호주인 근로자들의 연차 휴가 누적 일이 총 1억 2,100일에 이른다"고 말하였다. 그는 이런 맥락에서 "왜 고용주들은 근로자들의 휴가일이 이처럼 누적되도록 방관하는지 도무지 이해되지 않는다"면서 "휴가일이 누적되는 것은 고용주들에게도 도움이 되지 않고 생산성 면에서도 마이너스 효과를 가져온다"고 지적하였다.

한편 올 1/4분기 동안 전체 해외 관광객수는 3% 감소했으며, 영국의 경우 12%, 미국 10%, 싱가포르 13%, 그리고 일본인 관광객수는 27% 감소한 것으로 파악된다.

호주 관광산업의 75%는 국내 여행이 차지하고 있으며, 국내 관광업계에는 총 49만 명의 근로자가 종사하면서 국내 총생산의 3.6%를 산출하고 있다. 해외 관광객들로부터 벌어들이는 수익은 연 250억 달러이며, 순수 국내 여행객들로부터의 수익은 600억 달러에 이르는 것으로 파악되고 있다.

기사출처 : Top News(2009.6.15)

## 2. NEW ZEALAND

### 1) 개 관

❖ 유니언잭은 영국연방의 일원을 표시
❖ 영국의 상선기(商船旗)에서 만들어짐
❖ 4개의 작은 별 – 남십자성(별자리) 의미

뉴질랜드는 오스트레일리아로부터 225km 떨어져 있으며, 북쪽의 섬 북도(北島)와 남쪽의 섬 남도(南島)로 된 면적 269,000km$^2$의 국가이다. 북도는 환태평양조산대에 속하므로 화산성 산지와 간헐온천(間歇溫泉)이 많다. 지형은 북도는 섬의 동남부에 산지가 많아 동고서저(東高西低)의 경동지괴(傾動地塊)를 형성하며 서쪽에 강우가 많아 주로 목축이 이루어진다. 남도는 서고동저(西高東低)의 지형으로 남알프스라고 부르는 산이 남북으로 주행하고 있어, 동사면지역에서 목축을 하고 있다. 남도는 편서풍기후지역에 속해 연중 강우가 풍부하며, 해양성 기후를 나타내기 때문에 주민이 생활하기에 적당하다.

뉴질랜드는 1642년 네덜란드인 타스만(Tasman, A.J.)이 처음 발견하여 상륙하려 하였으나 원주민 마오리족의 반대로 실패하였고, 그 후 18세기 중엽 영국인 쿡(Cook, J.)이 이곳 해안지역을 발견하고 원주민 마오리족과 접촉한 것이 개발의 시초가 되었다. 그 후 점차 영국민의 이민이 이루어져 1907년 영국연방내의 자치령으로 독립하였다.

뉴질랜드의 주요 산업은 양·소·낙농품·원예작품 등 목축업과 석탄·천연가스 등의 광업이 주류를 이루고 있다. 특히 1882년 이후 냉동선의 사용은 뉴질랜드의 주류 산업인 낙농업과 목축업에 활기를 불어넣어, 오늘날 세계 제1의 근대화된 목축국가가 되었다. 북도의 웰링턴 평야와 남부의 캔터베리평야는 중요한 목축과 밀 생산지이다.

뉴질랜드는 오스트레일리아와 마찬가지로 사회복지제도가 잘 발달되어 있으며 북유럽국가와 동일한 수준의 복지국가로 영국적인 요소가 많이 남아 있다. 인구는 4,230만 명(2007)이고 그중 86%가 도시에 거주하며 90%가 유럽계이고, 1인당 국민소득은 30,256달러(2007), 원주민은 마오리족이 있으며 문화 및 생활정도가 높다.

## 2) 국제관광현황

뉴질랜드는 화산과 호수, 온천이 많고 경치가 아름다워 세계 각 지역으로부터 많은 관광객을 유치하고 있다. 특히 오늘날은 해양교통과 항공교통이 발달해 접근성이 더욱 높아졌다. 뉴질랜드를 많이 찾는 외래관광객은 주로 호주, 북미, 영국 및 일본인이며, 싱가포르와 오클랜드 간에 싱가포르항공사(SIA)가 회항하고 샌프란시스코와 뉴질랜드, 일본과 뉴질랜드, 방콕과 오클랜드 등 많은 항공노선이 개발되어 있어 앞으로 외래관광객의 유입은 더욱 증가할 것으로 판단된다.

뉴질랜드는 2000년에 178만 명의 관광객을 유치하였으며, 매년 소폭 상승해 2007년에 약 246만 명을 유치하였다. 유치된 관광객의 체재기간은 2003년에 평균 9.3일로 나타나 체재기간이 비교적 장기이다. 2007년 외래관광객의 방문목적으로는 여가 및 휴양이 49%이며, 기타 37%, 상용이 13%로 나타났으며, 출신지역으로는 동아시아·태평양지역이 64.2%, 유럽지역이 21.4%, 미주지역이 12% 순으로 나타났다.

한편 뉴질랜드 국민의 Outbound현상을 보면, 2000년에는 128만 명 이상이 해외여행을 했으며, 그 수도 매년 조금씩 증가해 2007년에는 197만 명 이상이 해외로 나간 것으로 나타났다.

〈표 7-3〉 뉴질랜드의 연도별 국제관광객현황

(단위 : 1,000명)

| 구분 \ 연도 | 1999 | 2000 | 2001 | 2002 | 2003 | 2004 | 2005 | 2006 | 2007 |
|---|---|---|---|---|---|---|---|---|---|
| Inbound | 1,607 | 1,787 | 1,909 | 2,045 | 2,104 | 2,334 | 2,366 | 2,409 | 2,455 |
| Outbound | 1,185 | 1,283 | 1,287 | 1,293 | 1,374 | 1,733 | 1,872 | 1,861 | 1,978 |
| 차 이 | 422 | 504 | 622 | 752 | 730 | 601 | 494 | 548 | 477 |

자료 : UNWTO(2008)

뉴질랜드 국민의 Outbound도 높은 편이나 그래도 Inbound가 Outbound를 초과하고 있어 관광수입이 관광지출을 능가하고 있다. 2000년의 경우 관광수입이 22억 달러였으나 14억 달러의 관광지출이 발생해 약 8억 달러의 흑자가 발생했으며, 관광수지 흑자 폭은 증가세에 있다. 2007년의 경우 54억 달러의 관광수입과 30억 달러의 관광지출이 나타나 약 24억 달러의 순관광수입(Pure Tourism Income)이 발생하였다.

〈표 7-4〉 뉴질랜드의 연도별 국제관광수지

(단위 : 100만 달러)

| 구분 \ 연도 | 1999 | 2000 | 2001 | 2002 | 2003 | 2004 | 2005 | 2006 | 2007 |
|---|---|---|---|---|---|---|---|---|---|
| 관광수입 | 2,234 | 2,272 | 2,339 | 3,158 | 4,201 | 5,031 | 5,162 | 4,777 | 5,406 |
| 관광지출 | 1,430 | 1,450 | 1,255 | 1,386 | 1,649 | 2,217 | 2,657 | 2,526 | 3,066 |
| 차 이 | 804 | 822 | 1,084 | 1,772 | 2,552 | 2,814 | 2,505 | 2,251 | 2,340 |

자료 : UNWTO(2008)

### 3) 국제관광정책

뉴질랜드의 관광행정 주무관청은 1901년 설립된 관광공보부(New Zealand Tourist and Publicity Department)이며, 관광공보부는 관광진흥국(Tourism Marketing Division), 국립영화제작소(National Film Unit), 정보공보국(Information Studio), 관광기획개발국(Tourism Planning & Developmet Division), 행정재무국(Administration and Finance Division)을 두고 있다.

관광진흥업무는 관광진흥국이 담당을 하고 있는데 주로 외래관광객 유치를 위한 정책수립, 국내외 진흥사업, 선전간행물 제작 및 배포, 국제행사 지원, 국내단체에 대한 협력 및 지원 등의 사업을 담당하고 있다.

뉴질랜드는 쾌적한 기후, 아름다운 자연환경 등 관광자원도 풍부하고, 정부가 관광의 경제적·사회적 가치를 중시하면서 집중적으로 육성하고 있어, 관광산업이 급속도로 발전하고 있다. 관광산업의 활성화를 위해 뉴질랜드 관광공보부는 국제관광과 국내관광의 활성화 방안을 구분하여 전개하고 있다. 우선, 국제관광객 유치를 위해 주로 스키를 콘텐츠로 하는 해외진흥활동을 전개하고 있으며, 업계와의 상호 협력체제로 공동홍보활동을 전개하고 있는데 특히 뉴질랜드항공, 콴타스항공(호주) 등 항공사와의 공동여행캠페인을 전개하는 경우가 많다.

한편, 국내관광활성화를 위한 방안으로는 대형호텔과 모텔건설계획을 통한 숙박시설(Accommodation) 확충과 환경(Environment)을 보호하고 자원화하기 위해 모든 지역의 공원관리계획을 통해 관광객이 자연환경을 훼손하지 않고 접근할 수 있도록 자연환경보호를 주목적으로 하는 환경보호법을 제정하기도 하였다.

최근 뉴질랜드에는 크루즈산업이 활기를 띠면서 뉴질랜드를 찾는 호화 유람선들이 늘어나고 있다. 1,900명의 승객과 800명 선원을 태우고 리틀턴항에 입항한 2008년 시즌 첫 유람선은 'Dawn Princess호'이다. 크기가 77,000톤이나 되는 이 유람선은 알래스카에서 뉴질랜드를 거쳐 호주에 최종 도착하였다. 2008년 캔터베리 지역을 방문한 유람선은 모두 79척으로, 관광객은 15만 명에 달해 2,270만 달러의 경제적 효과를 얻을 것으로 평가되며, 2007년에는 모두 40척의 크루즈선이 입항, 이들로부터 1,560만 달러의 경제효과가 발생했던 것으로 추정된다.

승객들은 마오리 공화당을 둘러보거나 농장을 방문하고 일부는 포도원을 찾아 나서며, 적극적인 승객들은 기차여행에도 나서거나 다양한 일일 투어를 예약하는 등, 크루즈선 여행객들이 보통 1개 항구에서 평균 1인당 300달러 정도의 돈을 쓴다고 한다. 뉴질랜드 크루즈 관광 대표는 뉴질랜드를 찾은 크루즈 방문객은 지난 10년 동안 무려 6배나 증가했다면서, 이미 2009-2010년 시즌에 입항이 예약된 유람선이 51척이나 된다고 밝혔다[44].

뉴질랜드는 2001년 수립된 뉴질랜드 관광전략 2010을 새롭게 수정·보완하여 2007년 11월 「관광전략 2015」를 발표하였다. 「관광전략 2015」의 비전은 '2015년, 관광이 뉴질랜드의 지속가능한 경제성장을 이끄는 리더로서 가치'를 가지게 한다는 것이다.

이를 위해서는 세계관광시장변화에 대한 빠른 대응이 필요함을 강조하고 있다. 2001년 이후 발생한 급변하는 국내외 관광시장환경변화에 대응하는 것으로 국제적 측면에서는 기후변화가 관광산업에 미치는 영향, 인터넷과 온라인 예약 급증, 연료가격 상승 등의 세 가지 부문이 있으며, 국내적 측면에서는 숙련된 스태프 채용, 환경적인 지속가능성, 질적 수준의 기반시설 구축을 우선 대상으로 선정하고 있다.

성공적인 「관광전략 2015」을 통해 얻을 수 있는 기대효과는 네 가지로 볼 수 있다. 첫째, 세계적 수준의 관광경험을 제공할 수 있을 것이다. 치열한 세계관광시장의 경쟁 속에서 뉴질랜드만의 많은 경이로운 관광자원의 매력을 최대화하여 최고의 질적 상품

44) www.netzealand.com, 2008.10.27.

과 서비스를 제공하는 것이다. 둘째, 뉴질랜드 관광이 발전하고 투자유치가 활성화될 것이다. 지속적인 관광산업의 이익창출과 투자유치를 통한 관광산업의 발전을 꾀할 수 있을 것이다. 셋째, 관광은 환경을 보호·강화시키는 리더역할을 하게 될 것이다. 관광 최고의 자산인 환경을 보호하고, 이를 통해 관광산업을 더욱 번영시킬 수 있을 것이다. 넷째, 관광산업과 지역사회의 상호이익을 위한 협력을 구축할 수 있을 것이다. 관광은 국가경제의 주요 부문이기 때문에 지역사회와 운영자는 상호 중요성을 인정하고, 강력한 협력관계를 구축해야 할 것이다.

이러한 효과를 창출하기 위해 뉴질랜드는 민간 부문, 중앙 및 지방정부, 이해관계자들 간의 협력을 유도해 질적 관광개발과 관광의 가치를 높이는 데 주력하고 있다.

### Tip 호주－뉴질랜드 간 국제여행이 아닌 국내여행 차원으로의 변화

호주와 뉴질랜드 양국간의 TRANS-TASMAN 협정이 재정비되어, 호주-뉴질랜드의 여행이 국외여행이 아닌 국내여행으로 탈바꿈하게 됐다. 또한, 까다롭다고 알려졌던 이민법심사도 대폭 수정될 예정이며, 운임료 등과 같은 부가가치세도 30%가량 가격이 떨어질 전망이다. 지난 2년간 이루어진 회담으로 인해, 호주와 뉴질랜드 양국은 이 제도가 시행되기 전, 시범운항을 계획하고 있다.

양국간 영공이 개방된 항공 서비스는 이미 진행되고 있는 것으로 알려졌으며, 공동국경지대 설립을 위해서는, 검역과 보안 등 이민절차상의 문제들이 개선되어야 할 것으로 보인다. 시범운항에는, 캐나다-미국, 유럽연합 국가들의 항공운항과 같이 체계적으로 정돈된 시스템이 적용될 예정이다. Air New Zealand, Qantas, Jetstar, Pacific Blue 등의 항공사들은 이 협정으로 인해 항공료가 30%가량 낮추어질 것으로 예상하고 있다. Jetstar의 임원인 Bruce Buchana씨는 이 협정에 대해 정치인들과 지난주 뉴질랜드 오클랜드에서 회담을 열었다. Buchana씨는 Jetstar는 올 6월부터 이 협정을 시행할 예정이라며, 이 협정이 양국에게 정치적인 이익을 줄 것으로 기대한다고 밝혔다.

뉴질랜드의 관세청장관인 Maurice Williamson씨는, 정부는 TRAN-TASMAN 협정의 발전에 관한 모든 의안 제출을 긍정적으로 검토할 것이라고 발표했다. 정부와 항공업계측은, 이 협정을 호주-뉴질랜드 구간을 여행하는 호주-뉴질랜드 시민에만 적용할지 혹은 이 구간을 여행하는 모든 승객들에게 적용할지에 관해서 논의 중에 있다.

한편, 뉴질랜드의 오클랜드 국제공항에는 호주 시민들이 빠른 입국심사를 할 수 있도록, 호주 시민들만 이용할 수 있는 "Smartgate"라 불리는 세 곳의 호주인 전용 입국심사대를 만든 것으로 알려졌다.

기사출처 : Sydney Morning Herald(2009.2.22)

# 참·고·문·헌


- 姜錫午(1980) : 世界地誌, 下, 새글사.
- 국제협력처 협력사업부(1998) : 한국국제회의산업현황 한국관광공사, pp.5~120.
- 權世基(1996) : 한국 觀光産業의 危機와 振興懸案分析, 第128號, pp.1~27.
- 權世基(1997) : 국제회의산업 : 국제적 현황과 육성방향, 國際問題分析, 第34號, pp.1~24.
- 金芳漢(1992) : 言語學의 理解, 民音社.
- 金炳文(1978) : 觀光地理學, 螢雪出版社.
- 金炳文(1983) : 용평 Ski장의 관광객이 지역경제에 미치는 영향, 關東大學校論文集, 第11號.
- 金炳文(1984) : 설악지역의 관광지적 특성에 관한 고찰, 地理學論叢, 제10호, pp.188~200.
- 金炳文(1985) : 地域開發로서 관광개발 특성화에 관한 연구 : 강원도의 경우, 지리학연구, 제9호, 韓國地理敎育學會.
- 金炳文(1985) : 해양 스포츠형 관광지의 지역적 특성에 관한 연구, 竹破홍순완 박사 회갑기념 논문집, 형설출판사, pp.441~470.
- 金炳文(1987) : 관광개발이 지역주민의 사회·경제에 미치는 영향 : 속초시의 경우, 경영과학연구, 제11호, 江原大學校 經營科學研究所.
- 金炳文(1990) : 觀光資源學, 白山出版社.
- 金炳文(1990. 7) : 강원지역 관광·레저 자원개발 방안과 활성화에 관한 연구, 江原大學校, 社會科學研究所, 第30號.
- 金炳文(1990. 7) : 지방화시대에 있어서 관광농업육성방안에 관한 연구 : 강원도를 중심으로, 觀光開發論叢, 第2號, 江原觀光開發學會.
- 金炳文(1991) : 國際觀光論, 白山出版社.
- 金炳文(1993) : 國際觀光客의 지역적 유동에 관한 연구, 한국관광지리학회, 관광지리학, 제3집, pp.1~38.
- 金炳文(1997) : 韓國的觀光産業觀光開發, 1997年 10月 3日 在青島(中國)部分理事擴大會議 上所 做的學術報告, 韓國觀光開發學會, pp.8~14.

- 金炳文(1998) : 人口過疎地域에 발생한 폐교의 재활용방안에 관한 연구, 觀光開發論叢, 第9號, 韓國觀光開發學會, pp.7~47.
- 金炳文・張三煥(1995) : 韓(東海市)-中(琿春市)間의 國際觀光開發造成에 관한 研究 : 環東海地域을 中心으로, 韓國觀光開發學會, 第4號, pp.9~49.
- 金賢志(1997) : 리조트 개발이 地域社會에 미치는 影響에 관한 研究 : 江原道 橫城・平昌地域을 中心으로, 漢陽大學校 大學院 碩士學位論文, pp.1~115.
- 金惠淑(1985) : 우리나라 國際旅行 斡旋業의 育成方案에 관한 研究, 京畿大學校 大學院 碩士學位論文, pp.7~113.
- 金洪雲・權忠熙(1993) : 觀光世界地理, 螢雪出版社.
- 김건호(1998) : 航空統計, 國內篇, 韓國航空振興協會, pp.1~600.
- 김도희(1998) : 종교유산 관광상품화방안, 한국관광공사, pp.5~240.
- 김두철(1995) : 韓國における農村の人口減少に關する研究の同鄕と課題, 人文地理, 第47卷, 第1號.
- 김두철(1997. 10) : 日本過疎地域에 있어서 내생적 주민조직의 변용과 지방정부의 역할, 대한지리학회 추계학술대회 발표문.
- 김용철・이연택(1996) : 국제관광론, 21세기 한국연구재단.
- 김장하(1997) : 지방관광 활성화 협력방안, 한국관광공사, pp.7~298.
- 김홍철(1997) : 국경론, 민음사.
- 羅甲均(1988) : 美國 觀光客 誘致를 爲한 마케팅戰略研究, 京畿大學校 大學院 碩士學位論文, pp.1~92.
- 藤岡謙二郞・少池洋一外(1967) : 近畿の觀光地理, 地人書房.
- 鈴木忠義(1975) : 現代觀光論, 有斐閣雙書.
- 末武直義(1974) : 觀光論入門, 法律文化史.
- 文洋秀外(1984) : 現代言語學, 翰信文化社.
- 문화체육관광부, 관광동향에 관한 연차보고서(2012~2013)
- 朴商洙(1987) : 國際觀光論, 螢雪出版社.
- 山村順次(1967) : 東京觀光圈における溫泉觀光地の地域的展開, 地理學評論, Vol. 40, No. 11, pp.1~3.
- 山村順次(1989) : 觀光地域論, 地域形成と環境保全, 古今書院.
- 山村順次(1989) : 世界の觀光地①, 大明堂.

- 山村順次(1990)：世界の溫泉, 溫泉リゾートの發達と現狀, 大明堂.
- 孫大鉉(1983)：우리나라 觀光産業의 마케팅에 관한 實證的 硏究, 高麗大學校 博士學位논문, pp.1~331.
- 申東宙(1995)：한국의 地域觀光開發을 위한 民官共同出資事業 推進方向, 漢陽大學校 大學院 博士學位論文, pp.1~152.
- 신옥자(1998)：쇼핑관광 활성화전략, 한국관광공사, pp.1~185.
- 安東萬壽男外(1970)：東海地方(含山梨)の觀光地域.
- 安鍾允(1986)：韓國의 外來觀光客 誘致政策 模型定立에 관한 연구, 延世大學校 大學院, pp.1~116.
- 岩田孝三(1975)：觀光地理硏究, 明玄書房.
- 野木晃史(1962)：觀光客流動圈の形態から見た觀光の類形とその分布, 人文地理, Vol. 14, No. 4.
- ________(1968)：溫泉開發による溫泉集落立地變化の地理的考察(第3報), 地理科學, No. 10, pp.9~22.
- ________(1969)：伊香保, 鬼怒村における溫泉觀光集落の發達と經濟的機能, 地理學評論, Vol. 42, No. 5.
- ________(1970)：大分縣湯平療養溫泉集落の形成とその意義, 日本地理學會, 春季大會, pp.87~120.
- ________(1976)：農山漁村の觀光レクリエシロン地化, 巨大都市に伴う空間生態の變容に關する硏究報告書.
- ________(1979)：東北山村における療養溫泉地と觀光溫泉地の存在形態, 日本觀光學會硏究報告, 第10號, p.55.
- 이경문(1997)：유럽관광시장편람, 한국관광공사, pp.7~249.
- 李盛洙(1988)：國際觀光振興을 爲한 海外廣告活動에 關한 硏究, 京畿大學校 大學院, pp.1~970.
- 李良燮(1995)：地方化, 世界化時代의 觀光産業 金融支援方案, 江原地域, 經濟圈事例分析, 韓國觀光開發學會, 第4號, pp.167~198.
- 이영범(2003)：테마 러시아 역사, 신아사.
- 이은구(1995), 지구촌 모든 나라정보, 세창출판사.
- 이종록・양근모 외(1999), 지구촌 비즈니스 실전 테크닉, 대한무역투자진흥공사.

- 日本觀光協會(1992) : 國際觀光地整備に向けて(その1).
- 임은순(1986) : 한국관광에 관한 일본인과 미국인의 관광수요함수 추정, 세종대학교 박사학위논문, pp.1~103.
- 장세훈(1994) : 지역 이기주의(NIMBY) 경제대책의 현황과 과제, 현안분석, 제76호.
- 장진헌(2001) : 러시아 문화의 이해, 학문사.
- 전규태(1987), 매혹의 라틴아메리카, 범우사.
- 田振桓(1987) : 外來 觀光客 誘致를 위한 觀光振興方案에 關한 研究 : 서울올림픽大會를 中心으로, 慶熙大學校 經營大學院 碩士學位論文, pp.2~116.
- 鄭鋼煥(1995) : 韓國觀光客의 海外旅行 行動特性에 관한 연구, 韓國觀光開發學會, 第4號, pp.199~212.
- 鄭文鍾(1996) : OECD加入에 따른 資本, 金融市場의 開發과 政策課題 懸案分析, 第34號, pp.1~33.
- 除野信道(1997) : 觀光社會經濟學, 古今書院.
- 池連泰(1994) : 開放化, 世界化時代의 觀光敎育, 韓國觀光公社, pp.1~138.
- 津田 昇(1969) : 國際觀光論, 觀光論出の理論と政策, 東洋經濟新報社(日本).
- 차소희(1998) : 전통민속마을 관광상품화방안, 한국관광공사, pp.1~136.
- 淺香幸雄・山村順次(1974) : 觀光地理學, 大明堂.
- 최영준(2001), 세계관광지리자원, 대왕사.
- 土肥健夫(1991) : リゾート再生と地域振興, 學術出版社.
- 浦達雄(1998) : 觀光地の成つ立ち－溫泉, 高原, 都市, 古今書院.
- 韓京洙(1986) : 美國의 國際航空政策과 韓國의 對應方案에 관한 研究, 京畿大學校 碩士學位論文, pp.1~132.
- 한병선(1993), 관광과 세계, 기문사.
- 脇田武光(1981) : 地域分析の方法, 經濟地理學の實際 I, 大明堂.
- Adele Hodgons(1987) : *The Travel and Tourism Industry－Strategies for the future*, Pergamon Books LTD., pp.1~54.
- Albert, S. Carlson(1938) : *Recreation Industry of New Hampshire*, Econ, Geogr, Vol. 14.
- Anthony Edwards(1988) : *International Tourism Forecasts to 1999*. The

Economist Intelligence Unit Limited, pp.1~158.

- Auther Getis, Judth Getis, and Terome Fellman(1988) : *Introduction to Geography*, Web, Wn, C. Brown, pp.213~215.
- Auther Gets, Judth Getis, and Jerome Fellman(1988) : *Introduction to Geography*, Web, Wn, C. Brown, pp.213~215.
- Carlson. A.S.(1938) : *Recreation Industry of New Hampshire*, Economic Geography, Vol. 14.
- Charles A. Stansfield, Jr.(1985) : *Social and Economic Impact of Tourism on Asian Pacific Region*, Annals of Tourism Research, Vol. 12, No. 4, p.659.
- Elizabeth Boo(1992), Ecoturism : The Potentials and pitfalls, *World wildlife Fund*. Washington, D.C.
- George F. Deasy(1949) : *The tourist industry in a North Woods County*, Econ. Geogr, Vol. 25, No. 10.
- George. S. Vozikis & Timothy S. Mescon(1985) : *The Economic Impact of Tourism at the Port of Miami*, Annals of Tourism Research, Vol. 12, No. 4, p.515.
- Harry Coccossis & Peter Nijkamp(1995) : *Sustainables Tourism Development* : Avebury, pp.3~196.
- Howard E.A. Tinsley, Thomas C. Barrett & Richard A. Kass(1977) : *Leisure activities and Need Satisfaction*, Journal of Leisure Research, Vol. 9, No. 2, pp.110~120.
- James. P.E & Jones, C.F.,(1954) : *American Geography, Inventory and Prospect*, Syracus : Syracus University Press, p.252.
- Janet Clark, Stephen Morris, Mike Mcvey and Judy Goldsmith(1998) : *International Tourism Report*, The Economist Intelligence Unit.
- Jhon Lyons, Language and Linguistics(1981) : 徐正一編, 言語學入門, 螢雪出版社, 1984, p.91.
- John Lyous, Language and Linguistics(1981), 서정일 편(1984), 언어학입문, 형설출판사, p.91.
- John M. Bryden(1973) : *Tourism and Development－A case study of the*

*commomwealth Caribbean*－. Cambridge University Press, pp. 1~221.

- John W. Hollender(1977) : Motivational Dimensions of the Camping Experience, Journal of Leisure Research, Vol. 9, No. 2, pp.133~141.
- John W. Hoolender(1977) : *Motivation Dimension of the Camping Experience*, Journal of Leisure Research National Recreation and Park Association, Vol. 9, No. 2, p.134.
- Jonathan Boldlender, Alan Jefferson, Carson Jenkins & Leonarnd Lickorish (1991). *Developing Tourism Destinations~ Policies and Perspectives*, Longmen, pp. 3~203.
- Jones. S.B.(1993) : *Mining and Tourist Towns in the Canadian Rockies*, Economic Geography, Vol. 9.
- Kerry B. Godfrey(1998) : *Attitudes towards 'Sustainable tourism' in the U. K. : A view from local government*, Tourism management Vol. 19, No. 3, pp.213~224.
- Lawrence R. Allen & Thoms Buchannan(1982) : *Techniques for Comparing Leisure Classification Systems*, Journal of Leisure Research, Vol. 14, No. 4, pp.307~322.
- Lawrence R. Allen(1982) : *The Relationship Between Murray's Personality Needs and Leisure Interests*, Journal of Leisure Research, pp.63~76.
- Least R., Brown, World Without Broders(1972), 元佑錫 역(1975), 國境없는 세계, 을유문화사, pp.165~166.
- Manuel London and others(1977) : *The Psychological structure of Leisure : Activities, Needs, People*, Journal of Leisure Research, National Recreation and Park Association, Vol. 9, No. 4, p.253.
- Manuel London, Rick Crandall & Dale Fitzgibbons(1977) : *The Psychological Structure of Leisure : Activities, Needs, People*, Journal of leisure Research, Vol. 9, No. 4, pp.252~263.
- Marion Joppe(1996) : *Sustainable Community Tourism Development revisited*, Tourism management, Vol. 17, No. 7, pp.475~479.
- Michael Hitchcock, Victor T. Kingand Michaled J.G. Parnweel(1993) : *Tourism*

*in South-East Asia*, London and New York.

- Michael Peters(1970) : *International Tourism, The economics and development of the international tourist trade*, Hatchinson of London.
- Milton Redman(1983) : *Economic Impact of a Short-Term Tourism Industry Exposition*, Animals of Tourism Research, Vol. 10, No. 3.
- Pamela E. Rich & Arlon R. Tussing(1973) : *The National Park System in Alaska*, Institute of Social, Economic and Government Research University of Alaska.
- Richard J. Chorley and Petter Hagget(1967) : *Socio-Economic Models in Geography*, London : University Paperbacks Methuen.
- Richard R. Perdue & Iarry D. Gustke(1985) : *Spartials Patterns of Leisure Travel by Trip Purpose*, Annals of Tourism Ressearch, Vol. 12, pp.167~180.
- Roland B. Breely(1942) : *Recreational Land Use in New England*, Econ. Geogr, No. 2.
- Ronald W. Langacker(1973) : Language and its Structure.
  朴槿祏外譯(1985), 言語와 構造, 學文社, p.276.
- Sue Berry & Adele Ladkiu(1997) : *Sustainable tourism a regional perspective*, Tourism management, Vol. 18, No. 7, pp.433~440.
- T. Ivan Pyle(1985) : *The International Air Transport Association and Tourism*, Annals of Tourism Research, Vol. 12, No. 4, p.648.
- Tamao Tokuhisa(1980) : *Tourism within, From and to Japan*, Int. Soc, Sci., Vol. 32, No. 1, pp.128~149.
- Tamas Meleghy, Max Preglau & Alois Taferetshofer(1985) : *Tourism Development and Value Change*, Annals of Tourism Research, Vol. 12, pp.181~199.

## ◆ 저자소개


■ 김병문(金炳文)

경북대학교 사범대학 지리과 졸업
경북대학교 교육대학원 지리과 졸업
경희대학교 대학원 지리학과(이학박사)
계명대학교 경상학부 관광과 강사
강원대학교 법경대학 관광경영학과 강사
강릉대학교 관광실무과 강사
관동대학교 관광경영학과 부교수
한국관광학회 감사
강원도 관광분과 자문위원
세종대학교 · 단국대학교 · 경기대학교 · 청주대학교 ·
한양대학교 · 한성대학교 대학원 강사
관광종사원 자문시험위원
문교부, 1종도서심의위원
교통부, 한국관광지지정자문위원
강원대학교 경영대학장 및 경영행정대학원장
한국관광개발학회 회장
강원대학교 정년퇴임(2002. 8)

[저 서]

관광지리학, 관광자원학, 한국의 관광자원
국제관광론, 최신관광학, 중국관광지리(공저)
관광지역개발연구특론

■ 김현지(金賢志)

강원대학교 경영대학 관광경영학과 졸업
한양대학교 사회과학대학대학원 관광학과 졸업
치바대학(일본) 대학원 박사과정 지역환경학 전공
일본 국제나가사키대학 강사
현, 동의대학교 상경대학 관광경영학과 부교수


# 국제관광의 이해


2009년 8월 30일 초　판 1쇄 발행
2019년 9월 10일 개정판 4쇄 발행

**지은이** 김병문 · 김현지
**펴낸이** 진욱상
**펴낸곳** 백산출판사
**교　정** 편집부
**본문디자인** 오행복
**표지디자인** 오정은

저자와의 합의하에 인지첩부 생략

**등　록** 1974년 1월 9일 제406-1974-000001호
**주　소** 경기도 파주시 회동길 370(백산빌딩 3층)
**전　화** 02-914-1621(代)
**팩　스** 031-955-9911
**이메일** edit@ibaeksan.kr
**홈페이지** www.ibaeksan.kr

ISBN 978-89-6183-222-9　93980
**값 24,000원**